"十四五"高等职业教育规划教材
全国高职高专保险实务专业项目课程系列教材

健康保险实务
JIANKANG BAOXIAN SHIWU

主　编：王　君
副主编：李　丽　李一鸣　王　蓓
参　编：谢培忠　高石柱

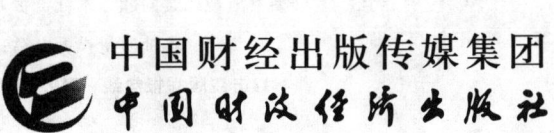

中国财经出版传媒集团
中国财政经济出版社

图书在版编目（CIP）数据

健康保险实务 / 王君主编. -- 北京：中国财政经济出版社，2022.8(2024.7重印)

"十四五"高等职业教育规划教材　全国高职高专保险实务专业项目课程系列教材

ISBN 978-7-5223-1485-3

Ⅰ.①健… Ⅱ.①王… Ⅲ.①健康保险-高等职业教育-教材 Ⅳ.①F840.625

中国版本图书馆 CIP 数据核字（2022）第 101976 号

责任编辑：田明晖　　　　　　责任校对：张　凡
封面设计：陈宇琰　　　　　　责任印制：史大鹏

健康保险实务
JIANKANG BAOXIAN SHIWU

中国财政经济出版社 出版

URL：http://www.cfeph.cn
E-mail：tianmh@cfemg.cn

（版权所有　翻印必究）

社址：北京市海淀区阜成路甲28号　邮政编码：100142
营销中心电话：010-88191522　编辑部门电话：010-88190670
天猫网店：中国财政经济出版社旗舰店
网址：https://zgczjjcbs.tmall.com
北京中兴印刷有限公司印刷　各地新华书店经销
成品尺寸：185mm×260mm　16开　21.5印张　508 000字
2022年8月第1版　2024年7月北京第2次印刷
定价：49.00元
ISBN 978-7-5223-1485-3
（图书出现印装问题，本社负责调换，电话：010-88190548）
本社质量投诉电话：010-88190744
打击盗版举报热线：010 88191661　QQ：2242791300

前　言

当今社会，由于环境污染、食品安全、细菌病毒不断演化以及生活、工作压力过大等一系列问题引发重大疾病的发生呈现概率增大、损失加重以及年轻化特点。我们所面临的健康风险越来越大，治疗费用也越来越高。

2018年全球癌症统计数据披露的女性高发癌症概率如下：甲状腺癌30.34%、宫颈癌5.62%、乳腺癌5.62%、胃癌5.62%、肺癌10.11%，而来自世卫组织的2021年数据显示，2020年全球确诊的癌症患者数量达到1930万人，而死于癌症的人数增加到1000万人。国内数据显示，中国恶性肿瘤每年发病约392.9万人，每分钟有7.5人被确诊为癌症。而在最新的全国居家养老状况调查报告中我们可以看出，在10个大城市被调查者及其配偶所列支出当中，除了最基本生活费外，最大支出竟然是医疗费用，平均下来每一个月支出1039.8元，在整个家庭支出中占25%。

面对"疾病发生概率高、年轻化、疾病治疗费用高"等现实问题，人们开始寻求保险保障。社保医保一直都是被称为老百姓基础保障的"救命钱"，其"广覆盖，低保障"的特点鲜明，但缺点也十分明显，额度有限，不能完全涵盖疾病或者伤残治疗所需要的费用；报销范围受限，社保医保的报销范围受到起付线、封顶线、报销比例以及"两定点三目录"的限制，其中，"两定点"指的是定点医院和定点药店，"三目录"指的是基本医疗保险药品目录、基本医疗保险诊疗项目和基本医疗服务设施标准，因此有很多药费、治疗费被排除在外。以某地城镇职工医疗保险为例，住院和门诊特殊费用统筹基金部分报销费用的封顶线是10万元左右，如果超过10万元，那么超出部分要进入大额互助保险，费用报销85%，一般最多为20万元。对于重大疾病动辄几十万的治疗费用而言，社保医保很难做到完全覆盖，留给个人的经济负担仍然不小。此外，重大疾病往往导致残疾、住院等，患者因无法正常上班而收入锐减，对此社保医保也无法提供补偿。因此，在社保医保之外再投保商业性健康险已经成为很多老百姓的共识，近几年健康保险业务每年平均增长均在30%左右，极有可能超越目前占保险公司业务半壁江山的车险业务。

商业保险特别是确诊给付型的重大疾病保险是以疾病发生为给付条件，一般情况下，只要被保险人被确诊患了合同界定的某种疾病，不管实际发生了多少医疗费用，都可按保险合同上的约定额度获得赔偿。不仅能够基本覆盖治疗所需费用，而且能够弥补患者的正常收入损失。以社保医保为基础，商业性健康保险作为补充，能够基本化解重大疾病来临时无钱医治、因病致贫的风险。

学习健康保险，了解健康保险行业发展态势，做好健康保险及其他人身保险的从业启蒙及知识储备、技能训练，为投身大健康事业做好准备。本教材就为保险行业从业人员以及金融保险专业学生提供了学习理论知识的园地，掌握实操技能的机会。

本教材体现党和国家意志。坚持马克思主义指导地位，体现马克思主义中国化要求，体现中国和中华民族风格，体现党和国家对教育的基本要求，体现国家和民族基本价值观，体现人类文化知识积累和创新成果。全面贯彻党的教育方针，落实立德树人根本任务，扎根中国大地，站稳中国立场，充分体现社会主义核心价值观，加强爱国主义、集体主义、社会主义教育，引导学生坚定道路自信、理论自信、制度自信、文化自信，成为担当中华民族复兴大任的时代新人，成为意健险领域高素质技术技能复合型人才。

本教材编写符合行业发展趋势，培养市场亟需的人才，重在体现"新"和"实"，提升服务国家产业发展能力，符合教育部《高等职业学校专业教学标准》关于高职保险专业国家教学标准中对于培养目标、教学资源的要求，也符合教育部《职业院校教材管理办法》的要求。

编写团队通过梳理意健险（尤其是健康保险）国家、行业两个层面的政策、法律法规，结合实务提炼"职业素养提升"，以习近平新时代中国特色社会主义思想为指导，有机融入法治意识、国家安全、民族团结以及生态文明教育，弘扬劳动光荣、技能宝贵、创造伟大的时代风尚，弘扬精益求精的专业精神、职业精神、工匠精神和劳模精神，在教材内容中嵌入爱国、忠诚、诚信、担当、创新、协作、开放等素养，为学生打好中国底色，厚植红色基因，做好行业启蒙，提升学生行业自信。

本教材职教特色鲜明。内容科学先进、针对性强，选文内容积极向上，选文作者历史评价正面、形象良好；突出职教特色，专业课教材反映产业发展新进展，对接科技发展趋势和市场需求，吸收成熟的新技术、新工艺、新规范，突出体现意健险行业新办法（2019年银保监会公布的《健康保险管理办法》）、新业态（保险公司纷纷打造"大健康"生态）、新产品（国内互联网保险平台"大特保"一款肝病险解决乙肝患者在购买保险产品时很容易遭遇拒保的困难）、新定义（2020行业协会重大疾病新定义）、新标准（人体损失致残程度分级）等。符合保险行业技术技能人才成长规律和学生认知特点，以项目驱动，以任务为载体，突出理论和实践相统一、强调实践性，符合高职学生项目学习、案例学习、模块化学习等要求，以典型工作任务（健康保险营销、承保、理赔）、真实案例等为载体组织教学单元；编排科学合理、梯度明晰，图、文、表并茂，生动活泼，形式新颖，唤起学生学习兴趣，提升学习效率；符合知识产权保护等国家法律、行政法规，无民族、地域、性别、职业、年龄歧视等内容，无商业广告或变相商业广告。

本教材分为理论篇、实务篇，理论篇包括健康风险概述、健康保险概述、健康保险合同、健康保险基本原则、健康保险产品；实务篇包括健康保险营销、健康保险核保与承保、健康保险理赔、健康保险客户服务。本书由王君担任主编，李丽、李一鸣、王蓓担任副主编，所有参编人员都是从事保险专业教学与行业培训的专任教师，具有扎实的理论功底和较丰富的实践经验，另外，谢培忠、高石柱两位保险行业理赔岗位业务骨干，为教材编写提供了丰富、真实的素材，特别表示感谢！

因编写水平有限，疏漏、错误在所难免，恳请各位专家、读者给予批评指正。

作　者

2022 年 5 月

目 录

理论篇

项目一 健康风险概述 ·· 2
- 任务一　了解健康 ·· 6
- 任务二　了解健康风险 ·· 10
- 任务三　了解健康风险管理 ··· 14
- 任务四　了解健康风险评估 ··· 20
- 任务五　掌握健康风险评估案件 ·· 25
- 练习模块 ·· 31
- 项目小结 ·· 32

项目二 健康保险概述 ·· 34
- 任务一　认识健康保险 ·· 35
- 任务二　了解健康保险产生发展历程 ································· 47
- 任务三　理解健康保险经营风险 ·· 57
- 练习模块 ·· 68
- 项目小结 ·· 69

项目三 健康保险合同 ·· 70
- 任务一　认识健康保险合同 ··· 70
- 任务二　掌握健康保险合同条款 ·· 83
- 练习模块 ·· 103
- 项目小结 ·· 109

项目四	**健康保险基本原则**	111
	任务一　认识保险利益原则	112
	任务二　掌握最大诚信原则	113
	任务三　认识近因原则	119
	任务四　认识损失补偿原则	120
	练习模块	123
	项目小结	124

项目五	**健康保险产品**	126
	任务一　了解健康保险产品体系	127
	任务二　掌握医疗保险产品	129
	任务三　掌握疾病保险产品	136
	任务四　了解失能收入损失保险产品	143
	任务五　了解长期护理产品	148
	任务六　了解医疗意外险	154
	练习模块	157
	项目小结	162

实务篇

项目六	**健康保险营销**	164
	任务一　认识健康保险营销	166
	任务二　认识保险营销策略	171
	任务三　掌握健康保险营销过程	176
	任务四　认识销售渠道	198
	练习模块	212
	项目小结	213

项目七	**健康保险核保与承保**	215
	任务一　了解健康保险核保基础知识	217
	任务二　了解健康保险核保的要素	220
	任务三　了解健康保险核保的风险选择过程	223
	任务四　核保过程中的信息资料	228
	任务五　健康保险核保结论	236
	任务六　掌握健康保险承保的流程	239
	练习模块	246
	项目小结	251

项目八	**健康保险理赔**	252
	任务一　认识健康保险理赔	254
	任务二　了解健康保险理赔管理	259

  任务三 掌握健康保险理赔流程 …… 265
  任务四 认识健康保险索赔中的保险欺诈 …… 292
  任务五 掌握健康保险理赔业务处理技巧 …… 294
  练习模块 …… 296
  项目小结 …… 299

项目九 健康保险客户服务 …… 300
  任务一 认识健康保险客户服务 …… 301
  任务二 感知客户服务特征及意义 …… 306
  任务三 认识保全服务 …… 308
  任务四 明确保全服务的流程 …… 311
  任务五 认识保险客户投诉 …… 315
  任务六 处理保险客户投诉 …… 318
  练习模块 …… 325
  项目小结 …… 329

附录 …… 330
  新版《健康保险管理办法》 …… 330
  《重大疾病保险的疾病定义使用规范（2020年修订版）》 …… 330
  最高人民法院 最高人民检察院 公安部 国家安全部 司法部
  关于发布《人体损伤程度鉴定标准》的公告 …… 330
  中国银保监会关于使用《中国人身保险业重大疾病经验发生率表
  （2020）》有关事项的通知 …… 330

参考文献 …… 331

理论篇

　　随着国民生活水平的提升以及"健康中国"战略的实施推进，居民正赋予自身健康以越来越多的关注，健康也正成为人民群众对于美好生活的重要需求，这从健康保险走俏市场便可见一斑。据银保监会披露的统计数据显示，近几年健康保险增长迅速，在2020年全球保险市场受疫情影响整体增速为-3.8%的情况下，中国健康险业务仍然保持15.8%的增速，健康保险已经成为保险业务新的重要增长点。随着行业回归保障本源，健康险有望成为寿险公司今后在市场竞争中的主打产品之一，也是财产险公司摆脱车险独大、优化险种布局的重要产品。作为保险行业迅速增长的险种，其理论知识体系是保险行业从业人员必须掌握的。

项目一 健康风险概述

学习目标

知识学习目标：
- ☐ 掌握健康、疾病、亚健康概念
- ☐ 理解健康风险概念、构成要素、特征
- ☐ 掌握健康风险管理概念、内容
- ☐ 学会健康风险评估
- ☐ 掌握糖尿病、高血压评估医学指引

技能训练目标：
- ☐ 能够完成健康风险识别
- ☐ 能够完成健康风险评估
- ☐ 能够完成糖尿病、高血压风险评估

工作任务

1. 了解健康、疾病。
2. 掌握健康风险评估。
3. 掌握健康风险管理。
4. 掌握糖尿病、高血压风险评估。

导入案例

××健康管理中心为刘先生进行健康管理

刘先生，29岁，私企员工，公司体检监测出血脂较高，近期经常伴有头晕、胸闷症状，影响了生活和工作，求助健康中心，希望尽快诊断，并安排相关治疗，包括预约挂号、提供良好的康复环境。健康管理中心人员对其进行分析、研究，从国内医疗资源

和目前各大医院对此病的治愈成功率等入手，根据委托人的体检报告并结合其工作及生活环境进行分析，很快制定出了一份个人健康管理建议书，反馈给委托人。主要流程和详细内容如下：

个人健康管理主要流程：

第一步：了解个人的健康状况。

首先要收集个人健康信息，包括个人一般情况（性别、年龄等）、目前健康状况和疾病家族史、生活方式（膳食、体力活动、吸烟、饮酒等）、体格检查（身高、体重、血压等）和血、尿实验室检查（血脂、血糖等）。

主要内容：李某体检原始资料列表，包含既往病史和生活习惯、体格检查、实验室检查、辅助（医技）检查。

第二步：健康及疾病风险性评估。

根据所收集的个人健康信息，对个人的健康状况及未来患病或死亡的危险性用数学模型进行量化评估。主要目的是帮助个体综合认识健康风险，鼓励和帮助人们纠正不健康的行为和习惯，制订个性化的健康干预措施并对其效果进行评估。

主要内容：体检结果的分析和健康管理指导。

第三步：健康干预。

在前两步的基础上，以多种形式来帮助个人采取行动、纠正不良的生活方式和习惯，控制健康危险因素，实现个人健康管理计划的目标。

主要内容：疾病指导（什么是血脂、什么是高血脂、高血脂的危害、高血脂的易患人群）、高血脂膳食指导、健康改善计划、中医养生指导。

健康改善计划：

随着人们生活水平的提高，人群中血脂升高者日益增高。血脂升高可引起动脉硬化、高血压、冠心病、脑中风等疾病，因此，人们应高度重视高脂血症的防治。当发现自己患有高血脂的时候，就要积极通过合理饮食、运动，甚至是药物进行降脂。

高血脂的改善，目标是控制体重（减脂肪）、降低血脂、增强心肺功能。原则是建立终身体育锻炼和科学配餐的基本理念。方法是中低强度有氧运动锻炼，控制总热能摄入的低脂肪、低胆固醇膳食。

一、运动改善计划

1. 第一个月准备阶段

对于高血脂患者，很多人日常生活中运动量是很少的，甚至个别是近期几个月基本上没有运动过，对于这样的人群，设立一个月的准备时间是有必要的。第一个月的准备阶段，运动锻炼的要求是：每周至少运动3次，每次运动的时间在25~35分钟以上，心率控制在最大心率（最大心率=220-实际年龄）的60%。

在这个准备的阶段，比较适合的运动方式有慢跑、踩单车、太极拳、跳绳、乒乓球、羽毛球、游泳等。在锻炼前应有5~10分钟的准备活动，锻炼后应有5~10分钟的整理活动。准备活动可以改善关节的活动幅度，降低肌肉韧带的粘滞性，提高心肺功能以适应将要开始的运动，整理活动则有助于调整心率和血压恢复到接近安静时的水平，促进疲劳的消除。

2. 第二、第三个月的适应阶段

经过前面一个月的身体准备之后，心肺功能得到了一定的锻炼之后，人体对于运动的耐受程度有所增加，这个时候，为了更好的控制血脂水平，有必要对运动的强度及时间做一定的调整。这个阶段的运动锻炼的要求是：每周至少4次的运动锻炼次数，每次运动锻炼的时间控制在30~45分钟左右，心率控制在最大心率的70%。

在这个阶段，比较适合的运动有羽毛球、慢跑、踩单车、游泳、篮球、跆拳道、网球等。同样，在锻炼前应有5~10分钟的准备活动，锻炼后应有5~10分钟的整理活动。

3. 三个月以后的维持阶段

从开始锻炼到现在，身体已经有了比较好的心肺功能，在这个维持阶段，对运动也有进一步的要求：每周的锻炼时间要求在5次以上，每次锻炼的时间要坚持在45~60分钟左右，心率控制在最大心率的80%，而且，在锻炼的过程中，时常冲击心率在最大心率的85%左右。

在这个阶段，适合的运动有羽毛球、游泳、跑步、篮球、网球、足球、跆拳道、踩单车等。同样，在锻炼前应有5~10分钟的准备活动，锻炼后应有5~10分钟的整理活动。

体育锻炼应采取循序渐进的方式，不应操之过急，超出自己的适应能力，加重心脏负担。运动量的大小以不发生主观症状（如心悸、呼吸困难或心绞痛等）为原则。持之以恒、有规则的锻炼计划对高脂血症患者是非常重要的。

二、饮食改善计划

调节饮食结构的原则：限制摄入富含脂肪、胆固醇的食物；选用低脂食物（植物油、酸牛奶）；增加维生素、纤维（水果、蔬菜、面包和谷类食物）。

正常人群每日膳食结构大概为：一个鸡蛋、一个苹果；一碗牛奶（不一定加糖，也可以是酸牛乳和奶粉）；500克水果及青菜（可选多种品种）；100克净肉，包括鱼、禽、畜等肉类（以可食部分计算）；50克豆制品（包括豆腐、腐竹、千张、豆糕以及各种豆类加工制品，例如豆泥，豆沙和煮烂的整豆）；500克左右的粮食（包括米、面、杂粮、根茎类和砂糖在内）；每天饮用汤，每餐一碗。

烹调方式应选择以凉拌、水煮、红烧、清蒸、卤为主。

高血脂患者治疗膳食举例：早餐，豆浆200毫升，蒸包50克，青菜100克；中餐，标准粉、玉米粉两面馒头100克，米稀饭50克，瘦猪肉30克，炒青椒100克，炒番茄100克；晚餐，米饭150克，小白菜100克，熬豆腐50克，鲤鱼30克，土豆丝100克。全日烹调用油12克，盐6克。

具有一定的降血脂作用的常见食品：

(1) 大豆：可降低与动脉粥样硬化形成有关的低密度脂蛋白胆固醇。

(2) 茶叶：茶能降血脂，茶区居民血胆固醇含量和冠心病发病率明显低于其他地区。

(3) 大蒜：大蒜可升高血液中的高密度脂蛋白，对防止动脉硬化有利。

(4) 茄子：茄子在肠道内的分解产物，可与体内过多的胆固醇结合，使之排出体外。

(5) 香菇及木耳：能降低胆固醇和甘油三酯。

(6) 洋葱及海带：洋葱可使动脉脂质沉着减少；海带中的碘和镁，对防止动脉脂质沉着也有一定作用。

(7) 鱼类：鱼中含有大量高级不饱和脂肪酸，对降低血胆固醇有利，渔民冠心病发病率低于内陆居民就是证明。

(8) 植物油：含有人体必需的不饱和脂肪酸，能降低血胆固醇，尤以芝麻油、玉米油、橄榄油等为佳。

对于上述的食物，可以适当多吃一些，对血脂的控制是有一定的帮助的。

一般饮食治疗大概需要1～3个月时间才能看出比较效果，所以对于饮食的调整是需要一个长期坚持的过程，不能中途放弃。

经过上述的运动及饮食的调整，还有要注意定期复查血脂水平，根据血脂的水平变化来调整运动及饮食，才能更好的控制血脂水平。

资料来源：https://www.familydoctor.com.cn/lady/health/201107/6692277175246.html，有删改。

自古以来，人类的健康状况在诸多因素（包括自然、社会和人体内部原因等等）的影响下，人们不可避免地面临各种各样的健康风险并因此承受疾病（包括生育）、伤残等事件所需的医疗费用以及收入损失，使人们越来越认识到健康风险的客观存在性和影响重大，也把健康风险管理（尤其是健康管理）摆到越来越高的位置。根据保险行业健康保险经验数据分析，人们面临的健康风险有鲜明的三"高"趋势：重疾发病率逐渐增高、医疗费用需求高、疾病年轻化概率高，如图1-1所示。

图1-1 健康风险三"高"图

健康风险管理包括控制性风险管理措施、融资性风险管理措施，虽然健康保险不是健康风险管理的唯一措施，却是极其重要的手段。本项目从健康风险与健康风险管理着手，讲解健康风险、健康风险管理的概念，健康保险的概念、特征、分类、产生和发展历程，并在此基础上总结健康保险发展历程，展望健康保险的发展趋势。

任务一
了解健康

一、介绍健康、疾病、亚健康

健康与疾病是一组对立的概念,是人体的两种状态,在一定条件下二者可能会相互转化,而且人体除健康、疾病两种状态之外,还存在着一种中间状态——亚健康。

(一)健康

 职业素养提升

《"健康中国 2030"规划纲要》是为推进健康中国建设,提高人民健康水平,根据党的十八届五中全会战略部署制定。由中共中央、国务院于 2016 年 10 月 25 日印发并实施。

推进健康中国建设,必须高举中国特色社会主义伟大旗帜,全面贯彻党的十八大和十八届三中、四中、五中全会精神,以马克思列宁主义、毛泽东思想、邓小平理论、"三个代表"重要思想、科学发展观为指导,深入学习贯彻习近平总书记系列重要讲话精神,紧紧围绕统筹推进"五位一体"总体布局和协调推进"四个全面"战略布局,认真落实党中央、国务院决策部署,坚持以人民为中心的发展思想,牢固树立和贯彻落实新发展理念,坚持正确的卫生与健康工作方针,以提高人民健康水平为核心,以体制机制改革创新为动力,以普及健康生活、优化健康服务、完善健康保障、建设健康环境、发展健康产业为重点,把健康融入所有政策,加快转变健康领域发展方式,全方位、全周期维护和保障人民健康,大幅提高健康水平,显著改善健康公平,为实现"两个一百年"奋斗目标和中华民族伟大复兴的中国梦提供坚实健康基础。

到 2030 年,促进全民健康的制度体系更加完善,健康领域发展更加协调,健康生活方式得到普及,健康服务质量和健康保障水平不断提高,健康产业繁荣发展,基本实现健康公平,主要健康指标进入高收入国家行列。到 2050 年,建成与社会主义现代化国家相适应的健康国家。

到 2030 年具体实现以下目标:

——人民健康水平持续提升。人民身体素质明显增强,2030 年人均预期寿命达到 79.0 岁,人均健康预期寿命显著提高。

——主要健康危险因素得到有效控制。全民健康素养大幅提高,健康生活方式得到全面普及,有利于健康的生产生活环境基本形成,食品药品安全得到有效保障,消除一批重大疾病危害。

——健康服务能力大幅提升。优质高效的整合型医疗卫生服务体系和完善的全民健身公共服务体系全面建立,健康保障体系进一步完善,健康科技创新整体实力位居世界前列,健康服务质量和水平明显提高。

——健康产业规模显著扩大。建立起体系完整、结构优化的健康产业体系,形成一批具有较强创新能力和国际竞争力的大型企业,成为国民经济支柱性产业。

——促进健康的制度体系更加完善。有利于健康的政策法律法规体系进一步健全,健康领域治理体系和治理能力基本实现现代化。

资料来源:"健康中国2030"规划纲要-搜狗百科 https://baike.sogou.com/v156347605.htm,内容有删减。

1. 健康的定义

健康(Wellness),通常被简单解读为"机体处于正常运作状态,没有疾病"。这是传统的健康概念。通常我们是把疾病看作是机体受到干扰而导致身体功能下降、生活质量降低(主要由肉体疼痛引起)或者死亡。

近代以来,学术界对于健康概念的解读逐渐完善。传统的健康概念是完全站在生物医学的角度,认为健康就是人的肌体健壮、没有疾病,人体各个器官组织处于良好状态、各器官组织功能处于正常状态。《辞海》中对于健康的解读也是把人作为生物有机体来对待,"健康是人体各器官系统发育良好、功能正常、体质健壮、精力充沛,并且具有良好劳动效能的状态"。通常用人体测量、体格检查、各种生理指标来衡量。这个解读比"健康就是没有病"科学完善,提出了"劳动效能"这一概念,但未把人当作社会人来对待。对健康的认识,在生物医学模式时代被公认是正确的。

人们普遍认为,健康是"机体处于正常运作状态,没有疾病"。

随着社会发展和科技进步以及经济、教育和医学的快速发展,人们对健康的解读也更多元。1946年世界卫生组织(WHO)成立时在它的宪章中提到"健康乃是一种在身体上、心理上和社会上的完满状态,而不仅仅是没有疾病和虚弱的状态。"这种健康解读,把健康从生物学扩展到精神和社会关系(社会相互影响的质量)两个方面的健康状态,由单纯生物医学向生理、心理和社会三位一体的医学模式转化。现代健康观认为,健康已不再仅仅是指四肢健全,无病或虚弱。除身体健康外,还应包括人的心理健全、行为正常和社会道德规范以及环境因素的完美等。

《简明不列颠百科全书》1987年中文版提到"健康,使个体能长时期地适应环境的身体、情绪、精神及社交方面的能力"。"健康可用可测量的数值(如身高、体重、体温、脉搏、血压、视力等)来衡量,但其标准很难掌握。"这一概念关注到心理因素,但在测量方面缺乏工具。可以说这是从生物医学模式向生物、心理、社会医学模式过渡过程中的产物。

1989年世界卫生组织提出"身体健康、心理健康、道德健康、社会适应良好"健康四维观,首次把道德修养也纳入了健康的范畴。

从上述对于"健康"的多种解读中可见,从最初的"身体健康"逐渐扩展到"身体健康、心理健康、道德健康、社会适应良好"四维一体的健康观。

要保持健康状态,必须奠定维护健康的四大基石:平衡饮食、适量运动、戒烟限酒、心理健康。

2. 健康状态的评价

1978 年世界卫生组织提出评价健康状态的 10 个标准：

（1）精力充沛，能从容不迫地担负日常生活和繁重工作，而不觉得过分紧张与疲劳；

（2）处事乐观，态度积极，乐于承担责任，工作效率高；

（3）生活有规律，睡眠良好；

（4）应变能力强，能够适应外界环境的变化；

（5）抗病能力强，自身免疫能力强；

（6）体重适中，身体匀称，头、臂、臀比例协调；

（7）眼睛明亮，反应敏捷，眼睑不易发炎；

（8）牙齿清洁，无蛀牙，牙龈颜色正常，无出血现象；

（9）头发有光泽，无头屑；

（10）肌肉结实，皮肤富有弹性，运动有活力。

世界卫生组织提出的人类健康状态评价标准，包括肌体和精神两方面的健康状况。

（二）疾病

疾病是人体的另一种状态，是一种特殊的生命状态，随着人类对疾病认识水平的不断提高以及疾病的动态演化，人们对于疾病的解读也不断改变。

国内学者对于疾病的解读各有侧重：上海第一、第二医学院在《疾病学基础》中认为：疾病是人体对来自外界环境或身体内部的有害因素做斗争的复杂运动过程，既表现为人体对有害因素做斗争的整体反应，同时又有比较集中于某些脏器或局部组织的形态结构和功能代谢的变化。

王春敏、李梅秀在《医学疾病学导论》中提到：疾病是机体在外界和体内某些致病因素作用下，因自稳态调节紊乱而发生的生命活动障碍过程。在此过程中，机体对病因及其造成的损伤产生抗损伤反应，组织、细胞发生功能、代谢和形态结构的病理变化，病人出现各种症状、体征及社会行为的异常，对环境的社会适应能力降低和生命质量下降。

陈淑增、邱丹缨在《疾病学基础》（上册）中提到，疾病是机体在一定的致病因素作用下，因内外环境的平衡被破坏而发生的内环境紊乱和生命活动障碍。

《简明不列颠百科全书》1987 年中文版提到"疾病，是以产生症状或体征的异常生理或心理状态"，是"人体在致病因素的影响下，器官组织的形态，功能偏离正常标准的状态"。

疾病种类丰富。世界卫生组织 1978 年颁布的《疾病分类与手术名称》记载着上万个疾病名称，而且新的疾病仍不断出现或者被发现。常见的危害人类健康的疾病主要包括高血压、糖尿病、心脏病、乙型肝炎、中风、恶性肿瘤、急性心肌梗塞、尿毒症、重型再生障碍性贫血、阿尔茨海默病等。

（三）亚健康

世界卫生组织将机体无器质性病变，但是有一些功能改变的状态称为"第三状态",我国称之为"亚健康状态",也称为"次健康""第三状态""中间状态""游移状态""灰色状态"等。

亚健康是指非健康非病状态,是介于健康和疾病之间的一种特殊身体状态,是指人的机体虽然无明显疾病,但会呈现出疲劳、活力不足、反应能力和适应力减退、创造能力较弱以及自我感觉有种种不适的一种生理状态,亚健康状态的体征表现通常包括以下情况:生命质量差,长期处于低健康水平;体征改变,但现有医学技术不能发现病理改变;慢性疾病伴随的病变部位之外的不健康体征;功能性改变,而不是器质性病变。

共同特点是人体有多种异常表现和感觉,而通过常规的物理、化学检查方法难以做出疾病的诊断。

亚健康状态是由生物的、社会的和心理的三方面因素综合作用导致机体的功能紊乱。引起亚健康的原因主要包括:过度紧张和压力、不良生活习惯、环境污染和精神、心理因素刺激等。

二、理解健康、疾病、亚健康三者之间的关系

亚健康是一种临界状态,处于亚健康状态的人。虽然没有明确的疾病,但却出现精神活力和适应能力的下降。亚健康是大多数慢性非传染性疾病的疾病前状态。大多数恶性肿瘤、心脑血管疾病和糖尿病等均是从亚健康人群转入的。亚健康状态明显影响工作效能和生活、学习质量,甚至危及特殊作业人员的生命安全及其他人群的安全。心理亚健康极易导致精神心理疾患,甚至造成自杀和家庭伤害。多数亚健康状态与生物钟紊乱构成因果关系,直接影响情绪、睡眠,加重身心疲劳。严重的亚健康可明显影响到人们的健康及寿命,甚至造成早病、早残、英年早逝。

健康、疾病和亚健康是人类身体状态的三种表现形态。而影响人类健康状况的因素有很多,包括社会因素、环境因素、生物因素、心理因素、生活习惯和医疗卫生保健水平等。判断和衡量机体处于健康、疾病或是亚健康状态,主要是看在致病因素的损伤和机体的抗损伤相互作用的过程中机体处于那种状态。如果机体自稳调节功能运行良好。就处于健康状态;如果自稳调节功能运行不稳定,就处于亚健康状态;如果自稳调节功能运行紊乱,就处于疾病状态。

三者之间在一定条件下是可以相互转化的(如图 1-2 所示)。

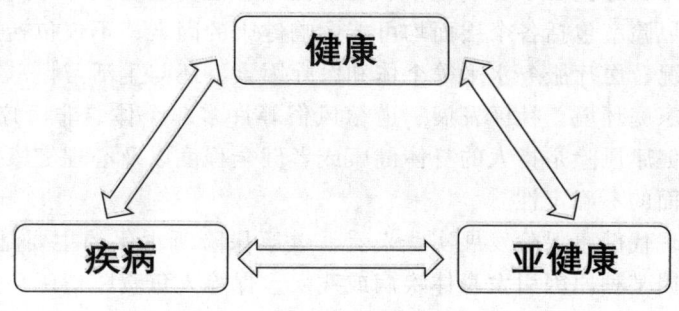

图 1-2 健康疾病亚健康关系图

任务二
了解健康风险

一、掌握健康风险的概念及其构成要素

（一）健康风险的概念

 行业动态

我国肿瘤发病的现状，据 2018 年 4 月 8 日在博鳌举行的中日肿瘤防御研讨会上，据介绍 2017 年全国癌症年发病是 380 万人，死亡是 260 万人，城市是 226 万人，农村是 154 万人，城市稍微高一点。发病前五位的男性是肺癌、胃癌、肝癌、结肠癌和食道癌，女性是乳腺癌、肺癌、结直肠癌、甲状腺癌和胃癌。我国每分钟就有 6 人被诊断为癌症，每分钟就有 5 人死于癌症，全球 20% 的新发癌症病人和 24% 的死亡病人在中国，死亡率比国外高。在科技进步的今天，癌症的治疗手段越来越先进，癌症的发病率和死亡率应该会明显下降，可恰恰相反，2017 年 2 月由国家癌症中心郝捷院士陈万青教授等人撰写的中国癌症研究的统计数据显示，中国癌症发病率和死亡率持续上升，已经成为最主要的疾病死亡原因。患病率更高的原因除人口老龄化以外，还有生态环境的污染，人们行为方式的变化，如吸烟、酗酒、紧张、焦虑等都使患癌几率上升。中国癌症统计数据显示，我国癌症发病地域分布明显，其中胃癌高发区集中在西北及沿海各省市，肝癌高发区集中在东南沿海及东北吉林地区，食道癌高发区主要在河北、河南等中原地区，相似的地理位置意味着相似的生活习惯、饮食习惯等，这表明环境对刺激人体癌变有着很大的影响，比如湖南省等很多地方有嚼槟榔的习惯，所以口腔癌发病率居全国第一。

健康风险可从狭义和广义两个层面来理解。狭义的健康风险，仅是指人的身体健康或者健全程度的风险，即人的身体机能、组织器官等遭受疾病或意外伤害，导致的医疗费用增加、收入下降或中断等损失的不确定性。这与传统健康观一致。由于现代健康观除了身体健康外，还包含了心理健康、道德健康、社会适应良好等更丰富的内涵，与之相适应，健康风险就包括各个层面均可能影响健康的因素，不仅包括遗传、职业、营养状况、卫生状况、医疗服务水平等个体和医疗因素，还与生活习惯、接受教育程度、社会经济环境、家庭环境、社区发展、道德风俗等许多非个体、非医疗的因素息息相关。所以，广义的健康风险是指人的身体健康或者健全程度以及心理健康、道德健康和社会适应能力等方面的不确定性。

当然，从现代健康保险发展实践来看，健康保险所承保的主要是狭义的健康风险，即当被保险人因某种原因引发身体疾病或残疾，保险人负责赔偿医疗费或收入损失。而对于心理健康、道德健康以及社会适应能力等方面的风险，健康保险并不予以承保。

（二）健康风险的要素

影响人类健康的因素是多方面的，包括自然的、社会的和人类自身内在的一些因素，这些因素是引起人类健康状况呈现不确定性的原因和条件，构成健康风险因素。在人类生命过程中，经常会因自然、社会和人类自身发展等诸多因素，引起人的身体疾病或伤残，以及心理疾病、道德不健康和适应社会能力差等情况的发生，也就是不健康的状态。由于这些影响因素总是处于不断变化发展中，从而使人类健康的不确定性更加复杂且难以确定，人类面临的健康风险增加了。

风险是由风险因素、风险事故和损失三要素构成，健康风险也是由健康风险因素、健康风险事故、健康风险损失三个要素构成。

（1）健康风险因素。风险因素是指引发风险事故或风险事故发生致使损失增加的原因和条件。健康风险因素主要包括年龄、性别、职业、健康状况和居住环境等，具体可分为三类：一是实质风险因素，是指引起或增加健康风险事故发生的机会或扩大损失程度的有形的物质性因素，如恶劣的气候条件、不适宜的居住环境、被污染的食物等；二是道德风险因素，是与人的道德品质有关的无形因素，指出于个人的恶意行为或不良企图，故意促使风险事故发生，以致形成损失结果或扩大损失程度的原因和条件。如带病投保、过度医疗等都会造成医疗费用支出的增加。对于道德风险因素引发的损失，保险公司通常不负责赔偿；三是心理风险因素，是与人的心理状态有关的无形因素，指由于人们思想上的认识不到位、麻痹大意、漠不关心等，以致增加风险事故发生机会和扩大损失程度的原因和条件。如参保后，人们不再积极锻炼身体和注意饮食卫生，减少了养生保健和健康预防等，均属于心理风险因素。相对于道德风险因素，心理风险因素强调的是人的过失、疏忽行为造成的身体健康和生命安全的损害。

比如，中国在改革开放的40多年间创造了举世瞩目的"增长奇迹"，但粗放式的发展模式也造成了一系列的环境问题，其中空气污染问题最为严峻。《2019中国生态环境状况公报》指出，2019年全国地级及以上城市中，53.4%的城市空气质量没有达标。世界卫生组织（WHO）发布的《2017年全球疾病负担报告》显示，中国每10万死者中有161.1人死于空气污染。严峻的空气污染影响了社会经济的可持续发展，同时带来了极大的健康风险，这就是物质健康风险因素。

（2）健康风险事故。健康风险事故，是指引起医疗费用支出或收入损失的直接原因或外在原因。如疾病以及火灾、爆炸、地震、车祸等意外伤害事故。

（3）损失。损失是非故意的、非计划的和非预期的经济价值的减少。损失可以分为直接损失与间接损失。在健康风险中，损失是指非故意的、非计划的和非预期的医疗费用、护理费用支出及收入的减少，即因疾病或意外伤害事故等健康风险事故直接造成的医疗费用开支或收入损失，是直接损失。

（4）健康风险因素、事故和损失的关系。风险因素是引发风险事故的原因和条件，是发生事故的可能性；而风险事故则使风险的可能性转化成了现实结果，并导致了损失，因此风险的要素之间具有递进式的因果关系。从逻辑上讲，三者之间的关系是风险因素引发风险事故、风险事故导致损失的因果关系，健康风险三个要素之间的关系是，健康风险因素引发健康风险事故进而导致健康风险损失，如图1-3所示。

图 1-3 健康风险三要素之间关系

课堂实作

参考以下健康管理信息表对自己进行健康风险调查,分析自己所面临的健康风险因素。

图 1-4 健康风险问卷截图

图表来源:健康调查问卷 A4 模板_ 天天文库 https://www.wenku365.com/p-23941225.html

二、掌握健康风险的特征

健康风险是风险的一种，具备一般风险所共有的客观性、危害性、不确定性、发展性等特征。但同时，由于其作用对象及其表现形式的特殊性，健康风险还有其自身的特征。

（一）人身伤害性

健康风险的危害对象是人，健康风险发生后，首先会对人体健康造成伤害，或者病痛、伤残，可能造成暂时或永久性劳动能力的丧失，这会给人们的生活、工作带来困难、损失，甚至是不幸。所以健康风险给人们带来的不仅是经济上的损失，还有健康和生命的损害以及心理的损伤，而这些是无法用金钱来衡量和弥补的。

（二）普遍性、频发性

健康风险是客观存在的，不以人们的主观意志转移而转移的，而且普遍存在、发生频率极高。现代社会中，影响人体健康的因素越发复杂繁多，如各类自然灾害、意外事故、环境污染等都会危害人身健康。仅就健康风险中的疾病风险而言，对每个人或每个家庭都是无法回避的，其发生频率远高于其他风险。

（三）复杂性

由于影响人体健康的因素多种多样、纷繁复杂，导致健康风险也具有了复杂性。单说疾病风险，人类已知的疾病种类繁多，每一种疾病的根源可能不同，有的是细菌侵入，有的是病毒感染，有的是物理性创伤，且会因个体差异而症状各异。此外，还存在着一些未知疾病、潜在疾病以及亚健康状态等，这使得疾病风险难以预测、分散和化解，防范疾病显得尤为困难。但这一切不利的因素都可能危害人体健康乃至生命。

（四）社会性

由于某些疾病具有传染性，这类风险不仅直接危害个人健康，而且会涉及整个地区乃至社会，从而使健康风险具有了社会性。如：肺结核、肝炎、非典型性肺炎、疟疾等等。这些疾病一旦发生，如不进行有效预防、治疗和控制，很快会传染给他人，甚至蔓延到整个地区乃至社会，给更多人的健康乃至生命造成严重危害。

三、掌握健康风险的分类

从风险引发的后果来看，健康风险可以分为疾病风险和残疾风险两类。

（一）疾病风险

疾病风险可以从狭义和广义两个角度理解。狭义的疾病风险是指个人由于人体器官或组织感染疾病或身体机能病变而导致的人身风险；广义的疾病风险除了疾病引起的风险外，还包括个人由于生育及意外伤害而引起器官或部分组织感染疾病的人身风险。在人类所面临的多种人身风险之中，疾病风险是一种危害严重、复杂多样、涉及面广，几乎会直接影响每一社会成员基本生活和生存利益的特殊风险。

（二）残疾风险

残疾风险是由于疾病、意外伤害事故等导致人体肌体损伤、组织器官缺损、功能障碍或永久丧失功能等给个人和家庭带来损失的不确定性。从经济角度讲，残疾风险给个人和家庭所带来的问题可能比早逝风险或疾病风险更为严峻。因为如果一个人不幸死亡，其后果仅是家庭收入的减少或中断。但如果是残疾，则不仅家庭收入减少了，而且由于要承担残疾者的医疗费用、生活自理辅助设备的购置等，给个人和家庭造成的财务负担会更大。如果残疾者是家庭收入的主要来源者，情况会变得更严峻，给个人或家庭造成的经济负担会更大。

任务三 了解健康风险管理

一、理解健康风险管理

（一）健康风险管理的概念

1986年，在世界卫生组织参与主办的首届国际健康促进大会上，首次将健康定义为"资源"，因此从字面上来看，健康风险管理就是对"健康"资源的管理，即针对健康需求对健康资源进行计划、组织、指挥、协调和控制的过程。

健康管理是对个人或人群的健康危险因素进行全面管理的过程。其宗旨是调动个人、集体和社会的积极性，有效地利用有限的资源来达到最大的健康效果。健康风险评估是健康管理过程中关键的专业技术部分，并且只有通过健康管理才能实现，是慢性病预防的第一步，也称为危险预测模型。它是通过所收集的大量的个人健康信息，分析建立生活方式、环境、遗传等危险因素与健康状态之间的量化关系，预测个人在一定时间内发生某种特定疾病或因为某种特定疾病导致死亡的可能性，并据此按人群的需求提供有针对性的控制与干预，以帮助政府、企业、保险公司和个人，用最少的成本达到最大的健康效果。总之，健康管理是以预防和控制疾病发生与发展，降低医疗费用，提高生命质量为目的，针对个体及群体进行健康教育，提高自我管理意识和水平，并对其生活方式相关的健康危险因素，通过健康信息采集、健康检测、健康评估、个性化监看管理方案、健康干预等手段持续加以改善的过程和方法。

 **扩展阅读**

学者从不同的视角，对健康风险管理进行了界定：

美国的查普曼（1999）认为，健康风险管理是通过个人、组织和文化上的积极干预，帮助特定人群改善不健康状态，提高健康水平和医疗效率。

美国的弗洛普（2001）把健康风险管理等同于公共健康服务，认为健康风险管理是围绕改善健康而制定、实施政策以及组织服务而展开的活动。通过改善健康服务的产品与手段，以最少投入来获取最大的健康改善效果。

陈石君等（2007）认为，健康风险管理是"对个体或群体的健康进行全面的监测、分析、评估，提供健康咨询和指导，对健康危险因素进行干预的全过程"。这是当前国内采用最普遍的定义。

2009年，中华医学会健康风险管理学会提出了一个较为权威的定义：健康风险管理是以现代健康概念（生理、心理和社会适应能力）和新的医学模式以及中医的治未病为指导，通过采用现代医学和现代管理学的理论、技术、方法对个体或群体整体健康状况及其影响健康的危险因素进行全面检测、评估、有效干预与连续跟踪服务的医学行为及过程，其目的是以最小投入获取最大的健康效益。

2012年，中国保监会下发的《关于健康保险产品提供健康风险管理服务有关事项的通知》提出：健康风险管理服务是指保险公司针对被保险人的健康风险因素通过监测、评估、干预等手段实现控制风险、改善健康状况服务，包括健康体检、就医服务、生活方式管理、疾病管理、健康教育等。

健康风险管理最早起源于美国。1929年洛杉矶水利局成立健康维护组织（HWO），1969年美国联邦政府出台政策将健康风险管理纳入医疗保健计划。但事实上，健康风险管理作为一种理念，是在20世纪70年代由美国保险业提出来，旨在引导医疗服务及健康消费行为和促进健康保险发展。因此健康保险是现代健康风险管理的发源地。

健康风险管理的宗旨是调动个人及集体的积极性，有效利用有限资源达到最大的健康效果，其目的是保护和促进人类的健康，防止疾病的发生，提高生命质量，降低医疗费用。健康风险管理具体做法是在对人们健康状况进行评价的基础上，提供有针对性的健康风险管理计划和指导方案。健康风险管理具有标准化、量化、个体化和系统化等特点。

（二）掌握健康风险管理的内容

健康风险管理的内容包括三部分：收集个人健康信息、评估健康风险和管理健康风险，周而复始，循环往复，如图1-5所示。

图1-5 健康风险管理流程

（1）收集个人健康信息。个人健康信息包括个人一般信息（年龄、性别、职业、职务等）、目前健康状况信息（既往病史、现病症、用药史、过敏史等）、家族遗传史、生活方式和习惯等。通过收集与个人的健康及生活方式相关的信息，发现健康问题，为评价和干预管理提供基础数据。

（2）进行健康风险评估。健康风险评估可根据疾病风险调查问卷评估及体检评估结果来进行，并根据医学及流行病学的相关标准做出判定，可由人工评估及健康风险管理系统软件两个途径实现。通过对个人的健康现状及发展趋势的评估，为干预管理和干预效果的评价提供依据。

（3）进行健康风险管理。针对被管理者存在的健康问题，从生活习惯、营养膳食、运动、心理指导、中医养生等各方面给予全方位的、个性化的健康指导，并帮助其实施这些指导措施，使接受健康风险管理者达到身心健康的良好生活状态；妥善安排保险方案，达到以最低成本获得最大的安全保障。

二、健康风险管理与健康管理

 扩展阅读

血糖监测重要性及方法

控制血糖不仅可以避免糖尿病的急性并发症如酮酸血症或高血糖高渗透压非酮酸性昏迷的发生，良好的血糖控制还会令您身体感觉舒适和减少糖尿病并发症，这点在1993年糖尿病控制与合并症试验中已得到很好的证明。

血糖监测是维持良好血糖的必要工具，任何一种治疗计划都必须有监测的指标来获知成效，血糖监测是最直接的指标。经常的血糖监测除了可以避免高血糖带来的问题外，还可以预防低血糖的发生。经常的血糖监测除了可以避免高血糖带来的问题外，还可以预防低血糖的发生。

测量血糖分为两种方法，如下：

第一，静脉血糖，这样的血糖建议患者隔夜空腹8~12小时，到内分泌科门诊，由专科的医生开具相应的化验单，再到检验科去完善静脉血糖，以及相关检查的化验。

第二，患者已经诊断了糖尿病，而且已经应用了药物，可以通过自行在家监测指尖血糖的方式，来明确目前的降糖方案是否合适自己，是否能将血糖控制在目标范围里。这种方法要怎么监测？每天监测空腹和三餐后两小时的血糖，空腹血糖指的是早餐前的血糖。

资料来源：血糖怎么测量——有来医生，https://www.youlai.cn/ask/CD46A7gscfF.html

健康管理主要从使人们更健康的角度提出一些指导性意见和方案，以降低人们患病或残疾的可能性，当然并不能从根本上避免或消除疾病，只是健康风险管理的一部分内容。人们一旦患病或残疾，就会导致医疗费用增加、收入减少乃至中断、死亡，面临着或大或小的健康风险。因此，除了要做好健康管理外，系统的健康风险管理是十分必要的。

健康风险管理是指经济单位通过识别健康风险、衡量疾病或残疾发生概率及损失后果、并对健康风险处理方法进行选择和实施，以最小的代价获得最大保障的管理方法。

健康风险管理的方法包括控制和融资等。

控制型健康风险管理措施包括预防和抑制两个方面，预防健康风险是风险事件发生前通过采取措施降低事件发生可能性和损失程度，如加强锻炼、注重养生、定期体检等，来降低疾病的发生率从而减少医疗费用或收入损失；抑制健康风险是指人们一旦罹患疾病或遭受意外伤害导致伤残，尽可能采取医疗措施进行救治以减少医疗费用或收入损失。

控制型健康风险管理措施，对于家庭而言无法完全消除风险，只是尽可能降低损失概率和损失程度。为了应对未来损失，人们应该采取一些融资措施，损失一旦发生，能获取所需的资金，为其减少损失提供财务基础，这就是健康风险管理的另一种方法，即融资型健康风险管理措施。包括自留风险和融资型风险转移。自留健康风险是人们自己承担疾病或意外伤害带来的医疗费用开支或收入损失。风险自留分为主动自留和被动自留，所谓主动风险自留是指风险管理人员识别了风险的存在并对其损失后果有了较为准确的评价和比较了各种管理措施的利弊后，有意识地决定不转移有关的潜在损失风险，而由自己承担。被动风险自留一般有以下两种情况：一是没有意识到风险存在而导致风险的无意识自留；二是虽然意识到风险的存在，但低估了风险的损失程度，或对其严重性认识不足，怀着侥幸心理而自留了风险，从而最终由经济单位自己承担风险损失。融资型转移健康风险是通过一定的方法筹集资金，在自身面临健康风险时，由他人或经济单位承担自身所承担的部分医疗费用或收入损失。健康保险就是这样一种行之有效的健康风险转移方法。

三、健康保险是健康风险管理的主要手段

健康保险是投保人通过与保险公司签订健康保险合同的方法将健康风险转嫁给保险公司，一旦被保险人患病或遭受意外伤害，保险公司负责赔偿医疗费用、护理费用，或按合同约定金额给付保险金。健康保险一方面能够将人们未来大额的、不确定的健康支出或损失转化为小额的、确定的保费支出，从而缓解对于未来不确定性的忧虑；另一方面，保险人的赔付能够减轻被保险人因疾病或残疾而造成的经济压力。因此，健康保险日益成为人们处理健康风险的主要手段。

健康风险管理对健康保险的发展具有重要意义。对健康保险而言，通过健康信息收集、监测与风险因素评价等有助于保险公司充分了解与掌握客户的健康状况信息及其发生疾病的可能性，并进行承保前和保险过程中的风险控制。十大癌症健康风险管理方法表，见表1-1，通过健康风险因素干预管理与健康促进，有助于从源头上控制疾病发生率不断增长的风险，这势必将大幅度减少医疗费用的支出。因此，健康风险管理可以减少被保险人患病的可能性，减少赔款支出，降低赔付率，提高健康保险经营利润。因而，从商业健康保险角度看，健康风险管理可以辅助商业保险机构在为被保险人提供健康风险保障的过程中，利用医疗服务资源或与医疗合作机构所进行的健康指导或诊疗干预活动。健康风险管理是控制健康保险经营风险的有效措施。

表 1-1　　　　　　　　　　　　　十大癌症健康风险管理方法表

疾病	高危人群	筛查方法	防范建议
肺癌	每年吸烟≥20 包，包括曾经吸烟但戒烟不足 15 年者；长期被动吸烟者等。	每年做一次胸部低剂量螺旋 CT	1. 及时戒烟 2. 厨房用具选择具有足够马力的抽油烟机，减少爆炒、煎炸等 3. 室内经常通风换气
结直肠癌	长期慢性便秘或慢性腹泻，连续两周出现黏液血便等肛肠症状；直系亲属有结直肠癌史等	一般人群每年做一次免疫化学粪便隐血试验（FIT）；有症状的高危人群及时做肛门直肠指检、大便隐血试验检查	1. 坚持锻炼，避免肥胖 2. 多增加粗纤维、新鲜水果摄入，避免高脂高蛋白饮食 3. 戒烟戒酒
胃癌	有患胃癌的直系亲属；长期生活在胃癌高发地区、存在幽门螺杆菌感染；既往患有慢性萎缩性胃炎、胃溃疡、胃息肉等	高危人群 1~2 年做一次胃镜	1. 饮食清淡，少吃腌制食品 2. 使用公勺公筷 3. 戒烟，限酒
乳腺癌	有乳腺癌家族史；有对侧乳腺癌史；携带有乳腺癌致病性遗传突变等	45 岁后每 1~2 年做一次彩超检查，高危人群可每 1~2 年做一次乳腺钼靶摄片检查	1. 保持愉快的心情，适龄婚育 2. 多吃植物性食物，减少酒精摄入量，减少服用避孕药 3. 每天至少做半小时运动
肝癌	经常熬夜、负面情绪多、长期酗酒或高脂饮食；患有乙肝、丙肝，或携带乙肝、丙肝病毒者；肝硬化者等	每半年做一次腹部超声检查，高危人群每半年接受一次血清甲胎蛋白（AFP）检查	1. 40 岁以上的男性、曾感染病毒性肝炎者、长期服药、有肝癌家族史的人，要每年查肝功能 2. 不要熬夜 3. 不乱吃药，戒酒 4. 保持心平气和、乐观开朗
食管癌	喜食腌制、烟熏食品、过烫食物、剩饭；患有反流性食管炎等上消化道疾病	高危人群需胃镜检查	1. 吃饭不能太急，太热的汤、茶等凉一些再喝 2. 少食多餐，每餐只吃七八分饱 3. 少吃麻辣烫、火锅、烧烤等熏烤制品
甲状腺癌	甲状腺癌结节大于 1 厘米，且结节生长迅速，或伴持续性声音嘶哑、发声困难等	30 岁后建议每年做一次颈部超声检查	1. 调整心态：许多甲状腺病患者都有紧张焦虑、工作压力大等问题 2. 规律生活：不熬夜、避免过度劳累、戒烟戒酒 3. 远离辐射：频繁接受 CT、X 光等辐射是甲状腺癌的明确病因 4. 注意碘摄入：碘缺乏或碘摄入过多都会对甲状腺造成影响

续表

疾病	高危人群	筛查方法	防范建议
胰腺癌	有上腹部不适；突发糖尿病；慢性胰腺炎患者等	长期"胃疼"应及时查查胰腺，高危人群每半年体检一次	1. 戒烟 2. 不要暴饮暴食；饮食清淡，戒油腻、忌辛辣
前列腺癌	长期患有慢性前列腺炎；有前列腺癌家族史等	高危人群可每两年做一次前列腺抗原（PSA）检测	1. 多喝水，不要憋尿 2. 避免久坐 3. 规律性生活
宫颈癌	感染人乳头状瘤病毒（HPV）	21~30岁，每3年做一次细胞学筛查； 30岁后每5年做一次HPV筛查	1. 接种HPV疫苗 2. 不吸烟，不酗酒，不熬夜 3. 性生活要健康，减少感染HPV的机会

 课堂实作

血压测量操作

检查前

被检查者半小时内禁烟，禁咖啡，排空膀胱。在安静的环境中至少休息5分钟。

检查时

臂肌肉放松，手掌向上平伸，不要紧握拳头，肘部与心脏在同一水平，袖带平覆紧贴皮肤绑扎、松紧适度，下缘高于肘部1~2厘米。保证周围环境的安静。

检查后

1. 建议初次测量左、右上臂血压，以血压高的一侧作为血压测量的上肢。

2. 当左、右上臂血压收缩压差值>20mmHg时，建议进行四肢血压测量。老年人及糖尿病或某些疾病患者易出现体位性低血压，建议测量卧位或站立位血压，站立位血压测量应在卧位改为站立3分钟内进行。

结果解读：

正常值

收缩压90~140mmHg　舒张压60~90mmHg　脉压30~40mmHg

异常分析

1. 低血压：凡血压低于90/60mmHg时称低血压。持续的低血压状态多见于严重病症，如休克、心肌梗死、急性心脏压塞等。

2. 高血压：若在安静、清醒的条件下采用标准测量方法，至少3次非同日血压值达到或超过收缩压140mmHg/舒张压90mmHg，即可认为有高血压。

3. 脉压异常：（1）脉压减小：脉压低于30mmHg称脉压减小。见于心包积液、主动脉瓣狭窄等；（2）脉压增大：脉压超过40mmHg称脉压增大。见于动脉硬化、主动

脉瓣关闭不全、甲状腺功能亢进症等。

资料来源：血压测量，https://www.baikemy.com/disease/kg/34714370980097#content_3

任务四 了解健康风险评估

 **导入案例**

李先生，50岁，25年吸烟史，无糖尿病，血压150/90mmHg，体格指数25，总胆固醇5.46mmol/L。

经对照我国"十五科研攻关项目"冠心病和脑卒中综合危险度评估方法对李先生的评分结果为：李先生缺血性心血管病的患病概率是7.6%，比一般人群高2~8倍。

建议李先生尽快控制健康风险因素，降低发病概率。

一、健康风险评估概述

健康风险评估（health risk appraisal，HRA）是一种方法或工具，用于描述和评估某一个体未来发生某种特定疾病或因为某种特定疾病导致死亡的可能性。这种分析过程目的在于估计特定时间发生的可能性，而不在于做出明确的诊断。健康风险评估师对个人的健康状况及未来患病/死亡危险性的量化评估。包括健康状态、未来患病/死亡危险、量化评估3个关键词。

健康风险评估的目的简单来说，是将健康数据转变为健康信息。具体来讲，健康风险评估的主要目的如下：

(1) 帮助个体综合认识健康危险因素。
(2) 鼓励和帮助人们修正不健康的行为。
(3) 制定个性化的健康干预措施。
(4) 评价干预措施的有效性。
(5) 健康管理人群分类。
(6) 其他目的。

二、健康风险评估基本模块

健康风险评估包括3个基本模块：问卷、危险度计算、评估报告。今天，绝大多数健康风险评估都已计算机化。

（一）问卷

问卷是健康风险评估进行信息收集的一个重要手段，根据评估的重点与目的的不同，所需的信息会有所差别。一般来讲，问卷的主要组成包括：①生理、生化数据，如身高、体重、血压、血脂等；②生活方式数据，如吸烟、膳食与运动习惯等；③个人或家族健康史；④其他危险因素，如精神压力；⑤态度和知识方面的信息。

（二）风险的计算

健康风险评估是估计具有一定健康特征的个人会不会在一定时间内发生某种疾病或健康的结果。

常用的健康风险评价一般以死亡为结果，由于技术的发展及健康管理需求的改变，健康风险评估已逐步扩展到以疾病为基础的危险性评价。因为后者能更有效地使个人理解危险因素的作用，并能更有效的实施控制措施和减少费用。

在疾病危险性评价及预防方面一般有两种方法。第一种是建立在单一危险因素与发病率的基础上，将这些单一因素与发病率的关系以相对危险性来表示其强度，得到的各相关因素的加权分数即为患病的危险性。由于这种方案简单实用，不需要大量的数据分析，是健康管理发展早期的主要危险性评价方法。比较典型的有美国卡特中心（Carter Center）及美国糖尿病协会的评价方法。

第二种方法是建立在多因素树立分析基础上，即采用统计学概率理论的方法来得出患病危险性与危险因素之间的关系模型。为了能包括更多的危险因素，并提高评价的准确性，这种以数据为基础的模型在近几年有了很大的发展。所采取数理手段，除常见的多元回归外，还有基于模糊数学的神经网络方法及基于 MoteCarlo 的模型等。这种方法的典型代表是 Framingham 的冠心病模型，它是在前瞻性研究的基础上建立的，因而被广泛的使用。

BMI 指数（身体质量指数，简称体质指数、体重指数、体格指数，英文为 Body Mass Index，简称 BMI），是用体重公斤数除以身高米数平方得出的数字，是目前国际上常用的衡量人体胖瘦程度以及是否健康的一个标准。主要用于统计用途，当我们需要比较及分析一个人的体重对于不同高度的人所带来的健康影响时，BMI 值是一个中立而可靠的指标。

体格指数是由 19 世纪中期的比利时通才凯特勒最先提出。它的定义如下：

体格指数（BMI）= 体重（kg）÷ 身高^2（m^2）

EX：$70kg \div (1.75 \times 1.75) = 22.86$

BMI 值原来的设计是一个用于公众健康研究的统计工具。当我们需要知道肥胖是否对某一疾病的致病原因时，我们可以把病人的身高及体重换算成 BMI 值，再找出其数值及病发率是否有线性关联。根据被保险人国籍选择 A 表或 B 表，不同种族人群的平均体重各不相同，体重过重和过轻的概念也相应有所不同。B 表适用于那些体形偏小的种族人群；其中包括印度次大陆和东南亚血统的人。再根据年龄以及转换的 BMI 指数进行评点操作，得出体格指数环节核保结论，见表 1-2 和表 1-3。

表 1-2　　　　　　　　　　　　　评点表格 1

年龄	风险分类		投保险种	
	体格指数（表 A）	体格指数（表 B）	寿险	意外险
≤34 岁	≤15	≤14	个案处理	个案处理
	16~17	15~16	+50	标准体
	18~29	17~27	标准体	标准体
	30~32	28~30	+25	标准体
	33~35	31~32	+50	标准体
	36~37	33~34	+75	标准体
	38~39	35~36	+100	1.5 倍
	40	37	+125	2 倍
	41~42	38~39	+150	2 倍
	43~44	40~41	+200	拒保
	45~46	42~43	+250	拒保
	≥47	≥44	个案处理	拒保

说明：不同种族人群的平均体重各不相同，体重过重和过轻的概念也相应有所不同。B 表适用于那些体形偏小的种族人群；其中包括印度次大陆和东南亚血统的人。

表 1-3　　　　　　　　　　　　　评点表格 2

年龄	风险分类		投保险种	
	体格指数（表 A）	体格指数（表 B）	寿险	意外险
35~54 岁	≤15	≤14	个案处理	个案处理
	16~17	15~16	+50	标准体
	18~31	17~28	标准体	标准体
	32~36	29~33	+25	标准体
	37~39	34~36	+50	标准体
	40~41	37~38	+75	标准体
	42	39	+100	1.5 倍
	43~44	40~41	+125	2 倍
	45~46	42~43	+150	2 倍
	≥47	≥44	个案处理	拒保

说明：不同种族人群的平均体重各不相同，体重过重和过轻的概念也相应有所不同。B 表适用于那些体形偏小的种族人群；其中包括印度次大陆和东南亚血统的人。

通常，成人的肥胖程度与 BMI 数值之间存在一定的关系，见表 1-4。

表 1-4　　　　　　　　　肥胖程度与 BMI 数值关系表

肥胖程度	过轻	正常	过重	肥胖	非常肥胖
BMI 指数	低于 18.5	18.5~23.99	24~28	28~32	高于 32

据不完全统计，最理想的体格指数是 22。

📖 **课堂实作**

每位同学根据以下内容进行体格指数计算及评点：

（1）李某，女，湖南益阳人，年龄26岁，身高155cm，体重40kg，投保某保险公司寿险产品。

（2）刘某某，男，湖南邵阳人，年龄40岁，身高162cm，体重68kg，投保某保险公司寿险产品。

（3）王某，男，湖南湘潭人，年龄38岁，身高174，体重77kg，投保某保险公司寿险产品。

由于存在误差，所以BMI只能作为评估个人体重和健康状况的多项标准之一，若要评估个人是否超重，全美卫生研究所（NIH）推荐医生参照以下三项因素进行综合评估。

BMI腰围——测量腹部脂肪与肥胖相关疾病的危险因素，如高血压、LDL（恶性）胆固醇过高、HDL（良性）胆固醇过低、高血糖和吸烟。

国际上通用体格指数（BMI）来衡量肥胖。体格指数等于体重（千克）除以身高（米）的平方。腰围是衡量腹部肥胖的一个重要指标，它反映了腹部脂肪蓄积的程度，而腹部脂肪的蓄积与一系列代谢异常有关。

中国肥胖问题工作组的这项汇总分析报告表明：体格指数增高，冠心病和脑卒中发病率也会随之上升，超重和肥胖是冠心病和脑卒中发病的独立危险因素。体格指数每增加2，冠心病、脑卒中、缺血性脑卒中的相对危险分别增加15.4%、6.1%和18.8%。一旦体格指数达到或超过24时，患高血压、糖尿病、冠心病和血脂异常等严重危害健康的疾病的概率会显著增加。

对于不同的人种，同样的BMI可能代表的肥胖程度不一样。包括中国在内的亚洲地区的BMI水平在整体上低于欧洲国家，但据多项研究表明，亚洲人在较低的BMI水平时已经存在心血管疾病发病率高的危险。也就是说，中国人在BMI低于25时，患高血压的危险性就开始增加。

（三）评估报告

健康风险评估报告的种类和各种报告的组合千差万别，较好的情况是评估报告包括一份受评估者个人的报告和一份总结了所有受评估者情况的人群报告。同时，与健康风险评估的目的相对应。

个人报告一般包括健康风险评估的结果和健康教育信息。

人群报告则一般包括对受评估群体的人口学特征概述、健康危险因素总结、建议的干预措施和方法等。

评估报告形式多种多样，随着互联网的不断普及，由于具有受众广、更新快、可及性强等特点，通过网络发布教育信息会成为一种重要的教育形式。

三、健康风险评估分类

依据不同的分类标准，健康风险评估可进行多种分类。

1. 按应用的领域区分，健康风险评估可分为

（1）临床评估，包括体检、门诊、入院、治疗评估等；

（2）健康过程及结果评估，包括健康状态评估、患病危险性评估、疾病并发症评估及预后评估等；

（3）生活方式及健康行为评估，包括膳食、运动等的习惯评估；

（4）公共卫生监测与人群健康评估，从人群的角度进行环境、食品安全、职业卫生等方面的健康评估。

2. 按评估功能区分，常见的健康风险评估种类及方法有一般健康风险评估、疾病风险评估。

（1）一般健康风险评估，即前面所述，通过问卷、危险度计算和评估报告 3 个基本模块进行的健康风险评估（health risk appraisal，HRA）。

（2）疾病风险评估，疾病风险评估的目的区别于一般的健康风险评估，疾病风险评估指的是对特定疾病患病风险的评估（disease specific health assessment）。

其主要目的有：筛查出患有制定疾病的个体，引入需求管理或疾病管理；测量医生和患者良好临床实践的依从性和有效性；测量特定干预措施所达到的健康结果；测量医生和患者的满意度。

一般健康风险评估的特点对于疾病风险评估一样适用。另外，疾病风险评估还有具有以下特点：注重评估客观临床（如生化试验）指标对未来特定疾病发生危险性；流行病研究成果是其评估的主要依据和科学基础；评估模型运用严谨的统计学方法和手段；适用于医院或体检中心、健康/人寿保险中的核保与精算。

（3）疾病风险评估与健康管理策略。疾病风险评估作为健康风险评估的一个主要类型，与健康管理措施有着密切的联系。某种程度上说，疾病风险评估起着监看管理分流器的作用，通过疾病风险评估可以人群进行分类，对处于不同类型和等级的个人或人权实施不同的健康管理策略，实现有效的全人群健康管理。

疾病风险评估的方法：疾病风险评估的方法直接源于流行病学的研究成果。其中，前瞻性队列研究和对以往流行病研究成果的综合分析及循证医学是最主要的方法。前者包括生存分析法、寿命表分析法等，后者包括 Meta 分析、合成分析法（synthesis analysis）等。

疾病风险评估的步骤：从大的方面来说，疾病风险评估主要有四步。

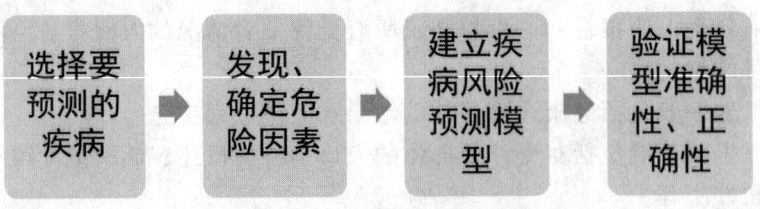

图 1-6 疾病风险评估流程图

四、健康风险评估的功能

健康评估功能由体检报告管理软件与健康信息转储发布管理软件相结合共同实现，其中体检报告管理软件的主要作用是：负责对健康评估所需信息收集和数据生成；负责

对已产生的评估结果的进行查询输出等处理。

健康信息转储发布管理软件的主要作用是：负责上传评估所需的数据；下载完成的评估结果。

在体检报告管理软件中对健康评估所需信息的收集主要采用填写调查问卷的形式进行，调查问卷内容含有：评估人员的健康状况、家族遗传史、饮食情况、吸烟情况、睡眠习惯、工作行为、精神及社会因素、体力活动及锻炼等多个部分，具体由所选评估疾病类型决定。

任务五 掌握健康风险评估案件

一、糖尿病风险评估

业务描述

准被保险人李某资料为未通过系统自动核保系统转入人工核保的核保件：

李某，年龄：34岁　性别：男性　职业：私营洗浴中心老板（曾经经营夜总会）告知：吸烟10支/日；个人病史：无既往症和现病史；家族史：无；体检报告：身高175cm、体重82kg、血压109/85mmHg、血常规（-）、尿常规、尿糖（-）。

血液生化检查：BUN：（-）Cr（-）ALT（-）、乙肝五项：（-）、血脂：TC（+）TG（+）、空腹血糖5.8mol/L。

核保分析指引：
(1) 空腹血糖检测值是否正常？
(2) 如何看待血糖检测结果？
(3) 有哪些情况导致这样的检查结果？
(4) 最终的核保结论。

（一）掌握糖尿病风险评估医学理论指引

1. 糖尿病定义及分类

糖尿病是一组代谢性疾病，其特征是由于胰岛素缺乏或胰岛素抵抗或二者同时存在而导致的慢性高血糖症。

糖尿病根据其不同的病因可以分为1型糖尿病、2型糖尿病、妊娠糖尿病及其他类型糖尿病。他们各自的发病特点如下：

(1) 1型糖尿病特点。此病多发生在青少年，起病急，症状明显。当胰岛素严重缺乏或病情进展较快时，患者可以出现糖尿病酮症酸中毒，从而危及生命。

(2) 2型糖尿病特点。此病可以发生在任何年龄，但多在40岁以后起病，发病缓慢，症状相对较轻，半数以上无任何症状，不少患者是因为慢性并发症或在体检时发现,很少发生糖尿病酮症酸中毒。

2. 糖尿病的危险因素

(1) 遗传因素。糖尿病是遗传倾向性疾病,遗传学研究表明,糖尿病发病率在血统亲属中与非血统亲属中有显著差异,前者较后者高出 5 倍。1 型糖尿病的病因中遗传因素的重要性为 50%,2 型糖尿病中其重要性达 90% 以上。

(2) 环境因素。人口老龄化、现代生活方式、营养过剩、长期摄食过多、体力活动不足等。

在遗传因素及以上环境因素共同作用下而出现的肥胖症状,特别是中心性肥胖,是导致 2 型糖尿病发病的重要原因。

(3) 胰岛素抵抗。指胰岛素作用的靶器官(主要是肝脏、肌肉和脂肪组织)对胰岛素作用的敏感性降低。

3. 糖尿病临床表现及健康风险

糖尿病总的临床表现为"三多一少",即多饮、多食、多尿、体重减少,可以伴有皮肤瘙痒尤其是外阴瘙痒,并可导致眼、肾、神经、心脏、血管等组织器官的慢性进行性病变、功能减退及衰竭。

糖尿病的健康风险包括:

(1) 大血管疾病:早期出现动脉粥样硬化,与非糖尿病人群相比,糖尿病人群出现中风或短暂性脑缺血发作(TIA)、心肌梗死和外周血管病的危险性要高出 2~50 倍。

(2) 微血管病:几乎有 25% 的病例诊断糖尿病时均有合并微血管病变,视网膜病变可引起失明;肾病可导致晚期肾功能衰竭;这两种并发症常同时存在。

(3) 糖尿病肾病:出现微量蛋白尿(30~299mg/天)。大约 20% 有微量蛋白尿的糖尿病患者 10 年后可出现具有临床症状的肾病。比较 1 型和 2 型糖尿病,发展为糖尿病肾病的整个过程相似。通常伴发进行性视网膜病变、高血压、心血管病和肾功能不全。

(4) 糖尿病视网膜病变:是微血管病变的另一种类型,是获得性失明、白内障的最常见病因。

(5) 糖尿病神经病:其可表现为许多类型。可出现对称性、主要为感觉障碍的神经病变,导致足跟和足趾感觉缺失(更严重的病例可累及双手)。一律出现振动觉减退和踝反射消失。急性疼痛性神经病可累及腿部。在老年男性,可出现肌萎缩,伴发非对称性的肌肉疼痛和大腿肌肉萎缩。

(6) 糖尿病足:出现溃疡和坏疽,它是神经病变、血管疾病和继发性感染共同作用的结果。

(7) 感染:较常见于糖尿病控制较差的患者。

4. 糖尿病诊断

糖尿病诊断应该包括三方面内容:

(1) 是否有糖尿病。1999 年 WHO(世界卫生组织)公布了糖尿病诊断新标准,得到中华医学会糖尿病学会认同,在中国正式执行:

①糖尿病。有典型糖尿病症状(多尿、多饮和不能解释的体重下降)者,仕意血糖≥11.1mmol/L 或空腹血糖(FPG)≥7.0mmol/L,即可确诊为糖尿病。

②正常。空腹血糖（FPG）<6.11mmol/L，并且餐后2小时血糖（2hPG）<7.77mmol/L，即为正常。

③糖耐量异常。餐后2小时血糖（2hPG）>7.77mmol/L，但<11.1mmol/L时为糖耐量损伤（IGT）；空腹血糖（FPG）≥6.11mmol/L，但<6.99mmol/L时为空腹血糖损伤（IFG）。

(2) 判断糖尿病类型。

① 1型糖尿病。一般18岁前起病，发病较急，糖尿病症状明显，需要胰岛素治疗才能控制病情。患者常出现酮症，尿酮体阳性，血胰岛素、C肽水平低，甚至测不出，体内胰岛β细胞抗体常持续阳性。

② 2型糖尿病。一般成年以后起病，由多基因遗传和环境因素（主要为运动不足和能量相对过剩）共同促发，家族史、不良生活方式、肥胖（尤其是中央型肥胖）、血脂异常、老年和糖耐量异常是其危险因素。

(3) 是否有并发症。糖尿病急性并发症主要包括：糖尿病酮症酸中毒、糖尿病高渗性昏迷、乳酸酸中毒、低血糖昏迷。糖尿病慢性并发症包括大血管病变（如冠心病，高血压等）、糖尿病肾病、糖尿病视网膜病变、糖尿病神经病变、糖尿病足等。

5. 糖尿病的实验室检查

(1) 血糖检查（详见糖尿病诊断内容）。

(2) 糖化血红蛋白（HbA1c）检查。

①糖化血红蛋白的测定是最重要的控制指标，它反映了3个月内血糖水平波动的平均值。不同于24小时内不断变化的血糖水平，糖化血红蛋白浓度升高和降低的速度很慢，且不受近期葡萄糖摄入量的影响。

②糖化血红蛋白以糖化后血红蛋白占正常血红蛋白的百分比来表示。正常范围为4~8%，当>8%时，表明糖尿病控制较差，长期并发症的出现频率较高。若水平为6~8%，表明控制得当且并发症减少。若HbA1c<6%，通常不会出现视网膜病变。

③在一段时期内，HbA1c的变化模式是长期控制的一种有效测定指标。

(3) 尿液检查。尿液成分检查当中尿糖、尿酮体测定，目前作为糖尿病诊断与控制水平监测的辅助指标。

同时，尿液当中的蛋白成分可以作为糖尿病肾病的早期诊断依据。

此外，心电图、肾功能、血脂、神经系统检查及肥胖、吸烟、高血压、家族史等相关健康资料均可作为糖尿病诊断与风险等级监控的重要指标。

(二) 糖尿病风险评估操作细则

糖尿病的风险分析可以从以下方面进行：

1. 糖尿病血糖水平控制程度

糖尿病血糖水平控制程度是糖尿病风险评估当中一个重要的风险因素。糖尿病血糖水平控制得好，可以明显减轻糖尿病对靶器官的损害程度，减少并发症的发生，从而降低糖尿病的风险。因此，在糖尿病问卷中涉及血糖和尿糖的监测问题。

2. 糖尿病的类型

1型糖尿病终身需要胰岛素治疗，2型糖尿病则可以通过药物、饮食的调节进行控制。其相关风险可见糖尿病预后部分的叙述。因此，在糖尿病的问卷当中，包含首次发现糖尿病/血糖增高的时间以及糖尿病类型的确定，1型糖尿病多数青少年患者，2型糖尿病虽然任何年龄均可，但主要在40岁以后起病。

3. 糖尿病的并发症

糖尿病主要损害的靶器官包括心、脑、肾、视网膜，常见的并发症也是围绕这几个器官。

对于心、脑而言，大多数糖尿病患者死于心、脑血管动脉粥样硬化。长期高血糖水平（一般是指病史超过10年）对血脂代谢的影响是不可避免的，可引起血清甘油三酯的升高而形成高脂血症，从而促进动脉硬化。同时，长期高血糖水平使动脉壁的酸性粘多糖代谢异常、山梨醇代谢增快、凝血机制异常均是促进动脉硬化的原因。这些病理改变将导致冠心病、缺血性或出血性脑血管病等疾病的发生。心电图、心脏彩超、动态心电图可以反映心功能；冠状动脉造影可以反映糖尿病对心血管的损害情况。

对于肾脏而言，糖尿病肾病是致死性肾病的第一或第二原因。长期高血糖水平（一般是指病史超过10年）促使肾小球基底膜增厚和系膜基质增生，从而导致结节型肾小球硬化或弥漫型肾小球硬化。这些病理改变最常见，对肾功能影响最大，将导致糖尿病肾病的发生。尿常规、肾功能的检测可以反映肾功能情况。

对于视网膜而言，糖尿病性视网膜病变是导致患者失明的主要原因。长期高血糖水平（一般是指病史超过10年）促使毛细血管内皮细胞的基底膜增厚，内皮细胞屏障功能损害，血液成分渗出，毛细血管闭塞。这些病理改变促使视网膜缺血、脱落，将导致视力下降或丧失。眼底检查可以反映眼的功能以及微小血管的功能。

综上所述，糖尿病患者出现心血管疾病、脑血管意外、肾功能衰竭的风险明显增大，且与病程、血糖水平有密切关系，病程越长，血糖水平越高，危险越大。

因此，在糖尿病问卷当中，所涉及的相关疾病也是针对这几个靶器官而言。常见的有：糖尿病肾病、蛋白尿、糖尿病白内障、下肢及足部不愈合的溃疡、高脂血症、高血压、冠心病、脑血管疾病。

4. 影响糖尿病预后的危险因素

（1）吸烟、饮酒越多，风险程度越高。因此，在糖尿病问卷当中包括对吸烟、饮酒的询问。

（2）疾病关联性方面。高血糖与冠心病、高血压、高血脂之间存在明显的关联性，因此，在核保过程中，核保人员应该注意是否并发冠心病、高血压、高血脂的情况。

（3）大多数糖尿病起病比较隐匿，因此在核保过程中要善于发现糖尿病的早期症状。糖尿病的诊断当中是以血糖异常增高为依据，但也有空腹血糖正常的早期糖尿病患者。因此，在核保过程中，被保人危险因素较多但空腹血糖正常者，核保人员应要求其加验餐后血糖和OGTT（口服葡萄糖耐量试验）。

（4）注意鉴别其他原因而引起的尿糖阳性。比如肾小管重吸收功能的减退或肾糖阈降低而形成的肾性糖尿可以导致尿糖阳性，称为肾性糖尿，多见于慢性肾炎、肾病综合征、家庭性糖尿及新生儿糖尿等。肾性糖尿与高血糖性糖尿虽同有尿糖阳性，但其发病机制、核保结论完全不同。核保人员可以通过血糖及OGTT检查得以鉴别。肾性糖尿的特点就是，尿糖阳性，血糖及OGTT检查均正常，而普通的糖尿病则是尿糖阳性同时伴有血糖及 OGTT 阳性。

(5) 由于在糖尿病的临床表现特征中,有体重减少的特点。因此在核保过程中对于体重不明原因大幅度减少的要保人要特别引起重视。

二、高血压风险评估

(一) 高血压病医学指引

1. 高血压概念及临床特点

高血压病又称原发性高血压,是以血压升高为主要临床表现伴或不伴有多种心血管危险因素的综合征,通常简称为高血压。

高血压是多种心、脑血管疾病的重要病因和危险因素,影响重要脏器,如心、脑、肾的结构与功能,最终导致这些器官的功能衰竭,迄今仍是心血管疾病死亡的主要原因之一。

2. 流行病学特征

高血压患病率、发病率及血压水平随年龄增长而升高。高血压在老年人中较为常见,尤以单纯收缩期高血压为多。我国高血压患病率总体呈明显上升趋势。流行病学调查显示,我国高血压患病率和流行存在地区、城乡和民族差别,北方高于南方,华北和东北属于高发区;沿海高于内地;城市高于农村;高原少数民族地区患病率高。男、女性高血压患病率差别不大,青年期男性略高于女性,中年后女性稍高于男性。

3. 病因

原发性高血压的病因可分为遗传因素和环境因素两个方面。

(1) 遗传因素。高血压是遗传易感性疾病,具有明显的家族聚集性。父母均有高血压,子女的发病概率高达46%,约60%高血压患者可询问到有高血压家族史。

(2) 环境因素。

①高血压患病率以及血压增高的程度与钠盐平均摄入量显著相关,摄盐越多,血压水平和患病率越高。同时,高蛋白质摄入、饱和脂肪酸或饱和脂肪酸/多不饱和脂肪酸比值较高属于升压因素。饮酒与收缩压水平升高有密切关系,每天饮酒量超过50g乙醇者高血压发病率明显增高。

②脑力劳动者特别是从事精神紧张度高的职业者、长期生活在噪声环境中的人群高血压发病率增高。

(3) 其他因素。

①体重超重或肥胖是血压升高的重要危险因素。体重常是衡量肥胖程度的指标,体格指数 (BMI) = 体重 (kg) / 身高 (m) 的平方 (20~24 为正常范围)。腰围反映向心性肥胖程度。在各种不同肥胖类型中,向心性肥胖者容易发生高血压。

②长期服用避孕药的妇女容易出现血压升高但一般为轻度,并且可逆转,在终止避孕药后 3~6 个月血压常恢复正常。

③睡眠呼吸暂停低通气综合征 (SAHS)。SAHS 患者 50% 有高血压,血压高度与 SAHS 病程有关。

4. 临床表现

早期高血压病人可表现头痛、头晕、耳鸣、心悸、眼花、注意力不集中、记忆力减退、手脚麻木、疲乏无力、易烦躁等症状，这些症状多为高级神经功能失调所致，其轻重与血压增高程度不一致。

后期血压常持续在较高水平，并伴有脑、心、肾等靶器官受损的表现。如高血压引起脑损害后，可引起短暂性脑血管痉挛，使头痛头晕加重，一过性失明，半侧肢体活动失灵等，持续数分钟或数小时可以恢复，也可发生脑出血。对心脏的损害先是心脏扩大，后发生左心衰竭，可出现胸闷、气急、咳嗽等症状。当肾脏受损害后，可见夜间尿量增多或小便次数增加，严重时发生肾功能衰竭，可有尿少、无尿、食欲不振、恶心等症状。

5. 诊断

在未使用抗高血压药物的情况下，收缩压大于等于140毫米汞柱，舒张压大于等于90毫米汞柱即可诊断；目前正在使用抗高血压药物治疗，既往有高血压史，现测量血压虽未达到上述水平，亦可诊断为高血压。

6. 预后

高血压的预后不仅与血压升高水平有关，而且与其他心血管危险因素存在有关，同时是否存在靶器官损害也至关重要。

对于高血压患者而言，血压上升的程度越高，具有的危险因素越多，靶器官功能的改变越严重，对治疗的依从性越差，同时合并糖尿病、高血脂、心血管疾病、脑血管疾病者，预后较差。

靶器官损害发生后不仅独立于始动的危险因素，加速心、脑血管病发生，而且成为预测心、脑血管病的危险标记。

（二）高血压风险评估操作细则

高血压风险分析可以从以下几个方面进行：

1. 血压控制水平

血压数值越高、患病时间越长、控制水平越差，对脏器、血管的损害越大；对降压治疗的依从性越差，血压在短时间内的波动越大，对脏器、血管的损害越大，发生中风等其他危险情况的风险越高。

因此，高血压的问卷当中包含了对初患高血压的年龄、高血压水平、治疗情况、服用药物情况、血压监测情况的询问。

2. 高血压的原发与继发问题

高血压可以是原发也可以继发于其他疾病，甚至是高风险疾病。如慢性肾小球肾炎、糖尿病性肾病、先天性肾病（多囊肾）、尿毒症等，而这些疾病往往比高血压本身带来的后果更为严重。

因此，高血压的问卷当中包含了所患高血压是否由于其他疾病引起的内容。

当遇到以下情况时，应该特别注意继发的可能：中、重程度血压升高的年轻患者；症状、体征或实验室检查有怀疑线索如近期明显怕热、多汗、消瘦、血尿或蛋白尿；降压药联合治疗效果很差，或以往控制良好但近期明显升高；急进性和恶性高血压者。

3. 高血压并发症的问题

高血压能影响重要脏器，如心、脑、肾、视网膜的结构与功能，最终导致这些器官功能衰竭。被公认为心血管危险的重要标记包括：左心室肥厚、颈动脉内膜中层厚度增加或粥样斑块、动脉弹性功能减退和微量蛋白尿等靶器官受损情况。

对于心脏而言，长期压力的负荷，能够刺激心肌细胞肥大和间质性纤维化，从而使得心脏腔室特别是左心室肥厚和扩张。长期高血压发生心脏肥厚或扩大时，称为高血压心脏病。高血压心脏病常常会与冠状动脉粥样硬化和微血管病变相关联，最终导致心力衰竭或严重心律失常，甚至发生猝死。通过心电图、心脏彩超、运动心电图检查可以反映心功能。

对于脑及脑血管而言，长期高血压使得脑部的血管发生缺血与变性，甚至形成微动脉瘤，从而发生出血性脑中风的概率大大增加。另外，长期的高血压还会使脑动脉粥样硬化，粥样斑块破裂可并发脑血栓形成，从而发生脑梗塞。可以通过头部CT、核磁共振成像检查反映脑及脑部血管的功能。

对于肾脏而言，长期高血压使肾小球内囊压力升高，肾小球纤维化，进一步导致肾实质缺血和肾单位不断减少。慢性肾衰竭是长期高血压的严重后果之一，尤其是在合并糖尿病时。通过尿常规、肾功能的检查可以反映肾功能。

对于视网膜而言，视网膜小动脉早期发生痉挛，随病程进展出现硬化改变。血压急骤升高可以引起视网膜渗出和出血。通过眼底检查可以反映视网膜的功能以及微小血管的功能。

4. 高血压危险因素的了解

一是高血压与家族史、饮食习惯（高盐饮食、嗜酒）、体重超重（BMI指数）、职业等因素有关。这些危险因素越多，患高血压的可能性越大；对于已经证实患有高血压的要保人而言，这些危险因素越多，后续发生并发症的风险越大。因此，在核保过程中，核保人员应密切关注这些危险因素。

二是高血压与冠心病、高血糖、高血脂之间存在明显的关联性，因此，在核保过程中，核保人员应注意是否并发冠心病、高血糖、高血脂的情况。

三是该病的发展有一个由轻到重（Ⅰ～Ⅲ）的过程，在核保过程中可从以下方面来分析其患病的严重程度，进行相应的风险选择。一般对于Ⅰ期高血压而言，可以采取加费承保的方式承保，而对于Ⅱ期、Ⅲ期高血压可以拒保。

Ⅰ期高血压：血压达到确诊水平，临床无心、脑、肾并发症表现，一般经休息或少量镇静剂即可使血压降至正常水平。

Ⅱ期高血压：血压达到确诊水平，加上下列任何一项者：体检、X线、心电图、超声检查见有左心室肥大；眼底动脉变窄；蛋白尿和（或）血肌酐轻度升高；不应用降压药物，血压达不到正常水平。

Ⅲ期高血压：血压达到确诊水平，并有下列任何一项者：脑血管意外或高血压脑病；左心衰竭；眼底出血或渗出，视神经乳头水肿；肾功能衰竭。

练习模块

一、单选题

1. 下列有关健康的说法正确的是（　　）。

A. 世界卫生组织提出的人类健康状态评价标准，包括肌体和精神两方面的健康状况

B. 1989 年世界卫生组织提出"身体健康、心理健康、道德健康、社会适应良好"健康四维观，首次把心理健康也纳入了健康的范畴

C. 1987 年世界卫生组织提出评价健康状态的十个标准

D. 世界卫生组织提出的人类健康状态评价标准是指肌体的健康状况

2. 健康保险营销的特征不包括（　　）。

　　A. 频发性　　　B. 发展性　　　C. 伤害性　　　D. 确定性

3. 由于某些疾病具有传染性，这类风险不仅直接危害个人健康，而且会涉及整个地区乃至社会，从而使健康风险具有了（　　）。

　　A. 频发性　　　B. 社会性　　　C. 伤害性　　　D. 普遍性

二、多选题

健康风险也是由（　　）三个要素构成。

　　A. 健康风险因素　　　　　　B. 健康风险事故
　　C. 疾病　　　　　　　　　　D. 健康风险损失

三、判断题

1. 健康就是"机体处于正常运作状态，没有疾病"。（　　）

2. 健康风险评估（health risk appraisal，HRA）是一种方法或工具，用于描述和评估某一个体未来发生某种特定疾病或因为某种特定疾病导致死亡的可能性。这种分析过程目的在于做出明确的诊断。（　　）

3. BMI 腰围——测量腹部脂肪与肥胖相关疾病的危险因素，如高血压、LDL（恶性）胆固醇过高、HDL（良性）胆固醇过低、高血糖和吸烟。（　　）

四、问题讨论

1. 概述健康风险特征。
2. 请分析糖尿病的危险因素。
3. 请分析高血压的危险因素。

五、实训练习

1. 请两两一组分别为对方进行健康风险识别、评估。
2. 请根据糖尿病临床表现及健康风险分析对方的糖尿病风险。

项目小结

自古以来，人类的健康状况在诸多因素（包括自然、社会和人体内部原因等）的影响下，人们不可避免地面临各种各样的健康风险并因此承受疾病（包括生育）、伤残等事件所需的医疗费用以及收入损失，使得人们越来越认识到健康风险的客观存在性和影响重大，也越来越重视健康风险管理。

1989 年世界卫生组织提出"身体健康、心理健康、道德健康、社会

适应良好"健康四维观。要保持健康状态，必须奠定维护健康的四大基石：平衡饮食、适量运动、戒烟限酒、心理健康。《简明不列颠百科全书》1987年中文版提到"疾病，是以产生症状或体征的异常生理或心理状态"，是"人体在致病因素的影响下，器官组织的形态，功能偏离正常标准的状态"。亚健康是指非健康非病状态，是介于健康和疾病之间的一种特殊身体状态，是指人的机体虽然无明显疾病，但会呈现出疲劳、活力不足、反应能力和适应力减退、创造能力较弱以及自我感觉有种种不适的一种生理状态。

健康风险可从狭义和广义两个层面来理解。狭义的健康风险，仅是指人的身体健康或者健全程度的风险，即人的身体机能、组织器官等遭受疾病或意外伤害，导致的医疗费用增加、收入下降或中断等损失的不确定性。广义的健康风险是指人的身体健康或者健全程度以及心理健康、道德健康和社会适应能力等方面的不确定性。健康风险是风险的一种，具备一般风险所共有的客观性、危害性、不确定性、发展性等特征。但同时，由于其作用对象及其表现形式的特殊性，健康风险还有伤害性、普遍性、频发性、社会性等特征。健康风险主要包括疾病风险、伤残风险。

健康风险管理包括控制性风险管理措施、融资性风险管理措施，虽然健康保险不是健康风险管理的唯一措施，却是极其重要的手段。健康风险管理的内容包括三部分：收集个人健康信息、进行健康风险评价和健康风险因素干预管理与健康促进，周而复始，循环往复。

健康风险评估（health risk appraisal, HRA）是一种方法或工具，用于描述和评估某一个体未来发生某种特定疾病或因为某种特定疾病导致死亡的可能性。这种分析过程目的在于估计特定时间发生的可能性，而不在于做出明确的诊断。健康风险评估师对个人的健康状况及未来患病/死亡危险性的量化评估。包括健康状态、未来患病/死亡危险、量化评估3个关键词。

糖尿病是一组代谢性疾病，其特征是由于胰岛素缺乏或胰岛素抵抗或二者同时存在而导致的慢性高血糖症。糖尿病根据其不同的病因可以分为1型糖尿病、2型糖尿病、妊娠糖尿病及其他类型糖尿病。高血压病又称原发性高血压，是以血压升高为主要临床表现伴或不伴有多种心血管危险因素的综合征，通常简称为高血压。高血压是多种心、脑血管疾病的重要病因和危险因素，影响重要脏器，如心、脑、肾的结构与功能，最终导致这些器官的功能衰竭，迄今仍是心血管疾病死亡的主要原因之一。

项目二
健康保险概述

学习目标

知识学习目标：
- ☐ 掌握健康保险概念、内涵
- ☐ 掌握健康保险特点
- ☐ 掌握健康保险分类
- ☐ 了解健康保险产生发展历程
- ☐ 了解健康保险经营风险及对策

技能训练目标：
- ☐ 能够完成健康保险政策、险种宣传
- ☐ 能够完成健康保险经营风险诊断

工作任务

1. 概述健康保险。
2. 借鉴其他国家健康保险发展情况，介绍我国健康保险产生发展历程。
3. 分析健康保险经营风险，给出风险管理建议。

导入案例

李女士，30 岁，受新冠疫情影响，极为迫切地想为丈夫王先生（30 岁）投保一份健康保险，经过朋友推荐，李女士初步打算购买基本保额为 50 万元的国寿福，保费分 19 年交，年交保费 14400 元，王先生能够获得的保障见表 2-1，利益演示图如图 2-1 所示。

表 2-1

投保险种	基本保险金额	保障功能	保障病种	保险责任
国寿福终身重大疾病保险（盛典版，A款）	50万元	疾病保障	120种重疾保障	被保险人确诊当时下列三者的较大值： 1. 本合同基本保险金额； 2. 本合同所交保险费（不计利息）； 3. 本合同现金价值。
			20种特定疾病保障	给付25万元，一次为限
			40种轻度疾病保障	每次给付10万元，最多给付6次，累计最高60万元
			6种特定重大疾病额外保障	除重大疾病保险金给付外，70岁前额外给付25万元
		身故保障	—	被保险人身故当时下列三者的较大值： 1. 本合同基本保险金额； 2. 本合同所交保险费（不计利息）； 3. 本合同现金价值。

利益演示图

重大疾病保险金：被保险人确诊当时下列三者的较大值：
1. 本合同基本保险金额；
2. 本合同所交保险费（不计利息）；
3. 本合同现金价值。

轻度疾病保险金：40种轻度疾病保障，每次给付10万元，最多给付6次，累计最高60万元

特定疾病保险金：20种特定疾病保障，25万元，一次为限

特定重大疾病额外给付保险金：70岁前6种特定重大疾病额外保障25万元

身故保险金：被保险人身故当时下列三者的较大值：
1. 本合同基本保障金额；
2. 本合同所交保险费（不计利息）；
3. 本合同现金价值。

180日
30岁   48岁   70岁   终身

交费期间：19年，年交保费14400元

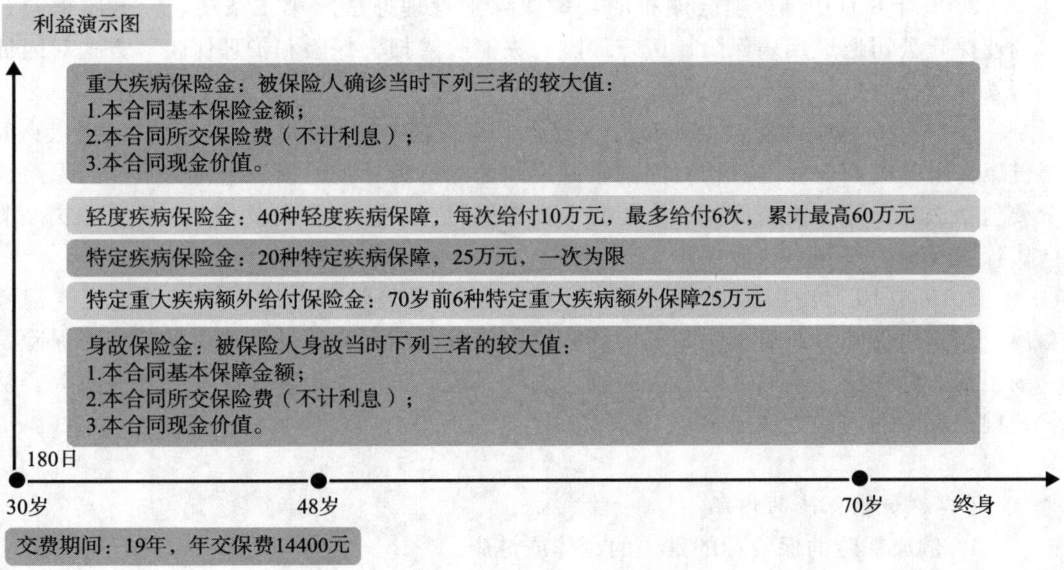

图 2-1 保险产品内容图

资料来源：https://www.e-chinalife.com/c/2021-03-22/518202.shtml

任务一 认识健康保险

一、了解健康保险

（一）健康保险的概念

对于健康保险的概念，目前国内外理论和实务界还未形成统一的认识，有着不同的

界定。在美国,健康保险通常属于人寿保险的范围,是指支付伤害或疾病费用的保险。但有的时候,健康保险保单也支付由生理上的或精神上的失能所引起的花费。陈滔(2011)认为,健康保险由"健康"和"保险"两个名词组成,健康保险是利用保险工具来解决人们因为健康问题导致损失的一种经济手段。从风险管理的角度讲,健康保险是对各类健康风险进行转移和共同分担。通常,人们面临的健康风险包括因伤病必须接受医疗救治产生大额医疗费用而又无力承受的风险、因伤病导致工作能力丧失或降低所带来的收入损失风险和因衰老导致生活不能自理而又无法承受高额护理费用的风险,健康保险就是有效分散以上各类风险的一种工具。尚汉冀、李荣敏、黄云敏等(2007)对于健康保险的界定是,健康保险是以被保险人的身体为保险标的,对被保险人因遭受疾病或意外伤害事故所发生的医疗费用损失或导致工作能力丧失所引起的收入损失,以及因为年老、疾病或意外伤害事故导致需要长期护理的损失提供经济补偿的一种保险。

综上,健康保险定义为:以人的身体为保险标的,由保险公司为被保险人因身体健康原因在发生疾病或遭受意外伤害时产生医疗费用或经济损失提供补偿的人身保险。

2006年8月中国保监会颁布的《健康保险管理办法》第二条规定:健康保险,是商业保险公司通过疾病保险、医疗保险、失能收入损失保险和护理保险等方式对因健康因素导致损失给付保险金的保险。

2017年5月中国保监会发布的《健康保险管理办法》(修订稿)第二条规定:商业健康保险是由商业保险机构对因健康原因和医疗行为导致的损失给付保险金的保险,主要包括医疗保险、疾病保险、失能收入损失保险、护理保险以及相关的医疗意外保险、医疗责任保险等医疗执业保险。

2019年10月中国银保监会新发布的《健康保险管理办法》第二条规定:健康保险,是指由保险公司对被保险人因健康原因或者医疗行为的发生给付保险金的保险,主要包括医疗保险、疾病保险、失能收入损失保险、护理保险以及医疗意外保险等。从而使健康保险的内涵更加丰富。

(二)健康保险的内涵

1. 健康保险的保险标的是人的身体或健康

健康保险是为了解决疾病、意外事件或者医疗行为导致的医疗费用损失、收入损失等,而疾病、意外事件或者医疗行为都是针对人的身体或健康而言的,因此健康保险的保险标的是人的身体或健康。

2. 健康保险承保的事故包括疾病(含生育)和意外伤害

疾病是由于人体内部的原因,造成身体缺陷、功能不健全或精神痛苦。构成健康保险中"疾病"的条件有三:第一,疾病必须是由于明显非外来原因造成的。疾病是由身体内在的生理原因所致,如果是由于外来的原因造成的病态可视为意外伤害。通常以是否是明显外来的原因所致,作为疾病和意外伤害的判断标准。第二,疾病必须是非先天性的原因造成的。因先天原因造成的身体缺陷或先天性疾病等,保险人不负责,保险人仅对被保险人的身体由健康状态转入病态而支付的医疗费或收入损失承担责任。第三,疾病必须是由于非长存的原因造成的。按照人的生命规律,机体衰老是一个长期的自然过程,对每个人来讲,衰老都是必然的。因此人到一定年龄以后出现的衰老现象,不属于健康保险的疾病范围。但在衰老的同时可能诱发的其他疾病是健康保险的保障范围。另外长期从事某些特定职业也会导致身体罹患职业病，职业病也不属于健康保险的保障范围。

 课堂实作

构成健康保险所指"疾病"必须具备的条件包括（　　　）。
A. 疾病是由被保险人自身内在的原因引起的而非由于明显的外来因素引起
B. 疾病是由偶然的原因引起的不是由长期存在的原因引起的
C. 疾病是由先天性原因引起的
D. 疾病是由非先天性原因引起的
E. 疾病是由必然的原因引起的，是由长期存在的原因引起的

生育是指繁殖后代，生子，女性怀孕在体内孕育后代并分娩。在生育过程中也会引发医疗费用、收入损失，同样属于健康保险保障的责任范围。

意外伤害是在被保险人没有预见到或违背被保险人意愿的情况下，突然发生的外来致害物明显、剧烈地侵害被保险人身体的客观事实。意外伤害由意外和伤害两个必要条件构成，只有主观上的意外而无伤害的客观事实，不能构成意外伤害；反之，只有伤害的客观事实而无主观上的意外，也不能构成意外伤害。只有在意外情况下发生的伤害，才构成意外伤害。其中，意外是针对人们的主观状态而言，是指侵害的发生是人们事先没有预见到，或违背人们的主观意愿。伤害是指外来致害物使人的身体受到侵害的客观事实，由致害物、侵害对象和侵害事实三个要素构成，缺一不可。

3. 健康保险的保障项目包括医疗费用和收入损失

健康保险的保障项目包括两类：一是被保险人因疾病或意外事故引起的医疗费用支出，即通常所说的医疗保险或医疗费用保险；二是因疾病或意外事故导致的收入损失，这类保险被称为收入损失补偿保险。所以，健康保险并不是保证被保险人不生病、不受伤害，而是对被保险人因病或意外伤害等原因而支付的医疗费和护理费、暂时或永久不能工作而遭受的收入损失进行补偿。

二、理解健康保险的意义

 行业动态

健康保险是以人的身体为保险标的的险种，可给人们提供各种保障，意义重大：

（1）弥补损失：没事的时候有保障，发生意外、重疾等事故导致大笔医疗费用支出时，健康险会给被保者一笔保险金，弥补被保者的损失；

（2）减轻家庭的经济压力：不发生风险，相安无事，当风险来临的时候，有钱支撑，减少家庭的经济支出，让家庭不陷入困顿；

（3）健康保险是一些人对另一些人要继续生活下去的责任：丈夫对妻子、父母对孩子、年轻人对父母；

(4) 有的健康保险是具有分红功能、返还功能的，让投保人在获得保障的同时，实现财富的保值增值；

(5) 健康保险是年轻的时候作年老时候的准备，是有钱的时候为没有钱的时候进行的准备，未雨绸缪；

(6) 健康保险是"五块金"：储蓄金、保障金、养老金、储备金、遗产金；

(7) 健康险是早买最划算的，因年龄越小费率越低，小投入大回报。

图2-2 平安e生保宣传海报

三、掌握健康保险的特征

由于健康保险以人的身体为保险标的，一般认为健康保险属于人身保险。人身保险还包括人寿保险和意外伤害保险，故健康保险的特征表现为其与人寿保险、意外伤害保险相比较而具有的特殊性。

（一）保险标的、保险事故具有特殊性

健康保险以人的身体或健康为保险标的，以疾病（包括生育）或意外伤害引起的

医疗费用和收入损失或由于疾病或生育致残、失能或死亡为保险事故。比如，我国《健康保险管理办法》第十四条规定，长期健康保险中的疾病保险产品，可以包含死亡保险责任，但死亡给付金额不得高于疾病最高给付金额；疾病保险以外的健康保险产品不得包含死亡保险责任，但因疾病引发的死亡保险责任除外；医疗保险产品和疾病保险产品不得包含生存给付责任。

而人寿保险则是以人的生命或寿命为保险标的，以死亡或生存为保险事故，当被保险人在保险期限内死亡或合同期满仍生存时由保险人按合同约定金额给付死亡保险金或生存保险金。意外伤害保险虽然也以人的身体为保险标的，但以意外伤害事故导致被保险人死亡或伤残为保险责任，见表2-2。

表2-2　　　　健康保险与其他人身保险保险标的、保险责任对比表

险种	保险标的	保险责任
健康保险	人的身体或健康	因为疾病（生育）、意外事件或医疗行为导致的医疗费用、收入损失等，特殊情况下包含死亡责任
意外伤害保险	人的身体	因为意外事故导致的伤残、死亡
寿险	人的生命或寿命	死亡

课堂实作

小刘，25岁，为自己购买了一份医疗费用保险和一份意外伤害保险，在保险期间，因意外摔倒，住院治疗。

请讨论：小刘这两份保险的保险标的是什么？是否构成重复保险？

（二）承保的风险具有变动性且难以测定

不论是疾病风险还是残疾风险都受很多因素的影响，且会随着内外部环境的变化而变化，要准确确定其发生的规律性是极其困难的。即使是同一种疾病，在不同地区、不同级别的医院就诊，选择不同的诊疗方法等，其费用也不相同，有的相差甚远。同时，健康风险极易发生逆选择和道德风险。被保险人的门诊就医、住院治疗、医生出具药方及有关证明、被保险人的索赔等诸多环节中，每一环节都可能发生道德风险。如带病投保、小病大治等。因此，为降低道德风险、逆选择，要求精算人员要依据以往疾病和意外伤害发生及赔款的统计资料进行风险评估及厘定费率，同时严把核保关和理赔关，以降低风险不确定性对保险经营的影响。而人寿保险的生命风险则具有相对稳定性，保险公司可以依据生命表所揭示的生命规律来科学、合理地厘定费率。意外伤害保险承保的风险大多为标准的可保风险，购买群体大、历史数据多，各种意外事件发生概率有客观规律可循。

（三）核保过程复杂

由于健康保险承保事故的特殊性，其承保条件比人寿保险复杂和严格得多，见表2-3。被保险人的健康状况除了要根据其病历了解既往病史、现病史，还要了解家族病史，并对职业、居住地理位置及生活方式进行评估。在健康保险的承保实务中，保险人

按照风险程度将被保险人分为标准体和次标准体、延期体、拒保体四类。对那些身体健康、符合承保条件的人们，按正常费率予以承保，称为标准体保险；对那些没有达到标准条款规定的身体健康要求的人们，可以通过提高费率或重新规定承保范围来予以承保，称为次标准体保险。而对于患有特殊疾病的人们，保险人制定特种条款，从而既可以拓宽保险经营范围，又不至于给保险经营带来过大的风险压力。有时，还实行非保体规定，将完全不符合承保条件的人们视为拒保体不予以承保，而对由于特殊原因暂时不符合承保要求、经过一定时期后可能符合要求的人们（如孕产妇）则进行延期保险。因此，在健康保险核保中，需要综合考虑被保险人的年龄、既往病症、现病症、家族病史、职业、居住环境及生活方式、道德风险、逆选择、投保动机等多种因素。而人寿保险通常要考虑年龄、性别、健康状况及家族史、职业危险性、嗜好、环境等影响生理的因素和保险利益、经济状况、投保动机、保费缴付方式、道德风险和逆选择等非生理因素，符合条件的予以承保，承保标准和条件是统一的。意外伤害保险的承保条件相对宽松，主要考虑被保险人的职业和工种等与可保风险有关的因素，不对被保险人进行体格检查，高龄者也可以投保。

表2-3　　　　　　　　健康保险与其他人身保险核保因素对比表

险种	核保因素
健康保险	被保险人的年龄、既往病症、现病症、家族病史、职业、居住环境及生活方式、道德风险、逆选择、投保动机
意外伤害保险	职业和工种
寿险	年龄、性别、健康状况及家族史、职业、嗜好、环境等影响健康的因素和保险利益、经济状况、投保动机、保费缴付方式、道德风险和逆选择等非健康因素

（四）保险费率厘定特殊性

健康保险通常是依据平均保额损失率来厘定保险费率，保额损失率受到诸多因素影响：疾病的发生率、疾病持续时间、残疾发生率、死亡率、续保率、附加费用、利率、保险公司经营目标和策略、展业方式、承保理赔业务管理、医疗水平、医疗机构与保险公司合作情况、道德风险、逆选择等。而人寿保险费率的厘定则主要依据生存率、死亡率，并在合理的预定利率和预定费用率水平下厘定。意外伤害保险费率厘定的依据主要是意外伤害事故的发生概率。

（五）保险期限多样性

行业动态

表2-4　　　　　　　　　　典型产品保证续保条款

健康保险产品	众安保险尊享 e生 2020	平安保险平安 e生保 2020	泰康在线 微医保 2020	平安健康 e生保 保证续保版 2020
保证续保条款	6年保证续保	6年保证续保	无	无

健康保险有短期险种和长期险种。短期健康保险是指保险期间在1年及1年以下且不含有保证续保条款的健康保险。续保是指保险合同临近期满时，投保人向保险公司提出申请，要求延长保险合同期限或者重新办理保险手续的一种行为。续保方式有三种——重新订立新合同、按照原来条件订立"续保证明书"、将"续保收据"作为续保凭证，一切条件按原保单。保证续保条款，是指在前一保险期间届满后，投保人提出续保申请，保险公司必须按照约定费率和原条款继续承保的合同约定。除重大疾病保险、特殊疾病保险和长期护理保险外，绝大多数健康保险尤其是医疗费用保险的保险期限均为1年。显然，健康保险也有长期性的，比如：有6年保证续保条款的医疗保险、保终生的重疾险、依据新《健康保险管理办法》中规定保险期间不低于5年的长期护理保险。假如投保人买一款一年一保的百万医疗保险产品，如果被保险人在保险期间内因病住院，保险公司进行理赔，但是被保险人疾病有一定复发可能性或者说因为被保险人曾经患病，身体抵抗力下降，患病可能性比较高，保险公司为了控制保险责任在第二年可能会拒保。但是保险合同有保证续保6年条约，那么保险公司不能拒保，也不能增加保费。

而人寿保险均为长期保险，保险期限为几年、十几年、几十年甚至终身。意外伤害保险都是短期保险，保险期限为1年或更短。

（六）兼具补偿性和给付性

健康保险虽然是以人的身体为保障对象，是人身保险的一种，但疾病保险以外的健康保险是以被保险人因疾病或意外事故所致的医疗费用支出和收入损失为保险责任，而医疗费用和收入损失都可以用货币衡量其大小，有确定的数额。因此，疾病保险以外的部分健康保险具有补偿性，是补偿性保险，保险人支付的保险金不能超过被保险人实际支付的医疗费用或实际收入损失。同时，如果由于第三者责任致使被保险人遭受意外事故而支付医疗费或收入减少，保险人补偿后，可以取得代位追偿权向责任方追偿。疾病保险具有给付性，当被保险人罹患合同约定疾病时，保险人按合同约定金额给付保险金。

我国新《健康保险管理办法》第五条规定，医疗保险按照保险金的给付性质分为费用补偿型医疗保险和定额给付型医疗保险。费用补偿型医疗保险是指根据被保险人实际发生的医疗费用支出，按照约定的标准确定保险金数额的医疗保险，给付金额不得超过被保险人实际发生的医疗费用金额；定额给付型医疗保险是指按照约定的数额给付保险金的医疗保险。而人寿保险是给付性保险，当被保险人在保险期间身故或生存至保险期限届满时保险人给付身故保险金或生存保险金。意外伤害保险也是给付性保险，出险时由保险人按合同的约定给付身故保险金或残疾保险金（残疾保险金根据合同约定的保险金额和被保险人的伤残程度来确定）。

（七）实行损失共担

由于健康保险有风险大、不易控制和难以预测的特性，因此保险人对所承担保险责任极大，为了保证经营稳健性，健康保险合同往往带有很多限制或制约性条款，以使被保险人与保险人共同承担所发生的医疗费用支出，进行成本分摊。常用的方法是在合同中规定免赔额条款、比例给付条款和给付限额条款。而人寿保险和意外伤害保险中，当发生保险事件时保险人承担全部保险责任。

（八）保险责任限制多

 **行业动态**

以平安 e 生保 2020 产品计划为例，因下列情形之一，造成被保险人发生医疗费用的，我们不承担赔付保险金的责任：

（1）投保人对被保险人的故意杀害、故意伤害。

（2）被保险人故意自伤、故意犯罪或者抗拒依法采取的刑事强制措施。

（3）被保险人殴斗、醉酒（见条款 7.20），主动吸食或注射毒品（见条款 7.21）。

（4）被保险人酒后驾驶（见条款 7.22）、无合法有效驾驶证驾驶（见条款 7.23），或驾驶无有效行驶证（见条款 7.24）的机动车（见条款 7.25）。

（5）被保险人感染艾滋病病毒或患艾滋病（见条款 7.26）导致的。

（6）核爆炸、核辐射或核污染、化学污染；恐怖袭击、战争、军事冲突、暴乱或武装叛乱。

（7）特定疾病以外的遗传性疾病（见条款 7.27）、先天性畸形、或染色体变形或染色体异常（见条款 7.28）。

（8）保险单中特别约定的除外疾病及其并发症。

（9）被保险人所患既往症（见条款 7.29）及保险单中特别约定的除外疾病、等待期内出现疾病、症状或体征、等待期内接受检查但在等待期后确诊的疾病；等待期内药物过敏、食物中毒、细菌或病毒感染（但因意外事故导致伤口感染者除外）或其他医疗导致的伤害。

（10）不孕不育治疗、人工受精、怀孕、分娩（含难产）、流产、堕胎、节育（含绝育）、产前产后检查以及由以上原因引起的并发症。

（11）精神和行为障碍（依照世界卫生组织《疾病和有关健康问题的国际统计分类》（ICD-10）（见条款 7.30）确定）、性病。

（12）疗养、矫形、视力矫正手术、美容、牙科保健及康复治疗、非意外事故所致整容手术。

（13）被保险人在进行符合以下一项或多项标准的高风险运动过程中发生意外事故导致的医疗。

运动过程中必然涉及 2 米以上水深的水面或水下运动，包括但不限于各类、各级别的潜水（见条款 7.31）、自然水域游泳（包括人工湖或人工水库）、跳水运动；

运动过程中必然涉及距离普通正常理解的地面超过 10 米的高空的运动，包括但不限于跳伞、蹦极、非商业性的驾驶飞机等飞行器飞行、滑翔机或滑翔伞、攀岩（见条款 7.32）等；运动过程中必然涉及冰面高速运动或雪地高速运动的业余或职业运动竞赛，包括但不限于各类竞速滑冰运动或花样滑冰运动、冰球、滑雪运动；

运动过程中进入未经人工开发的区域，包括但不限于各类探险（详见条款 7.33）

运动和除商业航线飞行外的航空航天活动；

各类搏击或军事运动，如武术比赛（见条款7.34）、摔跤比赛、彩弹射击等仿真枪战运动；各类特技表演（见条款7.35）；

除竞走、跑步以外的竞速运动，如赛马、赛车等。

（14）如下项目的治疗：皮肤色素沉着、痤疮治疗、红斑痤疮治疗；雀斑、老年斑、痣的治疗和去除；对浅表静脉曲张、蜘蛛脉、除瘢痕疙瘩型外的其他瘢痕、纹身去除、皮肤变色的治疗或手术；激光美容、除皱、除眼袋、开双眼皮、治疗斑秃、白发、秃发、脱发、植毛、脱毛、隆鼻、隆胸。

（15）各种矫形及生理缺陷的手术和检查治疗项目，包括但不限于平足及各种非功能性整容、矫形手术费用。

（16）各种健美治疗项目，包括但不限于营养、减肥、增胖、增高费用。

（17）除心脏瓣膜、人工晶体、人工关节之外的其他人工器官材料费、安装和置换等费用、各种康复治疗器械、假体、义肢、自用的按摩保健和治疗用品、所有非处方医疗器械。

（18）本主险合同中未列明的耐用医疗设备的购买或租赁费用。

（19）各种医疗咨询和健康预测：如健康咨询、睡眠咨询、性咨询、心理咨询（依照世界卫生组织《疾病和有关健康问题的国际统计分类》（ICD-10）确定的精神和行为障碍以外的一般心理问题，如职场问题、家庭问题、婚恋问题、个人发展、情绪管理等）等费用。

（20）不符合入院标准、挂床住院或住院病人应当出院而拒不出院（从医院确定出院之日起发生的一切医疗费用）。

（21）各类医疗鉴定，包括但不限于医疗事故鉴定、精神病鉴定、孕妇胎儿性别鉴定、验伤鉴定、亲子鉴定、遗传基因鉴定费用。

（22）代诊，无原始发票的费用，电话咨询费，没有按时就诊的预约费用，非医师处方要求的服务费用，不在执业范围的医疗服务费用，不符合专业认可标准或者为进行适当治疗所不必要的医疗和牙科服务费用，非医学必需的费用，超过通常惯例水平的费用。

（23）包皮环切术、包皮剥离术、包皮气囊扩张术、性功能障碍治疗；符合以下任一条件的相关医疗费用，我们不承担保险责任：未经医生建议自行进行的任何治疗或未经医生处方自行购买的药品；虽然有医生处方，但药品不是自开具该处方的医生所执业的医院购买的（以药品费票据为准）；

虽然有医生建议，但相关治疗不是在医院进行的或相关费用不是由医院收取的（以相关医疗费票据为准）；

滋补类中草药及其泡制的各类酒制剂涉及的药品费用；

虽然有医生处方，但剂量的超过30天部分的药品费用。

（摘自平安 e 生保 2020 产品计划，https://health.pingan.com/pah-ows/home/product/esb2020?sourceCode=PAH&postId）

(九) 健康保险条款更复杂

按照新《健康保险管理办法》规定以及各家保险公司保险产品条款，健康保险保障因疾病导致的医疗费用、收入损失等责任受观察期、责任期、免赔额、既往状况条款等复杂条款影响，比如，新《健康保险管理办法》规定疾病保险、医疗保险、护理保险的观察期不得超过180天。而人寿保险、意外伤害保险条款相对简单。

四、健康保险分类

(一) 按保障内容划分

按照保障内容不同，健康保险可以分为医疗保险、疾病保险、收入保障保险、长期护理保险、医疗意外险。

(1) 医疗保险，是指以保险合同约定的医疗行为的发生为给付保险金条件，为被保险人接受诊疗、治疗期间的医疗费用支出提供保障的保险。医疗费用一般包括医疗费、手术费、药费、诊疗费、护理费、各种检查费和住院费及医院杂费等。常见的医疗保险包括普通医疗保险、住院医疗保险、手术医疗保险、高额医疗费用保险、综合医疗保险、门诊医疗保险等。

(2) 疾病保险，是指以保险合同约定的疾病的发生为给付保险金条件的保险。投保疾病保险后，当被保险人被确诊罹患合同约定的某种疾病时保险人按合同约定的保险金额给付保险金，而不考虑疾病的治疗过程和花费的医疗费用的多少。疾病保险以特定的疾病为保险风险，通常保障危险性高、费用支出大的疾病，包括重大疾病保险和特种疾病保险。疾病保险以特定的群体为保险对象，疾病种类以及所承担的有关费用等都进行专门的界定中。特殊疾病健康保险，或称特种风险健康保险，是指保险人对特殊疾病制定特殊条款，并以特定费率承保的保险。特殊疾病主要包括：浸润型肺结核、风湿性心脏病（心功能不全三级）、精神分裂症、哮喘、慢性活动性肝炎、类风湿性关节炎（活动期）、肺心病（出现右心衰竭者）、血小板减少性紫癜、高血压三期、糖尿病（合并感染或有心、肾、眼神经并发症状之一者）、中风、肝硬化、再生障碍性贫血、恶性肿瘤（未做放疗、化疗者）、系统性红斑狼疮、恶性肿瘤（做放疗、化疗者）、肾脏移植术后抗排异、尿毒症透析治疗、其他（如冠心病）等。

(3) 收入保障保险，在我国也称之为失能收入损失保险，是指以因保险合同约定的疾病或者意外伤害导致工作能力丧失为给付保险金条件，为被保险人在一定时期内收入减少或者中断提供保障的保险。该险种投保的前提是被保险人必须有固定的全职工作和收入，其主要目的是为被保险人因丧失工作能力导致收入损失提供经济上的保障，而不承担被保险人因疾病或意外伤害所发生的医疗费用。

(4) 长期护理保险，是指以因保险合同约定的日常生活能力障碍引发护理需要为给付保险金条件，为被保险人的护理支出提供保障的保险。长期护理保险是为因年老、疾病或伤残而引发吃、沐浴、穿衣、如厕、移动障碍或老年痴呆、阿基米得病及其他精神疾患，需要长期照顾的被保险人提供护理服务费用补偿的一种保险。按照保险范围可以分为医护人员看护、中级看护、照顾式看护和家中看护四个等级。

(5) 医疗意外险，是指按照保险合同约定发生不能归责于医疗机构、医护人员责任的医疗损害，为被保险人提供保障的保险。虽然现在的医学已经很发达，但是不是所有的病都能百分百治愈。医生在做手术之前，也难以预料到手术进行中会有什么风险。根据医疗界比较认同的说法是，有 30%的纠纷确实是医院存在过错，属于医疗事故，而 70%的纠纷则是医生完全按照手术规程实施手术，但由于医学本身的不确定因素，发生了不可避免的并发症甚至死亡。如果是由于医护人员的失误引起的，是医护人员和医院的责任，那么这方面的风险，医疗事故责任险（简称医责险）来转嫁，由医院统一投保。如果是因为治疗效果没有达到理想状态而对患者造成损害，这种损害有预见可能，但医疗机构和医护人员并无责任，如今也有医疗意外保险来转移风险。

（6）医疗责任保险，是指以保险合同约定的对因医疗机构、医护人员的过失造成的医疗损害提供保障的保险。

（二）按照投保方式划分

按照投保方式划分，健康保险分为个人健康保险和团体健康保险。截至 2019 年，我国健康险保费收入达到 7066 亿元，占 2019 年我国保险保费收入的 16.57%，个险和团险分别占比 74.50%和 25.50%。

（1）个人健康保险，是指以自然人为投保对象，保险人为一个或数个被保险人提供健康风险保障的保险。由于个人健康保险的投保对象广泛，自然环境、生活环境和工作环境的不同以及自身个体差异等都会影响人们的身体健康状况，而健康保险的保障内容又相对较广，其道德风险和逆选择较难控制。因此，个人健康保险的承保要求更严格，承保标准的划分、保险费率的厘定等都需要更高的保险技术水平；保险理赔也比较复杂，医疗保险金、收入损失保险金的确定等还要具备相关的医学知识。为了自身经营的稳定性，保险人在个人健康保险合同中设置了许多特殊条款，包括既存状况条款、续保条款等。

（2）团体健康保险，是指以团体单位作为投保人与保险人签订保险合同，保险人为团体内的成员提供健康风险保障的保险。在团体健康保险中，投保人一般是单位或其法人代表，被保险人是团体的成员，保险人出具一张总的保险单为某一团体的所有成员或者大部分成员提供保障。与个人健康保险相比较，团体健康保险由于被保险人具有某些相同的特质（如工作环境、职业），且经营团体健康保险成本低一些，道德风险也相对低些，因此在保障内容、保险金额相同的情况下，其保险费率一般要低于个人健康保险的费率。对于团体健康保险核保条件相对宽松，理赔条件宽松一些，给付条件也相对较优厚一些，比如，平安保险公司某款产品对于 3 位及以上家人一起投保有额外 5%费率优惠，如图 2-3 所示。

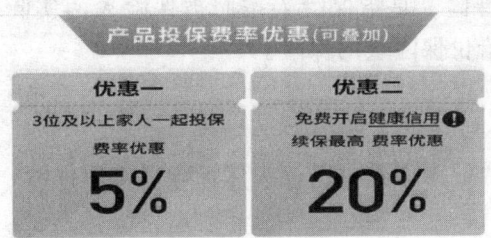

图 2-3 费率优惠图

(三) 按承保标准划分

健康保险核保结论包括标准体、次标准体、拒保体。

按承保标准划分，健康保险可以划分为标准体健康保险、次标准体健康保险。

（1）标准体又称为健康体。标准体健康保险是指被保险人身体健康状况符合承保要求，保险人按标准保险费率承保的健康保险。

（2）次标准体又称为次健体，次标准体健康保险延指健康状况没有达到标准条款规定的身体健康要求的人，通过提高保费、延期承保、限制承保责任等方法予以承保的健康保险。由于健康保险要求被保险人身体健康，现实中人们多少会有一些这样那样的身体不适。如果一味地按标准体的健康条件来承保的话，这些人只能被拒之"保险"门外。次标准体健康保险就是对那些不完全符合承保条件又没有达到拒保条件的人而设定的。当然，由于次标准体的风险较标准体要高，实践中保险人通常采取年龄增加法、额外保费法和保险金削减法等方法来承保，以降低经营风险。

(四) 按保险期限划分

按照保险期限长短的不同，健康保险可分为短期健康保险和长期健康保险。

（1）短期健康保险，是指保险期间在1年及1年以内，且不含有保证续保条款的健康保险。短期健康保险保障期多为1年，是保障性险种，其最大优势是保费低廉、保障较高。

（2）长期健康保险，是期限超过1年或者保险期限虽不超过年但含有保证续保条款的健康保险。长期健康保险期限较长，投保人缴纳均衡保费，带有一定的储蓄性，保单生效一定时期后具有现金价值。重大疾病保险和长期护理保险属于长期健康保险。

(五) 按照保险金给付方式划分

按照保险金给付方式划分，健康保险分为定额给付型保险、实报实销型保险和津贴给付型保险。

（1）定额给付型保险，是指保险人在被保险人发生合同约定的保险事件（罹患合同约定的某种疾病）时，按照合同约定的保险金额和方法一次或分次给付保险金。疾病保险属于定额给付型保险。

（2）实报实销型保险，是指保险人对被保险人因患疾病或发生意外伤害实际支出的医疗费用，按照保险合同的约定补偿其经济损失。医疗保险属于实报实销型保险。

（3）津贴给付型保险，是指保险人按照被保险人的实际住院天数和合同约定的每天住院补贴标准额度给付保险金的保险。

(六) 按续保条件划分

按续保条件划分，健康保险可以分为保证续保健康保险、条件性续保健康保险和不可续保健康保险。

（1）保证续保健康保险，是指只要被保险人按期缴纳保险费，保险人就必须允许被保险人续保至合同约定年龄，通常至65岁或终身。保险人在每次续保时，可根据被保险人的年龄和健康状况调整费率或变更保险责任，但变动费率时必须是对同类全部保单的费率予以调整，而不能仅针对个别保单进行调整。比如，平安保险公司平安e生保长期医疗保险条款中有20年保证续保约定，如图2-4所示。

图2-4　平安保险产品保证续保规定

（2）条件性续保健康保险，是保险人只能根据保单载明的特定理由，如被保险人的年龄和职业状况变化拒绝续保，如果被保险人的健康状况发生变化，保险人不能以此为由拒绝承保，必须按合同约定续保直至某一特定的时间或年龄，如承保至被保险人达到50岁。

（3）不可续保健康保险，是在保险合同中没有规定续保条款，合同到期后即终止。这类保险通常是一年期健康保险，保险人只在保险合同的规定期限内提供保障。

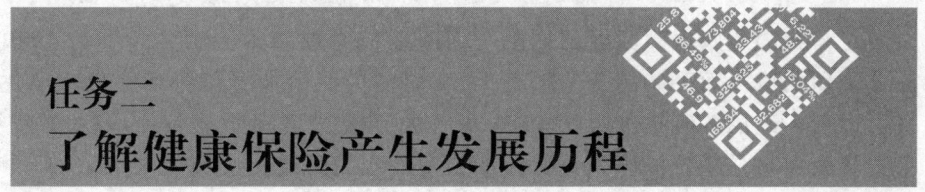

任务二　了解健康保险产生发展历程

一、健康保险的产生

欧洲是健康保险的发源地，现代意义上的健康保险最早起源于19世纪中期的英国，是随着各类人寿保险公司的产生而出现的。世界上第一张健康保险单是1847年由美国马萨诸塞州波士顿健康保险公司签发的一份疾病保险单。随后，英国及美国的保险公司也都相继开办起此类保险并将保险责任扩展到覆盖住院、内外科治疗和看护费用。

早期的健康保险主要是疾病保险，为医疗费用和不能工作造成的收入损失进行补偿。后来在美国出现了意外事故与疾病相结合的保单，规定了病种、免责期和给付期限。例如，Fidelity人寿与意外保险公司签发的意外事故与疾病相结合的保单，保障15种指定的疾病，有7天的免责期和26周的给付期限。这种保单被引进到英国并得到普及，很受个体经营者的欢迎。这一时期的健康保险并不是独立的险种，而是在人身保险合同中包含一些健康风险责任。

最初的健康保险主要是个人险。20 世纪初欧美等一些国家的人寿保险公司开始向各类团体提供包括死亡、伤残和医疗保险在内的团体保险保障。1911 年美国首次开发了针对团体的健康保险。同年，伦敦保证和意外保险公司为蒙哥马利·伍德公司的雇员签发了第一份雇员丧失工作能力收入保险单。随着经济的繁荣和发展，团体健康保险在美国被迅速推广。1929 年，美国贝勒大学医院为其 1500 位大学教师预交了团体住院保险费，此举标志着健康保险开始作为个独立的险种出现在保险市场上，从此揭开了商业健康保险发展的新篇章。

在商业健康保险出现并得到发展的同时期，1883 年德国俾斯麦政府颁布了《疾病保险法》。这是世界上第一部社会保险法，法令批准由国家建立健康保险计划，并规定凡是收入低于一定标准的工人，必须加入疾病保险基金会。继德国之后，其他欧洲国家如奥地利、匈牙利、瑞典、挪威、英国等纷纷出台了单项社会保险立法，社保医保在欧洲逐步推广。1924 年，社保医保模式开始扩展到发展中国家，并得到了不同程度的推广。

二、国外健康保险的发展

随着经济社会的不断发展和健康保险需求的变化，尤其是各国人口结构的变动对健康保险需求产生了深刻影响，世界健康保险业获得了快速发展。在一些国家，商业健康保险已经成为人们防御疾病风险的主要方式。目前，国际上完善的健康保障模式可以概括为以英国为代表的国家医疗保障制度、以德国为代表的社保医保制度和以美国为代表的市场主导型医疗保险制度。

三、我国健康保险的发展

我国健康保险的发展同整个保险业的发展基本一致，是随着 1949 年中国人民保险公司的成立而开始的，但随着 1959 年国内保险业务停办而中断。党的十一届三中全会以后，经国务院批准，从 1980 年开始恢复国内保险业务，1982 年恢复人身保险业务。健康保险是随着国内人身保险的恢复而出现并逐步发展起来的。

（一）我国健康保险的发展历程

1982 年以来，我国健康保险的发展可概括为四个阶段。

1. 恢复阶段（1983—1994 年）

健康保险主要开办的是医疗费用保险。中国恢复保险业务后的健康保险业务，是 1983 年 1 月由人保上海分公司经办的，为上海市 3.5 万名合作社职工提供医疗保险。这是在政府主导下，用商业保险方式解决经济体制转轨过程中健康风险保障问题的一种尝试。1985 年起，在部分地区试办了其他形式的医疗保险。1988 年，人保上海市分公司又开办了母婴安康保险、合资企业中国职工健康保险。其他省市的分支机构也相继作了类似尝试。1990 年，为配合计划生育基本国策，中国人民保险公司上海分公司又推出了人工流产安康保险，与之前的分娩节育保险、母婴安康保险共同形成了计划生育系列保险。

1990年以后，平安保险公司、中国太平洋保险公司等保险机构相继成立，打破了国内人身保险市场的垄断格局。各保险公司纷纷加大了市场开拓力度，相继推出由小学生平安保险附加医疗保险、住院医疗保险、综合医疗保险、防癌保险等健康保险险种。

1994年，在江苏省镇江市和江西省九江市进行了"统账结合"城镇职工基本医疗保险制度改革试点工作，并在此基础上于1996年将试点工作扩大到全国近40个城市。

在此阶段，公众对保险的认识还很有限，对健康保险的需求不大。同时，健康保险的有效供给能力不足。健康保险未被作为主要业务来经营，产品种类少，责任比较简单，保障水平不高，健康保险发展缓慢。

2. 初步发展阶段（1995—2003年）

健康保险获得了较快发展。一是健康保险经营主体不断增加。到2003年，有资格经营短期健康险的保险公司达到60多家。二是险种不断创新。1995年，我国引入重大疾病保险并首次推出了个人附加定期重大疾病保险，对7种重大疾病提供保障，包括癌症、脑中风、心肌梗塞、冠状动脉绕道手术、尿毒症、瘫痪和重要器官移植等。随后，各类商业健康保险产品纷纷亮相，保险公司逐步开发出了包括住院安心保险、补充医疗保险、团体高额医疗保险、个人住院医疗保险、综合保险等住院和门诊医疗综合性医疗保险产品，以及一系列与社会基本医疗保险制度相衔接的高额医疗保险。2000年以后，又推出了保证续保医疗保险和分红型重疾险产品，并开始拓展农村健康保险市场。三是陆续颁布健康保险的监管政策。2002年，中国保监会颁布了《关于加快健康保险发展的指导意见》，鼓励保险公司推进健康保险专业化经营。2003年上半年，中国保监会颁布了《人身保险新型产品精算规定》，规定了统一的人身保险新型产品技术标准。四是保费收入规模扩大。到2003年底，健康保险的保费收入达到242亿元，占保费收入总额的6.2%，同比增长57.97%。

3. 专业化发展阶段（2004—2008年）

伴随着新农合、城镇居民医疗保险制度和城乡医疗救助制度的建立，我国健康保险的发展受到了党和国家的高度重视，健康保险迅速发展从行业意志上升到国家意志。专业健康保险公司开始出现，健康保险进入专业化发展通道。

2005年4月，我国成立了第一家专业性健康保险公司——中国人民健康保险股份有限公司，标志着健康保险进入专业化经营阶段。随后，平安健康、瑞华健康、昆仑健康等专业健康保险公司顺利开业，我国健康保险专业化经营有了实质性进展。

2006年6月，国务院下发了《国务院关于保险业改革的若干意见》，明确指出，商业保险是社会保障体系的重要组成部分，并要求加强对专业健康保险公司的扶持力度，促进商业健康保险的发展。

2006年8月，中国保监会颁布了《健康保险管理办法》，这是我国第一部专门规范健康保险业务的部门规章。随后，中国保监会陆续颁布了《关于健康保障委托管理业务有关事项的通知》《关于保险业参与基本医疗保障管理工作有关问题的通知》和《关于保险业深入贯彻医改意见积极参与多层次医疗保障体系建设的意见》等鼓励保险公司积极参与多层次医疗保障体系建设。2007年中国保险行业协会与中国医师协会共同制定了《重大疾病保险的疾病定义使用规范》。

健康保险的专业化经营以及相关政策法规的出台,促进了健康保险的发展。

4. 转型快速发展阶段(2009—2016年)

伴随着新一轮医改的不断深入以及国家一系列相关政策的颁布,为我国健康保险的发展提供了良好的政策环境。与此同时,通过保险机构参与经办基本医疗保险和大病保险等,健康保险在国家健康保障体系中的地位和作用不断加强。

2009至今,国务院、财政部、中国保监会等相继颁布了《关于深化医药卫生体制改革的意见》《国务院关于印发"十二五"期间深化医药卫生体制改革规划暨实施方案的通知》《关于商业保险机构参与新型农村合作医疗经办服务的指导意见》《关于开展城乡居民大病保险工作的指导意见》《关于促进健康服务业发展的若干意见》《国务院关于加快发展现代保险服务业的若干意见》《国务院办公厅关于加快发展商业健康保险的若干意见》《关于开展商业健康保险个人所得税政策试点工作的通知》《中国保险业发展"十三五"规划纲要》《"健康中国2030"规划纲要》《关于印发〈个人税收优惠型健康保险业务管理暂行办法〉的通知》新《健康保险管理办法》、重疾险疾病新定义等,意味着国家为保险业尤其是商业健康保险的发展做出了顶层设计,极大地推动了商业健康保险的健康快速发展。

 行业动态

2016年3月4日,中国人民健康保险公司签发首单个人税收优惠型健康保险。同日,泰康康乐保个人税优健康保险产品成功开卖,首单落地北京。根据政策,税优产品可以提供最高2400元的年度税前扣除额,也就是把起征点每月提高200元,因此实际最大免除税额=2400×个人税率最高档。根据以往公布的数据,大部分人最高档都在10%以内,所以对大多数人来说年度免税金额是240元。一定程度上,税优健康险确实突破了社保目录,但在产品形态上,其对社保外目录加了正面或负面清单——正面清单是指,清单上有的项目才赔付;负面清单即清单上没有的就赔。个人健康保险税收优惠政策体现了决策层越来越重视商业健康保险在国家战略全局中的定位,更加注重运用商业保险机制分担日益增长的医疗费用支出,用政府与市场的合力更好地托举民生;而且也是保险业落实"新国十条"文件精神,全面服务国家供给侧改革的重要举措。

5. 高质量发展阶段(2017年至今)

经过2006—2016年快速发展,健康保险积累稳定的客户资源,健康保险专业化发展水平和服务水平逐渐获得了客户的认可,再加上2003年非典、2020年新冠疫情的社会事件唤醒了人们对于健康风险的客观认知,激发了人们购买健康保险的热情,健康保险行业终于迎来了高质量发展的风口。自2017年起,国务院、银保监会、保险行业协会出台若干有关健康保险发展的政策、定义规范,强监管态势约束健康保险经营主体、从业人员、消费群体的行为,捍卫健康保险发展的良好风气,保证健康保险发展高质量发展,2014—2020年度健康报吸纳业务数据表,见表2-5,健康保险年增长率达到20%~30%,是其他险种所不具备的增长趋势,在业务高速增长的同时,也承担了越来越多的健康风险赔偿责任,为健康保险消费者对抗健康风险提供了资金融通的支持。

表 2-5　　　　　　　　2014—2020 年度健康报吸纳业务数据表

年份	健康险保费	健康险赔款
2014	1587.178571 亿元	571.155187 亿元
2015	2410.471515 亿元	762.965685 亿元
2016	4042.496791 亿元	1000.752222 亿元
2017	4389.460383 亿元	1294.767022 亿元
2018	5448.126062 亿元	1744.336127 亿元
2019	7066 亿元	2351 亿元
2020	8183 亿元	2921 亿元

数据来源：中国银保监会官网

 职业素养提升

中国银行保险监督管理委员会

中国银保监会办公厅关于规范短期健康保险业务有关问题的通知
银保监办发〔2021〕7 号

一、本通知所规范的短期健康保险，是指保险公司向个人销售的保险期间为一年及一年以下且不含有保证续保条款的健康保险。团体保险业务除外。

二、保险公司开发设计的短期健康保险产品，应当以提升人民群众的健康保障水平，满足多层次、多样化的健康保障需求为目标，不断扩大健康保障与健康管理服务的覆盖面。

保险公司开发的短期健康保险产品应当在保险条款中对保险期间、保险责任、责任免除、理赔条件、退保约定，以及保费交纳方式、等待期设置，保险金额、免赔额、赔付比例等产品关键信息进行清晰、明确、无歧义的表述。

……

八、保险公司应当加强销售人员管理，严格规范销售行为。保险公司应当以合理方式引导保险消费者完整阅读保险条款，使投保人充分了解保险产品及服务等信息。

保险公司在销售短期健康保险产品时，应当向保险消费者提供"短期健康保险产品投保须知书"，并重点提示以下内容：

（一）投保人如实告知义务及未如实告知会造成的后果；
（二）保险责任及除外责任；
（三）保险期间；
（四）保险金额；
（五）免赔额；
（六）赔付比例；
（七）等待期；
（八）投保年龄与保费高低具有关联性等情况；
（九）银保监会规定的其他告知事项。

九、保险公司应当加强对短期健康保险产品的核保、理赔管理，规范设定健康告知信息，健康告知信息的设定不得出现有违一般医学常识等情形。保险公司应当引导保险消费者向保险公司履行如实告知义务。

图 2-5　银保监会官网截图

图 2-6 家庭保障结构宣传海报示例

(二) 我国健康保险的发展现状

随着我国社会经济的持续发展,社会保障体制和医疗体制改革不断深入,人们对健康保险的需求越来越旺盛,健康保险的发展环境不断优化。健康保险经营机构努力转变经营理念，不断探索创新，拓展健康保险服务领域，健康保险实现了较快发展，对提高人民群众健康保障水平、缓解"看病难、看病贵"问题起到了积极的作用。

1. 市场格局呈现新特征

（1）健康保险经营主体不断增多。随着我国商业健康保险业务的快速发展，健康保险市场也呈现多元竞争的格局，经营主体不断增加。2011年，获准经营健康保险业务的保险公司为91家，到2016年增加到156家。经营主体数量的增多提高了健康保险市场的供给能力和竞争程度，有利于效率的提高。

（2）健康保险市场的专业化程度不断提高。到2011年底，我国共有人保健康、平安健康、和谐健康和昆仑健康4家专业健康保险公司，其保费收入占整个健康保险市场份额为14.73%。到2016年底，又新增了太保安联、复星联合和瑞华健康等，专业健康保险公司为7家，其保费收入占整个健康保险市场份额上升为32.60%，说明专业健康保险公司在市场上的作用进一步加强。

（3）垄断程度依然较高。我国健康险行业集中度高，行业前十家保险公司市场份额占比已经超过80%。盖因龙头险企已经具备高素质的代理人销售队伍、分支机构展业成本优势、理赔及定价数据较为完善等优势，市场格局相对稳定。按照公司体量，可将我国健康险保险公司分为四大梯队。

其中，中国平安和中国人寿为我国健康险第一梯队，主要特点为集团化、销售渠道分布广，2018年中国平安及中国人寿健康险保费收入共计为1737.1亿元，市场份额占比为31.9%；包括和谐健康及新华保险在内的8家中资人身寿险公司以及中国人保及友邦保险公司组成了我国百亿级别保险公司第二梯队；第三梯队为10亿级别的保险公司，包含12家中资人身寿险保险公司、10家外资人身寿险公司以及4家中资财产险公司。

2. 健康保险发展水平不断提高

（1）保费收入呈现快速增长势头。

（2）健康保险保险费在人身保险保险费中占比逐年增加。

（3）保险密度和保险深度逐渐增长。2011—2016年，我国健康保险的保险密度从51.2元/人增长到294元/人，这说明我国居民的健康保险意识在逐年上升，健康保险的覆盖率逐年提高；我国的健康保险深度从0.15%上升到0.54%，说明健康保险在我国国民经济中的地位不断提升。

3. 健康保险产品种类逐渐丰富

4. 保障能力不断提升

5. 服务领域不断拓宽

三、健康保险的发展趋势

（一）专业化经营成为健康保险发展的方向

由于健康保险自身涉及关系复杂（保险人、投保人、被保险人、医疗服务提供者）、风险类型多、风险控制难度大等特点，使之在定价、核保、理赔和风控等方面都有独特的要求，再加上随着社会的发展与变革，客户保险需求不断发生变化，这些都要求健康保险不断改善其经营管理模式，实行专业化经营。美国健康保险专业化发展趋势明显。虽然健康保险市场主体众多，但专业健康保险公司利用专业化经营优势，保证了健康保险市场良好的运营效率和风险管控。英国的商业健康保险公司依靠自身专业化经营的优势，致力于提供专业的健康保障和健康风险管理服务，找准了市场定位，满足了高收入人群的健康保险需求，从而在全民医保的大环境中赢得了市场。德国法律规定，商业健康保险必须与其他保险业务分业经营。法律对专业分工的要求，使德国的商业健康保险经营主体能够专注于发展商业健康保险，通过推出优质的综合健康医疗保险（法定医疗保险替代产品）争取高端人群，通过不断深挖细分市场，吸引参加法定医疗保险的人群购买补充型医疗保险产品。专业化经营保证了德国健康保险公司能够在激烈的竞争中平稳发展并实现盈利，从而促进了商业健康保险的发展。

健康保险的专业化经营，使健康保险经营主体能充分发挥其专业技术优势，并在发展过程中形成差异化的竞争优势。首先，保险公司以完善的精算技术、核保理赔技术和风险控制技术等对健康保险产品进行合理定价、有效控制医疗费用支出水平和防范道德风险。其次，保险公司以市场需求为导向，根据不同地区、不同领域消费群体的收入、消费水平，运用自身的产品创新优势，设计开发出满足不同需求的健康保险产品投放市场，形成产品优势，并通过不断优化其产品，逐渐形成自己的核心竞争力。再次，保险公司利用自身资源优势，以客户为中心，以提高客户满意度为宗旨，为客户提供个性化的健康保障专业服务。在未来，依托于专业技术优势和差异化竞争优势的专业化经营，是保证保险公司在日益激烈的健康保险市场竞争中取胜和促进健康保险发展的必然要求，也是健康保险发展的方向。

（二）健康保险与健康风险管理相结合推动保险公司拓展延伸健康保险产业链

随着健康风险管理的兴起，世界健康保险业逐渐形成了健康保险与健康风险管理相结合的经营理念，并在经营过程中将健康风险管理融入健康保险的整个发展过程中。美国健康保险与健康风险管理高度融合，健康保险更多地关注"以人为本"的消费者导向健康保障模式，通过为健康风险管理提供资金支持、信息系统和专业培训，在为民众提供健康促进服务的同时，也降低了保险公司的健康风险。英国的健康险公司通过健康知识宣传、疾病预防、慢性病管理等方式，为客户提供从前端的疾病预防、健康保健到最终的危重病治疗等系列全面优质的健康风险管理服务，并以此控制医疗费用，降低赔付率，增强了风险控制能力。英国几大保险公司占据市场主导地位的主要方式就是在迎合消费者当前需求的同时，通过健康风险管理服务引导并创造消费者新的需求。首先，由公司根据客户需求设计各种健康保险计划，提供重大疾病保险、医疗保险等一系列健康保险产品；其次，通过自有医疗机构为客户提供医疗服务，公司可掌握丰富的客户信息，并在此基础上对保险产品进行相应调整；最后，公司针对不同市场提供不同方式的健康风险管理服务，例如对于投保个人，公司通过免费体检、牙医保健、吸毒及酗酒检查等方式对其进行服务。德国规定健康保险公司必须提供健康风险管理服务，并因此极大地促进了健康保险公司的专业化发展。

随着健康风险管理的蓬勃发展，健康风险管理服务日益成为商业健康保险公司重要的服务项目。商业保险公司通过推行健康保险同疾病管理、健康服务相结合的模式，不仅可以有效提高民众健康水平且降低医疗费用的支出，而且有助于提升公司的核心竞争力和产品价值,增强客户的信赖。在未来,商业健康保险的发展也离不开对健康风险管理的关注和对健康产业链的开拓。健康保险公司通过健康风险管理服务,可在一定程度上降低客户患病的概率,从而达到减少医疗费用支出、降低赔付率的效果。保险公司通过与医疗机构、专业健康风险管理公司及社保机构的深度合作,通过投资、兼并、合作等多种形式涉足健康产业的各个相关领域,打造涵盖健康保险、体检、健康咨询、疾病治疗和康复、护理等诸多领域的健康产业链,从而形成新的业务增长点,减少医疗费用赔付,拓展利润来源渠道。

(三) 健康保险全面参与医疗改革提高医疗保障体系的运行效率

国际经验表明,要建立高效的医疗保障体系,健康保险是不可或缺的重要组成部分。在世界各国,健康保险均在医疗保障体系的改革完善中扮演重要角色,通过政府购买或委托管理的模式,健康保险全面参与了基本医疗保障体系建设。在美国,政府将大量的政府医疗保障项目交由健康保险公司经办,并取得了良好的效果。由商业健康险公司承担服务的美国政府医疗保障计划越来越受欢迎,州政府医疗补助计划、联邦雇员健康福利计划和军队、军属医疗计划等均借助商业保险公司来提供经办和保障风险服务。健康维护组织、优先选择提供组织和定点医疗服务计划等组织对卫生保健服务的介入,使传统的费用报销型经营模式转变为将医疗提供与筹资结合起来的"管理式医疗",由医疗服务的付费者(保险机构)参与对医疗机构服务过程的监督,通过按人头包干医疗费用预付制以及指定医疗服务提供者机制,使医疗服务提供者在与保险人共享经营利益的同时,也承担医疗保险经营的风险。英国商业健康保险公司在英国医疗改革中也发挥了积极的作用,并在积极参与医疗改革的过程中得到了发展壮大。著名的保柏健康保险公司就向英国政府建议增加对公共医疗资金投入以及发展新的资金管理模式,还建立了医院质量及服务评估系统,医院必须通过系统指标才能成为其合作定点医院。通过政府购买服务的方式,将原有的"政府包揽购买和提供服务"模式改为"政府购买,服务竞争"模式,建立和完善了政府购买医疗服务的机制和组织。2007年开始,英国政府在初级卫生保健基金中全面推广"服务外包"模式,旨在引入商业健康保险公司,对医疗体制进行进一步改革。外包服务采购计划有严格的资格预审程序体系,每个机构都将提供与其资质相匹配的服务,协助初级卫生保健信托基金评估不同地区民众的需求和发展趋势,提高了医疗保障体系运行的效率。我国从2012年以来,在社会保险服务中引入了市场机制,通过政府购买的方式,由商业保险机构经办城乡居民大病保险,提高了大病保险基金的运行效率。可见,将商业健康保险引入医疗保障体系,使医疗卫生服务满足人们的需要,又有利控制医疗费用的急剧上涨,成为提升整个医疗保障体系运行效率的必然选择。

(四) 加强"医""保"深度合作有效控制健康保险公用的医疗风险

由于健康保险的道德风险偏高、逆选择严重,医疗风险难以控制,赔付率居高不下,成为世界性难题。由于利益的驱动,医疗服务提供者往往会通过过度医疗等手段增加医疗费用,这无形中增加保险公司的赔付成本。因此,各国都通过建立保险公司与医疗服务机构之间"风险共担,利益共享"的合作机制,形成与医疗机构之间的利益联盟，以有效制衡医疗机构的道德风险。在美国，以经营健康保险为主的保险公司普遍投资医疗机构，如美国最大的健康保险公司联合健康（Unite Health）集团旗下既有健康保险公司，也有医院和护理服务公司，保险公司和医院之间存在着股权、协议等多层次的合作关系。英国健康险公司也通过不断加强与公立医疗机构的合作以及自设医疗机构等方式，实现了对于医疗风险的有效控制。通过"医""保"合作，对保险公司来说，便于其强化对医生和医院医疗行为的管控，缓解医疗费用的快速上涨，降低赔付率。同时，通过在保险公司与医院之间建立合作与制约机制，可以建立全方位的医疗风险控制网络，增强保险公司自身的风险控制能力。

（五）科技赋能强力助推健康保险发展模式创新

信息化时代，移动互联、云计算、大数据、区块链、物联网、可穿戴设备、基因检测等保险科技，将有效推动健康保险经营模式的创新。保险公司积极运用网络、云计算、大数据等新技术进行健康保险产品需求画像、产品开发、定价、核保核赔、服务创新。第一，搭建信息共享机制，借助大数据画像，深度挖掘客户的真实需求，并基于海量用户的健康指标、日常用药等数据、可穿戴设备普及，进行产品研发、精准定价；第二，运用大数据、云计算、区块链、可穿戴设备进行有效的风险识别和监控。有助于健康风险管理，协助准确诊断和疾病治疗，并实现合理控费。第三，大数据技术、区块链的应用可以提高理赔效率，简化消费者索赔流程，减少索赔资料要求，并且帮助保险公司识别骗保、欺诈行为，降低保险公司赔付责任。第四，创新健康保险的营销模式。充分利用各类流量平台信息及时、交易成本低、交互性和灵活性强等优势，使健康保险营销方式更加多元化，交易更灵活方便。第五，互联网技术为健康保险进行服务创新提供了广阔的空间。一方面，保险公司可以对承保、保单管理和理赔等核心业务流程进行互联网化改造。通过可视化方案为客户设计投保方案，并在线完成投保单填写、转账、核保、承保等操作；建立电子化自助服务平台；采用基于网络的理赔方案，实现在线理赔申请、在线理赔查询以及实时赔付到账等功能。另一方面，保险公司可以拓展新的发展机遇，在为客户提供健康风险保障的同时，通过科技赋能整合医疗健康服务资源，拓展健康服务链，增强客户获得感，加大客户黏度。

七家专业健康险公司情况简介

中国人民健康保险公司（简称"中国人保健康"）成立于2005年4月8日，系国务院同意、中国银保监会（原中国保监会）批准设立的国内第一家专业健康保险公司，由"世界500强"企业中国人民保险集团公司（PICC）联合欧洲最大的健康保险公司——德国健康保险公司（DKV）发起设立，目前公司注册资本金85.68亿元，是中国内地资本实力最为雄厚的专业健康保险公司。

平安健康保险股份有限公司成立于2005年6月13日，公司注册资本人民币6.25亿元，总部设在中国上海。2010年8月中国平安保险（集团）股份有限公司与南非最大的健康保险公司 Discovery 签署合作协议,为平安健康保险引进战略投资者。拥有国际化触角的平安健康保险公司主要业务范围包括各类健康保险业务、意外伤害保险业务、政府委托管理健康保险业务、健康咨询服务业务、健康保险再保险业务等。平安健康保险公司已建立了全球医疗服务协作网络和客户服务响应系统,能够为团体和个人客户提供完整的医疗保障、健康保健和专家咨询服务,公司拥有完善的管理信息系统,能够为客户提供 24 小时中英双语电话咨询服务以及覆盖全球主要国家和地区的紧急救助服务。

太平洋健康保险股份有限公司(以下简称"太平洋健康险")成立于 2014 年 12 月,是中国太平洋保险(集团)股份有限公司(以下简称"太平洋保险")旗下专业健康险公司。太平洋保险是国内领先的综合性保险集团,并是首家 A+H+G(上海、香港、伦敦)三地上市的保险公司,连续 10 年入选《财富》世界 500 强。太平洋健康险以"建设一家开放的科技型医疗健康保险公司"为愿景,秉持"健康是更长情的陪伴"理念,太平洋健康险聚焦客户痛点,打破保险定式,推出具有针对性的医疗保险、重疾保险、长期护理保险、高端医疗保险和带病人群特色保险产品,并通过全生命周期健康管理服务、全球 70 多万家直付医疗机构网络,以及业内首家由美国心脏协会(AHA)授权认证的急救培训中心,为客户健康保驾护航。公司积极拥抱数字化时代、推动科技赋能,为客户提供智能化的服务体验,并在业内率先实现区块链智能理赔服务。

复星联合健康保险股份有限公司(简称"复星联合健康保险")成立于 2017 年 1 月 19 日,由上海复星产业投资有限公司、广东宜华房地产开发有限公司、宁波西子资产管理有限公司、重庆东银控股集团有限公司、上海丰实资产管理有限公司、迪安诊断技术集团股份有限公司六家股东共同发起设立。公司注册地广东省广州市,以健康发展、特色经营、创新驱动、体验至上为宗旨,专业提供健康保障及健康管理服务。复星联合健康保险立足广大消费者需求,开展各类医疗保险、疾病保险、失能收入损失保险、护理保险、意外保险业务,全力为客户提供优质的全生命周期产品,建立贴心的全流程服务体系。

瑞华健康保险股份有限公司获得中国保监会批准正式筹建(保监许可〔2016〕1260 号),为近年来获批筹建少有的健康保险公司,也是国内第七家专业健康保险公司。公司管理、运营总部在上海。

任务三
理解健康保险经营风险

当今,中国特色社会主义进入新时代,社会主要矛盾已经转化为人民日益增长的美好生活需要和不平衡不充分的发展之间的矛盾。伴随着收入水平提升、医疗技术进步,人们越来越重视健康风险管理,购买健康保险的意愿逐渐增强,并转化为实际购买力。但是健康保险经营过程中存在各种风险,比如,收入水平增加,势必导致购买健康保险的量增加，健康保险业务规模增加，对保险公司是发展业务的机会，但是因为健康保险专业要求高、工作难度高，又对保险公司造成保险责任增加、专业人才需求暴涨。

一、分析健康保险经营面临的风险

（一）源自买方的风险

依据最大诚信原则，消费者投保健康保险时有如实告知义务，要在保险公司从业人员询问下如实将既往病史、家族病史等重要事实进行告知、陈述、保证，这些信息只有被保险人最清楚，出于自身利益考虑，可能会存在瞒报、漏报等信息不对称事件。买方对健康保险经营造成的影响主要体现在以下方面：

1. 逆选择风险

逆选择一般是指由于交易双方信息的不对称和市场价格下降产生的"劣币驱逐良币"现象，导致市场交易产品平均质量下降的现象。即当其中一方处于信息优势地位，另一方处于信息劣势地位，具备信息优势的一方为了使自身获益，利用信息优势做出有利于自身而有损于对方的决策，导致市场配置资源效率低下。保险行业的逆选择突出表现就是风险高的被保险人更愿意以平均保费购买保险。对于两家保险公司A、B，如果A核保严格，每位客户都要体检核保，B核保宽松，完全不需要体检，那么健康状况有问题的消费者一定会选择到B投保，这就是"逆选择"。逆选择源自事前的信息不充分、不对称。

信息不对称在健康保险领域尤为突出，对于保险公司和被保险人来说都存在。首先，对保险公司而言，来自被保险人的信息是不充分、不对称的。被保险人总是比保险公司更了解自身的风险状态，这方面的信息差别是难以避免的，加之风险的不确定性和精算技术的局限性，保险公司不能根据每个被保险人的风险状况确定真实费率，从而产生逆选择问题，进而高赔付率会造成保险公司经营困难。现实生活中，有风险偏好者、风险中立者和风险厌恶者。但就一般而言，大多数人都是风险厌恶者。由于健康保险的标的是人的身体，而人的身体总归要经历生老病死，为了规避风险，风险厌恶者愿意付出比预期损失更多的价格，通过购买保险来分散风险。因此，保险公司应该根据每个被保险人的预期损失厘定保险费率。但是，由于信息不充分、不对称，保险公司厘定保险费率时是分类假设所有消费者都面临着相同概率的健康风险，根据平均预期损失和平均风险来计算保险费。但不同消费者所面临的健康风险和预期损失是不同的，高风险人群将愿意购买保险，而低风险人群将不愿意购买保险，最终会出现高风险的消费者将低风险的消费者赶出保险市场的现象。其次，对被保险人而言，来自保险公司的信息是不对称的。保险合同是格式合同，是保险公司事先拟订的，被保险人方只能被动地接受或拒绝。加之合同条款中的专业术语和词汇较多，被保险人对合同内容不甚了解，甚至完全看不懂，理赔出现纠纷时也时常处于弱势地位。

2. 道德风险

在健康保险市场，来自被保险人的道德风险是指被保险人在保险保障期间，会对保险公司的赔偿产生依赖心理，将健康风险完全转嫁给保险公司，对自身的健康风险防范意识降低，任由风险事件发生，或在保险事故发生后人为增加损失程度，甚至故意制造或谎称保险事故发生的道德扭曲行为。这种带有预期的、故意的、主观的行为是保险公司最难以控制的外部风险。

健康保险中，存在两类道德风险。一类为个人先于"风险事件"行动的事前道德风险，表现为被保险人已经签订保险合同后，个人可以通过选择预防措施来影响自身的生病概率。很多被保险人有了保险保障之后，他们会对自己的身体状况和环境风险等变得不重视，导致自己患病或者发生意外事故的概率增大，进而导致保险公司所承担责任加大，所承保的风险与定价时假设的风险特征不相符，发生赔付率增高甚至亏损情况。另一类为个人后于"风险事件"行动的事后道德风险，表现为个人在患病或意外事故发生后产生的经济损失（包括医疗费用、收入损失）不是固定的。同样的疾病去到不同级别的医院、采用不同的诊疗治疗手段、使用不同的药物，费用差别很大。因为被保险人可以在从便宜到昂贵的不同费用水平的治疗手段中进行选择。在保险事故发生后，被保险人会以更利己的态度做决策。比如提升自身的医疗服务需求，导致实际花费的医疗费用远远高于本应花费的费用：如一些不太严重的疾病被保险人会要求使用价格昂贵的药物并有意延长住院医疗时间，造成医疗资源浪费的同时也会增加保险人的负担；甚至有被保险人与医疗机构联合骗保，伪造相关资料和证明，虚报或谎报保险事故，以此骗取保险公司的赔偿。从理论上说，在健康保险市场上，相对于保险公司和患者，医疗服务机构或医生应是独立的第三方，肩负向患者和保险公司提供患者健康状况和诊疗费用客观信息的重任。但在现实操作中，保险公司最终支付的医疗费用高低取决于三个因素：一是疾病的发生频率和严重程度；二是被保险人的就医行为；三是医疗服务机构的服务行为。由于信息的不对称和不完善，保险人无法掌握被保险人的真实的就医信息，被保险人和医疗机构利用信息优势，可能会故意不采取减轻损失的有效措施，反而通过某些变相或不正当的行径增大医疗赔偿金额，造成不同程度的保险欺诈行为。在健康保险中，这种事后道德风险影响力更大。这是因为保险人要支付部分或全部的医疗费用，最终保险人所赔偿金额很大程度上依赖于患者和医生所决定的治疗方式，而被保险人面临着低于市场价格的定价，将导致其对医疗服务的过度消费。

（二）源自医疗机构的风险

在健康保险市场，由于医疗服务具有很强的专业性和复杂性，对待同样的疾病，医疗机构可以采用不同的医疗手段、使用不同价格但功能相当的药品，结果导致医疗费用相差甚远，而保险公司缺乏专业知识，缺乏治疗过程中的介入，再加上被保险人产生的医疗费用是由"第三方支付"——被保险人治疗期间花费的费用大多由社保基金或者保险公司报销，而保险人在调查被保险人真实的就医信息时存在信息不对称和工作困难，极易发生医患合谋骗取保险金或者抬高医疗费用的现象，增加了保险公司的赔偿责任，给保险公司带来了双重道德风险，在与医疗机构的博弈中完全处于劣势，因此如何预防或减少来自医疗机构的风险是健康保险行业面临的一项突出风险。

（三）来自中介机构的风险

来自中介机构的风险是由于保险中介市场发展不成熟和监管不到位等原因影响健康保险发展的风险。保险中介，是指介入保险经营机构与投保人之间或者介于各家保险经营机构之间，专门提供保险业务咨询、展业、风险管理、损失调查取证、伤残鉴定、标的价值衡量与评估、损失鉴定与理算等中介服务活动，并从中依法获取佣金或手续费的单位或个人。保险中介主要包括保险代理人、保险经纪人、保险公估人。保险代理人机构分专业代理机构、兼业代理机构。保险中介机构作为保险公司与保险公司、投保人之间的桥梁，在匹配保险供求、拓展保险业务、提供查勘定损服务方面发挥了重要的作用。但是，中介机构的制度设计是基于委托代理理论，其委托人（保险公司）与代理人（中介机构）存在利益的不一致性也是广泛存在的，比如，保险代理人单纯从提高自己收入角度出发，希望对于所有的客户能保就保，疏于核保，至于承保后是否出险、损失程度如何都有代理人无关。究其根源还是在于委托人与代理人之间信息不充分、不对称。一方面，在签订契约时，代理人与投保人、被保险人更紧密接触，对标的各种风险状况的了解程度要比保险公司高，信息的不对称使得代理人存在逆选择风险，职业素养低下的"不良代理人"很有可能采用欺诈、漏报、瞒报实情等不正当的手段，加重保险公司的经营风险——造成声誉下降——业务萎缩的恶性循环。另一方面，在保险公司和代理人签订契约后，保险公司的利益取决于代理人的合作水平，保险公司无法时刻监测代理人的尽责水平，也面临着道德风险：弄虚作假、不规范操作、违规套取中介费用、误导消费者等，使被保人的利益难以得到有效保障，严重影响保险公司的形象，不利于其品牌建设。

（四）来自同业的风险

同业竞争主要表现为保险目标市场的竞争、保险经营方式的竞争和保险专业人才的竞争等方面。保险公司为了维持自身发展可能会做出影响对方利益的决策，但与此同时，也给自身带来经营管理上的种种风险，集中体现为两大风险。

1. 定价风险

当大企业优先占领了市场份额，新兴企业要想尽快在市场上占有一席之地，通常的做法是进行价格竞争。新兴企业通常会销售低保费高保额的保险产品以吸引消费者，抢占保险市场，这种做法可能会导致偿付能力不足，给保险公司的经营带来风险。另外，在保险公司之间的竞争中，他们往往更重视承保和理赔环节的风险控制，而忽略了产品的定价风险。保险行业存在产品同质化现象，主要就是部分公司没有自己的精算队伍，没有能力研发新产品，而有的保险公司出于成本压力以及市场竞争先发优势的考虑，会直接参考、借鉴其他公司的同类型产品条款，只是对费率进行微调，侵犯竞争对手的知识产权，导致保险产品的定价与责任不匹配，条款有失合理，一是损害了消费者利益，二是给保险公司造成经营风险。一些保险公司在争夺健康保险业务时恶性降价、误导客户，扰乱市场秩序，加之健康保险在保险公司业务的整体占比不是最高的，其经营所需要更专业化人才的缺乏、产品定价的基础数据和技术不足导致健康保险经营风险突出。

2. 人才流失和商业秘密泄露风险

一般保险公司培养出一个既懂得保险业务知识，又了解中国保险市场的专业人才通常需要 5~10 年，而健康保险市场更需要大量既懂保险又懂医学、懂法律的复合型人才。保险公司相互之间的"挖墙脚"行为，使得很多公司在人才培养方面慎之又慎，而且有些犹豫迟疑，被竞争对手挖走已经培养成熟的各类业务经营、技术人员、管理人员，对于自身来说，浪费了大量的人力、财力、物力，还有可能失去关键业务和商业秘密，反而增强了竞争对手的实力。因此，人才争夺战成为保险行业竞争的主要领域。由于竞争，保险专业人员的留存率低，流动性较大，这必然使得一些公司的经营管理稳定性受到不同程度的影响。

（五）来自法律、监管及政策层面的风险

无论社保医保还是商业健康保险，都需要法律和监管制度进行规范和指引。法律体系不完备或者监管不严——缺失、错位等，都会影响健康保险的高质量发展。比如在鼓励个人、家庭、企业通过参加商业保险及多种形式的补充保险解决社保医保保障水平不足的问题上，如果不通过法律明确健康保险经营主体范围、经营形式，势必会有不具备健康保险经营条件的社保经办机构或者其他主体通过采取行政手段、捆绑销售等形式挤占商业健康保险市场，造成健康险市场混乱竞争和发展缓慢。

健康保险风险的特殊性、复杂性、发展性导致健康保险产品设计的复杂性，产品研发难度大、成本高，目前健康保险市场缺乏法律制度对健康保险产品条款的专利保护，这就导致效仿竞争对手研发的健康保险产品但不需承担法律责任，间接伤害保险公司健康保险产品研发的积极性，产品同质化严重，导致消费者难以买到与自己健康风险需求相匹配的健康保险产品，健康保险市场竞争混乱。

健康保险网络营销缺乏法律法规约束，对参与线上健康保险经营活动的主体监管不到位，消费者缺乏对网络经营的鉴别能力，对于专业度要求高的健康保险经营，线上经营的无章可循、解读模糊、夸大宣传、刻意引导，增加了健康保险公司的经营风险。

社保医保的发展在一定程度上促进老百姓对保险态度的转变，但是从另一层面看也会挤占商业健康保险的市场，很多时候，社保医保成为商业健康保险的等价品、替代品，社保医保的保障程度越高、保障范围越广，对商业健康保险的"挤出效应"越明显。另外，社保医保具有区域性特点，其缴费水平和报销标准、税优等政策可能因人而异、因地而异，对目前基本上是全国通用性的商业健康保险产品之研发造成影响。我国根据居民身份的不同将基本医疗保险制度分为城镇职工基本医疗保险、城镇居民基本医疗保险和新型农村合作医疗，但不同医疗保险背景下的待遇却有很大差异，对于住院发生的医疗费用的报销，职工医保报销的比例最高，新农合最低，对商业健康保险产品的研发带来风险。

（六）保险公司内部的风险

健康保险经营过程中还面临着产品研发风险、营销风险、承保和理赔环节风险、资金运用风险、人力资本风险。

1. 产品研发风险

保险产品研发是指保险公司基于自身发展和保险市场需求及其变化状况的需要而创造新产品或对现有产品进行改良、组合，以适应市场需要、提高自身竞争能力的过程或行为。在集合大量同质风险的过程中，形成了保险基金用于履行分担个别风险单位所发生的损失与给付的义务。

健康保险产品的研发不仅要考虑疾病发生率、残疾发生率、就医率、住院天数，还

要考虑经济发展水平、人口结构、医疗消费水平、医疗技术、被保险人身体健康状况等。如果一国的商业健康保险起步较晚，商业健康保险在寿险公司中的整体地位不高，专业化经营人才缺乏，可利用的基础数据较少，医疗服务提供方不积极配合，保险公司与医疗机构之间缺乏数据关联和共享，数据积累的不足导致短时间内难以掌握风险发展规律，增大了保险公司准确测算疾病实际发生率及实际医药费用的难度，保险公司无法细分同质风险群，这样研发的健康保险产品缺乏科学性和合理性，使保险公司面临较大的经营风险。而且很少有保险公司愿意去研发产品，因此健康保险市场上的产品设计方式主要是直接仿照和套用现有市场或其他保险市场既有的保险产品，没有结合国情和消费者的需求，缺乏市场竞争力。比如，我国健康保险市场的现状是虽然拥有2000多种产品，但产品的保费收入大部分集中在重大疾病保险和医疗保险两部分，护理保险和失能收入损失保险业务占比小，许多险种成为"鸡肋"一般的存在。

2. 营销风险

保险营销是以保险这一特殊商品为客体，以消费者对这一特殊商品的需求为导向，以满足消费者转嫁风险的需求为中心，运用整体营销或协同营销的手段，将保险商品转移给消费者，以实现保险公司长远经营目标的一系列活动，属于服务范畴。传统营销观念以卖方市场为中心，其目的是将产品销售出去以获取利润。在同业竞争日趋激烈和市场需求不断变化的今天，营销理念、营销方式都需要转变，只有将保险营销置于全方位的框架下，对各方资源进行整合，才能更好地适应市场。

健康保险市场现有的营销渠道，包括公司直销、保险代理人、保险经纪人、银行保险、互联网保险五大类渠道。由于不同的营销渠道通常会有不同的渠道产品，因此客户无法从单一渠道获得自己所需的产品组合。同时，各渠道之间有不同的销售管理办法，这就意味着健康保险公司需要建立不同的营销架构，并且不同架构下的销售人员需要接受不同程度的活动管理和培训资源。这不仅会导致营销资源的浪费，还会在很大程度上降低营销效率。对健康保险公司而言，如果对渠道的控制力不足，势必影响业务稳定性。

随着网络保险发展迅速，与传统保险相比，网络保险拓宽了保险业务的时间和空间，降低了公司的经营成本，给客户提供了丰富的信息。但互联网的迅速发展所带来的技术风险和安全风险还没有得到妥善解决和控制，网络交易过程中存在诸多不可控因素，这种保险营销模式增加了虚拟性，因信息的不充分、不对称产生网络道德风险和逆选择，对互联网监管和风险控制提出了更高的要求。就保险公司而言，内部的许多员工了解网络密码等信息，他们可以利用职位之便修改数据，制造虚假保单，骗取保险费，给保险公司和投保人都带来危害。

保险营销员是我国保险业务增长的主要力量，过低的准入门槛直接导致个人营销员队伍呈现出整体素质偏低等特点，存在专业不扎实、销售误导、与投保人勾结帮助其隐瞒重要事实带病投保，增加保险公司承保责任，也给保险公司造成潜在的声誉风险。许多争议案件归因为销售环节法律法规意识薄弱、监管规定及公司制度规定和合同约定履行程度差、未尽到告知义务、未严格遵守业务流程规范操作、未严格核保等问题。

3. 承保和理赔环节风险

承保风险主要来自两个方面：一方面，代理人的工资直接与其销售保险的情况有关，有些代理人为了多多销售保险，对于健康状况没有达到保险公司规定的标准的被保险人的情况选择对保险公司隐瞒，甚至与投保人串通，让投保人以低于其应支付的保险费率的费率投保，这是保险公司由于信息的不对称需要承担的承保风险。另一方面，保险公司为了抢占市场份额，可能会放宽承保范围甚至是承保条件，对于一些保单没有进行仔细审核，也可能要承担由于标的风险的增加带来的承保风险。

在理赔方面，健康保险公司在理赔过程中很难完全介入医疗服务的全过程，也很难预防"医患合谋"的情况，且不说理赔人员会有与投保人串通的风险，单靠理赔人员的积极参与也很难控制理赔风险的发生。在理赔环节上，如果保险公司缺乏系统、科学、完善的风险管理和控制机制，或者因为营销业务的影响而流于形式，使得理赔调查不深入、调查手段和技术落后、弄虚作假等都会给保险公司带来诉讼风险。另外，保险法律法规的滞后性和过于原则性也使保险理赔的法律基础中存在较多漏洞，为理赔工作带来很多风险和纠纷。

4. 资金运用风险

保险资金具有保值增值的内在要求，如果资金处于闲置状态，资金就会贬值，尤其是通货膨胀条件下，保险资金的保值增值要求更为强烈，保险资金运用就是实现保险资金保值增值的有效方式。

健康保险公司的资金运用风险主要来自四个方面：一是资金运用渠道狭窄。这往往造成投资过于集中。结构不合理，导致收益率低，资金闲置、浪费和风险过度集中。二是资金运用的期限结构不匹配。长期投资一般要在较长时期才能产生现金流入，而短期债务会造成近期的现金流出。保险资金是保险公司对全体被保险人的一种负债，保险公司既要确保保险事故发生时能够给予保险消费者足够的赔付，还要确保自身的稳定经营，这就对保险资金的流动性提出了要求，如果短期资金长期化运用会因债务到期缺少流动性而陷入困境甚至破产，但长期资金短期化运用，又会导致收益率偏低。三是投资对象或合作伙伴的信用风险。其违反投资合约或故意造假欺诈骗取保险资金，导致保险公司难以获得投资收益，甚至投资金都会遭遇损失。四是资金运用中的操作风险，交易系统不成熟、交易或者管理失误、控制缺失、交易中的欺诈行为或其他人为错误等操作风险，导致资金运用存在风险。

5. 人力资本风险

人力资本风险是指在人力资本各类投资（如招聘引进投资维持激励投资、培训投资、配置投资、健康保障投资等）中由于对人力资本属性认识不够，利用和引导不到位，加之各种难以预料、控制的外界环境因素的影响而导致投资收益的不确定性。人力资本风险主要包括流动性风险、契约风险、意外风险和偿债风险。

保险公司人力资本主要分为经营管理人才、专业技术人才、营销人才、风险管理人才和通用人才。经营管理人才，是指兼具保险、金融、投资等综合理论知识和大量实战经验的综合管理人才。他们的经营决策通常与企业的成败密切相关。专业技术人才主要是指从事精算、核保、核赔、资金运作等专业技术岗位的高层次人才。健康保险由于其特殊性，不仅需要以上的专业技术人才，还需要精通精算与医学的人才，这些人才的培养不仅需要花费大量物力财力，通常还需要许多年的时间。其次，在营销方面、资金运用方面、风险管理等方面有的需要专业化人才，有的需要跨专业的复合型人才。

流动性风险，是指人力资本所有者的高流动性给企业带来的损失的不确定性，是由人力资本所具有的稀缺性、专用性及其能动性所共同决定的，作为资本的一种形式，人力资本同样具有追求价值增值的内在张力。契约风险的突出表现是人力资本在激励不足或在劳动合同或其他条件约束下不能外流时，人力资本所有者不愿意发挥其应有的作用，企业处于低产出水平，令企业契约履行不完全。意外性风险，是指人生中遭遇不可预见灾难的可能性。如，生病或感情受到伤害而导致工作情绪一落千丈等，也包括一些外在的不可控的风险，如车祸、工伤等。如果企业中关键性人力资本在任期中遭受这种意外风险，将会给没有做好准备的企业带来重创。偿债风险，是指当企业面临解散、破产等情况时，人力资本本身不能直接用于清偿债务。

从多家健康保险公司的劳动争议案件看，人力资本风险最终反映在解除劳动合同补偿金及工资、奖金的支付两个方面，反映出部分机构未有效遵守国家相关劳动法律法规和公司规章制度，劳动合同管理不规范，对于劳动者合法权益未给予足够的重视和保障。

二、管理健康保险公司的业务风险

健康保险公司面临着诸多风险因素，有来自外部的，也有来自内部的，这些风险因素是复杂的，并且往往会交叉影响，对健康保险公司构成一定威胁。在风险识别的基础上，针对前文分析的各类风险及来源，本节将从健康保险公司的业务流程这一视角，探讨健康保险公司的风险管理，基于业务流程的风险管理是最为基础性的工作，也是现代风险管理的重要内容。

（一）产品研发风险管理

1. 政府积极创造良好的外部环境

政府应完善产品研发方面的法律法规体系建设，对于健康保险的产品创新给予政策支持比如税收优惠等。对于保险公司花费大量精力研发的产品设置保护期等保护措施，防止其他公司低成本或者免费"搭便车"行为，避免挫伤保险公司产品研发积极性，辅助保险公司打造品牌和形成行业影响力。

政府还应承担起信息化平台建设的职责，为健康保险研发提供疾病发生率、伤残率、住院率等数据的提供，帮助保险公司设计出费率合理的健康保险产品。

2. 保险公司应制定科学的健康保险产品开发策略，创新产品设计

注重数据的收集和费率的厘定，预防定价风险。目前健康保险的费率厘定基础是经验费率，保险公司应尽可能收集基础数据，加强与社会保障之间的合作，实现数据交流和共享。同时，争取卫生部门在医疗数据方面的支持，采集医疗卫生数据，依据不同地区不同年龄段的发病率、住院率等情况设计出有差异性的健康保险产品，尽可能细化风险，进行合理的风险分类，尽量避免"一刀切"。

加快专业人才的培养步伐，不仅要建立专业化的精算体系，收集精算数据，还要培养注重医学人才的培养，将精算与医学相结合，制定出合理的产品费率，防范定价风险。

3. 注重条款设计

充分利用免赔额条款、观察期、比例共付条款、限额给付条款等设计，预防逆向选择和道德风险。

4. 找准定位，创新健康保险产品，避免雷同

要鼓励商业保险公司提供多样化、多层次、规范化的产品和服务，充分发挥商业健康保险作为基本医疗保险的补充作用，做好与基本医疗保险的衔接工作。

对于一些基本医疗保险没有涵盖在内的疾病以及基本医疗保险起付线以下和封顶线以上的消费，可设计相应的保险产品，吸引保险消费者。应尽可能掌握不同地区、不同层次、不同人群对商业医疗保险的需求情况，据此设计出能够满足多层次人群不同要求的产品，将潜在需求转化为有效需求，促进健康保险市场的发展。比如我国法定失能收入保障计划还不完善，只有工伤保险为劳动者提供相应保障。商业失能收入损失保险还处于初级发展阶段，我国各保险公司提供的相关保险产品还不够丰富（截至2017年2月仅有20多款）且多以附加险、团险的形式存在，如：友邦附加金福尊享全残失能收入损失保险、平安团体失能收入损失保险等。在我国，失能收入损失保险还没有发挥其在经济与社会发展中的应有作用。发展商业失能收入损失保险不仅是我国经济发展的客观需要，也是促进劳动者身体健康、保障人力资源的重要举措。

（二）营销风险管理

1. 创新营销渠道，清晰界定各类营销主体

随着保险业的迅速发展和营销员队伍的扩大，营销员销售保险的模式弊端越来越明显，保险公司与保险消费者之间的矛盾也日益加深，必须不断发展保险中间人制度和新型营销渠道，给保险产品的销售模式注入活力。

充分发挥保险中介优势。设立个人代理人、专业代理公司和兼业代理公司，主要参与、代办、推销或者提供专门技术服务等，使保险公司专注于保险产品研发和保险资金运用，降低成本，提高经济效益；中介公司可以统筹培训、管理员工队伍，使营销员的职业素质不断提高，节约保险公司人力成本。

充分利用时代发展带来的机遇，发展网络营销等新型营销。对于网络销售渠道应该循序渐进的铺开，在当今相关法律监管制度不健全的情况下做好风险防范，既要加强网络销售保险产品研发合规性管理、防范不法分子攻击网站，也要防范投保人的道德风险和逆选择，严格把控承保环节。

除了网络销售渠道，还可以采取直接邮件营销、公共媒体营销、电话营销、保险零售店营销、社群营销、直播营销等方式，在细分客户群体的基础上有目的地选择不同的营销方式，将营销风险分散，提高保险公司的运作效率，保护保险消费者的利益。

2. 制定法律法规，健全激励约束机制

在保险营销过程中，会产生委托代理问题、恶性竞争等现象，各主体由于信息不对称、权责不明确等原因出现违约、经营混乱等问题，应尽快制定相关法律法规，明确保险公司、保险中介等主体的权利与义务，健全激励约束机制，对于违反公平竞争的行为进行严厉惩罚，规范保险中介市场。同时，在健康保险市场发展需要调整时，政府和保险公司良好的激励与约束机制能够及时引导健康保险朝着良性的方向发展。

(三)承保风险管理

1. 提升营销人员素质

加强保险公司内部员工管理是开展各项业务的关键因素,尤其是承保岗,要健全和完善内部管理制度,明确职责权限,制定各项业务的工作流程,严格核查相关材料,对于重要岗位和人员进行经常性的检查,防止公司人员协同骗保,还得提高员工的业务素质,对职员的思想政治和业务能力加强培训。

随着健康保险业务增长,对保险销售人员的专业水平、职业素养的要求越来越高,既要懂医学、法律、保险,还要有诚信、以客户为中心、热情服务的素养,保险公司必须提高营销人员准入门槛,加大培养力度,定期考核,引导其向高水平顾问型发展。还应加强对营销人员的监管,根据能观测到的行动结果设置奖惩机制,对于保险代理人不合规行为进行严厉处罚,对于保险代理人的优秀成和良好的记录提出表扬,给予奖励,从源头上减少承保风险的发生。

2. 严格核保过程

健康保险核保,是保险人对被保险人的风险程度进行评价,并作出是否承保以及用何种费率或以何种条件进行承保的过程。健康保险核保不但可以修正费率,保证投保人之间的费率公平,还可以防范并降低逆选择的风险,是健康保险经营管理中非常重要的一个业务环节。通常经过核保,有以下五种核保结论,如图2-7所示。

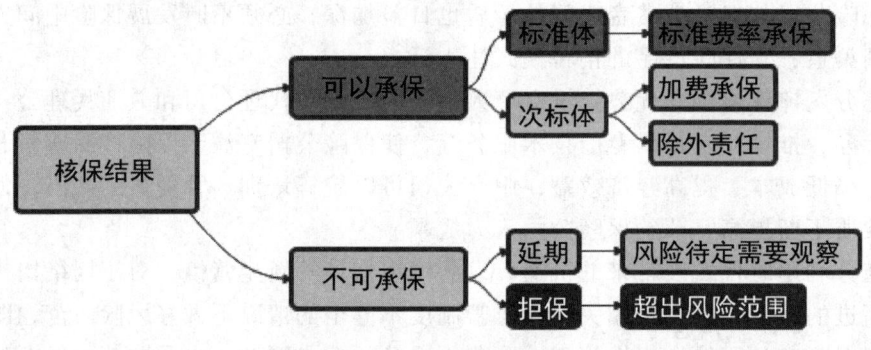

图2-7 核保结论示意图

健康保险公司可以通过建立自己的医院或者选取定点特约医院、入股医院等方式,介入医学核保过程,避免他人代替被保险人体检、体检资料被篡改等情况发生,只有当体检医师代表保险人的利益进行核保,才能收集资料准确判断被保险人的健康状况,需要的承保资料。保险人为了降低成本,并不会对所有的保单都要求体检,这是为了准确进行风险选择。保险人需要梳理出有必要进行体检的被保险人的情形,如高保额件、被保险人曾经被加费或延期承保等情形等。

保险公司还要尽可能完善风险信息,对被保险人的具体情况进行适当询问,要求投保人提供保险公司需要的与被保险人有关的资料,核保人员在保险公司收集全面信息的基础上,对风险进一步细分,并进行风险因素的分析,对每个被保险人的身体状况进行风险评估。

政府应加快居民健康档案和诚信档案建设，搭建信息化共享平台，提供给保险公司需要的数据和资料，减少保险双方的信息不对称，也能帮助保险人进行风险评估。

（四）理赔风险管理

1. 改进赔付结算方式

商业健康保险的赔付结算方式可分为后付制和预付制两种。目前我国商业健康保险的运作模式是"买单报销式"，即后付式。投保人缴纳保险费后，当被保险人发生合同约定的保险事故到医疗机构接受医疗服务后，先由被保险人自行支付治疗期间的医疗费用，接着由医疗机构出具被保险人在接受医疗服务期间的费用单据，保险公司根据收费单据和合同约定内容对被保险人的医疗费用进行赔付。在该模式下，被保险人、医疗机构和保险公司的关系是"患者看病，医院收费，公司报销"。医患合谋可能会增加保险公司赔偿责任。

保险公司可转化为预付制，即将保险费事先支付给医疗机构，结余多少取决于医院的管理，这样医疗机构就能主动控制费用的支出。同时，投保人可以根据医疗机构服务质量的好坏更换指定医院，可以起到有效降低保险费的作用，又不会影响医疗服务的质量。并且，将保险费事先支付给医疗机构，省去了被保险人的索赔步骤，简化了理赔手续。

2. 建立专业化理赔模式

对于理赔工作，健康保险业应改革核赔制度，实现核赔工作专业化。如实行集中核赔或分散集中核赔，通过集中报案，前端服务部门与后端支持部门共同为客户提供理赔服务或将核赔业务分散在几个地点集中处理。以统一的标准进行业务处理，是理赔风险得到有效管控，不仅有利于节约成本，还可推进健康保险业的良性发展。保险公司还应培养熟悉医学专业知识与医务环境和具备健康保险专业知识的专业理赔人才，同时建立监督机制，防止理赔人员的道德风险。

（五）投资风险管理

保险公司应该建立一个科学合理的资产负债管理体系，对于负债和资产进行合理分析，按照资产和负债相匹配的原则制定投资方向，以提高自身的控制风险能力，保证充足的偿付能力、流动性，保持合理的固定比率等，在资产安全的情况下获得投资收益。另外，完善投资风险管理体系。按照银保监会对于保险资金运用的政策规定，明确资金运用的范围、限制条款等，根据健康保险资金的特殊性选择合理的投资途径，确定各项投资的最优比例，使保险公司在收益率一定的条件下，投资风险能够降到最低。对于信用风险保险公司可以采用主要信用评级机构的指标，对投资对象进行信用分析，减少由于违约风险带来的损失。

（六）政府和监管部门严格监管保险资金

一方面，需要继续加强偿付能力监管，确保保险公司有充足的偿付能力应对流动性风险。严格执行风险资本标准，对保险公司的资金运用业务进行监管。另一方面，在不断放宽保险资金投资的渠道、扩大投资范围的同时严格限制高风险投资，守住底线。加强资产负债管理，健全机制，提高意识，及时识别、化解资产负债在利率、期限、币种等方面的错配风险，严格监督保险公司的动态偿付能力测试。加强与其他监管部门间的监管协作与信息共享与交流，及时发现投资市场中的风险，及时交流并积极寻找解决办法，合作控制或降低投资风险，还要开放性借鉴其他国家、地区先进的保险投资风险管理路径。

（七）人力资本风险管理

人力资源规划，是指"使企业稳定地拥有一定质量和必要数量的人力，为实现包括群体和个人利益在内的组织目标而拟订的一套措施，从而求得在企业未来发展过程中人员需求量和人员拥有量之间的相互匹配"。当前急功近利的粗放式人才争夺战不是企业人才培养的长久之计，保险企业应该走人才自我培植的道路。保险公司应建立合理的薪酬福利制度，关注职工心理，从源头防范；制定科学、可行的人力资源规划，明确发展目标。

练习模块

一、单选题

1. （　　）年10月中国银保监会发布的新《健康保险管理办法》，对健康保险进行了新的定义。

    A. 2006　　　　B. 2017　　　　C. 2019　　　　D. 2020

2. 健康保险的保险标的是（　　）。

    A. 人的身体或健康　　　　B. 人的寿命或健康

    C. 人的身体或生命　　　　D. 人的生命或寿命

3. 即使是同一种疾病，在不同地区、不同级别的医院就诊，选择不同的诊疗方法等，其费用也不相同，有的相差甚远。这句话说明健康保险承保的风险具有（　　）特征。

    A. 特殊性　　B. 变动性　　C. 核保规范　　D. 稳定性

二、多选题

1. 健康保险，是指由保险公司对被保险人因健康原因或者医疗行为的发生给付保险金的保险，主要包括（　　）。

    A. 医疗保险　　B. 疾病保险　　C. 失能收入损失保险

    D. 护理保险　　E. 医疗意外保险

2. 健康保险的保障项目包括（　　）。

    A. 医疗费用和收入损失

    B. 医疗费用和收入损失、护理费用

    C. 医疗费用、护理费用

    D. 收入损失、护理费用、精神损失

三、判断题

1. 健康保险核保要素包括被保险人的年龄、既往病症、现病症、家族病史、职业、居住环境及生活方式、道德风险、逆选择、投保动机。
（　　）

2. 长期性健康保险产品包括6年保证续保条款的医疗保险、保终生的重疾险、保险期间不低于5年的长期护理保险。（　　）

四、问题讨论

1. 概述健康保险内涵。
2. 介绍健康保险分类。
3. 分析健康保险经营风险，给出风险管理建议。

五、实训练习

请分组进行健康保险宣传海报制作。

项目小结

2019年10月中国银保监会发布的新《健康保险管理办法》第二条规定：健康保险，是指由保险公司对被保险人因健康原因或者医疗行为的发生给付保险金的保险，主要包括医疗保险、疾病保险、失能收入损失保险、护理保险以及医疗意外保险等。从而使健康保险的内涵更加丰富。健康保险内涵包括：健康保险的保险标的是人的身体或健康；健康保险承保的事故包括疾病（含生育）和意外伤害；健康保险的保障项目包括医疗费用和收入损失。

健康保险特征鲜明：保险标的、保险事故具有特殊性；承保的风险具有变动性且难以测定；核保过程复杂；保险费率厘定特殊性；保险期限多样性；实行损失共担；保险责任限制多；健康保险条款更复杂。

依据不同分类标准，健康保险有不同分类。按照保障内容不同，健康保险可以分为医疗保险、疾病保险、收入保障保险、长期护理保险、医疗意外险。按照投保方式划分，健康保险分为个人健康保险和团体健康保险。按承保标准划分，健康保险可以划分为标准体健康保险、次标准体健康保险。按照保险期限长短的不同，健康保险可分为短期健康保险和长期健康保险。按续保条件划分，健康保险可以分为保证续保健康保险、条件性续保健康保险和不可续保健康保险。

欧洲是健康保险的发源地，现代意义上的健康保险最早起源于19世纪中期的英国，是随着各类人寿保险公司的产生而出现的。世界上第一张健康保险单是1847年由美国马萨诸塞州波士顿健康保险公司签发的一份疾病保险单。随后，英国及美国的保险公司也都相继开办起此类保险并将保险责任扩展到覆盖住院、内外科治疗和看护费用。1982年以来，我国健康保险的发展可概括为四个阶段。

康保险经营面临的风险复杂，包括源自买方的风险、源自医疗机构的风险、来自中介机构的风险、来自同业的风险、来自法律、监管及政策层面的风险，保险公司需要从多方面采取措施进行经营风险管理。

项目三 健康保险合同

学习目标

知识学习目标：
- 掌握健康保险合同概念、特征
- 掌握健康保险合同分类
- 掌握健康保险合同形式
- 掌握健康保险合同的一般条款
- 掌握个人健康保险合同条款
- 掌握团体健康保险合同条款

技能训练目标：
- 能够依据健康保险合同一般条款解决实务问题
- 能够依据个人健康保险合同条款解决实务问题

工作任务

1. 概述健康保险合同特征。
2. 掌握个人健康保险合同条款的内涵及应用。
3. 掌握团体健康保险合同条款的内涵及应用。

任务一 认识健康保险合同

一、理解健康保险合同的概念

《中华人民共和国保险法》（以下简称《保险法》）第十条规定："保险合同是投保

人与保险人约定保险权利义务关系的协议。"根据合同双方当事人的约定，投保人内保险人支付保险费、在发生约定事故时，保险人承担经济补偿责任，履行给付义务。通过保险合同，将保险产品的保障内容、各方法律关系、双方应履行的义务和各自权利以格式化的保险条款体现出来。保险合同可以分为财产保险合同与人身保险合同。健康保险合同是人身保险合同的一种，它是投保人和保险人约定健康保险权利和义务关系的协议。

健康保险合同以被保险人的疾病、意外伤害及其所致的残疾、死亡为保险事故，当发生保险事故时，保险公司依照合同约定履行赔偿医疗费用和收入损失的责任。

健康保险合同是以书面形式订立的。客户在购买健康保险时填写的投保单、保险公司签发的保险单、保险中介代理结构出具的简易保险凭证、通过网上保险超市购买的保险卡以及保险公司所签发的对保险单进行修订的批单等，都属于保险合同的组成部分。但通常认为，健康保险合同主要是指保险公司签发的保险单。保险单是正式保险合同的书面证明，明确规定了合同双方当事人的权利和义务。

二、健康保险合同的构成要素

健康保险合同由主体、客体和内容三个要素构成。

（一）健康保险合同的主体

健康保险合同的主体是在健康保险合同中享有权利或承担义务的人，包括当事人和关系人。

（1）当事人。健康保险合同的当事人是直接参与签订健康保险合同的人，包括投保人和保险人。

投保人是与保险人订立保险合同，并按照保险合同负有支付保险费义务的人。投保人可以是法人，也可以是自然人。健康保险的投保人必须具备三个条件：一是必须具有完全民事权利能力和民事行为能力；二是必须对保险标的具有保险利益；三是必须承担缴纳保险费的义务。

保险人是与投保人订立保险合同，并按照合同约定承担赔偿或者给付保险金责任的保险公司。按照各国法律规定，保险人必须是法人。由于健康保险兼具人寿保险和财产保险的某些特性，被称为"第三领域"保险，产、寿险公司和健康保险公司都可以经营。

（2）关系人。健康保险合同的关系人是被保险人和受益人。

被保险人是其身体受到合同保障，享有保险金请求权的人。当发生保险事故时，被保险人的身体或健康受到损害，其享有保险金请求权、参加保险的同意权。投保人为自己投保时，投保人本人即是被保险人；投保人为他人投保时，投保人和被保险人是不同的人。

受益人是人身保险合同中由被保险人或者投保人指定的享有保险金请求权的人。在补偿性健康保险合同中，通常不指定受益人，由被保险人本人领取保险金。而在给付性健康保险合同中，由被保险人或投保人指定受益人，投保人指定受益人必须征得被保险人同意。

（二）健康保险合同的客体

健康保险的保险标的是人的身体，但人们要求保险公司保障的并不是其身体不生病或不受到伤害，而是生病或受伤害后所遭受的经济损失。因此，健康保险合同实际上保障的是被保险人对其身体健康所具有的经济利益即保险利益，而保险人向被保险人提供保障的也是保险利益。所以说，健康保险合同的客体是人们对其身体健康所具有的保险利益。

（三）健康保险合同的内容

健康保险合同的内容，是指健康保险合同主体在保险合同中所享有的权利和承担的义务。通常健康保险合同的内容是以保险条款的形式表现出来的。

按照《保险法》第十八条的规定，健康保险合同的内容主要包括以下方面：保险人的名称和住所；投保人、被保险人的姓名或者名称、住所，以及人身保险受益人的姓名或者名称、住所；保险标的；保险责任和责任免除；保险期间和保险责任开始时间；保险金额；保险费以及支付办法；保险金赔偿或者给付办法；违约责任和争议处理；订立合同的年、月、日。

投保人和保险人可以约定与健康保险有关的其他事项。比如，投保人就被保险人的既往病症如甲状腺结节等向保险人告知，保险人可以以限制保险责任条款承保——将与被保险人既往病症相关的疾病列为合同的责任免除事项，其他保险责任与合同条款一致。

三、健康保险合同的特征

健康保险合同除具有一般保险合同的双务性、非要是性、有偿性、附和性、射幸性和最大诚信等特征外，还具有一些特殊特征。

（一）承保风险具有复杂性

健康保险承保的风险范围广泛，说包括疾病风险和意外风险两大类。而疾病种类繁多、后果多样，可能会引发医疗费、收入损失、残疾、死亡；意外伤害，不仅发生的情形复杂，后果多样，同样会造成医疗费支出、收入损失、残疾、死亡。而这些均是健康保险合同承保的风险范围。由于疾病和意外伤害等风险事件的复杂多样性，健康保险合同承保的风险是复杂的，很难在保险合同中采用列明式保险责任。

（二）承保的疾病范围具有发展性

2020年11月5日，中国保险业协会（以下简称"保险业协会"）与中国医师协会（以下简称"医师协会"）正式发布《重大疾病保险的疾病定义使用规范（2020年修订版）》（以下简称重疾险）。同时，中国精算师协会发布了《中国人身保险业重大疾病经验发生率表（2020）》（以下简称2020版重疾表）。

根据修订内容显示，近期重大疾病修订的内容主要包括优化分类，增加病种数量，扩展疾病定义范围等三大方面。保险业协会相关负责人表示，2007年保险业协会和医师协会联合发布《重大疾病保险的疾病定义使用规范》（以下简称"旧规范"），对于促进重大疾病保险健康发展具有重要作用，但通过医学临床诊断标准和医疗技术的不断发展和革新，旧规范中的部分内容已经不能满足当前行业的发展和消费者的需求，需要预先修订和完善。

 **扩展阅读**

关于《人保健康康乐臻享重大疾病保险》产品责任扩展的公告

尊敬的客户：

为全力抗击新型冠状病毒感染肺炎疫情，充分发挥保险保障机制作用，现对您已购买或即将购买的《人保健康康乐臻享重大疾病保险》产品的保险责任进行扩展，具体方案如下：

一、扩展责任保障内容

在合同有效期内，本公司承担以下扩展责任：

被保险人在合同生效之日起7天后且在扩展责任有效期内经指定医院释义1确诊发生危重型新型冠状病毒肺炎释义2，本公司按基本保险金额给付重大疾病保险金，扩展责任其他约定同本条款重大疾病保险金责任一致。

二、扩展责任有效期

自2020年2月8日零时起，至2021年7月31日二十四时止。

三、特别说明

在合同生效之前、合同生效之日起7天内或扩展责任有效期开始之前，被保险人已经医院确诊感染或疑似感染新型冠状病毒的，本公司不承担扩展责任。

四、释义

1. 指定医院：指国家各级卫生主管部门公布的新型冠状病毒肺炎的医疗救治定点医院。

2. 危重型新型冠状病毒肺炎：新型冠状病毒肺炎（世界卫生组织命名名称：COVID-19）是指由于感染新型冠状病毒导致的肺炎。危重型新型冠状病毒肺炎是指确诊新型冠状病毒肺炎，并且临床分型为危重型，本病需由国家卫生行政机关指定的医院或者国家正式卫生检疫机构确诊，具体诊断参照国家卫生健康委员会办公厅和国家中医药管理局办公室联合下发的《新型冠状病毒肺炎诊疗方案（试行第七版）》相关标准，如有更新，以更新后的方案为准。

中国人民健康保险股份有限公司
2021年2月1日

资料来源：PICC中国人民健康保险股份有限公司官方网站　http://www.picchealth.com/

（三）保险理赔具有双重性

一方面，健康保险中的医疗保险、收入损失保障保险和长期护理保险合同等均是补偿型合同，保险人按被保险人实际支付的医疗费用、护理费用或收入损失进行赔偿，具体赔偿金额要考虑社保赔款、免赔额、给付比例和给付限额的相关规定。如果保险事故是由第三者责任造成的，保险人在赔偿后可依法向责任方行使代位追偿权。如果存在重复保险，各保险人按照各自保险金额的比例分摊医疗费用或收入损失。另一方面，健康保险中的疾病保险合同、津贴型医疗费用保险等是给付型合同，出险时保险人按合同约定的金额给付保险金，与被保险人实际支出的医疗费用没有直接关系。

> **拓展阅读**
>
> 2016年11月13日李某购买某公司百万医疗产品，缴费272元，该产品免赔额1万元，保险期间1年，被保险人有社保，社保赔付后保险公司在扣除免赔额的基础上100%赔偿。2017年11月7日，因上腹不适进医院检查，经查李某罹患"食管平滑肌瘤"，住院18天，花费医疗费用34058.82元。
>
> 李某进行了社保报销，统筹支付17599.57元，剩余16459.25元，保险公司赔偿6459.25元。

（四）受益人指定的多样性

除了包含死亡给付责任的重大疾病保险以外，其他健康保险的保险责任都是对被保险人因疾病、意外伤害、医疗行为等所致医疗费用和收入损失进行补偿，基本上是对被保险人本人进行补偿。因此，健康保险合同的被保险人本人即是受益人，无须再指定受益人。重大疾病保险合同需要指定受益人。

（五）限制性条款的特殊性

由于健康保险自身的特殊性，健康保险合同内容相对复杂，既涉及保险知识也涉及很多医学知识，为了有效保障合同双方的权益，在健康保险合同中规定了许多限制性条款以明确双方的权利和义务。除了适用一般寿险的不可抗辩条款、宽限期条款、复效条款和不丧失价值条款外，还有一些特殊条款。这些特殊条款包括同时适用于个人健康保险合同和团体健康保险合同的一般性条款，如体检条款、免赔额条款、观察期条款、犹豫期条款、给付比例条款、给付限额条款等，也包括仅适用于个人健康保险合同的既往症除外条款、续保条款、防卫原因时间限制条款、超额保险条款，以及仅适用于团体健康保险合同的既存状况条款、转换条款和协调给付计划条款等。

（六）责任期限的特殊性

责任期限是指被保险人遭受意外伤害事故之日起的一定时期（90天或180天）是保险人是否承担责任的一个时间界限。由于健康保险中将意外伤害造成被保险人的医疗费用支出或收入损失列为保险责任，所以在健康保险合同中有责任期限的规定。只有在责任期限内被保险人因意外伤害事故导致的医疗费用、收入损失甚至死亡或伤残保险人才负责赔偿。如果在责任期限内意外伤害治疗结束的，以结束时的医疗费用作为赔偿的依据；如果责任期限届满时治疗仍未结束的，就按责任期限结束时的医疗费用进行赔偿，保险合同终止。

 **课堂实作**

马某在 2019 年 4 月 17 日投保 1 年期的医疗保险，合同规定的责任期限为 90 天。若 2020 年 4 月 5 日被保险人因病治疗，4 月 12 日手术后一直在医院观察，6 月 1 日康复出院。其责任期限为 2020 年 4 月 5 日至 4 月 17 日，因为其在 2020 年 4 月 17 日保险期间已届满。

请大家判断以上说法是否正确，并给出解析。

四、健康保险合同的类型

（一）补偿性合同和给付性合同

按照保险合同的性质，健康保险合同包括补偿性保险合同和给付性保险合同。补偿性保险合同又称"评价保险合同"，是指保险事故发生后，保险人的责任以补偿被保险人的经济损失为限并不得超过保险金额的合同。在补偿性保险合同中，保险事故发生后，由保险人对被保险人的损失进行评价，并在保险合同所规定的保险金额范围内予以补偿。健康保险中的医疗保险合同、收入损失保险合同和长期护理保险合同等均是补偿性合同，在发生保险事故时保险人要对被保险人支付的医疗费用或收入损失进行核定并在保险金额范围内进行赔偿。

给付性保险合同是保险金额由双方事先约定，在保险事件发生或约定的期限届满时，保险人按合同约定金额给付保险金的合同。健康保险中的疾病保险合同是给付性合同，当被保险人被确诊罹患合同约定的某种疾病时，保险人按合同约定金额给付保险金，而无须核定被保险人医治该疾病需要花费多少医疗费，或是否会因病致残遭受收入损失，或者会因病身亡。

（二）长期性合同和短期性合同

按照保险合同期限长短，健康保险合同包括长期性合同和短期性合同。

长期性合同是指保险期限超过 1 年的保险合同，保险期限可以是几年、十几年、几十年甚至终身。在健康保险中，疾病保险合同和长期护理保险合同是长期性合同。投保人可以选择保险期限为一定时期的定期保险，也可以选择保险期限为终身的终身保险。长期健康保险合同由于期限较长，在实践中采取均衡保费的方法，因而合同生效一定时期（一般是 2 年）后具有现金价值。一些寿险合同的常用条款如不可抗辩条款、宽限期条款、复效条款和不丧失价值任选条款等也适用长期健康保险合同。

短期性合同是指保险期限不超过 1 年的保险合同。健康保险中的医疗保险合同、收入损失保险合同是短期性合同。短期健康保险合同是纯保障型合同，如果被保险人在保险期间出险造成健康风险损失时保险人按实际损失赔偿，如果在保险期间不出险，保险人就不用承担责任，也无须退还保费。短期性健康保险的保险费率以事故发生率（患病率、残疾率等）为基础来确定，并采取趸交方式在投保时一次缴清全部保险费。

（三）个人合同和团体合同

按照投保方式，健康保险合同包括个人健康保险合同和团体健康保险合同。

个人健康保险合同是指个人与保险公司之间签订的，由保险人对某一个人或存在一定利害关系的两个或两个以上的人作为联合被保险人提供保障的保险合同。

团体健康保险合同是以团体作为投保人与保险人之间签订的，由保险人对团体内的全体或大多数成员提供保险保障的保险合同。

健康保险中的各类业务均是既可以以个人名义投保，也可以以团体名义投保。但是，个人健康保险合同和团体健康保险合同有很大不同。第一，合同所采用的条款不同。个人健康保险通常采用可续保条款、宽限期条款、复效条款等；团体健康保险通常采用转换条款、协调给付条款等。第二，核保时所考虑的因素不同。个人健康保险核保时，主要审查年龄、性别、职业、生活习惯、家族史、既往症等；团体健康保险核保时，则主要审查团体规模、人口年龄结构、性别比例、投保比例和行业危险性等。第三，所采用的费率不同。在保障内容、保险金额相同的情况下，团体健康保险的费率一般要低于个人健康保险。

（四）主险合同和附加险合同

按照能否单独投保，健康保险合同包括主险合同和附加险合同。

主险是那些能单独投保的险种。附加险是不能单独投保，只有在投保了主险的基础上才能附加投保的险种。主险合同是指承保主险的保险合同；附加险合同是承保附加险的保险合同。健康保险中，各险种既可以采用主险合同来单独投保，也可以采用附加险合同将其作为寿险的附加险来投保。在我国健康保险实践中，很多保险公司均将各类健康保险作为终身险附加险来销售，如平安福、国寿福、中意一生保等，都以终身险为主险，消费者可以选择附加重疾险、医疗保险、意外伤害医疗保险等，使消费者通过一张保单就获得较全面的健康风险保障。

五、健康保险合同形式

保险合同采用保险单和保险凭证的形式签订。合同订明的附件，以及当事人协商同意的有关修改合同的文书、电报和图表，也是合同的组成部分。保险合同是要式合同，但保险单仅为保险合同的书面证明，并非保险合同的成立要件。通常，保险合同由投保单、保险单（或暂保单、保险凭证）及其他有关文件和附件共同组成。其中以投保单、暂保单、保险单、保险凭证最为重要。

（一）投保单

投保单又称投保书、要保书、要保单，是投保人向保险人提出的，订立保险合同的书面要约。投保单经保险人承诺，即成为保险合同的组成部分之一。

投保单一般由保险人事先按统一的格式印制而成，健康保险投保单一般包括下列内容：

（1）投保人的相关信息：包括投保人姓名、性别、年龄、职业、工作单位、户籍所在地、证件类型与号码及联系方式等。

（2）被保险人及受益人的相关信息：包括被保险人及身故受益人的姓名、性别、年龄、职业、工作单位、户籍所在地、证件类型与号码、联系方式等。

(3) 投保事项：主要包括投保主险/附加险的名称、保险金额、保险期间、缴费时间、缴费金额与方式等。

(4) 健康告知：主要包括就被保险人的身体状况、生活习惯、过去投保与理赔情况、有时包括既往病史及家族病史等内容所提出的问题。

(5) 财务及其他告知：主要是投保人收入与负债的情况、既往投保与索赔情况等事项的询问。

(6) 其他事项：如投保人、被保险人声明和授权、投保申请日期、银行转账授权等。

在保险实务中，有些险种，保险人为简化手续，方便投保，投保人可不填具投保单，只以口头形式提出要约，提供有关单据或凭证，保险人可当即签发保险单或保险凭证，这时，保险合同即告成立。投保人应按保险单的各项要求如实填写，如有不实填写，在保险单上又未加修改，则保险人可依此解除保险合同。

(二) 保险单

保险单简称保单，是保险合同成立后由保险人向投保人签发的保险合同的正式书面凭证，它是保险合同的法定形式。保险单应该将保险合同的内容全部详尽列明。尽管各类保险合同因保险标的及危险事故不同，因而保险单在具体内容上以及长短繁简程度上亦有所不同，但在明确当事人权利义务方面，则是一致的。保险单并不等于保险合同，仅为合同当事人经口头或书面协商一致而订立的保险合同的正式凭证而已。只要保险合同双方当事人意思表示一致，保险合同即告成立，即使保险事故发生于保险单签发之前，保险人亦应承担保险给付、赔偿的义务。如果保险双方当事人未形成合意，即使保险单已签发，保险合同也不能成立。但在保险实务中，保险单与保险合同相互通用。保险单交付是完成保险合同的最后手续，保险人一经签发保险单，则先前当事人议定的事项及暂保单的内容尽归并其中，除非有诈欺或其他违法事情存在，保险合同的内容以保险单所载为准，投保人接受保险单后，推定其对保险单所载内容已完全同意。保险单除作为保险合同的证明文件外，在财产保险中，于特定形式及条件下，保险单具有类似"证券"的效用，可做成指示或无记名式，随同保险标的转让。在人身保险中，投保人还可凭保险单抵借款项。

(三) 保险凭证

保险凭证，又称为小保单，也是保险合同的一种书面证明。与保险单相比，保险凭证在内容和格式方面较为简化，它只记载投保人和保险人约定的主要内容，实际上是简化了的保险单，与保险单具有同等的法律效力。

(四) 批单

批单又叫背书，是保险双方当事人协商修改和变更保险单内容的一种单证，也是保险合同变更时最常用的书面单证。批单实际上是对已签订的保险合同进行修改、补充或增减内容的批注，一般由保险人出具。批单通常采用加贴印制的条款、批单、批注等形式，批注的效力按以下顺序逐渐提高：

（1）基本条款→加贴的附加条款→打字批注→手写批注；

（2）正文附加→旁注附加。

（五）暂保单

暂保单，又称为临时保单，是指保险人或其代理人同意承保风险而不能立即出具保险单或其他保险凭证时，临时向投保人签发的保险凭证。暂保单的内容比较简单、期限一般比较短。在暂保单签发后，直至保险单作成交付投保人之前，暂保单与保险单具有同等的法律效力。

 行业动态

1. 《团体保险投保单》的填写（见表3-1）

表3-1　　　　　　　　　　　　　　团体保险投保单

A. 投保须知　　　　　　　　　　　　　　　　　　　投保单印刷号：123456789

一、各项内容应由投保单位经办人用黑色或蓝色墨水笔如实详尽填写，字迹清晰，不得涂改，并加盖投保单位公章；由他人代填写的，投保单位必须审核后加盖公章确认。若未履行如实告知义务，中意人寿保险有限公司（以下简称"保险人"）有权解除保险合同或该被保险人资格，并且不承担保险责任；

二、经保险人同意承保，并就合同的条款达成协议，保险合同成立；保险合同生效以约定的时间为准；若保险人不同意承保，将无息全额退还暂收保险费，并收回有关暂收收据（如果有）；

三、被保险人必须是身体健康、能正常学习或工作的投保单位成员或其他保险人认可的人员。若投保时身体有残疾、已经知道或应该知道患有疾病，请填写《团体保险个人健康告知书》，保险人将视情况做出相应的核保决定；被保险人未告知的，保险人将不承担该被保险人任何保险责任；

四、本投保单是投保单位与保险人所订立保险合同的重要组成部分。保险合同正式签发后请详细审阅合同中各项内容及有关条款，如有错漏请及时通知保险人更正；

五、对于投保补偿型医疗保险的被保险人，若被保险人按政府或法律的规定取得补偿，或从其他社会福利机构、任何医疗保险给付中取得补偿的，则保险人仅负责补偿剩余部分。

一切与保险合同各事项及保险条款不符的解释、承诺及保证均属无效，敬请留意。

B. 投保单位信息

投保单位	昨夜星辰证券公司		邮政编码	100000
单位地址	北京市朝外大街乙22号		联系电话	010-88888888
行业类别	金融业		传真号码	010-99999999
主营业务	证券投资		单位性质	民营企业
联系人	张三	联系部门	人力资源部	邮件地址	Hr@zyxc.com.cn
单位人数	100人	在职人数	95人	退休人数	5人
参保人数	120人	员工人数	100人	连带被保人总数	20人

C. 投保信息

保单生效时间：2022年4月7日	投保日期：2022年4月6日	保险期间：1年
付款人：☑总部 □分支机构	付款方式：☑现金 □支票 □转账（开户行_____账号_____）	
保险费负担比例：单位 100% 员工 %	保费支付方式：☑先收费 □后收费	
溢缴保费处理方式：☑抵交保费 □退还	理赔款支付方式：☑转账 □其他：	
基金型账户管理费收取方式：□按比例_____ □其他：_____		
基金型账户总交费金额：_____ 计入公共账户金额：_____ 计入个人账户金额_____		
缴费周期：☑年缴 □半年缴 □季缴 □一次性缴费 □其他：		
批单保费结算方式：☑即时结算 □年度 □半年度 □季度 □其他：		
信息接受方式：☑接受理赔邮件 □接受理赔短信 ☑接受理赔书面通知		

D. 保险利益信息

保险计划 险种/责任（中/英）	计划1: 保额	费率	计划2: 保额	费率	计划3: 保额	费率	计划4: 保额	费率	计划5: 保额	费率
团体定期寿险	50000	2‰								
团体意外伤害保险	80000	0.9‰								
保费合计	20640元									

E. 健康险类给付标准（可另行填写附表）

F. 投保健康告知

一、近 1 年是否有因患病而不能工作连续达 10 个工作日或减轻劳动量的员工，是否有尚在病假中或身体残障的员工？	□是 ☑否
二、现在或过去是否有患肿瘤、癫痫、脑震荡、精神病、心脏病、高血压、血管硬化、中风、糖尿病、肾病、性病等生殖泌尿系统疾病，哮喘、肺结核等呼吸系统疾病，胃、肝、胆、肠等消化系统疾病、血液病、艾滋病等病症的员工？	□是 ☑否
三、过去 5 年内是否有曾患子宫、乳房、卵巢等生殖系统方面疾病的员工？	□是 ☑否
四、投保时是否有正在怀孕的员工？	□是 ☑否
上述健康告知若有任何被保险人回答"是"，请在"□是"打√，并在下面备注栏详述及填写《团体保险个人健康告知书》，否则请在"□否"打√。	

备注：

G. 特别约定及投保单位声明

特别约定：（若无内容，请注明"无特别约定"；若有请在结束处注明"除外无其他特别约定"。）
　　　　 无特别约定

投保单位声明：
　　本单位及被保险人已经认真阅读并理解产品说明书、投保须知、所投保险种条款，确认对其中各项内容尤其是责任免除条款、合同解除条款、理赔规定及程序均已完全理解并同意遵守。本投保单填写的各项内容真实，如有隐瞒或不实告知，保险人可依法解除保险合同，并对保险合同解除前发生的保险事故不承担保险责任，特此声明。

法定代表人或授权人签章：须签名　　　　　　　　　　投保单位盖章：须盖章　2022 年 4 月 7 日
投保单位经办人签章：须签名

H. 销售人员填写信息

暂收保险费金额：￥				暂收收据号码：	
人员清单：	张	健康告知书：	张	体检报告：	张
其他资料：					
业务渠道：□团险内勤　□团险直销　□经纪公司　□代理人　□专业代理　□兼业代理　□银行代理　□邮政代理					
续保或转保业务：□是　原保单号 　　　　　　　　　□否				GEB 业务：□是　□否	
业绩归属部门：				统括业务：□是　□否	
业务性质：					

主服务人：		代码：		电话：	
销售人员：		代码：		电话：	
中介主管：		代码：		电话：	
分公司：			营销服务部：		
赔付历史情况介绍：					
上一保单年度保险费总额：		上一保单年度理赔总额：		上一保单年度总赔付率：	
投保险种	承保人数	保险费金额	理赔件数	理赔金额	赔付率
备注：					

I. 以下部分由保险公司填写

核保意见：					
初审：	录入：	复核：	核保：	承保：	
初审日期：	录入日期：	录入日期：	录入日期：	录入日期：	
投保人客户号码：			保险单号码：		

2.《团体保险被保险人投保清单》的填写

被保险人姓名、性别、出生日期：须与有效证件一致。

被保险人有效证件号码：指成年人（16周岁及以上）的身份证、护照及军官证，未成年人（16周岁以下）的指出生证。请准确填写相应证件号码。如为居民身份证，客户性别、出生日期必须与其身份证号码一致。身份证号码为15位的末尾单数为男性，双数为女性，第7位至第12位代表出生日期；身份证号为18位的则倒数第二位单数为男性，双数为女性，第7位至第14位代表出生日期。

年龄：须为实足周岁年龄。

与员工关系：指"本人""配偶"或"子女"等。如不填写则默认为员工本人。若"配偶""子女"未参加本团体保险，则无需填写本栏。

职业：被保险人具体职业名称。

职级：如保险计划依据职级划分则须填写，并注意与"计划书"描述职级分类一致。

保险计划编码：与"计划书"中描述分类一致。

受益人：投保险种存在身故受益人情况下须填写。如不填写，视为被保险人默认为法定继承人。

被保险人签名：被保险人亲笔签字，如被保险人为未成年人时，必须由其法定监护人本人亲笔签字。

表 3-2　　　　　　　　　　　　　团体保险被保险人投保清单

投保人：_____　　　　　　　　　　　　　　　　　　　　　　　投保单号码：_____

序号	被保险人姓名	证件类型	有效身份证件号码	性别	出生日期	与员工关系（本人、配偶、子女）	工作内容	保险计划编码	身故受益人	受益人与被保险人关系	开户行（至支行/分理处）	账户所有人	领款账号	被保险人签名	备注

备注：

1. 如果需要指定身故保险金受益人，请另行填写《团体保险身故受益人指定/变更申请书》；
2. 投保人为与其有劳动关系的劳动者投保人身保险，不得指定被保险人及其近亲属以外的人为受益人；
3. 未指定受益人的，保险金作为被保险人的遗产，依照《中华人民共和国民法典》的规定给付。

投保人盖章：　　　　　　　　　　　　　　　　　　　　　　　　　　　经办人签名：

填表日期：　　　年　月　日

任务二 掌握健康保险合同条款

一、健康保险合同条款概述

保险合同条款是保险合同中约定双方当事人权利和义务的条文。健康保险合同条款是在健康保险合同中对某些事项的规定，包括一般条款和特殊条款。一般条款是同时适用于个人健康保险合同和团体健康保险合同的条款，包括健康保险合同自身条款和适用于健康保险的寿险条款。特殊条款是仅适用于个人健康保险或团体健康保险合同的条款。当然，在一份健康保险合同中，一般是由保险公司根据其承保对象、承保责任等决定采用哪些条款，而不是要求包含所有条款，如图3-1所示。

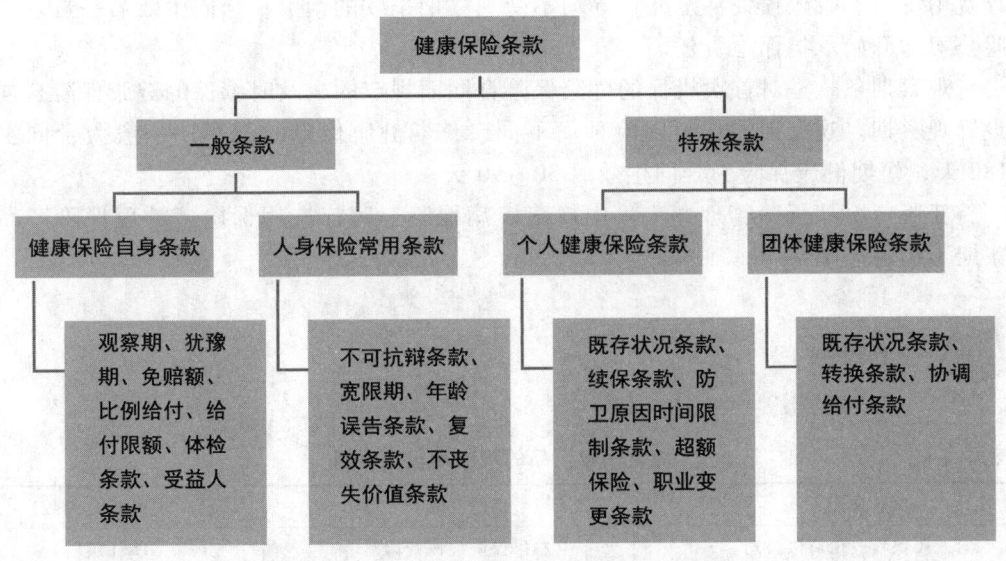

图3-1 健康保险合同条款框架图

二、健康保险合同的一般条款

（一）健康保险合同自身的条款

1. 观察期条款

观察期又称等待期、免责期，是指健康保险合同成立之后到正式开始生效之前的一段时间。观察期条款是指首次投保的健康保险合同生效后的一定时期内（90天或180天等），对被保险人因疾病造成的医疗费用支出、收入损失以及身故等保险事故，保险人不承担赔偿或给付责任，在扣除手续费后退还保险费，保险合同终止。观察期结束后保险公司才按照合同的约定承担保险责任。

在健康保险中规定观察期条款是为了防止被保险人以获得保险金为目的而带病投保。以保证保险公司经营的稳定性。在健康保险中,按照产品设计及费率厘定要求,被保险人在投保时,身体必须是符合可保条件的,比如,健康,没有任何疾病。但由于健康保险存在严重的信息不对称问题,只有投保人、被保险人最了解被保险人的真实身体状况,而且身体罹患疾病是一个逐渐变化的过程,不一定会立刻表现出症状,可能会出现投保时投保人、被保险人都不知道已经罹患疾病的情况,还可能出现投保人要隐瞒被保险人已患病事实的情况,而此时保险人在节约承保核保费用的情况下,不可能要求每一位被保险人做全面体检,因此很难发现。所以在健康保险合同中设置观察期条款是为了改善签订合同时由于信息不对称对保险人不利的情况,通过约定一定的等待期来观察被保险人的健康状况,以避免带病投保行为的发生。如果被保险人在观察期内患病,就推定为投保前已经患病,其所支出的医疗费用或收入损失保险人不负责,但可以在扣除手续费后退还保费。而被保险人在观察期结束后发生因疾病而导致的费用支出等保险事故则假定为投保后患病,保险人应承担保险责任。

需要说明的是,观察期条款只是针对疾病事故而言,被保险人因意外事故引发的医疗费用支出、收入损失甚至死亡等均不受观察期条款的约束,合同生效后一旦发生,保险公司即开始承担保险责任。

观察期条款是对首次投保的健康保险合同而规定的,及时续保的健康保险合同不再设置观察期。观察期的长短因险种而不同,长期健康保险的观察期一般为合同生效后180天,短期健康保险为合同生效后30~90天。

新版《健康保险管理办法》中规定疾病保险、医疗费用保险、护理保险产品的观察期不得超过半年。

 **行业动态**

表3-3　　　　　　　　　　　健康保险产品的观察期规定示例

保险公司	保险产品	观察期(天数)
中国人民保险股份有限公司	悠乐保防癌医疗险	15(疾病)
中国平安财产保险股份有限公司	意外伤害医疗和疾病医疗保险	15(疾病)
中国人寿股份有限公司	国寿福	180(首次发生并经确诊的疾病)
太平洋保险股份有限公司	"悦享保"个人癌症医疗保障计划	新保90天,续保免观察期

对于免责期,失能收入损失保险中也有规定,消费者投保失能收入损失保险后,不一定能在残疾失能开始后立即享受到保险公司给予约定的收入损失补偿,因为在残疾后的前一段时间属于免责期间,这类似于报销型医疗保险和补贴型医疗保险中的免赔额或免责期,在此期间保险公司不给予任何补偿。各保险公司的免责期不同,有30天、2个月、3个月、6个月和1年等,免责期越长,保费越便宜。另外,免责期间允许中断,如被保险人在短暂恢复后(一般限定为6个月以内)再度失能,可将两段失能期间合并相加计算免责期。

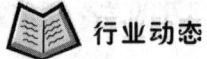

行业动态

国寿安翔飞行员失能收入损失保险

保障项目

1. 永久丧失飞行能力保险金

因意外伤害或疾病（90天观察期后）由民航管理机关在保险期间内确定其永久丧失飞行能力，合同终止；若自民航管理机关吊销其注明Ⅰ级体检合格证的《航空人员体检合格证》之日起1年后仍然生存，我们按合同约定的永久丧失飞行能力保险金额扣除已经给付的暂时丧失飞行能力保险金后的余额给付永久丧失飞行能力保险金。

2. 暂时丧失飞行能力保险金

因意外伤害或疾病（90天观察期后）由民航管理机关在保险期间内确定其暂时丧失飞行能力，我们按合同约定的暂时丧失飞行能力每日给付金额与有效暂时停飞日数的乘积给付暂时丧失飞行能力保险金，但累计给付日数以120日为限。

案例研讨

重疾确诊时间节点的判断

2016年8月9日，钟某的丈夫为钟某在中国人保广州分公司购买两份"国寿防癌疾病保险"及"国寿附加防癌两全保险"。保单载明保险金额均为10万元，交费日期为每年8月9日，保险合同生效日为2016年8月9日。

《国寿防癌疾病保险利益条款》约定：

癌症确诊保险金：被保险人于该合同生效（或最后复效）之日起1年内，因首次发生并经确诊的疾病导致被保险人初次发生并经专科医生明确诊断患该合同所指的癌症，该合同终止，人保广州分公司按照该合同所交保险费（不计利息）给付癌症确诊保险金；被保险人于该合同生效（或最后复效）之日起1年后，因首次发生并经确诊的疾病导致被保险人初次发生并经专科医生明确诊断患该合同所指的癌症，人保广州分公司按照该合同基本保险金额的100%给付癌症确诊保险金，该合同继续有效，该项责任的给付以一次为限……第十二条"释义"中明确提到"癌症：经病理学检查结果明确诊断，临床诊断属于世界卫生组织《疾病和有关健康问题的国际统计分类》的恶性肿瘤范畴等"。合同签订后，钟某按时缴纳了首期保险费。

2017年8月4日，钟某因头部疼痛到广东三九脑科医院就诊并住院。经检查，该院于2017年8月6日出具MRI诊断报告单，诊断意见显示钟某患有脑膜右侧颞叶肿瘤，右侧颞叶占位性病变，考虑肿瘤性病变、胶质母细胞瘤可能。2017年8月15日，钟某进行了肿瘤切除手术。2017年8月16日，该院病理诊断为具有原始神经分化的胶质母细胞瘤。2017年8月25日钟某出院，该院作出如下出院诊断：脑恶性肿瘤，神经胶质瘤。2017年9月25日，钟某向人保广州分公司提出重大疾病理赔申请，人保广州分公司作出《理赔核定通知书》，认为根据约定，两份保险合同效力已终止，退还了钟某保险费 200 元。钟某遂向法院起诉，要求人保广州分公司支付保险金 17800 元，双方继续履行两份保险合同，钟某豁免保费。

[案例重点]

1. 如何认定钟某癌症确诊时间？
2. 钟某的合同是否会被终止？

[案例分析]

图 3-2　钟某案例时间线

人保广州分公司与钟某签订保险单，双方当事人的保险合同法律关系成立。双方的争议焦点在于钟某确诊脑部恶性肿瘤的时间节点。据广东三九脑科医院出具的病历梳理时间线（见图钟某案例时间线）可知，钟某入院后医院于 2017 年 8 月 6 日诊断钟某脑部右侧颞叶占位性病变存在胶质母细胞瘤可能，即在该时间点对钟某的脑部肿瘤的性质仅能作出一种推断，不是明确诊断；直到 2017 年 8 月 16 日术后作出的病理报告单中，通过对细胞瘤切除后的病理分析，确认钟某患有脑部恶性肿瘤。钟某保险自 2016 年 8 月 9 日生效，1 年的时间节点是 2017 年 8 月 8 日，则在 8 月 8 日（含）首次发生并以前确诊，保险公司按照保费（不计利息）支付确诊保险金，合同终止；而若在 8 月 8 日后首次发生并确诊，则保险公司按照基本保险金额的 100% 支付确诊保险金，且应按约定豁免钟某癌症确诊日后的保费。显然钟某是在 2017 年 8 月 16 日首次确诊，符合后者。

综上所述，广东省广州市越秀区人民法院依照《中华人民共和国合同法》第六十条、第一百零七条，《中华人民共和国保险法》第十三条之规定，判决如下：

一、自本判决发生法律效力之日起 10 日内，人保广州分公司向钟某支付保险金 17800 元；

二、钟某与人保广州分公司继续履行保险合同。

2. 犹豫期条款

犹豫期也称冷静期，是指投保人收到保险合同后的一定时期。犹豫期条款是指投保人在收到保险合同后，在犹豫期内有权解除保险合同，保险人应当同意并及时退还全部保险费（扣除成本费）。在健康保险合同中设置犹豫期条款主要是为了保护投保人的权益，这是因为健康保险合同条款较为复杂，涉及的知识面较广，投保人在签订合同前主要是通过销售人员的讲解以及一些宣传资料来了解险种，内容相对简单且与合同条款的表述往往存在出入。而通常情况下，投保人只有在拿到合同后才会仔细阅读合同条款，知晓合同的详细内容。因此应给予投保人一定时期内后悔的权利，让其在对保险合同有更深入的理解后再做出理性的选择，这体现了签订合同的公平性，也有利于保护消费者的权益。

犹豫期通常是从回执日期开始起算的。投保人在收到保险合同后，应该认真阅读保险条款，对自己还不够了解或理解有偏差的内容，要及时向代理人询问。在确保了解合同全部内容后仍认为这是自己想要的保险保障，再亲自填写保单回执，并注明日期。

在我国保险犹豫期期属于实践中的业务规则。2006年8月保监会发布的《健康保险管理办法》第十五条规定："长期健康保险合同应当设立犹豫期条款，并在保险合同条款中列明投保人在犹豫期内拥有的权利，犹豫期不得少于10天。"

在2015年10月14日国务院法制办公室公布的《关于修改〈中华人民共和国保险法〉的决定（征求意见稿）》中规定，保险期间超过1年的人身保险合同，应当约定犹豫期。投保人在犹豫期内有权解除保险合同。保险人应当及时退还全部保险费。犹豫期自投保人签收保险单之日起算，不得少于20日。

2019年新《健康保险管理办法》中规定长期健康险犹豫期不得少于15日。消费者在拿到保险合同后可以有更充分的时间，慎重考虑到底要不要购买这款保险产品，如果在规定的犹豫期内反悔可以全额退还保险费。

 案例研讨

犹豫期应从回执日期开始起算

2021年11月，张先生以投保人身份，为自己和妻子分别购买了一款终身寿险附加重疾险，并与保险公司签订了两份保险合同，保险费均为5000元。仔细阅读合同条款后，张先生注意到，在这两份保险合同中都有这样的条款："自投保人签收合同次日起，有10天的犹豫期，若投保人在此期间提出撤销合同，公司会无息退还投保人所交的全部保险费。"2022年1月17日，保险公司向张先生送达了这两份保险合同，而张先生也在两份合同回执上分别签名，并在属于他本人的那份保险合同回执上签下了"2022年1月17日"的字样。没过多久，张先生觉得这种保险并不十分合自己的心意。

1月23日，趁着自己的两份保险还处在"犹豫期"内，张先生向保险公司提出申请，要求解除两份合同。保险公司对他本人的那份合同爽快地同意解约，无条件退还保险费5000元。而对其妻子的那份合同，保险公司却以其在1月3日已经签领保险合同，超过"犹豫期"为由，拒绝全额返还保险费。

但张先生清楚地记得，这两份合同是同一天送交到自己手上的，现在怎么会变成一份还在"犹豫期"内，一份早已经"过犹豫期"了呢？

仔细回忆后，张先生想起自己那份合同的回执上，白纸黑字写着签收日期"1月17日"，而妻子的那份合同回执上，自己没填写日期。因为在两份合同同时送达的当天，他签收回执时，保险公司的业务员告诉他，只要在一份合同上签上日期即可，所以他也就没有在妻子那份合同的回执上签署日期。

张先生将保险公司告上法庭，要求解约、退保费时发现，公司提供的其妻子那份已经过了"犹豫期"的合同回执上，竟签着"2022年1月3日"的日期，而字迹显然不是出自其手。张先生向法庭要求对日期的签署进行笔迹鉴定。同时，张先生还提供了他与保险公司的两位业务员对话的录音。在对话中，一位业务员说"两份是一道拿来的"；另一业务员说"日期不用写的，日期无所谓的"。张先生认为，这份录音足以证

明业务员认可保险合同回执上可以不签署日期，两份合同是同时送达的，也表明他实际上是于 2022 年 1 月 17 日才签收了两份保险合同。

尽管保险公司称，张先生在 1 月 3 日已经签领了其妻子的保险合同，但并未对此提供证据予以证实；笔迹鉴定的结论证实，张先生在 1 月 3 日并未签署这份保险合同的回执。同时，录音资料及保险公司业务员的陈述均证实，保险公司同时向张先生送达了两份保险合同；而现有的签署回执的证据则证实，张先生确实是在 1 月 17 日签领了自己的那份保险合同。法院由此认定，张先生在 2022 年 1 月 17 日，同时领取了两份保险合同，而"犹豫期"应以回执日期为准。因此，当他在 1 月 23 日向保险公司申请解约时，由于处在约定的犹豫期内，保险公司应当按约退还其全额保险费。

"犹豫期"也叫"冷静期"，是指在投保人、被保险人签收保险单后 10 日内万一后悔或是对所购买的保险不甚满意，可以无条件要求退保。如果客户在"犹豫期"内退保，保险公司应退还投保人所交的所有保费，而且不得收取其他任何费用；如果超过了"犹豫期"，投保人就不能拿回已经交纳的全部保费，而只能拿到保险公司和除代理人的佣金和管理费后，剩下的现金价值。由于超过"犹豫期"后获得的现金价值和交纳的总保费相差悬殊，所以一般来说，超过"犹豫期"，越早解约，保单的现金价值相对于所交保费的比例越低，投保人的损失也就越大。

3. 责任期条款

责任期是保险公司承担保险责任的时限，是合同规定的。责任期条款是指被保险人自患病之日起的时间段，如果被保险人患病治疗超过保险期限，则保险人只负责责任期内的医疗费用开支。

只有发生在保险期限内的保险事故才能享受责任期限的待遇，被保险人在保险期患病但在保险期内还未治愈，从患病之日期起的不超过责任期限内所支出的医疗费用保险人提供补偿保险金。通常保险公司还会在条款中规定一个累计责任期限。

 案例研讨

李某到某寿险公司购买一份百万医疗产品。2018 年 5 月 5 日投保。保险期间 1 年，责任期间 60 天。2019 年 2 月 28 日确诊疾病，2019 年 5 月 21 治疗结束。请问该寿险公司要承担哪一段时间的医疗费用？

2018 年 5 月 6 日生效，2019 年 5 月 5 日终止。2019 年 2 月 28 日生病，是要赔的，2.28-5.21 治疗期，2.28-3.27 共 28 天；3.28-4.27 共 31 天，责任期间 60 天。

依据某保险公司医疗津贴保险产品条款（见表某医疗保险责任期表）规定，不同疾病情况下保险公司补偿的最高给付日期不同，病毒性肝炎的最高给付日期是 40 天。太平洋保险公司"悦享保"个人癌症医疗保障计划中，太平洋保险公司为被保险人承担恶性肿瘤及原位癌等较轻癌症住院前后 30 天门急诊医疗费用。新华保险个人税收优惠型健康保险（万能型）B款条款约定，被保险人在基本医疗保险协议管理医疗机构住院治疗的，对于被保险人在与住院相同的医疗机构因与该次住院相同的原因在该次住院前 7 日内（含住院当日）以及出院后 30 日内（含出院当日）所实际发生并支付的符合合同保障范围的门诊治疗费用，本公司在扣除当地公费医疗、基本医疗保险和其他途径已经补偿或给付的部分后，对其当年度余额，按照合同附表所列的给付比例给付住院前后门诊费用保险金。

可见，各家保险公司依据公司实际、产品特色对责任期做出不同的规定，见表3-4。

表3-4　　　　　　　　　　某医疗保险责任期表

各类疾病住院医疗最高给付日数表

（被保险人所患疾病在本表中未列明的，可比照本表相近疾病的最高给付日数）

内科疾病		
传染疾病		
序号	疾病名称	最高给付日数
1	病毒性肝炎	40
2	流行性乙型脑炎	35
3	流行性出血热	23
4	狂犬病	14
5	流行性斑疹伤寒	11
6	流行性脑脊髓膜炎	15
7	伤寒	25
8	副伤寒	25
9	细菌性痢疾	15
10	霍乱	11

保险期限是合同生效日到合同到期日之间的期限，以1年期保险合同为例，保险期限是投保次日零时起至保险到期日24时止的时间段，若客户于2020年1月1日购买一份百万医疗保险，则该份合同的保险期限为2020年1月2日零时起至2021年1月1日24时止。

对于医疗保险而言，保险事故只有发生在保险期限内保险公司才需要赔偿，而保险公司赔偿的时间段是由保险期间与责任期相互之间关系决定的。责任期有可能超出保险到期日。具体如下：如果被保险人在保险期限内患病，在保险期限内治愈出院，则根据实际天数来赔偿；如果被保险人在保险期限内患病且在保险期限内没治愈，则从患病之日起的不超过责任期限内所花费的医疗费用、收入损失由保险公司提供补偿。

课堂实作

尹先生购买了一张个人医疗费用保险单，保险期限从2019年4月1日至2020年3月31日，责任期限为180日。试分析保险人在以下情形中应承担的医疗费用：

场景一：尹先生2019年8月1日患病住院接受治疗，并于2020年1月1日治愈出院；

场景二：尹先生 2019 年 8 月 1 日患病住院接受治疗，并于 2020 年 8 月 1 日治愈出院；

场景三：尹先生 2019 年 2 月 1 日患病住院接受治疗，并于 2020 年 5 月 1 日治愈出院；

场景四：尹先生 2019 年 2 月 1 日患病住院接受治疗，并于 2020 年 9 月 1 日治愈出院。

4. 免赔额条款

免赔额条款是在合同规定的免赔额以内的医疗费用支出由被保险人自己负担，保险人不予赔付。只有当实际支付的医疗费用超过免赔额时，保险人才负责。

 行业动态

新华保险公司个人税收优惠型健康保险（万能型）B 款条款中约定，在合同保险期间内，若被保险人单个保单年度内个人自负费用（指合同医疗保险金保障范围内的医疗费用扣除当地公费医疗、基本医疗保险和其他途径已经补偿或给付的部分后，需要个人承担的费用）高于 3 万元人民币时，保险公司在保障范围内承担相应医疗保险责任。太平洋保险公司"太健康·百万全家桶"对于免赔的规定见表 3-5，每个人免赔额为 1 万元，若个人款中被保险人发生保险责任范围内的医疗费用 3 万元，那么，保险公司需要对超过免赔额 1 万元的 2 万元医疗费用进行补偿。

表 3-5　　　　　　　　　　　　　　免赔额表

对比项	太健康·百万全家桶	
	个人款	家庭款（3 人以上）
一般医疗保险金	100 万元/人	100 万元/人
住院垫付服务	—	有
特需医疗	可选	可选
免赔额	1 万元/人	1 万元/人
给付比例	100%	100%

在健康保险中规定免赔额条款，是为了限制经常性的小额医疗费用支出以控制保险公司总的支出水平从而降低成本，并减少道德风险。一方面，小额医疗费用被保险人在经济上可以承受，还可以减少保险人小额赔付的工作量；另一方面，规定了免赔额，被保险人在得到保险人的赔付前先要自己承担一部分费用，可以促使被保险人加强对医疗费用的自我控制，避免过度医疗造成的医疗费用浪费。免赔额有绝对免赔额和相对免赔额之分。绝对免赔额下，当医疗费用支出超过免赔额时保险公司负责赔偿超过免赔额的部分；相对免赔额下，当医疗费用支出超出免赔额时保险人负责赔偿全部医疗费用。

健康保险合同中通常规定绝对免赔额，规定的方式一般有三种：一是单一赔款免赔额，针对每次赔款的数额；二是全年免赔额，按每年赔款总计，超过 1 年数额后才赔付；三是集体免赔额，这是对团体投保的被保险人而言，对于同一事故，按所有成员的费用累计来计算。

规定了免赔额之后，小额的医疗费由被保险人自负，大额的医疗费由保险人承担。这种做法是基于这样一种承保理论，即自负费用的一定比例能够促使被保险人努力去恢复身体，而不会去利用没有必要的服务和医疗设备；而且并不意味着医疗保险就可以随便拿药、住院，医疗保险并不是无限度的。

 课堂实作

某保险产品条款规定：本主险合同中的免赔额是指被保险人在保险期间内发生的、虽然属于本主险合同保险责任范围内的医疗费用，但依照本主险合同约定仍旧由被保险人自行承担，我们不予赔付的金额。只有当保险期间内的免赔额因以下两种情况抵扣完毕时，我们才开始按照约定承担一般医疗保险金的赔付责任：

1. 被保险人自行承担的属于本主险合同保险责任范围内的医疗费用，包括其基本医疗保险个人账户支出的医疗费用；

2. 从基本医疗保险和公费医疗保险之外的其他途径获得的属于本主险合同保险责任范围内的医疗费用补偿。

请注意：通过基本医疗保险和公费医疗保险获得的补偿，不可用于抵扣免赔额。

假设免赔额为10000元，如被保险人在保险期间内未就诊过，则免赔额余额为多少？如第一次就诊累计的"保险责任范围内医疗费用"为8000元，针对本次就诊，理赔多少元？理赔后免赔额有无变化，若有变化，余额为多少？

如第二次就诊累计的"保险责任范围内医疗费用"为6000元，则针对本次就诊理赔后免赔额余额为多少，假若赔付比例为60%，则本次赔付为多少？

之后在该被保险人剩余的保险期间内，是否还要抵扣免赔额？

5. 比例给付条款

比例给付条款是在免赔额条款基础上经常采用的一个条款，又称共同分担条款。

共保比例条款，是指对超过免赔额以上的医疗费用部分由保险人和被保险人按照合同约定的比例共同分担。共同分担条款中的比例有三种情形：固定比例、累进比例、协商比例。

如合同中规定共保比例为85%，表明保险人对超过免赔额以上的医疗费用只承担85%，被保险人自负15%。双方分摊的比例要在合同中进行明确规定。给付比例的确定通常有两种方式：一是按固定比例给付，即规定一个保险人给付医疗费用的固定标准，国际上设置的给付比例一般为80%左右；二是规定累进给付比例，医疗费用支出越高则保险人的给付比例越高，即随着实际医疗费用支出的增大，保险人承担的比例递增，被保险人自负的比例递减。

由于健康保险中的道德风险不易控制，因此在大多数健康保险合同中均有保险人对于医疗费用给付比例的规定。由保险人与被保险人共同分摊医疗费用，既保障了被保险人的经济利益，促进被保险人对医疗费用的节约，也有利于保险人经营的稳定。

 **课堂实作**

学平险附加住院医疗保险：根据条款按分级累进的比例计算，分级累进比例给付表，见表 3-6：

表 3-6 累进给付比例表

住院医疗费用	本公司给付比例	被保险人自负比例
超过 100 元至 1000 元的部分	50%	50%
超过 1000 元至 5000 元的部分	60%	40%
超过 5000 元至 10000 元的部分	70%	30%
超过 10000 元至 30000 元的部分	80%	20%
超过 30000 元的部分	90%	10%

如果学生张某于 2017 年 12 月 20 日投保学平险，于 2018 年 4 月 12 日因病住院，共花费 45230 元。现来保险公司申请理赔，计算保险公司应给付张某多少保险金。

健康保险合同中除上述共同分担条款之外，还包括以下比例赔付的情形：

某些医疗费用保险中，保险公司区分被保险人是否有社保或者是有社保是否先报销社保再索赔，给予医疗费用不同比例的补偿。例如，某保险公司保险责任中规定：如果被保险人在申请该次住院费用保险金之前已经通过社会医疗保险取得针对该次住院治疗的补偿，我们对该次住院治疗的已支出的、必须且合理的实际住院费用扣除被保险人取得的补偿后的剩余部分按 90% 进行给付。如果被保险人在申请该次住院费用保险金之前没有通过社会医疗保险取得针对该次住院治疗的补偿，我们对该次住院治疗的已支出的、必须且合理的实际住院费用扣除 500 元后的剩余部分按 70% 进行给付。在同一保单年度内累积所承担的住院费用保险金给付责任，最高以本合同的住院费用保险金金额为限。

另外还有针对特殊费用的比例赔偿条款。

 行业动态

平安 e 生保 2020 保障计划 200 万版不含质子重离子含亚洲海外特定医疗产品条款规定：保障范围内 100%；亚洲海外特定医疗保障范围内赔付比例 70%。

6. 给付限额条款

 **行业动态**

某保险公司医疗保险规定

一、门诊治疗。本公司对被保险人实际支出的五十元以上部分的医疗费用按 75%

给付医疗保险金,但在每一保险年度内此项给付限额为本附加合同保险金额的20%,并且门诊次数不得超过十五次。

二、住院治疗。本公司对被保险人实际支出的医疗费用按85%给付医疗保险金,但在每一保险年度内此项给付限额为本附加合同保险金额的80%。

给付限额条款是在健康保险合同中,通常规定保险人给付医疗保险金的最高限额,限额以内由保险人承担,超过限额的部分需要由被保险人自己承担。给付限额包括分项限额和总限额两种。分项限额是对每个保障项目分别规定各自的给付限额作为赔偿的最高限额;总限额是合同中只规定一个综合的限额,不论被保险人发生的是哪个保障项目费用,保险人都在限额以内负责赔付。

在费用报销型的医疗保险中,给付限额是累计计算还是分项计算被保险人获得的赔款数额不同。累计计算是将被保险人发生的各项治疗费用都计入赔付计算基数,保险公司对被保险人实际医疗费用支出总额按比例给付,最高不超过投保时约定的给付限额;若是分项计算,则对各费用项目如药品费、住院费、检查费、手术费等分别设定给付限额,实际补偿的金额通常要少于累计计算的补偿金额。

 课堂实作

某人投保了重大疾病保险并附加住院医疗和意外伤害保险,其中住院医疗保险的保险金额为10000元,合同规定的报销比例为85%。保险期间,被保险人因病住院做了手术,共支付医药费10500元。其中药品费6800元,住院费800元,检查费1000元,治疗费1500元,材料费400元,见表3-7。对被保险人的上述医疗费用支出,如果按医疗费总额10500元来计算,乘以85%的比例报销,可以获得8925元(小于10000元)赔款。

但如果药品费、住院费、治疗费等各项都有责任限额的情况下,必须将各项费用的实际数额,乘以85%的比例报销,然后在给付限额内赔偿。

表3-7 医疗费用清单表

费用项目	限额(元)	实际费用(元)
药品费	4500	6800
住院费	500	800
检查费	1000	1000
治疗费	2000	1500
材料费	500	400

假设药品费的给付限额为4500元,则被保险人药品费能得到的赔偿金为多少呢?
首先,6800元×85%=5780元,超过了药品费的给付限额4500元,只能给付4500元。请尝试计算其他项目的赔偿金额。

综上所述，在健康保险中，只有当实际支付的医疗费用超过免赔额时，保险人才负责赔偿。但对于超过免赔额以上的医疗费用，保险人并不全额负责，而是规定一定的给付比例，且给付数额不得超过合同中规定的给付限额。也就是说，在健康保险中，保险人只对超过免赔额以上部分的医疗费用按给付比例补偿，以给付限额为限。

7. 体检条款

体检条款是指为了确认被保险人索赔的有效性，保险人有权要求提出索赔的被保险人接受其指定的医生或医疗机构的体检。体检报告作为保险人是否赔付的依据，保险人只对符合索赔条件的被保险人进行赔付。体检条款主要适用于残疾收入保障保险，要求被保险人定期接受检查以确定被保险人是否丧失工作能力。

 行业动态

某失能收入损失保险体检条款

第十八条 定期复查

为了保证理赔的客观性与公平性，本公司有权在首次给付重度失能保险金后定期复查被保险人重度失能状态。如被保险人在本公司复查时已经康复或不符合本合同对重度失能的定义，则本公司有权终止向被保险人给付重度失能保险金，并终止豁免投保人保险费。

若因投保人或被保险人的故意阻挠或不配合，使本公司无法行使复查权利的，本公司将中止向被保险人给付重度失能保险金，并中止豁免投保人保险费，投保人应按照本合同约定继续交纳续期保险费。若复查后确定继续给付和豁免的，本公司将无息支付本次给付中止期间累计应付被保险人的重度失能保险金，并无息退还投保人在此期间实际交纳的保险费，但由此产生的额外费用由投保人承担。

8. 受益人条款

受益人条款是指健康保险合同中一般不指定受益人，通常是投保人为自己购买健康保险保障，被保险人本人即获得保险金的人。如果被保险人死亡，其保险金将作为被保险人的遗产，由其法定继承人继承。这一点与其他人身保险有很大不同。

 行业动态

人保寿险飞行员团体失能收入损失保险受益人规定

被保险人身故后，有下列情形之一的，保险金作为被保险人的遗产，保险公司依照《中华人民共和国民法典》的规定履行给付保险金的义务：

（1）没有指定受益人，或者受益人指定不明无法确定的；

（2）受益人先于被保险人身故，没有其他受益人的；

（3）受益人依法丧失受益权或者放弃受益权，没有其他受益人的。受益人与被保险人在同一事件中身故，且不能确定身故顺序的，推定受益人身故在先。

（二）适用于健康保险合同的寿险条款

健康保险合同除了自身一般条款外，人寿保险合同中的些条款也适用于长期健康保险合同主要有不可抗能条款、年龄误告条款、宽限期条款、复效条款、不丧失价值任选条款和自动垫交保费条款等。

1. 不可抗辩条款

 **导入案例**

2015年8月，刘先生向某人寿保险公司投保了一份重大疾病险，保险金为10万元。填写投保单时，刘先生没有在该投保单上的告知事项中表明自己有既往疾病，8月底，保险公司签发了保险单。

2018年10月，刘先生因尿毒症晚期住院治疗，2019年1月，经医治无效死亡。2019年3月，受益人提出理赔。保险公司在理赔查勘的过程中发现，刘先生在2014年曾因肾病做过检查。于是，保险公司以刘先生在投保时未告知既往肾病病情，没有履行如实告知义务、带病投保为由拒赔，并解除合同。刘先生家人起诉保险公司，要求法院判决其支付保险金10万元。

这起案件法院应如何处理呢？

不可抗辩条款规定保单生效一定年限后，保险条款则成为不可抗辩条款，保险公司不能因保单中的重大不实告知而解除保险合同或拒绝赔付。长期健康保险合同不可抗辩条款，是指生效（或复效）一定时期后（一般为2年），保险人不得以投保人在投保时没有履行如实告知义务等为理由而主张保险合同自始无效或拒绝给付保险金。

不可抗辩条款的目的：保护投保人、被保险人和受益人的权益；防止保险公司滥用合同解除权和最大诚信原则，预防保险人的道德风险；促使保险公司加强承保环节的风险管控，有效遏制部分不良的销售误导。

国际上不可抗辩条款主要适用于健康方面。我国2002年版的《保险法》只适用于年龄方面；2009年新修订的《保险法》则增加了不可抗辩条款的内容。

 职业素养提升

第十六条 订立保险合同，保险人就保险标的或者被保险人的有关情况提出询问的，投保人应当如实告知。

投保人故意或者因重大过失未履行前款规定的如实告知义务，足以影响保险人决定是否同意承保或者提高保险费率的，保险人有权解除合同。

前款规定的合同解除权，自保险人知道有解除事由之日起，超过30日不行使而消灭。自合同成立之日起超过2年的，保险人不得解除合同；发生保险事故的，保险人应当承担赔偿或者给付保险金的责任。

投保人故意不履行如实告知义务的，保险人对于合同解除前发生的保险事故，不承担赔偿或者给付保险金的责任，并不退还保险费。

投保人因重大过失未履行如实告知义务，对保险事故的发生有严重影响的，保险人对于合同解除前发生的保险事故，不承担赔偿或者给付保险金的责任，但应当退还保险费。

在长期健康保险合同中规定不可抗辩条款，是为了保护被保险人的利益、限制保险人的权利。这是因为，根据最大诚信原则的要求，投保人在投保健康保险时应如实告知被保险人的职业、年龄、健康状况等。如果投保人故意隐瞒被保险人身体健康状况，且足以影响保险人决定是否同意承保或者提高费率的，保险人有权解除合同。这是保险人因投保人不履行如实告知义务而享有的权利，这样规定保障了保险人的正当利益。但是保险人的这种权利不是永久的，而是有一定的时间限制，通常规定自保险合同生效后的2年。这2年是保险人的可抗辩期，如果保险人在这2年内发现投保人有不实告知的可以解除合同。合同生效两年后就成为无可争辩的文件。也就是说，在健康保险合同生效2年后，即使保险人发现了投保人在投保时没有履行如实告知义务，也不能以此为理由而解除合同或拒赔。因为长期健康保险合同期限比较长，如果保险合同生效许多年以后，还允许保险人以投保人在投保时不实告知为理由而主张合同无效的话，那时被保险人可能年龄已大，身体健康状况已发生变化，不再符合投保条件，或者虽符合投保条件，但已无力缴纳保险费，从而失去保险保障。这实质上是维护了被保险人的利益。

当然，根据《保险法》的规定，如果保险人在订立合同时已经知道投保人未尽如实告知义务的，也不得解除合同，发生事故时仍应承担赔偿或给付保险金的责任。不可抗辩条款同样适用于效力中止后复效的保单，健康保险合同复效2年后也是不可抗辩的，如图3-3所示。

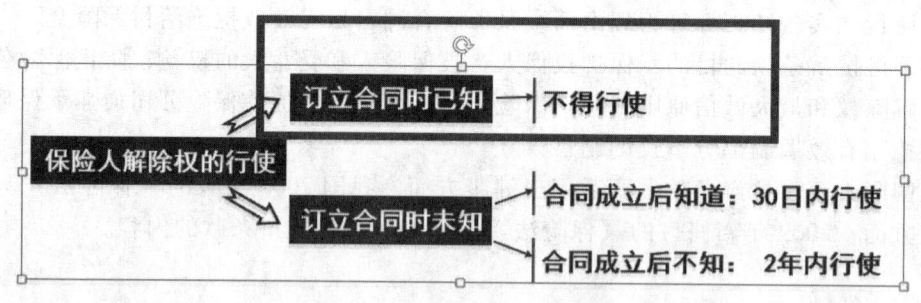

图3-3 不可抗辩条款示意图

 课堂实作

请判断以下情况下保险公司是否能够解除合同。

1. 张某患有某种疾病的情况下，仍然于2010年5投保，2013年1月保险公司发现其带病投保，立即解除合同。

2. 2010年5月张某带病投保，2011年7月保险公司发现其隐瞒病情，立即解除合同。

3. 2009年11月张某带病投保，2010年7月保险公司发现其隐瞒病情，2011年4月解除合同。

4. 2009年12月张某带病投保，2013年5月保险公司发现其隐瞒病情，立即解除合同。

2. 宽限期条款

 职业素养提升

《保险法》第三十六条规定：

合同约定分期支付保险费，投保人支付首期保险费后，除合同另有约定外，投保人自保险人催告之日起超过30日未支付当期保险费，或者超过约定的期限60日未支付当期保险费的，合同效力中止，或者由保险人按照合同约定的条件减少保险金额。

被保险人在前款规定期限内发生保险事故的，保险人应当按照合同约定给付保险金，但可以扣减欠交的保险费。

宽限期条款是指分期缴费的长期健康保险合同自投保人缴纳首期保费合同生效后，当投保人未按期缴纳第二期或以后某期的保险费时，在宽限期内，保险合同仍然有效，如发生保险事件，保险人仍负责任，但要从其支付的保险金中扣回所欠保险费。

长期健康保险合同中，投保人缴纳首期保费是合同生效的前提，缴纳续期保费是维持合同效力的条件。但由于长期健康保险合同期限较长，投保人难免会因疏忽等原因不能按时缴纳当期保费。规定一个宽限期，只要投保人在宽限期内缴费就不会影响合同的效力。如果投保人在宽限期内不缴费，保险合同自宽限期结束的次日零时起效力中止。这不仅保护了被保险人的利益，也有利于维持较高的保单续保率。在我国，宽限期通常规定为60天，从合同生效对应日开始起算。

课堂实作

被保险人李某投保一份终身重大疾病保险保单，宽限期60天，保单约定缴费方式为年缴，从2015年起于每年的6月10日为缴费期，共需缴费10年。2016年、2017年李某均按时缴费，但在2018年6月10日李某没缴保费，以后也再没缴过保费。

（1）若李某在2018年6月30日被确诊为肝癌晚期，问保险公司是否应该支付保险金额？为什么？

（2）若李某在2018年8月25日被确诊为肝癌晚期，问保险公司是否应该支付保险金额？为什么？

根据宽限期条款的内容可知，在宽限期内发生的保险事故，保险人应该承担责任，而在宽限期结束后仍未缴纳保费则保险合同的效力中止，保险人不承担合同中止后的保险责任。本案中保险合同首期保费缴纳日为6月10日，宽限期按60天计算，应截止到8月10日，（1）保险事故发生在2018年6月30日，在宽限期之内，故保险人应该支付保险金额。（2）保险事故发生在2018年8月25日，已超过了规定的宽限期仍未缴纳保费，故合同效力已经中止，保险公司不承担支付保险金额的责任。

3. 年龄误告条款

年龄误告条款，是指如果投保人在投保时错误地申报了被保险人的年龄，保险金将根据真实年龄予以调整。如果被保险人的实际年龄已超过条款规定的年龄界限的，保险人可以解除合同，并将已收保费无息退还，但需要在可抗辩期（保险合同生效 2 年）内完成。

健康保险合同对被保险人的投保年龄范围都有严格的规定，如果由于年龄误告致使不符合年龄条件的人购买了健康保险，在合同生效后的 2 年内保险人有权解除合同。但如果真实年龄和申报年龄均在合同规定年龄范围内，保险人一般不解除合同。由于年龄误告可能会使投保人多交或少交了保费，保险人可以按照应交保费与实交保费的比例调整保险金，或要求投保人补交保费，或者向投保人退还多交的保费。

4. 复效条款

导入案例

张先生在 2017 年 2 月 15 日投保了一份终身险，同时附加了一份住院医疗险。2018 年 1 月缴费期将至，张先生收到了缴费提醒函，可由于工作繁忙，忘记了缴纳续期保费，直到 2018 年 8 月 30 日他才突然想起，便到保险公司申请保单复效。保险公司审核后同意其复效申请。

2018 年 9 月 6 日，张先生因突发急性胆囊炎住院治疗，出院后到保险公司索赔住院医疗保险，理赔人员遗憾地告诉张先生：因为该事故发生在观察期 90 天内，是属于住院医疗保险的除外责任，所以不能理赔。

请问：保险公司的拒赔理由是否充分？

复效条款是指保险合同约定分期支付保险费的，投保人支付首期保险费后，除合同另有约定外，超过规定的日期未支付当期保险费而使合同效力中止的，经投保人与保险人协商并达成协议，在投保人补交保险费本息后，合同效力恢复。但是自合同效力中止之日起一定时期内双方未达成复效协议的，保险人有权解除合同。

保单复效要满足以下条件：

（1）经体检被保险人必须符合承保的要求；

（2）补缴逾期保费及利息。

对复效后的保单，其保险责任仅限于自复效之日起所发生的保险事故。

长期健康保险合同中，投保人一般选择分期交纳均衡保费，可能会出现经济困难、账户余额不足等原因导致投保人未能在宽限期内交费而合同效力中止的情况。为了防止被保险人因此而丧失保险保障，该条款规定投保人可以在规定的期限内申请恢复合同的效力。这需要投保人向保险人提出复效申请，经保险人审查同意，在投保人补交保费本息后即可恢复合同效力。

健康保险合同的复效，并不变更原有合同的各项权利义务，这比重新投保健康保险对投保人更有利。但是，申请复效有时可能会隐含逆选择和道德风险，因此保险人应谨慎对待，可以提出些限制性条件，如要求在合同效力中止一定时期内复效，以保证被保险人的身体健康状况符合保险人的承保条件。我国《保险法》规定，投保人可以在合同效力中止之日起 2 年内申请复效。

5. 不丧失价值条款

不丧失价值条款，是指分期交费的长期保险合同，当投保人无力或不愿继续交纳保险费，提出退保或者保险人解除合同时，对于保单现金价值的返还方式由投保人选择。投保人享有的保单现金价值的权利，不因保单效力的变化而丧失。对于那些不想继续拥有保险保障的投保人，可以向保险人提出退保，领取退保金。想继续拥有健康保险保障的投保人，可以把原保险单改为减额交清保险单，投保人以保险单的现金价值作为趸交保费，投保与原保险但保障责任相同的健康保险，保险期限自停交保险费起至原保险单期满为止，保险金额依据现金价值多少计算得来，但不得低于合同规定的最低数额。

三、个人健康保险合同条款

（一）既存状况条款

既存状况条款，是指在保险合同的约定期间内，保险人对被保险人因既往病症引发的医疗费用支出或收入损失不给付保险金。既往病症是指在保单签发之前被保险人就曾经患过的疾病。保险合同通常规定被保险人必须向保险人告知保单签订前 2 年或更多年内所患过的疾病，对被保险人因既往疾病而发生属于保险责任范围内的损失时，保险人只在保单生效 2 年后才给付保险金。当然，如果该病症在合同中已列入责任免除条款，则保险人不承担任何责任，包括保单生效满 2 年后发生的费用。如健康保险合同中通常规定，因下列情形之一，造成被保险人医疗费用支出的，保险公司不负给付保险金责任：保单中特别约定的除外疾病和未告知的既往症、先天性畸形、变形和染色体异常等。既存状况条款有利于防止投保过程中的道德风险和逆选择现象，防止那些已患某些疾病尚未痊愈或仍有复发可能的人通过购买健康保险获得保险赔付。

（二）续保条款

疾病保险以外的健康保险都是短期保险，保险期限通常是 1 年。而投保健康保险手续相对繁杂，对于想获得长期健康保障的消费者来说，重复投保 1 年期保险显然是不方便的，这也会增加保险人的工作量。为此，保险人在保险合同中设置了续保条款，通过续保使健康保险保单成为连续有效的保单，避免反复投保 1 年期保单的麻烦。续保条款规定了保险人有权拒绝续保和解除保险合同的条件，以及保险人有权增加保费的权利。根据续保条件的不同，续保条款的规定包括五种情况。

1. 定期条款

定期条款规定了有效期限（如 1 年），保险人承诺在保险期限内不能解除或终止合同，也不能要求变更保费或保险责任。一旦保险期限届满，被保险人必须重新投保，这时保险人有权拒绝承保或要求改变保费或保险责任。

2. 保证续保条款

保证续保条款是指只要被保险人继续缴费，合同就可以持续有效，直到规定的年龄，在此期间保险人不能单方面变更合同的任何条件。该条款表明，在保险合同到期时，如果投保人向保险人提出续保申请，保险人必须按照约定费率和原条款继续承保。

我国《健康保险管理办法》第二十条规定："含有保证续保条款的健康保险产品，应当明确约定续保条款的生效时间。含有保证续保条款的健康保险合同不得约定在续保时保险公司有调整保险责任和责任免除范围的权利。"

保证续保条款的规定，限制了保险人对在前一保险期间已患病或曾经发生保险赔付的被保险人拒绝继续承保的权利。但大多数保单规定被保险人保证续保的最高年龄不超过 65 岁。

3. 条件性续保条款

条件性续保条款是被保险人在符合保险合同规定条件的前提下，可以续保直至某一特定的时间或年数。该条款通常规定保险人不能以被保险人的健康状况为理由拒绝续保，但如果被保险人达到规定年龄或职业发生变更等保险人可以拒绝续保。

4. 可取消条款

可取消条款，是指被保险人或保险人在任何时候都可以提出终止合同或改变保费、保险条件、保障范围，但是必须提前通知对方。对于取消前已经发生尚未处理完毕的保险事故仍按照原来的合同约定承担责任。同时，应按比例退还未满期保费。这种保单灵活性强，保险人承担的风险小、成本低，所以对承保条件的要求就相对不那么严格。

5. 不可取消条款

不可取消条款规定保险双方都不得要求取消合同，被保险人不得要求退保退费，当投保人无力继续缴费时，保险人可以自动终止保险合同。同样，在被保险人到达约定年龄前，只要投保人继续缴费，保险人不得以任何理由取消或变更保险合同。这种保单对保险人来说承担的风险较大。

（三）防卫原因时间限制条款

防卫原因时间限制条款，是指保单生效一定时期后，除非被保险人有欺诈行为，否则保险人不得以重大不实告知为由决定保单无效或拒绝赔付。根据该条款，保单生效 2 年后，仅限于欺诈性的不实告知，保险公司才能终止合同；否则，不能以保单生效前的既存状况而拒绝赔付，除非既存状况属于保单列举的除外责任。

该条款与不可抗辩条款的区别在于：该条款规定，保单生效 2 年后，如果保险人发现投保时的重大不实告知是欺诈行为，可以以此为理由使保单无效或拒绝赔付；而不可抗辩条款规定，保单生效 2 年后，即使保险人发现投保人的不实告知是重大欺诈行为，也不能解除合同或拒绝赔付。

（四）超额保险条款

超额保险条款是当被保险人因拥有多份医疗保险出现重复保险，可能得到的保险赔款超过了实际发生的医疗费用，或者被保险人拥有一份或多份失能收入保障保险，可能获得的收入损失赔偿超过了被保险人失能前的工作收入时，保险人不负责赔付超额部分，但要退还超额保险的保费。

医疗保险、收入保障保险等属于补偿性保险合同，保险人的赔偿以被保险人实际花费的医疗费用或收入损失为限。在健康保险合同中规定超额保险条款为了防止被保险人因疾病或残疾而获得额外利益，催生道德风险事件。

（五）职业变更条款

该条款规定，如果被保险人的职业危险性提高，保险人可以在不改变保险费率的前提下降低保险金额。反之，如果被保险人因职业变更危险性降低，那么保险公司在不改变保险金额的情况下，应降低保险费率。

由于被保险人的职业发生变动将会影响其健康状况以及发生意外伤害的可能性，所以，健康保险的被保险人在变更其职业或者工种时，应当通知保险人，保险人依据被保险人变更后的职业风险性来调整保险费率。但如果被保险人变更后的职业属于合同除外责任的，保险人对该被保险人所承担的保险责任自接到通知之日起终止，并向投保人退还未满期净保费。

四、团体健康保险合同条款

（一）既存状况条款

与个人健康保险的既存状况条款不同，团体健康保险合同中的既存状况条款是，保险人不负责对被保险人的既存状况给付保险金的责任，除非被保险人享受保险保障已达到约定的期限；但被保险人如果对某一既存状况已连续3个月未因此而接受治疗，或者参加团体保险的时间已达12个月，则该疾病不属于既存状况，由此而发生的医疗费用或收入损失属于保险责任。

该条款表明，被保险人在保险合同生效前的3个月内曾因某种症状就医，这种症状即为既存状况。保险合同生效后，如果被保险人因此既存状况进行治疗，且2次治疗之间的时间间隔不足3个月，被保险人所支付的医疗费用保险人不负责赔偿；但如果被保险人2次治疗之间的时间间隔超过了3个月，或合同生效12个月后，被保险人因该疾病而支付的医疗费用属于保险责任。

 课堂实作

2018年2月10日，周某所在单位为全体职工购买了团体医疗保险，该保单中规定了既存状况条款：保险公司对被保险人的既存状况不负给付保险金的责任，除非有既存状况的被保险人已经连续90天未因此接受治疗，或保单已经生效12个月。周某曾于2017年12月29日因胃痛而接受治疗，保险合同生效后每隔2个月要去医院接受一次胃病治疗，其治疗胃病所发生的医疗费用不属于保险责任。因为他在2017年12月20日因胃痛而接受治疗，是在保单生效前3个月内进行的，属于既存状况。在保单生效后，被保险人因该既存状况每隔2个月治疗一次，不符合间断治疗90天的规定。但假如王某的2次治疗中间间断超过90天，或者在2018年12月29日后再因胃病而治疗，其花费的医疗费用就属于保险责任，因为保险合同已生效了12个月。该条款的目的为了防止被保险人的逆选择和道德风险。

（二）转换条款

转换条款是指团体健康保险的被保险人在脱离团体时，将给予被保险人一定的权利，允许其购买个人医疗保险而无须提供可保证明，但被保险人不得以此进行重复保险。

被保险人将团体健康保险转化为个人健康保险时，保单给予的权利是有限的。当被保险人的个人健康保险保障，加上在团体健康保险中得到的保险保障之和过多而出现超额保险时，保险人可以拒绝签订个人健康保险合同。例如，某雇员脱离了原团体，又找了一份新的工作，获得了新雇主提供的团体健康保险保障，保险金额为200000元。根据保单转换权条款的规定，雇员可以将原雇主提供的团体健康保险转换为个人健康保险，他又以个人的名义投保相同的险种，保额也是200000元，这就出现了重复保险，保险公司可以拒保。

一般来说，当团体健康保险转化为个人健康保险时，个人健康保险的保费要高于团体健康保险的保费，而且个人健康保险的赔付限制也比团体健康保险严格得多。

（三）协调给付条款

协调给付条款是当被保险人享有双重团体医疗保险时，将两份保单规定为优先给付计划和第二给付计划。被保险人在发生医疗费用时，由优先给付计划给付其承诺的全额保险金；当优先给付计划给付的保险金不足以补偿被保险人支付的全部医疗费用时，被保险人可以要求第二给付计划赔付其差额部分的医疗费用，同时告知优先给付计划的给付金额，第二给付计划据此确定给付金额。

该条款在美国和加拿大的团体健康保险中较常见，因为在这些国家被保险人可能享受多种团体医疗保险。该条款主要是为解决享有双重团体医疗保险的被保险人获得的双重保险金给付问题，防止被保险人从多份团体健康保险中获得超过其实际支出医疗费用的额外利益。

通常情况下，如果两份保单中其中一份不包含协调给付条款，将不含有协调给付条款的确定为优先给付计划。若两份保单都有协调给付条款，则将以雇员身份拥有的那份团体保单确定为优先给付计划。家庭受扶养者有时会持有多份保单，则以优先生日法，即生日较早的雇员所享有的团体健康保险为受抚养者的优先给付计划，或以男性优先法，即男性雇员所享有的保单作为受扶养者的优先给付计划。例如，李某生于5月，她的先生马某生于8月，那么根据生日优先法，李某的雇主提供的团体健康保险为儿子小马的第一给付计划；而根据男性优先法，马某的雇主提供的团体健康保险将作为儿子小马的第一给付计划。在美国，大多数州都规定第一给付计划必须采用生日优先法。

确定第二给付计划承担保险金责任的方法有两种。第一种方法：首先计算被保险人在保险金额之内的合理医疗费用，以及优先给付计划的应付金额；然后将被保险人支付的合理医疗费用与优先给付计划的给付金额之间的差额部分作为第二给付计划应承担的保险金责任。这种方法下，由优先给付计划向被保险人支付免赔额以上、共保分担额以外的所有费用，由第二给付计划负责赔偿团体被保险人承担的免赔额和共保分担额，团体被保险人通常不需要承担保险范围内的任何医疗费用。第二种方法：在合同中规定不重复给付条款。如果第一给付计划作为优先给付计划时的应付金额高于优先给付计划的已付金额，则第二给付计划的应给付金额为两者之间的差额。这种方法下，团体被保险人个人负担一部分保障范围内的医疗费用。

课堂实作

刘某拥有两份团体医疗保险，两份保单中都有协调给付条款，而且两份保单都规定了 200 元免赔额和 20% 的共保比例。现在刘某实际支出了 6200 元的医疗费用。那么被指定为第一给付计划的保险人需要支付 4800 元的医疗费用，计算如下：

$(6200-200) \times (1-20\%) = 4800$（元）

由于两份保单的免赔额与共保比例相同，第二给付计划的提供者也应向她支付 4800 元医疗费用。但是协调给付条款规定，第二给付提供者只需向被保险人刘某支付 1400 元医疗费用。刘某本人不负担任何医疗费用。

假如，第二给付计划提供的团体健康保险中包含了不重复给付条款，那么第一给付计划提供者必须支付 4800 元的医疗保险金。根据不重复给付条款的规定，第一给付提供者支付的 4800 元的医疗保险金与刘某假如被置于第二给付提供的团体健康保险中应得的保险金 4800 元相同，这样第二给付提供者不必给付任何医疗保险金，1400 元的医疗费用由被保险人刘某自己负担。

如果第二给付提供的团体健康保险保单的免赔额为 100 元，共保比例为 20%，那么假如将刘某置于第二给付提供的团体健康保险中应赔的医疗保险金计算如下：

$(6200-100) \times (1-20\%) = 4880$（元）

第一给付提供者支付 4800 元医疗费用保险金，第二给付提供者只需支付 80 元，刘某自己承担 1320 元。

如果第二给付提供的团体健康保险保单的免赔额为 500 元，共保比例为 20%，那么假如将刘某置于第二给付提供的团体健康保险中应赔的医疗保险金计算如下：

$(6200-500) \times (1-20\%) = 4560$（元）

第一给付提供者支付 4800 元医疗费用保险金，第二给付提供者不再支付医疗费用，1400 元医疗费用由刘某自己承担。由此可见，不重复给付条款对保险金给付作了更为严格的限制。

一、单选题

1. 李某所在单位于 2020 年 1 月为全体职工购买了团体医疗保险，该保单的有关契约条款规定：保险公司对被保险人的既存状况不负给付保险金的责任，除非有既存状况的被保险人已经连续 90 天未因此接受治疗，或保单已经生效 12 个月。李某曾于 2021 年 11 月 5 日因胃痛而接受治疗，参加保险后每隔 2 个月要去医院接受一次胃病治疗，需要支出相关的医疗费用。

下面关于该案例说法正确的是（　　）。

A. 保单生效后，因该既存状况每隔 2 个月治疗一次，不符合间断治疗 90 天的规定，不属于既存状况

B. 保单生效前 3 个月内的 2021 年 11 月 5 日去医院接受治疗，不属于既存状况

C. 保单生效前 3 个月内的 2021 年 11 月 5 日去医院接受治疗，即属于既存状况，不需赔偿

D. 李某在 2022 年保单生效后治疗胃病所发生的医疗费用属于保险责任范围之内

2. 下列关于个人健康保险合同中，既存疾病条款的叙述错误的是（　　）。

A. 在保单生效后的约定期限内，保险人不对被保险人的既往症负责

B. 既往症是指在保单签发前约定时期内已经存在，且在投保单中披露的伤残或疾病

C. 根据既存状况条款，被保险人因既往症而发生属于保险责任范围内的损失，只有在保单生效 2 年以后保险公司才负责给付保险金

D. 既存疾病条款一般存在于健康保险的条款中

3. 下列有关新健康保险管理办法中对于健康保险产品管理规定，说法错误的是（　　）。

A. 保险公司设计费用补偿型医疗保险产品，不需区分被保险人是否拥有公费医疗、基本医疗保险、其他费用补偿型医疗保险等不同情况。

B. 被保险人同时拥有多份有效的费用补偿型医疗保险保险单的，可以自主决定理赔申请顺序

C. 保险公司可以同投保人约定，以被保险人在指定医疗机构中进行医疗为给付保险金的条件

D. 疾病保险、医疗保险、护理保险产品的等待期不得超过 180 天

4. 有关体检条款，说法不正确的是（　　）。

A. 允许保险人指定医生对提出索赔的被保险人进行体格检查

B. 目的是使保险人对索赔的有效性做出鉴定

C. 体检条款适用于住院医疗费用保险。

D. 在此类保单中，该条款要求被保险人接受定期检查，以确定被保险人是否仍然丧失工作能力

二、多选题

有关观察期的说法正确的有（　　）。

A. 对已经患病或在等待期或观望期中出现的疾病或发生的费用不予负责，以防止可能出现的逆选择

B. 在此之前，尽管保险合同已经签订，保险人已经需要履行给付义务

C. 健康保险合同生效一段时间后，保险人才对被保险人因疾病发生

的医疗费用履行给付责任

D. 也叫等待期

三、判断题

保证续保条款允许团体被保险人在脱离团体后若购买个人医疗保险，可不提供可保证明。（　　）

四、问题讨论

1. 概述健康保险几个特殊时期。
2. 对比个人健康保险、团体健康保险既存状况条款区别。
3. 概述个人健康保险产品条款。

五、实训练习

1. 某寿险公司××保险条款（节选）

……

第二部分　保障内容

第六条　保险责任

本合同的保险责任包括"一般医疗保险金""重大疾病（释义二）医疗保险金""质子重离子医疗保险金"和"指定疾病及手术特需医疗保险金"，其中"一般医疗保险金"为必选责任，"重大疾病医疗保险金""质子重离子医疗保险金"和"指定疾病及手术特需医疗保险金"为可选责任。投保人可只投保必选责任，也可在投保必选责任的同时选择投保可选责任，但不能单独投保可选责任。所投保的保险责任一经确定，在本合同保险期间内不得变更。

（一）一般医疗保险金（必选）在保险期间内，被保险人因遭受意外伤害（释义三）事故或在等待期（释义四）后因患疾病，在医院（释义五）接受治疗的，保险人对下述1～4类费用，按照本合同的约定承担给付一般医疗保险金的责任：

1. 住院医疗费用指被保险人经医院诊断必须接受住院（释义六）治疗时，被保险人住院期间发生的需个人支付的、必需且合理（释义七）的住院医疗费用，包括床位费（释义八）、加床费（释义九）、膳食费（释义十）、护理费（释义十一）、重症监护室床位费、诊疗费、检查检验费（释义十二）、治疗费（释义十三）、药品费（释义十四）、手术费（释义十五）、救护车使用费（释义十六）。到本合同满期日时，被保险人未结束本次住院治疗的，保险人继续承担因本次住院发生的、最高不超过本合同满期日后30日内的住院医疗费用。

2. 特殊门诊医疗费用指被保险人在医院接受特殊门诊治疗时，被保险人需个人支付的、必需且合理的特殊门诊医疗费用，包括：(1) 门诊肾透析费；(2) 门诊恶性肿瘤治疗费，包括化学疗法（释义十七）、放射疗法（释义十八）、肿瘤免疫疗法（释义十九）、肿瘤内分泌疗法（释义二十）、肿瘤靶向疗法（释义二十一）的治疗费用；(3) 器官移植后的门诊抗排异治疗费。

3. 门诊手术医疗费用指被保险人经医院诊断必须接受门诊手术治疗时，被保险人需个人支付的、必需且合理的门诊手术费用。

4. 住院前后门急诊医疗费用指被保险人经医院诊断必须接受住院治疗，在住院前 7 日（含住院当日）和出院后 30 日（含出院当日）内，因与该次住院相同原因而接受门急诊治疗时，被保险人需个人支付的、必需且合理的门急诊医疗费用（但不包括特殊门诊医疗费用和门诊手术医疗费用）。对于以上四类费用，保险人在扣除约定的免赔额后，依照约定的给付比例进行赔付。保险人对于以上四类费用的累计给付金额之和以本合同约定的一般医疗保险金的保险金额为限，当累计给付金额之和达到一般医疗保险金金额时，保险人对被保险人在一般医疗保险金项下的保险责任终止。

（二）重大疾病医疗保险金（可选）……

（三）质子重离子医疗保险金（可选）……

（四）指定疾病及手术特需医疗保险金（可选）……

第七条 免赔额

免赔额由投保人与保险人在订立本合同时协商确定，并在本合同中载明。本合同中所指免赔额均指年免赔额，指在本合同保险期间内，应由被保险人自行承担，本合同不予赔付的部分。被保险人通过社会医疗保险和公费医疗保险获得的补偿，不可用于抵扣免赔额，但从其他途径已获得的医疗费用补偿可用于抵扣免赔额。若被保险人选择投保重大疾病医疗保险金责任，除另有约定外，一般医疗保险金和重大疾病医疗保险金共同使用同一个免赔额的额度。质子重离子医疗保险金、指定疾病及手术特需医疗保险金无免赔额。

第八条 补偿原则和赔付标准

（一）本合同适用医疗费用补偿原则。若被保险人已从其他途径（包括社会医疗保险、公费医疗、工作单位、保险人在内的任何商业保险机构等）获得医疗费用补偿，则保险人仅对被保险人实际发生的医疗费用扣除其所获医疗费用补偿后的余额按照本合同的约定进行赔付。社保卡个人账户部分支出视为个人支付，不属于已获得的医疗费用补偿。

（二）若被保险人以参加社会医疗保险或公费医疗身份投保，但未以参加社会医疗保险或公费医疗身份就诊并结算的，则保险人根据本合同单独约定的给付比例进行赔付。

……

第十一条 保险期间

本合同保险期间为 1 年，以保险单载明的起讫时间为准。

第十二条 续保

本合同期满，投保人可向保险人申请续保本合同。续保不计算等待期。续保时保险人有权根据被保险人的年龄、医疗费用水平变化、本保险合同整体经营状况调整被保险人在续保时的费率。费率调整适用于本合同的所有被保险人或同一投保年龄段的所有被保险人,保险人不会因为某一被保险人的健康状况变化或历史理赔情况而单独调整该被保险人的续保费率。在投保人接受费率调整的前提下,保险人方可为投保人办理续保手续。若被保险人超过105周岁,保险人不再接受投保人的续保申请或重新投保。

本合同统一停售,保险人不再接受投保人续保本合同。

第十七条 交费义务

本合同保险费缴付方式由投保人和保险人在投保时约定,并在保险单上载明。若投保人选择一次性缴付保险费,投保人应当在本合同成立时一次性缴清保险费。保险费缴清前,本合同不生效,对保险费交清前发生的保险事故,保险人不承担保险责任。

若投保人选择分期缴付保险费,需经投保人申请并经保险人同意,并在本合同中载明保费分期缴付的周期。如投保人未缴付首期保费,保险合同不成立,保险人不承担保险责任。如投保人未按照保险合同约定的付款时间足额缴付当期保费,允许在宽限期内补缴保险费;如果被保险人在宽限期内发生保险事故,保险人仍按照合同约定赔偿保险金。除本合同另有约定外,如被保险人在正常缴费对应的保险期间内或宽限期内发生保险事故,保险人依照合同约定赔偿保险金的,需扣减保险期间内所有未缴期间的保险费,投保人已缴纳的保险费与保险人扣减的保险费之和应等于本合同约定的保险费总额。如投保人未按照保险合同约定的付款时间足额缴付当期保费,且在本保险合同约定的宽限期内仍未足额补缴当期保费的,从应付之日起发生保险责任范围内的事故的,保险人不承担赔偿责任;宽限期内发生的保险事故也不承担保险责任。对于保险期间终止后发生的保险事故,保险人不承担保险责任。宽限期由投保人与保险人协商确定,并在本合同中载明。

表 3-8 该款保险产品费率表

(一般医疗保险责任300万元)

年龄	社保	无社保
0~4	756	1576
5~10	256	526
11~15	136	286
16~20	166	326
21~25	226	466
26~30	286	616
31~35	376	856
36~40	466	1206
41~45	556	1666

续表

年龄	社保	无社保
46~50	866	2616
51~55	1066	3506
56~60	1426	4386
61~65	1906	5696
66~70	2816	8136
71~75	3566	10296
76~80	4326	12766
81~85	6446	16726
86~90	8316	21526
90~95	10746	27926
96~100	13836	36266
101~105	15726	40396

表3-9　　　　　　　　　　该产品保障项目说明

保障项目	保障金额	项目说明
一般医疗保险责任	最高300万元	保障内容：被保险人因意外或等待期后因疾病，在二级及以上的公立医院普通部接受治疗的，本产品承担必需且合理的住院医疗费用、住院前7天及出院后30天内的门急诊医疗费用（与该次住院原因相同）、特殊门诊医疗费用和门诊手术费用。 免赔额：1万元/年，如被保险人等待期后确诊初次罹患保险合同约定的重大疾病且在医院接受治疗的，则自确诊之日起，该被保险人剩余保单年度免赔额为0。 赔付比例：责任内扣除免赔额后100%赔付，但以有社保或公费医疗身份参保，但未以社保或公费医疗身份就诊并结算的，按照应赔付金额的60%进行赔付。 等待期：30天，续保、意外医疗、法律费用无等待期。
重大疾病医疗保险责任	最高600万元	保障内容：被保险人因意外或等待期后确诊初次罹患保险合同约定重大疾病，在二级及以上的公立医院普通部接受治疗的，本产品承担必需且合理的重大疾病住院医疗费用、住院前7天及出院后30天内的重大疾病门急诊医疗费用（与该次住院原因相同）、重大疾病特殊门诊医疗费用和重大疾病门诊手术费用。 免赔额：0。 赔付比例：100%，但以有社保或公费医疗身份参保，但未以社保或公费医疗身份就诊并结算的，按照应赔付金额的60%进行赔付。 等待期：30天，续保、意外医疗、法律费用无等待期。
法律补偿费用	6000元	保障内容：承保保险条款第五条第（一）项目仅适用于医疗事故案件，赔偿的法律费用仅限于律师费用；保险事故发生后，被保险人需由某某保险指定法律服务机构代为挑选并指定专业律师代理案件。保险人对属于保险责任范围内实际发生的律师费用进行赔偿。

请根据背景资料完成以下任务：

（1）请根据保险合同条款，分析该产品是人身保险中的哪一款保险产品？

（2）李女士，36岁，已婚，有社保，年收入15万元，收入稳定，教师职业,因为现在环境的污染以及生活作息不规律,人们住院治疗的概率较大,因此李女士决定为自己投保一份保险,请结合李女士的基本情况,为其选择一种缴费方式,并说明原因。

(3) 李女士,希望通过本产品规避医疗费用风险,选择一般医疗保险责任300万元,请结合李女士的基本情况,列式计算其应交保险费。李女士的好友王先生,36岁,无社保,希望通过本产品规避医疗风险,选择一般医疗保险责任300万元,请结合王先生的基本情况,请列式计算其应交保险费。比较李女士、王先生保险费的差异,分析原因。

(4) 请结合条款和保障项目说明分析以下情形客户可以获得哪些保险利益?并说明。

A情形:李女士在保险期间内因病住院,扣除社保支付,共花费医疗费用1.5万元,那么李女士能得到多少赔偿?

B情形:王先生没有社保,在保险期间内因病住院,共花费医疗费用1.5万元,那么王先生能得到多少赔偿?

C情形:李女士在保险期间内因病住院,扣除社保支付,共花费医疗费用0.5万元,那么李女士能得到多少赔偿?

(5) 李女士在2021年因疾病在某三级甲等医院住院半个月,花费了医疗费用2万余元,在出院结算时才知道需要自担1万余元的费用,报销比例比较低。请问,社会基本医疗保险报销比例比较低的原因是什么?在社会医疗保险报销后,此款保险产品是否还可以进行医疗费用的补偿?请结合李女士的情况分析此款保险产品的作用。

(6) 李女士是否能一直续保该产品?请分析原因。

项目小结

健康保险合同是人身保险合同的一种,它是投保人和保险人约定健康保险权利和义务关系的协议。健康保险合同以被保险人的疾病、意外伤害及其所致的残疾、死亡为保险事故,当发生保险事故时,保险公司依照合同约定履行赔偿医疗费用和收入损失的责任。健康保险合同由主体、客体和内容三个要素构成。健康保险合同除具有一般保险合同的双务性、非要式性、有偿性、附和性、射幸性和最大诚信等特征外,还具有一些特殊特征:承保风险具有复杂性、承保的疾病范围具有发展性、保险理赔具有双重性、受益人指定的多样性、限制性条款的特殊性、责任期限的特殊性。

按照保险合同的性质,健康保险合同包括补偿性保险合同和给付性保险合同。按照保险合同期限长短,健康保险合同包括长期性合同和短期性合同。按照投保方式,健康保险合同包括个人健康保险合同和团体健康保险合同。按照能否单独投保,健康保险合同包括主险合同和附加险合同。保险合同采用保险单和保险凭证的形式签订。其中以投保单、暂保单、保险单、保险凭证最为重要。

健康保险合同条款是在健康保险合同中对某些事项的规定，包括一般条款和特殊条款，包括观察期、犹豫期、免赔额、比例给付、给付限额、体检条款、受益人条款、不可抗辩条款、宽限期、年龄误告条款、复效条款、不丧失价值条款、既存状况条款、续保条款、防卫原因时间限制条款、超额保险、职业变更条款、转换条款、协调给付条款。

项目四
健康保险基本原则

 **学习目标**

知识学习目标：
☐ 解读保险利益原则
☐ 解读最大诚信原则
☐ 解读近因原则
☐ 解读损失补偿原则

技能训练目标：
☐ 能够运用四大原则解决健康保险实务中问题

 **工作任务**

运用四大原则解决健康保险实务中问题。

 **导入案例**

1. 青先生于2020年3月1日为自己投保了终身保险20万元，附加住院医疗特别保险3万元。2020年4月22日，李先生因肝病住院治疗。治疗结束后提出索赔申请被拒绝。

2. 刘女士前不久想要为自己的男朋友投保一份价格不菲的重疾险产品作为送给男朋友的秘密礼物，保险公司拒绝承保。

3. 2020年4月2日，王小姐为自己购买了重大疾病险，每年交费5000多元。2021年4月2日交费的时候，王小姐因为资金周转出现困难，一时间拿不出这笔钱。5月19日，王小姐突发心肌梗塞，保险公司按合同约定给付了保险金。

保险四大基本原则是保险利益原则、最大诚信原则、近因原则和损失补偿原则，是所有保险业务经营过程中都必须遵循的准则和要求，保险基本原则对各险种的适用性不同，在保险实践中的具体要求和实务处理规则也不同。比如，保险利益原则在财产保险和人身保险实务应用中就有很大差别。就健康保险而言，也必须要遵守各项原则，但各原则在健康保险应用中又有一些特殊的要求。

任务一 认识保险利益原则

一、解读保险利益原则

保险利益原则是在签订和履行保险合同过程中，投保人或被保险人对保险标的必须具有保险利益，否则合同无效。即使订立了保险合同，保险人也有权解除合同或拒绝承担经济赔偿责任。

保险利益原则表明，投保人对保险标的具有保险利益是订立保险合同的前提条件，无论是财产保险还是人身保险，投保人只有对保险标的具有保险利益才有资格与保险人订立保险合同，签订的保险合同才能生效。保险利益原则的规定既可以防止把保险变成赌博，又可以有效避免道德风险的发生，同时也规定了保险人赔偿与给付的最高限额。我国《保险法》规定，投保人必须对被保险人具有保险利益才能为其投保人身保险包括健康保险。

二、明确保险利益原则在健康保险实务中的应用

（一）保险利益的判断标准很特殊

在健康保险中，保险利益表现为投保人对被保险人的健康、健全与否存在的经济上的利害关系。当被保险人健康或健全时，投保人虽然不会因此而直接享有某种利益，但无须为其支付医疗费，也不会遭受收入损失；当被保险人患病或遭受意外伤害时，就会发生医疗费用支出，也可能会遭受收入损失，从而其经济利益受到损害。这时就可以认定投保人对被保险人有保险利益。

健康保险属于人身保险，有关保险利益的法律规定通常与人身保险一致。

各国保险法通常规定，人们对自己具有保险利益，可以为自己买任何人身保险包括健康保险。但当人们为他人投保时需要确认保险利益，各国确认的原则和方法有差异，主要表现为利益主义、同意主义和折中主义三种。

利益主义认为，投保人对被保险人是否具有保险利益，以投保人和被保险人之间存在金钱上的利害关系或者其他利害关系为判断标准。同意主义则认为，是否具有保险利益，不论投保人和被保险人之间有无利害关系，均以是否取得被保险人的同意为保险利益判断标准，只要被保险人同意投保人为其投保就具有保险利益。折中主义实际上为利益主义和同意主义的综合，投保人对被保险人存在经济利害关系，或者被保险人同意投保人为其投保的，视为有保险利益。

我国《保险法》第三十一条对人身保险（包括健康保险）的保险利益进行了规定：

投保人对下列人员具有保险利益：（一）本人；（二）配偶、子女、父母；（三）前项以外与投保人有抚养、赡养或者扶养关系的家庭其他成员、近亲属；（四）与投保人有劳动关系的劳动者。除前款规定外，被保险人同意投保人为其订立合同的，视为投保人对被保险人具有保险利益。订立合同时，投保人对被保险人不具有保险利益的，合同无效。

（二）对投保时的保险利益要求不同

我国《保险法》第十二条规定：人身保险的投保人在保险合同订立时，对被保险人应当具有保险利益……第三十一条第三款规定：订立合同时，投保人对被保险人不具有保险利益的，合同无效。这表明，在我国保险实务中，人身保险（包括健康保险）的投保人对被保险人具有保险利益是订立保险合同的前提条件，投保人只有对被保险人有保险利益才有资格与保险人订立保险合同，签订的保险合同才能生效。但保险合同生效后，发生保险事件时不再追究投保人对被保险人的保险利益问题。这是因为健康保险合同生效后，保险合同是为被保险人的利益而存在的，即当保险事故发生时，通常由被保险人本人领取保险金，享受保险合同规定的利益，所以合同生效后强调投保人与被保险人的保险利益毫无意义。而且在健康保险合同中，受益人通常是被保险人本人，只有包含死亡责任的疾病保险中才指定被保险人以外的人为受益人。

（三）保险利益价值的确定依据不同

健康保险的保险标的是人的身体或健康，是不能完全用货币来衡量其价值大小的，比如，罹患疾病后花费一定量的医疗费用等恢复健康，那么此时的保险利益是可以用货币衡量的，但是也存在无法用货币衡量的情况，也就是说理论上，健康保险的保险利益是无法衡量的。但毕竟每一位投保人的交费能力是有限的。因此，健康保险的保险利益价值是根据被保险人的健康风险保障需求与投保人的缴费能力确定的。

医疗保险和疾病保险需求主要考虑未来所需医疗费用；失能收入保险需求主要考虑被保险人在一定时期内可能减少的收入；长期护理保险需求以未来可能需要的护理费用为依据。健康保险实务中，通常只考虑有无保险利益而不考虑保险利益的大小，参照寿险操作，依据投保人的交费能力来确定保险金额。

任务二
掌握最大诚信原则

 行业动态

两人4年获赔52次"骗保"28万元，住院津贴保险为何容易被钻空子？

宜宾市保险行业协会经过四年多的跟踪收集，发出风险提示。

自2017年起，两位被保险人每年在全省多家商业保险公司购买住院津贴保险等相关产品，通过收集该市各承保公司理赔数据显示，2017年至2020年，其中一人四年内因意外伤害住院天数共计845天，获得赔偿29次，住院津贴赔付金额合计200716.9元；另一人四年内因意外伤害住院天数共计434天，获得赔偿23次，住院津贴赔付金额合计86000元。

至今，这两人仍有赔案发生，因此宜宾市保险行业协会请各保险机构高度重视，特别是网销和代理渠道，提高防控识别能力，制定有效应对措施。业内人士称，特别是互联网保险，因产品特性、售卖渠道和推广方式等原因，更容易受到欺诈团伙的关注。

资料来源：21世纪经济报道

 职业素养提升

2018年4月，保监会印发《反保险欺诈指引》；2021年3月，银保监会发布《关于做好2021年大数据反保险欺诈工作的通知》及《大数据反保险欺诈手册》（2021版）；2021年5月，中国保险行业协会下发《关于召开中国保险行业协会反保险欺诈专业委员会委员大会通讯会议的通知》，正式启动反保险欺诈专业委员会常务委员换届工作，并酝酿出台3年工作规划（2021—2023年）。

根据《中国保险行业协会反保险欺诈专业委员会三年工作规划（2021—2023年）（审议稿）》，将在2023年前完成9项主要工作。具体而言，包括建立健全意外险风险名单行业共享机制，建立意外险反欺诈交流平台，制定反欺诈行业组织的制度规范，加快行业反欺诈信息系统建设，组织召开反欺诈经验交流会，研究建立保险欺诈风险统计指标，加大反欺诈培训力度，开展反欺诈宣传教育活动，探索区块链等科技在反欺诈领域的应用。

2021年7月13日，银保监会发布《关于银行业保险业常态化开展扫黑除恶斗争有关工作的通知》（下称《通知》），明确指出"防范欺诈风险，打击诈骗活动"。各保险机构要建立常态化、制度化的防风险反欺诈工作机制，完善重大欺诈风险监测、预警、报告及应急处置工作机制，明确不同层级的应急响应措施，及时发现识别重点业务领域面临的欺诈风险。

资料来源：银保监会官网、中国保险行业协会官网

一、掌握最大诚信原则解读

诚信原则是人们从事任何民事、商事活动都应遵循的基本原则，保险活动也不例外。最大诚信原则起源于海上保险，保险行业发展至今，要求所有保险业务都必须普遍遵循最大诚信原则。由于保险合同双方信息不对称以及保险合同自身的射幸性，保险对诚信的要求比一般的民事活动更为严格。在签订和履行保险合同过程中，合同双方应向对方提供影响其做出订约或履约决定的全部实质性重要事实，互不隐瞒和欺骗，同时恪守合同的约定与承诺。否则，受损害的一方可以宣布合同无效或不承担合同规定的义务与责任，对因此而受到的损害还可以要求对方予以赔偿。最大诚信原则的内容包括告知、保证、弃权与禁止反言。

二、明确最大诚信原则在健康保险实务中的应用

健康保险由于其承保标的、保险责任、保险事故、可保损失的特殊性，极易发生道德风险和逆选择，可以说是所有险种中道德风险和逆选择最突出的险种。因此，遵循最大诚信原则对保险双方尤其是保险人具有非常重要的意义，在健康保险实务中对最大诚信原则的要求也更为严格，呈现出特殊性。

（一）投保告知的特殊要求——需详细告知被保险人健康、年龄等信息

告知是在保险合同订立前、订立时及合同的有效期内，合同双方应当实事求是地将实质性重要事实向对方做书面或口头陈述，以便保险人决定是否要承保以及确定保费费率。虽然所有的人身保险都要求被保险人在投保时身体必须是健康的，但在身体健康与否的鉴定和被保险人健康信息的提供方面，健康保险的要求更为严格，投保人应告知的信息更为详细，包括被保险人的年龄、性别、收入情况、受教育程度、职业和健康状况等多方面的详细信息。其中，由于疾病是健康保险的主要风险，因而保险公司对被保险人的疾病信息要做全面了解，主要通过询问或查看被保险人以往的病历来了解被保险人的既往病史、现病史，有时还需要了解被保险人的家族病史。对于一些重要事项和疾病，还须填写特殊疾病调查问卷，以更加详细地告知。当然也可以通过被保险人的体检报告来判断被保险人的身体健康状况。通常情况下，当保险金额超过一定数额或被保险人达到一定年龄时要求被保险人必须进行查体。很多保险公司都规定，当被保险人年龄超过 50 岁时购买医疗保险和疾病保险时必须查体。

在健康保险实务中，投保人或被保险人违反告知义务的情况主要有：（1）未申报。投保人或被保险人由于无意或疏忽的原因，或者对重大事实误认为不重要而遗漏，或没有进行说明。这种情况并不是投保人主观故意隐瞒，而是因为很多客观因素导致未能如实告知。如大多投保人不知道到底哪些项目需要如实告知，也可能是医生病历书写失误造成等。（2）误告，是指投保人或被保险人对重大事实申报不准确，但并非故意欺骗。如很多人由于医学知识欠缺从而对自己身体健康状况难以准确判析。（3）隐瞒，投保人明知某些重大事实会影响保险人决定其是否承担某一风险，且对这些重大事实有所了解而故意不申报。这是健康保险中道德风险最主要的表现。（4）欺诈，是指投保人对重大事实故意作不正确申报，或有意捏造事实并存有欺诈意图。例如，某人已知自己身患癌症，但他仍向保险公司高额投保，并说自己身体健康，无任何严重疾病，从而诱骗保险人与其订立健康保险合同。这一行为就是欺诈。

上述行为违反了《保险法》中有关如实告知的相关规定，出险时保险公司可以拒赔。因此，消费者在投保时应理性正确对待，将自身健康情况和过往病史如实告知保险公司。我国《保险法》第十六条规定：订立保险合同，保险人就保险标的或者被保险人的有关情况提出询问的，投保人应当如实告知。投保人故意或者因重大过失未履行前款规定的如实告知义务，足以影响保险人决定是否同意承保或者提高保险费率的，保险人有权解除合同。当然，如果未告知内容与出险事故之间没有明显联系，就不会对理赔产生太大影响。

 **扩展阅读**

《保险法》对于年龄误告的规定

第三十二条 投保人申报的被保险人年龄不真实,并且其真实年龄不符合合同约定的年龄限制的,保险人可以解除合同,并按照合同约定退还保险单的现金价值。保险人行使合同解除权,适用本法第十六条第三款、第六款的规定。

投保人申报的被保险人年龄不真实,致使投保人支付的保险费少于应付保险费的,保险人有权更正并要求投保人补交保险费,或者在给付保险金时按照实付保险费与应付保险费的比例支付。

投保人申报的被保险人年龄不真实,致使投保人支付的保险费多于应付保险费的,保险人应当将多收的保险费退还投保人。

 **案例研讨**

周女士购买了长期寿险,并附加重大疾病险和住院补贴,年保费10000元左右。1年之后,毕女士因为甲状腺肿瘤手术住院,1个多月后又查出罹患宫颈癌,然后一并申请理赔。核赔过程中,保险公司发现毕女士在投保时已经患有甲状腺肿瘤,但并未告知。考虑到甲状腺肿瘤属于良性肿瘤,且发病概率较高,所以保险公司认定毕女士过失隐瞒。而二次核保的结论是,如果当初毕女士告知该症状,保险公司也不会拒保,但会针对甲状腺疾病进行加费或免责,对于宫颈癌的承保有效。最终结果是甲状腺疾病拒赔,并列入免责范围,对宫颈癌赔付10万元人民币,并豁免该保单今后所有保费。

(二)保险人承保说明的特殊性——对合同条款做明确说明

健康保险合同中涉及很多保险专业知识、医学知识、保险条款、医学术语,再加上保险业务人员为消费者设计的投保方案多是几种人身保险险种的组合,如现今市场上热销的"平安福""国寿福""中意一生保"等,都是将终身寿险作为主险,附加重疾险(包括重大疾病保险、恶性肿瘤保险等)、意外险、意外医疗险等,有利于满足消费者个性化、多样化的保险需求,但消费者很难完全理解健康保险条款。因此,为了能使消费者明明白白买到适合自己需要的健康保险服务,保险业务人员就应该将所有关系消费者切身利益的条款向消费者加以明确说明,而不仅仅只限于免责条款。

 行业动态

依据《保险法》第十七条规定,订立保险合同,采用保险人提供的格式条款的,保险人向投保人提供的投保单应当附格式条款,保险人应当向投保人说明合同的内容。

对保险合同中免除保险人责任的条款,保险人在订立合同时应当在投保单、保险单或者其他保险凭证上作出足以引起投保人注意的提示,并对该条款的内容以书面或者口头形式向投保人作出明确说明;未作提示或者明确说明的,该条款不产生效力。

第三十条规定，采用保险人提供的格式条款订立的保险合同，保险人与投保人、被保险人或者受益人对合同条款有争议的，应当按照通常理解予以解释。对合同条款有两种以上解释的，人民法院或者仲裁机构应当作出有利于被保险人和受益人的解释。

这也是最大诚信原则中要求保险人如实告知的重要内容。

（三）投保人的健康保证的特殊性——确认保证且必须是真实的

保证是指保险人在签发保险单或承担保险责任之前要求投保人或被保险人对某一事项的作为或不作为、某种状态的存在或不存在做出的承诺或确认。保证可以分为明示保证和默示保证，明示保证又包括确认保证和承诺保证。其中，确认保证是投保人在投保时对某事项的过去和现在是否存在所作的保证，至于这一事项将来是否存在不予保证。健康保险中投保人的健康保证是确认保证。在健康保险中，当投保人告知被保险人"身体健康"时，是对被保险人在保险合同订立前和订立时的保证，即只有被保险人在订立合同前和订立合同时是健康的，合同才能成立。至于将来被保险人在保险有效期内生病，甚至死亡，并不破坏保证，却可能正是保险人给予保障的责任。如果投保人或被保险人"身体健康"保证不真实，如被保险人患有先天性心脏病但却说身体健康，保险人有权解除合同，并不予承担责任。

（四）保险人"弃权和禁止反言"的特殊性

 **导入案例**

被保险人刘某被确诊为"肺间质疾病、硬皮病"进行过住院医治，出院后不久便与某保险公司签订两份康宁终身险。在订立保险合同时，刘某对投保单中"近5年内是否曾住院治疗"的回答为否，而保险代理人对刘某明显的颜面浮肿、气喘等病态亦未作任何查问，正常办理了承保手续。刘某因"肺间质疾病、硬皮病"去世后，受益人索赔时被保险公司以未如实告知为由拒赔，遂诉至法院。本案中，保险代理人基于其特定身份，其所知悉的事实视为保险人知悉，应认定为保险人在订立合同时已经知道投保人未如实告知，发生弃权，此后不得以此解除合同；发生保险事故的应承担赔付保险金责任。再如，某单位为职工投保团体健康保险，在提交的被保险人名单上，已注明某被保险人曾患肝癌，但保险人因疏忽办理了承保手续，签发了保单。保险期间如果该被保险人因肝癌死亡，保险人不得因该被保险人不符合投保条件而拒付保险金。

弃权和禁止反言是指保险人一旦放弃因投保人或被保险人违反告知义务或保证条款而产生的解约权或抗辩权，则不得重新主张该项权利。在健康保险中，某些保险代理人可能会出于业绩考虑，对投保人进行误导，从而使投保人没有很好地履行如实告知义务；或者保险代理人没有将被保险人的真实情况通知保险人，保险人与投保人签订了合同。但保险代理人的知情视为保险人的知情。这些情况均可认为保险人在保险合同订立时已知悉投保人未如实告知但仍予承保,构成了弃权,保险公司不能以投保人未履行如实告知义务而拒赔。

 **案例研讨**

投保人谢某,男,1975年1月12日生,分别于2015年2月和6月为自己投保《康乐人生个人重大疾病保险(A款)》和《守护专家住院费用(推广版)个人医疗保险》两款保险产品,重疾保额10万元,住院费用为一档,投保时职业类别为一类(服装厂管理人员)。

2015年10月25日,被保险人谢某因右踝关节肿痛伴血肌酐升高20余天,入南京某肾科医院住院治疗,住院诊断为慢性肾脏病3期、肾性高血压、痛风和慢性胃炎。经对症治疗后情况好转,于2015年11月2日出院,2015年11月11日谢某向保险公司提出索赔,并递交就诊发票(金额9975.78元)、门诊病历、住院明细费用清单、疾病诊断证明等。

保险公司在审核材料后发现疑点:一是被保险人所患疾病属慢性病,有无既往病史?二是被保险人出险时间与生效时间较近,购买健康保险产品的动机为何?

于是,理赔人员进行了如下调查:核实案件详细情况、时间及过程;被保险人病案资料的真实性、有效性;被保险人有无既往病史;被保险人出险有无过疾病等待期。

2015年12月7日,保险公司理赔人员打电话给客户本人,向其询问案件具体情况。经了解,被保险人为A县人,在北京做生意,A县、北京两地居住。2015年10月因感到右踝关节肿胀明显,在北京某风湿病中心医院就诊治疗痛风,经检查发现一些指标不正常,当时医生建议去查肾科。被保险人便来到南京A肾科医院,该院建议其住院治疗,入院诊断为"慢性肾脏病3期、肾性高血压、痛风、慢性胃炎",经治疗于2015年11月2日出院。2015年12月11日,公司理赔人员前往A县人民医院、A县中医院,并未查到谢某的就诊住院记录,在A县医保中心、A县新农合也未查到其有过既往病史报销记录,后该调查人员前往南京A肾科医院提取出相关住院病案材料(入院记录、病案首页、超声检查报告单),并从中得知:出险人谢某"高血压病史4年,有痛风史,有慢性胃炎,自述胃镜检查显示幽门螺旋杆菌阳性,伴有胃黏膜糜烂"。从公司核心业务系统内调取被保险人相关的信息显示:谢某在2015年2月和6月投保了《康乐人生个人重大疾病保险(A款)》和《守护专家住院费用个人医疗保险》两款保险产品,其生效日期分别为2015年2月17日和2015年6月19日,此次出险已过了90天的观察期。但根据医院调查内容,并核实投保人在投保单中的如实告知栏第15项的回答为"否",可以确定被保险人在购买保险时,未明确、如实告知自身身体健康状况,隐瞒了既往病史,属于带病投保。根据《保险法》第十六条"订立保险合同,保险人就保险标的或者被保险人的有关情况提出询问的,投保人应当如实告知""投保人故意或者因重大过失未履行前款规定的如实告知义务,足以影响保险人决定是否同意承保或者提高保险费率的,保险人有权解除合同"和"投保人故意不履行如实告知义务的,保险人对于合同解除前发生的保险事故,不承担赔偿或者给付保险金的责任"之相关规定,保险公司进行了拒赔,并向客户出具了《理赔结果通知书》,说明了拒赔的理由。同时，公司与谢某解除其投保的两款健康险合同，退还投保人所交保费合计7078.14元。

任务三 认识近因原则

一、解读近因原则

近因原则是保险人用以判断是否要进行赔付时所依据的原则。当保险标的因事故而致损害时，被保险人或受益人能否获得赔偿或给付，取决于造成保险标的损害的近因是否属于保险责任。若属于保险责任，保险人必须承担赔偿或给付保险金的责任；若不属于保险责任，保险人可以拒绝承担赔付责任。即保险赔偿与给付的先决条件是，造成保险标的损害后果的近因必须是保险责任事故。但在保险实践中，造成保险标的损害的原因经常是错综复杂的，有时是连续发生，有时是同时发生，而且这些原因有的属于保险责任，有的是除外责任。对这类因果关系比较复杂的赔案，保险人应以近因原则作为依据来判断和处理。同时，由于保险标的致损情形的多样性且相对复杂，包括单一原因致损、多种原因同时致损、多种原因连续发生致损和多种原因间断发生致损等多种情况，对于近因的判定及运用应根据具体情况进行具体分析。如果是多种原因连续发生致损则以最先发生的事故作为近因；如果是多种原因间断发生致损则以新介入的因素作为近因。

二、近因原则在健康保险实务中的应用

健康保险承保内容广泛，保险事故包括疾病和意外伤害，保障责任涵盖医疗费用、收入损失、护理费用和重疾给付等多项内容。对疾病而言，疾病本身具有多样性和复杂性，影响疾病的因素及引发疾病的原因更是纷繁复杂且难以准确判断。而在意外伤害的情形下，可能从意外伤害事故发生到最终被保险人受到伤害的过程也是复杂多变的。这样，判定意外伤害事故是否是伤害后果近因时也不能简单地二者择一或多者择一，而要根据行为或灾害所造成人身伤害的各个原因及其作用的程度来判断。因此，近因原则在健康保险实务中的运用也与其他险种有所不同。

（一）疾病致损时依据健康保险的"疾病"条件判断

健康保险所承保的疾病不同于医学领域的疾病概念，或者说健康保险并不是对所有的疾病都予以承保的。因此，当被保险人因疾病而发生医疗费用支出，或者因病致残失能而遭受收入损失时，保险人是否负责赔偿要依据被保险人所患疾病是否符合健康保险中的"疾病"条件而定。健康保险中的疾病条件有三点：一是非外来的，必须是被保险人身体内生的；二是非先天性的，必须是后天发生的；三是非长存的，必须是偶然发生的。符合疾病条件的保险人负责赔偿，对于不符合疾病条件的，保险人就无须承担责任。

(二) 意外伤害致损时依据意外伤害的条件及意外事故的可保与否判断

当被保险人因意外伤害事故造成医疗费用支出或收入损失时，保险人赔偿与否的判断标准包括两个方面。一是意外伤害是否符合"意外"和"伤害"的条件和要素。"意外"，指侵害的发生是人们事先没有预见到，或违背人们的主观意愿，需满足外来的、突然的、非本意三个条件；伤害，指外来致害物使人的身体受到侵害的客观事实，由致害物、侵害对象、侵害事实三个要素构成，缺一不可。二是意外伤害事故是否可保。通常情况下，意外伤害保险条款中将被保险人在犯罪活动、寻衅殴斗酒醉、吸食（或注射）毒品后、自加伤害和自杀行为等造成的意外伤害列为不可保意外伤害；将从事登山、跳伞、滑雪、赛车、拳击、江河漂流等剧烈的体育活动或比赛以及核辐射、医疗事故等造成的意外伤害等列为特约保意外伤害；剔除不可保意外伤害、特约保意外伤害，其他属于一般可保意外伤害。只有符合意外伤害的条件且是可保意外伤害造成的损失，保险人才负责赔偿。如果是特约保意外伤害，经过投保人与保险人特别约定保险人才予以承保的，出险时保险人也负责赔付。

(三) 疾病和意外伤害并存时主要依据贡献大小判断

有些情况下，致损原因既有疾病也有意外伤害就需要同时运用疾病条件、意外伤害条件和可保与否来判断。例如：一个患有某种疾病的人在意外交通事故后受伤致残，就不能简单地判定完全由意外事故致残或与意外事故无关，而应该依据意外事故和疾病在致残过程中的作用大小或占的比例（确定事故的参与度）确定保险人应负责任的程度及赔偿比例。如果符合疾病条件而不符合意外伤害条件，保险人按比例负责因疾病造成的损失；相应的，如果不符合疾病条件而符合意外伤害条件，保险人则按比例负责因意外伤害造成的损失；如果同时符合疾病及意外伤害条件，保险人赔偿所有损失。

任务四 认识损失补偿原则

 **导入案例**

黄女士于 2018 年为自己投保了一份住院医疗保险，交费 15 年，保额为 10 万元，保险期限至被保险人 70 周岁。2021 年的一天，黄女士突然出现胸骨的闷胀感和压榨感，并且还伴随着明显的焦虑。刚开始黄女士还以为没有什么大事，可接连两三天都出现这样的症状，便到医院做了一个检查，被发现得了冠心病，于是黄女士开始住院治疗，共花费 25000 元的医药费。

黄女士自己对照保险条款算了一下，觉得自己应得到保险公司 17780 元的赔付。但是，由于她从社保中报销了 18800 元的医药费，保险公司最后赔付她实际费用与报销费用的差额部分，共计 6200 元。

这让黄女士很不解，经过沟通，她才知道，商业医疗保险分为费用型和补贴型两种。

一、解读损失补偿原则

损失补偿原则是指在补偿性保险合同中，保险标的遭受保险责任范围内的损失时，被保险人从保险人处获得的经济补偿金额不能超过其实际损失。即保险人的赔偿只能使被保险人在经济上恢复到受损前的状态，而不能通过赔付获得额外利益。保险人确定赔偿金额时要考虑保险金额、保险利益和实际损失等因素。

损失补偿原则有两个派生原则：代位原则和分摊原则。

（1）代位原则，是指在补偿性保险中，保险标的发生保险事故造成推定全损，或者保险标的由于第三者责任导致保险损失，保险人按照保险合同的约定履行赔偿责任后，依法取得对保险标的的所有权或对保险标的损失负有责任的第三者的追偿权。

（2）分摊原则，是在重复保险的情况下，当保险事故发生时，各保险人应采取适当的分摊方法分配赔偿责任，使被保险人既能得到充分的补偿，又不致获得额外利益。保险人可以采取比例责任方式、限额责任方式或顺序责任方式来分摊损失责任。

二、掌握损失补偿原则在健康保险实务中的应用

损失补偿原则是针对补偿性保险合同而规定的在理赔时应遵循的规则，不适用于给付性合同。人身保险是给付性保险，出险时通常按照合同约定的保险金额给付保险金。但健康保险是人身保险中的例外，健康保险中的医疗保险、收入损失保险和长期护理保险合同是补偿性合同，只有疾病保险合同是给付性合同。因而，损失补偿原则对健康保险不具有普遍适用性，只适用于具有补偿性的健康保险合同，不适用于疾病保险合同。其在健康保险中的特殊性主要表现在以下几个方面：

（一）保险人的赔偿以被保险人的医疗费用或收入损失为限

在补偿性健康保险中，保险人的赔偿要以被保险人因疾病或意外伤害而造成的医疗费用支出或收入损失作为赔偿的最高数额。实践中，对医疗费用的赔偿通常要规定绝对免赔额、给付比例和给付限额，保险人对超过免赔额以上的医疗费用按规定的比例给付，不超过给付限额。对收入损失的赔偿规定等待期、按伤残程度规定给付比例并不超过合同约定的给付金额。

（二）保险人对第三者责任造成的医疗费用或收入损失可以行使代位追偿权

补偿性健康保险合同中，如果是由于第三者责任造成被保险人支付了医疗费用或遭受了收入损失，对属于保险责任的，保险公司在对被保险人赔偿后，可以依法行使代位追偿权，向责任方追偿。否则，被保险人可能会获得双重赔偿而取得额外利益，或者使责任方逃脱法律责任。我国《保险法》仅对人身保险第三者责任的处理进行了笼统的规定，并没有对健康保险的第三者责任应如何处理加以明确。《保险法》第四十六条规定："被保险人因第三者的行为而发生死亡、伤残或者疾病等保险事故的，保险人向被保险人或者受益人给付保险金后，不享有向第三者追偿的权利，但被保险人或者受益人

仍有权向第三者请求赔偿。"在保险实务中,为了避免与被保险方就《保险法》第四十六条的规定引起争议,通常在保险合同条款中就第三者责任的追偿加以约定和说明。

(三) 重复保险情况下保险人可以比例分摊医疗费用或收入损失

如果被保险人同时拥有两份以上的补偿性健康保险合同,这构成了重复保险。但出险时被保险人并不能获得多重补偿,而是由保险人按照各自保险金额占保险金额总和的比例来分摊医疗费用或收入损失。

(四) 损失补偿原则不适用于具有给付性的疾病保险

疾病保险具有给付性,当被保险人被确诊罹患合同中约定的某种疾病时,保险人按合同约定的保险金额给付保险金,而不受实际支付的医疗费用和收入损失多少的限制。如果由于第三者责任造成被保险人罹患合同中约定的某种疾病时,保险人在给付后不能向责任方追偿,即被保险人可以同时拥有保险人给付的保险金和责任方的赔偿。同样,当被保险人同时拥有多份疾病保险合同时,出险后可以获得多重给付。

延伸阅读

社保和商业医疗保险的作用

社保。是我们最基本的社会医疗保险,它可以保障我们在看病住院的时候报销部分费用,减轻我们的经济负担。如今,我们有了社保,你还有必要购买商业保险来作为额外补充吗?

目前,我国的社会医疗保障仍然处于成长状态,其中很多保障还很不完善,而且社保是面对全国人民的,要根据国情去制定规则。面对越来越严重的环境污染,我们的身体健康受到了前所未有的威胁,所以购买商业医疗保险作为补充是很有必要的。

商业医疗保险是健康保险的主要内容之一,它是以保险合同规定的相关条款,为被保险人接受诊疗期间的医疗费用支出提供保障的保险。相对社保,社会医疗保险有什么作用呢?

(1) 社保目录外用药(社保目录内的药品仅占总药品的1.4%);
(2) 异地理赔;
(3) 高额医疗费用;
(4) 昂贵医院预约、导诊等特殊服务,寻求更高的医疗品质。

因为重大疾病的治疗会产生两种费用:直接医疗费用和间接费用(包括护理费、营养费、康复费、收入损失费用等),社保只能报销部分直接医疗费用,社保医疗中很多检查费是不报的(如核磁共振、伽玛刀等)。面对重大疾病,因为我国的医疗水平比较低,很多好的药品都是进口,这也是社保不能报销的范围,另外有些属于专家诊疗、高新尖诊疗技术,社保也是不报的。

一个人生病,特别是作为一个家庭经济来源的支柱,这不仅会带来医疗费用的经济负担,也会影响整个家庭的收入来源。一个家庭的经济只有出没有进,这是很可怕的事情,如果您购买了商业医疗保险至少可以减少医疗费用的支出,还能有一笔额外的赔偿。

资料来源:http://www.cignacmb.com/baoxianzhishi/yilian/20170714015.html

一、单选题

1. A 学校于 2020.1.1 至 2020.12.31 在 B 公司投保学平险（承保疾病责任），次年转投我司学平险（承保疾病责任），保险期限 2021.1.1 至 2021.12.31，投保时未约定既往史、免责期等问题。学生 C 连续两年都在承保人员清单中，于 2021.4.1 因胆囊炎住院，出院后提交理赔申请，住院病历提示：胆囊炎反复发作 1 年，未正规治疗。下列说法正确的是（　　）。

A. 同业转续，可追溯到同业承保日期。那学生 C 于 2021.4.1 的住院事故应该是负赔偿责任的

B. 可以不负赔偿责任

C. 事故发生的时间应属我司承保范围外

D. 按病历记载的时间推断，胆囊炎发作时间在 B 公司承保期限内

2. 投保人故意或者因重大过失未履行前款规定的如实告知义务，足以影响保险人决定是否同意承保或者提高保险费率的，保险人有权解除合同。自保险人知道有解除事由之日起，超过（　　）不行使而消灭。

A. 2 年　　　　B. 30 日　　　　C. 20 日　　　　D. 10 日

3. 有关食物中毒说法错误的是（　　）。

A. 被保险人因食物中毒导致的保险事故，属于意外伤害保险责任

B. 食物中毒是指有卫生监管部门出具的食物中毒事故证明，或有救治医院诊断证明属于食物中毒的事故

C. 一次急性肠胃不适人数达到 5 人（含）以上、症状体征相同、医院诊断相同、治疗手段相同，且没有证据表明为个人原因造成的人身伤害事件

D. 在保险期间内，被保险人食用引发食物中毒的食物，且自食用引发食物中毒的食物之时起至保险期间结束后 4 小时之内出现食物中毒反应的，保险人承担相应的保险责任

二、多选题

1. 以下不可以解除合同的情况有（　　）。

A. 刘某患有某种疾病的情况下，仍然于 2017 年 5 投保，2020 年 1 月保险公司发现其带病投保，立即解除合同

B. 2018 年 5 月马某带病投保，2019 年 7 月保险公司发现其隐瞒病情，立即解除合同

C. 2009 年 11 月高某带病投保，2010 年 7 月保险公司发现其隐瞒病情，2011 年 4 月解除合同

D. 2011年12月顾某带病投保，2016年5月保险公司发现其隐瞒病情，立即解除合同

2. 以下有关医疗费用报销型的保险理赔给付说法正确的有（　　）。

A. 补偿型保险给付

B. 如被保险人在申请理赔前，已在单位或其他保险公司报销了部分医疗费用，那么，这部分已经赔付过的费用是不再承担责任的

C. 定额给付型

D. 如被保险人在申请理赔前，已在单位或其他保险公司报销了部分医疗费用，这部分已经赔付过的费用仍然会给付

三、判断题

疾病保险、医疗保险、护理保险产品的等待期不得超过30天。（　　）

四、问题讨论

1. 概述保险利益原则在健康保险实务中的应用。
2. 概述近因原则在健康保险实务中的应用。

五、实训练习

1. 案例分析：2021年7月，王某以儿子小王为被保险人投保了一份意外伤害附加医疗保险，保险期限皆为1年，该附加医疗险除外责任包括被保险人因疾病所支出的医疗、医药费；装配假眼、假牙、假肢等费用。半年后，小王在体育课打篮球时与同学猛烈撞击，磕掉两颗门牙，在最近的医院急诊处理。在行止血、创口缝合等处理后回校。一周后，小王再次去该院进行假牙安装。在医疗过程中，牙医发现小王还有两颗龋齿，于是一并予以处理。手术结束后，小王持相关医疗材料向保险公司提出索赔，要求赔付所有医疗费用。

2. 案例分析：2018年8月，刘先生向某人寿保险公司投保了一份重大疾病险，保险金为10万元。填写投保单时，刘先生没有在该投保单上的告知事项中表明自己有既往疾病，8月底，保险公司签发了保险单。

2021年10月，刘先生因尿毒症晚期住院治疗，2022年1月，经医治无效死亡。

2022年3月，受益人提出理赔。保险公司在理赔查勘的过程中发现，刘先生在2014年曾因肾病做过检查。于是，保险公司以刘先生在投保时未告知既往肾病病情，没有履行如实告知义务、带病投保为由拒赔，并解除合同。刘先生家人起诉保险公司，要求法院判决其支付保险金10万元。这起案件法院应如何处理呢？

项目小结

保险四大基本原则是保险利益原则、最大诚信原则、近因原则和损失补偿原则，是所有保险业务经营过程中都必须遵循的准则和要求。

保险利益原则是在签订和履行保险合同过程中，投保人或被保险人对

保险标的必须具有保险利益，否则合同无效。即使订立了保险合同，保险人也有权解除合同或拒绝承担经济赔偿责任。保险利益的判断标准很特殊，对投保时的保险利益要求不同，保险利益价值的确定依据不同。

诚信原则是人们从事任何民事、商事活动都应遵循的基本原则，最大诚信原则的内容包括告知、保证、弃权与禁止反言。投保告知的特殊要求——需详细告知被保险人健康、年龄等信息；保险人承保说明的特殊性——对合同条款做明确说明；投保人的健康保证的特殊性——确认保证且必须是真实的；保险人"弃权和禁止反言"的特殊性。

近因原则是保险人用以判断是否要进行赔付时所依据的原则。当保险标的因事故而致损害时，被保险人或受益人能否获得赔偿或给付，取决于造成保险标的损害的近因是否属于保险责任。若属于保险责任，保险人必须承担赔偿或给付保险金的责任；若不属于保险责任，保险人可以拒绝承担赔付责任。

损失补偿原则是指在补偿性保险合同中，保险标的遭受保险责任范围内的损失时，被保险人从保险人处获得的经济补偿金额不能超过其实际损失。即保险人的赔偿只能使被保险人在经济上恢复到受损前的状态，而不能通过赔付获得额外利益。保险人确定赔偿金额时要考虑保险金额、保险利益和实际损失等因素。

项目五
健康保险产品

 **学习目标**

知识学习目标：
☐ 了解健康保险产品体系
☐ 掌握医疗保险产品概念、特点、分类
☐ 掌握疾病保险产品概念、特点、分类
☐ 了解长期护理保险产品概念、特点、分类
☐ 了解失能收入损失保险产品概念、特点、分类
☐ 了解医疗意外保险产品概念、特点

技能训练目标：
☐ 能够进行不同类型保险产品条款解读
☐ 能够进行健康保险产品规划

 工作任务

1. 解读健康保险产品条款
2. 规划健康保险产品需求

 **导入案例**

李先生，30岁，白领，基本保险金额：10万元；月交保费：342.72元；交费期：15年；保险期间：至被保险人70周岁后的首个保单周年日。

● 每日住院津贴

给付金额：200元/天。

保障条件：每年累计赔付最高180天。

● 重大疾病住院津贴

给付金额：额外赔付200元/天，即400元/天保障条件：每年累计赔付最高90天。

● 住院手术津贴

给付金额：

如李先生入院需要扁桃腺摘除手术可得 2000 元补贴。

保障条件：

住院手术津贴等于《住院手术津贴给付比例表》中列明的该手术项目给付比例乘以本附加合同基本保险金额的 20%。累计赔付最高 2 万元。

● 重大疾病豁免保费

给付金额：免交剩余保费，保单利益不变 2000 元补贴保障条件：因意外或等待期后首次确诊为合同保障的 65 种重疾。

● 满期保险金

给付金额：100% 已交保费。

保障条件：如保险期满（即 70 周岁保单周年日）李先生仍健在，除享受完所有住院津贴，还可拿回全额已交保费。

● 身故保险金

给付金额：100% 已交保费。

保障条件：若保障期内李先生身故，可拿回全额已交保费。

《××××附加乐康无忧长期住院津贴医疗保险》等待期为 180 天。

试分析该款产品是健康保险中的哪一种？

随着我国社会保障制度改革的不断完善和深化，商业健康保险在健全我国多层次医疗保障体系，满足人民群众日益增长的健康保障需求等方面发挥着越来越重要的作用。本项目主要介绍健康保险产品体系，并解读医疗保险、疾病保险、失能收入损失保险和长期护理保险医疗意外保险五大类商业健康保险具体产品，把脉健康保险产品发展趋势。

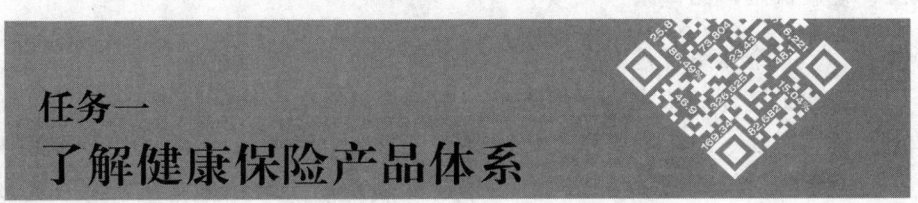

任务一　了解健康保险产品体系

一、健康保险产品及特征

保险产品在狭义上是指由保险公司创造、可供客户选择在保险市场进行交易的金融工具；在广义上是指保险公司向市场提供并可由客户取得、利用或消费的一切产品和服务，都属于保险产品服务的范畴。从营销学的角度讲，保险产品包括保险合同和相关服务的全过程。

健康保险产品可以被定义为由保险人提供给保险市场的，能够引起人们注意、购买，从而帮助消费者减少和转移健康风险，必要时能得到一定的经济补偿的承诺性的合同与服务的组合。

健康保险产品是以人的身体或健康为保险标的，当被保险人因疾病或意外伤害事故造成医疗费用支出或收入损失时，由保险人负责补偿的一种人身保险产品，要能够流通，必须具备产品属性，既有一般产品的共性，又有其特殊性。虽然都是人身保险产品，但是与寿险产品不同，基于医疗费用支出或者收入损失补偿的理念，健康保险产品的合同性质应为补偿性保险合同，但是前面也分析过，部分健康保险产品的赔偿金额与实际支出的费用无关，是给付型的产品。

由于影响人体健康的因素多而复杂，健康保险产品的研发和设计不仅要考虑疾病的发生率、疾病持续时间、残疾发生率、死亡率、续保率、附加费用、利率等因素，还要考虑保险公司展业方式、承保理赔管理、公司主要目标以及道德风险、逆选择等因素。因此，健康保险产品的技术含量和专业化程度普遍较高。

二、健康保险产品分类

我们在项目二中对健康保险做了分类，在此进一步解读。按保障内容划分，健康保险产品可以分为医疗保险产品、疾病保险产品、失能收入损失保险产品、长期护理保险产品、医疗意外险产品等。

按照投保方式划分，健康保险产品分为个人健康保险产品和团体健康保险产品。按承保标准划分，健康保险产品可以划分为标准体健康保险产品、次标准体健康保险产品和特殊疾病健康保险产品。

按保险期限划分，健康保险产品可分为短期健康保险产品和长期健康保险产品。按照保险金给付方式划分，健康保险产品分为定额给付型保险产品、实报实销型保险产品和津贴给付型保险产品。

按续保条件划分，健康保险产品可以分为保证续保健康保险产品、条件性续保健康保险产品和不可续保健康保险产品。

三、健康保险产品体系

一个体系就是由多个有着内在联系的子系统通过某种方式组合起来的一个整体。体系除了这种机械式的硬件组合，里面还包括很多软件驱动，这些软件就是体系里面的规律、习惯、规章制度和文化等要素，使这个体系从简单的排序组合中发挥更大的作用，有了相对统一的运作方式和方向。因为产品不只是满足客户需求，还要满足公司、队伍、监管、合作与竞争等多方面的需求，它是公司价值、队伍价值、客户价值三者的统一。因此，健康保险产品体系有狭义和广义之分。狭义的健康保险产品体系，是指由各种不同种类、不同功能的在销售的健康保险产品构建的总体；广义的健康保险产品体系是指由各种不同种类、不同功能的在销售的健康保险产品及一系列和产品有关的制度、规则、文化等要素所构建的总体。

健康保险产品体系主要包含医疗保险、疾病保险、失能收入损失保险、长期护理保险、医疗意外险五大类产品，保险公司在综合考虑消费者保障需求、投资理财需求、教育养老需求，不断创新研发、分类组合，使健康保险产品体系覆盖了数以千计的类别。

任务二 掌握医疗保险产品

一、熟悉医疗保险产品

(一)概念

医疗保险产品(Medial insurance),又称医疗费用保险产品,是一种旨在通过订立商业保险合同对被保险人因疾病或意外事故所致伤害时发生的医疗费用进行报销或补偿的保险产品。

(二)特点

1. 无须指定受益人

医疗保险产品是为被保险人提供医疗费用的保险,基本以被保险人的存在为条件,受益人与被保险人一致,故无须指定受益人。

2. 所覆盖的风险具有复杂性

造成被保险人医疗行为的因素包括疾病及意外事故,随着人类生存环境的变化,意外事故和疾病的发生率日益增加,治疗费用支出不断增加,且种类繁多,加之对意外事故和疾病的预测困难,这些都影响到保险金额和费率的计算,所以保险公司设计和研发的医疗保险产品覆盖的风险复杂多变。

3. 多为短期性产品

实务中的定期型医疗保产品的保险期限一般为5年、10年和20年,大多医疗保险产品及附加型医疗保险产品的保险期限多为1年。购买定期产品,保费不会随着投保者年龄增长和身体状况变化而增加,也不存在中途保险公司提高保费或拒保现象。不过由于期限较长,投保人也就失去了可选择的灵活性,且所需支付的保费也高些。1年期的产品对投保人而言,可灵活选择投保时间,有较高的财务自由度,而且合同往往有保证续保条款,但续保时往往有比较严格的规定。例如,对年龄超过40岁的投保人,体检标准会更为严格,而对于超过50岁的投保人几乎都要求体检。因此,被保险人在年轻时由于身体健康几乎都可续保,但对中老年人尤其对于多次发病并有理赔记录者,保险公司有可能拒绝续保,或者增加保费。

4. 产品设计有年龄限制与分档要求

由于年龄的不同,各种疾病的发病率也就不同,从而造成不同的承保条件与保费厘定,所以医疗保险具有严格的投保年龄限制。而且,医疗保险还具有年龄分档的要求,保险实务中,同一款医疗保险产品,会被分为少儿险和老年险,在各自险别下还有更加细致的年龄划分。

5. 一般只覆盖医疗支出的直接费用

对于类似误工费、营养费等间接医疗费用支出,保险公司一般不承担赔付责任。所以，为了明确保险公司的赔偿责任、避免发生纠纷，通常会在保险合同中详细列明保险公司的保险责任。当然。医疗保险合同相对灵活，对于保险双方事先约定的间接费用的赔偿，可以附加条款的方式列明。

6. 费用类产品适用"损失补偿原则"

医疗保险产品的这一特征类似财产保险，最重要的是对于被保险人的医疗费用支出给予补偿，减少损失，避免被保险人从保险合同中获得额外收益，所以当被保险人的医疗费用从其他途径获得补偿时，保险公司不需对已获得补偿部分进行赔付。

7. 理赔程序相对复杂

由于医疗保险遵循"损失补偿原则"，所以合同中明确规定理赔时必须提供就医期间各项开支的原始发票或分割单，保险公司需要对各项开支的真实性以及是否符合赔偿条件进行审核。

二、医疗保险产品的基本分类

（一）根据承保人的不同，医疗保险产品可分为社保医保产品和商业医疗保险产品

（1）社保医保产品是由政府通过国家立法强制实施，当居民发生医疗支出时，为其提供基础性的经济补偿的法定保障制度，是国家为其居民提供的一项福利。

（2）商业医疗保险产品是由商业保险公司提供的保险产品，用人单位或者个人，出于自身的意愿与保险公司签订的医疗保险合同，当被保险人发生医疗费用支出时，保险公司给予一定的补偿。

 扩展阅读

商业医疗保险和社会医疗保险的区别

社会医疗保险是竞争社会的"避风港"，能为劳动者提供最"基本"的医疗保障，但保障程度有限。而商业保险也是社会保障的一部分，投保人可以根据投保险种享受到不同保额的保费。两者相比各有其优势，也各有其不足。在办理了社会统筹医疗保险后，可另行购买部分商业保险作为补充，是最佳的选择。当然，这取决于个人能力。对于那些从事危险性相对较高职业的人来说，选择合适的商业医疗保险是至关重要的，因为这是一种行之有效的转嫁风险的方法。

1. 两者的属性不同

社会医疗保险是国家根据《宪法》规定，是国家或地方通过立法强制执行的，是一种社会保障制度，以促进全民健康保障；商业医疗保险是由保险人以及投保人签订保险合同，保险公司是以营利为目的，被保险人自愿购买的产品。

2. 两者的保障程度不同

社会医疗保险是基础保障，一般是保而不包，其次保障内容以及报销存在一定的局限性，以维护社会为基础的；商业医疗保险保障内容十分全面，弥补了社保的不足，进口药获得一些特殊药品都可以进行报销，且商业医疗保险产品一般交保费越多，获得的保障也越多，体现权利和义务对等的原则。

3. 两者的作用不一样

社会医疗保险主要是提供居民基础的健康呵护，维护社会稳定，是建设健康中国和和谐社会的指标之一，其保障水平是有限的，当市民有极大的疾病风险时就得不到充分的保障；而商业医疗保险是社会医疗保险的一个必要的补充，可以弥补不足，满足了许多人群的额外保障需求，进一步解决了人们看病难。看病贵等问题。

（二）按照给付方式的不同，医疗保险产品可以分为费用报销型医疗保险产品、津贴型医疗保险产品（定额给付型医疗保险产品）

（1）医疗保险原则上应适用"损失补偿原则"，即根据被保险人的实际医疗费用进行赔付，但是实务中医疗保险给付有两种方式：费用报销型、津贴型（定额给付型）。费用报销型医疗保险产品，又被称为费用补贴型医疗保险产品，是指保险公司根据被保险人的实际医疗费用，按照合同约定的比例报销的保险产品，若被保险人通过其他途径获得部分医疗费用的补偿，则保险公司只需补偿差额部分。津贴型医疗保险产品，属于定额给付型医疗保险产品，一般见于住院医疗保险，这种医疗保险产品与实际发生的医疗费用无关，理赔时无须提供发票，保险公司按照合同规定的补贴标准，向被保险人按次、按日或按项目支付保险金的医疗保险。无论得了什么病，在治疗中花了多少钱，赔付标准不变。

（2）津贴型医疗保险产品通常依据就医天数给付津贴，可在多家保险公司投保、可获得多份理赔金，存在较高保险欺诈的风险，适合因小病有住院治疗需求的人，住院天数越多得到的津贴给付越多，与医疗费用无关；费用型医疗险则是根据医疗费用总额赔付，无论购买多少份保险，投保人获得的赔付总额不能超过真实付出的医疗费用。费用型保险的目的是补偿保险消费者的医疗费用支出，理赔时需要客户出具门诊或住院发票，理赔的范围将依据与保险公司所签订的保险合同来确定。

 案例研讨

2020年初，周女士为自己的双胞胎女儿各投保1份某寿险公司的津贴型住院医疗保险，条款约定住院给付津贴每次300元。2020年8月，双胞胎女儿因病住院，大女儿住院5天用去医疗费用694.02元，小女儿住院13天用去医疗费用1676.48元，共计2370元。周女士将所有理赔需要的资料交至寿险公司，最终却只获得共计600元的住院医疗津贴。

（三）根据承保内容的不同，医疗保险产品可以分为基本医疗保险产品、高额医疗保险产品、特种医疗保险产品

基本医疗保险产品，对保险范围内的各种医疗费用进行分项赔付，常见的基本医疗保险产品包括门诊医疗保险产品、住院医疗保险产品、手术医疗保险产品和综合医疗保险产品。其中，综合医疗保险产品可作为独立保险，而门诊、住院、手术医疗保险若只保障其中一项，多附加在其他保险产品中。

高额医疗保险产品，又称大额医疗保险产品。顾名思义，高额医疗保险产品能为被保险人提供较高额度的医疗费用的补偿。在社保医保体系中，它可覆盖基本医疗保险限额以外的医疗费用、医疗服务费用以及预防保健费用等，我国称之为大病保险产品。目

前，除了基本医疗保险和大病保险之外，很多健康保险公司也都提供高额医疗保险产品，高额医疗保险允许被保险人到任何注册医疗机构接受治疗。

特种医疗保险产品，指对被保险人的特别医疗费用提供补偿的一种医疗保险产品，主要包括牙科费用医疗保险产品、眼科保健保险产品、生育保险产品等。这些保险所承保的范围是基本医疗保险和高额医疗保险的除外责任，在实务中，一般以附加险的形式存在。

三、医疗保险合同的主要内容及特殊规定

从营销学的角度讲，保险产品包括保险合同和相关服务的全过程。因此，保险合同的主要内容和规定是对一种保险产品的高度概括。广义的保险合同的内容，是指以保险合同双方权利义务关系为核心的全部事项，包括保险合同的主体、客体、权利义务及其他声明事项。狭义的保险合同的内容，是指保险合同当事人之间依法约定的权利和义务，表现为保险合同的条款和具体规定。保险合同中必须列明的保险条款及规定一般都包括：保险人的名称、住所；投保人的名称、住所以及人身保险的受益人的名称和住所；保险标的；保险责任和责任免除；保险价值；保险金额；保险期限及责任开始时间；等待期（观察期）、保险费、保险赔偿或者给付办法；违约责任和争议处理；订立合同的年、月、日等。这些条款和规定对健康保险合同也不例外，但是不同的健康保险产品，其合同的具体条款及规定还是有较大区别。

医疗保险合同中，保险标的是以被保险人的身体为标的，保险事故为意外事故或疾病，保险人的责任是对被保险人支出的医疗费用的补偿。而医疗费用支出种类繁多，医疗保险合同中会列明承保的项目，一般只对直接费用给予补偿，如门诊费、住院费、手术费、护理费、医疗设备费、床位费、检查检验费、救护车费、药品费用等，而对间接费用（膳食费等）视情况而定。随着医疗技术的进步和保险业风险管控能力的提升，商业医疗保险可以承保的费用支出项目也会越来越多。为了避免道德险和逆选择，保证医疗保险机制有效运行，合同中除了列明双方当事人关系人、保险标的等相关信息，以及保险期限、保险金额、保险责任、保险费及支付方式、争议处理等基本条款及内容外，医疗保险合同还有一些特别的规定。

（一）等待期（观察期、试保期）

医疗保险合同中通常会设有等待期条款，即医疗保险合同生效后的约定时期内（多为90天、180天）所发生的保障范围内的费用，保险公司无赔付责任。等待期的存在使得医疗保险的保险期限和责任期限并不一致。医疗保险合同设置等待期条款的目的在于防止被保险人带病投保，从而保障保险公司的权益，因意外伤害住院治疗无等待期。

（二）免责条款

免责条款是指保险合同中的除外责任，又称责任免除，它是为了避免保险人过度承担责任，以维护公平和最大诚信原则而对保险责任的限制。责任免除条款的内容一般都是以列举的方式在保险合同中注明。人身保险合同中的除外责任一般都有以下几条：
①投保人、受益人对被保险人的故意杀害、故意伤害；②被保险人故意自伤、故意犯罪或拒捕；③被保险人服用、吸食或注射毒品；④被保险人酒后驾驶、无合法有效驾

驶证驾驶,或驾驶无有效行驶证的机动车;⑤被保险人精神和行为障碍;⑥战争、军事冲突、暴乱或武装叛乱;⑦核爆炸、核辐射或核污染;⑧从事潜水、跳伞、攀岩、蹦极、驾驶滑翔机或滑翔伞、探险、摔跤、武术比赛、特技表演、赛马、赛车等高风险运动。

在医疗、疾病等健康保险中还有几个特殊的免责条款:①既往症,指被保险人在本附加险合同生效日之前已患的已知或应该知道的有关疾病或症状;②遗传性疾病,先天性畸形或染色体异常;③被保险人感染艾滋病病毒(HIV 呈阳性)或患艾滋病(AIDS);④不孕不育治疗、人工授精、怀孕、分娩(含难产)、流产、堕胎、节育(含绝育)、产前产后检查以及由以上原因引起的并发症;⑤疗养、矫形、视力矫正手术、美容、牙科保健及康复治疗、非意外事故所致整容手术。

(三)免赔额

免赔额指针对被保险人支出的一定限度内的医疗费用,保险公司无须承担赔偿责任。免赔额的部分通常设定为被保险人经济上可承受的、金额较低的医疗费用。这有两个方面的好处:一是降低了保险公司的理赔成本;二是减少了被保险人所需缴纳的保险费。医疗保险的免赔额一般采取绝对免赔额的赔款方式。

(四)比例给付(共保条款)

通常在费用报销类的医疗保险中,保险公司会对超出免赔额的部分按照约定比例给付保险金,意味着被保险人自己需要承担部分医疗费用。其目的是使被保险人加强费用控制意识,减少过度医疗消费。给付比例的确定一般有以下两种形式:

(1)固定比例,事先在合同中约定固定的报销比例,一般为80%,剩余的20%由被保险人自己负担;

(2)累进给付比例,即随着实际医疗费用支出的增大,保险人承担的比例累计递增,被保险人自付的比例累计递减。

(五)给付限额

由于被保险人患病概率差异很大,医疗费用支出的高低也相差很大,为了保障保险公司和广大被保险人的利益,一般对保险人医疗保险金的最高给付有限额规定,以控制总支出水平。实际医疗支出超过最高限额的部分,由被保险人自行承担。除此之外,医疗保险对单项医疗费用也规定了限额:①规定住院费用的给付限额,包括每天的给付限额和住院天数的限制;②规定外科手术费用限额;③规定门诊次数、每次门诊费用,以及一定时期内总的门诊费用限额;④规定各种疾病的给付限额。

(六)止损条款

止损条款在有些医疗保险合同中,该条款规定,当被保险人支付的免赔额和自担额达到规定额度以上时(通常为5000元),保险公司将补偿超过的其余部分。

(七)保证续保条款

医疗保险产品多为中短期产品,这样对被保险人来说无法获得连续的保障,同时不利于保险公司业务的稳定,所以很多医疗保险产品含有保证续保条款,即当医疗保险合同到期时,在满足一定条件的情况下,保险公司保证被保险人续保权利的一种规定。目前,实务中医疗保险的保证续保可分为以下三类:

(1) 首年保证续保。含有首年保证续保条款的保险产品,只要被保险人通过首年的投保审核,便可直接享有保证续保权。续保时,保险公司不会因为被保险人的健康状况发生变化而拒绝其继续投保,或者提高保险费,增加除外责任。比如人保健康的守护专家住院费用/住院定额个人医疗保险,就含有首年保证续保功能。首年保证续保条款对消费者最有利,但是含有首年保证续保功能的产品保费会较高。

(2) 准保证续保。少数公司推出了投保3年后可以申请保证续保的医疗保险,即消费者投保的前3年,保险公司年年核保,如果被保险人通过核保,便可在3年后申请每年保证续保。这样,保险公司可以避免道德风险,消费者也能获得长期、稳定的保障。但是,目前含有准保证续保功能的为住院补贴型保险产品,对消费者最有用的住院费用报销型保险产品还未出现。

(3) 每5年保证续保。目前,大部分医疗保险将保证续保期限设置为5年,即如果消费者连续投保(或续保)医疗保险产品满5年,经保险公司重新审核并同意继续承保,则保证续保期间再延续5年,每5年保证续保的医疗保险产品很多,相比之前年年需要核保的产品有优势,价格也优惠一些。

 产品示例

国寿如 E 康悦百万医疗保险(C 款)利益条款

保险责任

在本合同保险期间内,本公司承担以下保险责任:

一、一般医疗费用保险金

(一) 住院医疗 费用保险金	被保险人遭受意外伤害或在合同生效三十日(按本合同约定续保的,不受三十日的限制)后因疾病在二级以上(含二级)公立医院的普通部(不含特需、国际医疗部、外宾病房、干部病房、VIP 病房)或中国人寿认可的其他医疗机构住院治疗的,对于被保险人每次住院自住院之日起实际发生并支付的医疗必需且合理的合同约定的住院费用,中国人寿按照合同医疗费用保险金计算方法的约定给付住院医疗费用保险金。合同约定的住院费用,指被保险人在住院期间实际发生的药品费、住院手术费、床位费、膳食费和其他费用之和。
(二) 特殊门诊医疗 费用保险金	被保险人遭受意外伤害或在合同生效三十日(按本合同约定续保的,不受三十日的限制)后因疾病在二级以上(含二级)公立医院的普通部(不含特需和国际医疗部)或中国人寿认可的其他医疗机构以门诊方式接受恶性肿瘤放射治疗、恶性肿瘤静脉注射化学治疗、肿瘤免疫疗法、肿瘤内分泌疗法、肿瘤靶向疗法、血液透析、腹膜透析或肾移植后抗排异治疗,对其每次门诊实际发生并支付的医疗必需且合理的特殊门诊治疗费用,中国人寿按照合同医疗费用保险金计算方法的约定给付特殊门诊医疗费用保险金。
(三) 住院前后门(急)诊 医疗费用保险金	被保险人遭受意外伤害或在合同生效三十日(按本合同约定续保的,不受三十日的限制)后因疾病在二级以上(含二级)公立医院的普通部(不含特需和国际医疗部)或中国人寿认可的其他医疗机构住院治疗的,对于被保险人在与住院相同的医院因与该次住院相同的原因在该次住院前七日内(含住院当日)以及出院后七日内(含出院当日)所实际发生并支付的医疗必需且合理的门(急)诊治疗费用,中国人寿按照合同医疗费用保险金计算方法的约定给付住院前后门(急)诊医疗费用保险金。
(四) 门诊手术医疗 费用保险金	被保险人遭受意外伤害或在合同生效三十日(按本合同约定续保的,不受三十日的限制)后因疾病在二级以上(含二级)公立医院的普通部(不含特需和国际医疗部)或中国人寿认可的其他医疗机构接受门诊手术治疗的,对于被保险人每次门诊手术实际发生并支付的医疗必需且合理的门诊手术医疗费用,中国人寿按照合同医疗费用保险金计算方法的约定给付门诊手术医疗费用保险金。

每一保单年度内，本公司对被保险人一次或累计给付的住院医疗费用保险金、特殊门诊医疗费用保险金、住院前后门（急）诊医疗费用保险金与门诊手术医疗费用保险金之和以一般医疗费用年限额为限。

二、恶性肿瘤医疗费用保险金

被保险人在合同生效三十日（按本合同约定续保的 不受三十日的限制）后因初次（按本合同约定续保的 不受初次的影响）确诊罹患恶性肿瘤，在医院接受治疗的，本公司首先按照本条第一款约定给付一般医疗费用保险金，当本公司累计给付医疗费用保险金达到一般医疗费用年限额后，本公司按下列约定给付恶性肿瘤医疗费用保险金：

（一）恶性肿瘤住院医疗费用保险金	被保险人因罹患恶性肿瘤在二级以上（含二级）公立医院的普通部（不含特需、国际医疗部、外宾病房、干部病房、VIP 病房）或本公司认可的其他医疗机构诊断必须住院治疗的，对于被保险人每次住院自住院之日起实际发生并支付的医疗必需且合理的恶性肿瘤住院医疗费用，本公司按照本合同医疗费用保险金计算方法的约定给付恶性肿瘤住院医疗费用保险金。
（二）恶性肿瘤特殊门诊医疗费用保险金	被保险人因罹患恶性肿瘤在二级以上（含二级）公立医院的普通部（不含特需和国际医疗部）或本公司认可的其他医疗机构以门诊方式接受恶性肿瘤放射治疗、恶性肿瘤静脉注射化学治疗、肿瘤免疫疗法、肿瘤内分泌疗法、肿瘤靶向疗法，对其每次门诊实际发生并支付的医疗必需且合理的特殊门诊治疗费用，本公司按照合同医疗费用保险金计算方法的约定给付恶性肿瘤特殊门诊医疗费用保险金。
（三）恶性肿瘤住院前后门（急）诊医疗费用保险金	被保险人因罹患恶性肿瘤在二级以上（含二级）公立医院的普通部（不含特需和国际医疗部）或本公司认可的其他医疗机构诊断为必须接受住院治疗，对其在与住院相同的医院住院前七日内（含住院当日）以及出院后七日内（含出院当日）因恶性肿瘤所实际发生并支付的医疗必需且合理的门（急）诊治疗费用，本公司按照合同医疗费用保险金计算方法的约定给付恶性肿瘤住院前后门（急）诊医疗费用保险金。
（四）恶性肿瘤门诊手术医疗费用保险金	被保险人因罹患恶性肿瘤在二级以上（含二级）公立医院的普通部（不含特需和国际医疗部）或本公司认可的其他医疗机构接受门诊手术治疗，对其实际发生并支付的医疗必需且合理的恶性肿瘤门诊手术医疗费用，本公司按照本合同医疗费用保险金计算方法的约定给付恶性肿瘤门诊手术医疗费用保险金。

每一保单年度内 本公司对被保险人一次或累计给付的恶性肿瘤住院医疗费用保险金、恶性肿瘤特殊门诊医疗费用保险金、恶性肿瘤住院前后门（急）诊医疗费用保险金与恶性肿瘤门诊手术医疗费用保险金之和以恶性肿瘤医疗费用年限额为限。

三、恶性肿瘤住院定额给付医疗保险金

被保险人在合同生效三十日（按合同约定续保的，不受三十日的限制）后因罹患恶性肿瘤在二级以上（含二级）医院经专科医生明确诊断必须住院治疗的，本公司对被保险人在保险期间内按因恶性肿瘤实际住院日数乘以恶性肿瘤住院日额保险金给付恶性肿瘤住院定额给付医疗保险金。

在每一保单年度内，本公司对被保险人一次或累计给付的恶性肿瘤住院定额给付医疗保险金以恶性肿瘤住院定额给付年限额为限。

保险金额

本合同的保险金额等于一般医疗费用年限额、恶性肿瘤医疗费用年限额与恶性肿瘤住院定额给付年限额之和。
一般医疗费用年限额是指本公司在保险期间内累计给付的一般医疗费用保险金之和的上限；恶性肿瘤医疗费用年限额是指本公司在保险期间内累计给付的恶性肿瘤医疗费用保险金之和的上限。当被保险人住院治疗跨两个保单年度时，该次住院医疗费用保险金计入被保险人开始住院日所在保单年度。
一般医疗费用年限额为 300,000 元，恶性肿瘤医疗费用年限额为 3,000,000 元。
恶性肿瘤住院定额给付年限额为 50,000 元；恶性肿瘤住院日额保险金为 200 元每日。

给付比例

本合同约定的医疗费用给付比例为 100%；如果被保险人以有社会基本医疗保险身份投保，但未以社会基本医疗保险身份就诊或者结算的，给付比例为 60%。

年免赔额

年免赔额是指一个保单年度内对应的免赔额，由被保险人自行承担，本公司不予赔偿的部分。被保险人通过公费医疗或者社会基本医疗保险获得补偿的医疗费用，不能抵扣年免赔额。被保险人通过其他商业医疗保险获得补偿，且符合本合同保险责任范围内的医疗费用，可抵扣年免赔额。本合同约定的年免赔额为 10,000 元。

医疗费用保险金计算方法

在本合同保险期间内，本公司对被保险人每次发生的属于本合同保险责任范围内的医疗必需且合理的一般医疗费用和恶性肿瘤医疗费用给付医疗费用保险金的计算方法如下：医疗费用保险金 =（每次发生的属于本合同保险责任范围内的医疗必需且合理的医疗费用 - 从当地公费医疗、社会基本医疗保险及其他途径已获得的医疗费用补偿 - 年免赔额扣除保险期间内本公司累计已免赔金额后的余额）× 给付比例。

责任免除

因下列情形之一，导致被保险人接受住院治疗、特殊门诊治疗、住院前后门（急）诊治疗或门诊手术治疗的，本公司不承担给付保险金的责任：
一、保险单中特别约定本公司不承担保险责任的事项；
二、投保人对被保险人的故意杀害、故意伤害；
三、被保险人故意犯罪或抗拒依法采取的刑事强制措施；

四、被保险人自杀或故意自伤，但被保险人自杀或故意自伤时为无民事行为能力人的除外；
五、被保险人斗殴、醉酒，服用、吸食或注射毒品；
六、被保险人未遵医嘱，私自服用、涂用或注射药物（但按使用说明的规定使用非处方药不在此限）；
七、被保险人酒后驾驶、无合法有效驾驶证驾驶或驾驶无有效行驶证的机动车；
八、被保险人参加潜水、跳伞或其他空中运动、登山、攀岩或攀爬建筑物、探险、武术比赛、摔跤比赛、特技表演、赛马、赛车等高风险运动；
九、本合同生效时未如实告知的现患疾病或既往症；
十、被保险人的产前产后检查、妊娠（含宫外孕）、流产（含人工流产）、分娩（含剖腹产）、避孕、绝育手术、治疗不孕不育症以及上述原因引起的并发症；
十一、疗养、矫形、视力矫正手术、美容、牙科保健及牙科治疗、康复治疗、非意外事故所致整容手术；
十二、被保险人在本合同生效一百二十日内因腺样体肥大、疝气、扁桃腺疾病、女性生殖器官疾病进行治疗，但被保险人以后接受此四类疾病治疗或者外科手术者不在此限；
十三、除心脏瓣膜、人工晶体、人工关节之外的其他人工器官材料费、安装和置换等费用、各种康复治疗器械、假体、义肢、自用的按摩保健和治疗用品、所有非处方医疗器械；
十四、耐用医疗设备（指康复设备、矫形支具以及其他耐用医疗设备）的购买或租赁费用；
十五、未经科学或者医学认可的试验性或者研究性治疗及其产生的后果所产生的费用；
十六、被保险人的遗传性疾病、先天性畸形、变形或染色体异常；
十七、被保险人感染艾滋病病毒或患艾滋病；
十八、因医疗事故导致的医疗费用；
十九、被保险人的精神和行为障碍；
二十、战争、军事冲突、暴乱或武装叛乱；
二十一、核爆炸、核辐射或核污染；
二十二、被保险人在香港特别行政区、澳门特别行政区、台湾地区或中国境外的诊疗。

图 5-1 产品条款截图

任务三 掌握疾病保险产品

一、熟悉疾病保险产品

（一）概念

疾病保险产品（Sickness Insurance），是以保险期限内被保险人首次诊断出保险合同约定的疾病为保险金给付条件的健康保险产品。只要在保险期间，被保险人初次诊断出符合合同条款的疾病，无论被保险人是否选择就医，只需向保险公司出具病情诊断书证实确实患病，保险公司就给付约定的保险金额，属于定额给付型保险产品。

与医疗保险相比，重大疾病保险的保障更加充分。重大疾病保险所保疾病具有病情严重且治疗费用巨大的特点，但是由于医疗保险保险金的赔付通常是在被保险人的医疗开销之后又存在着免赔额和赔偿限额、比例赔付等限制，往往患病的被保险人仍然无法承受高额的治疗开销，重大疾病保险的保险金属于事前给付，只要被保险人确诊就可以能到一笔保险赔偿金，确保被保险人能够及时就医，重大疾病保险的保险金额一般较大，为被保险人提供更加充分的保障。

（一）特点

1. 性别差异大的疾病保险产品

不同性别的基因组成与生理构造的不同,男女容易罹患的疾病种类不同,患相同疾病的概率也不尽相同,甚至由于男女生活习惯、工作种类的不同,也造成二者患病的差异。所以,保险实务中常常会按照被保险人的性别设计不同的险种,各大保险公司中常见的是各种女性重大疾病保险。

2. 多为长期保险,有些为终身型

一方面,投保方购买疾病保险产品,目的就是在被保险人患病时能够获得更大的保障,不少疾病的发病率是随着年龄的增长而提高的,但是若被保险人购买的是短期疾病保险产品,续保时要承担更高额的保费,所以长期疾病保险产品是投保方的最优选择;另一方面,保险公司销售长期保险产品,能够保障其业务稳定性,有利于公司发展。

3. 保费豁免

疾病保险合同中通常设有保费豁免条款,即在保费交纳的过程中,被保险人罹患合同约定的疾病,不仅可以获得约定的保险金,还可以不再交纳剩余的保险费,即保费豁免。所以,投保人在购买疾病保险产品时,选择保费期交的方式比较有利。

4. 理赔程序相对简便

购买疾病保险产品,保险金的给付与是否发生医疗行为、实际医疗费用的多少均无关系,即保险公司在理赔时只关注被保险人是否患病、所患疾病是否符合合同的约定,并不像医疗保险需要关注实际损失是多少,所以,疾病保险产品的理赔手续相对简便。

扩展阅读

购买重大疾病保险的注意事项

1. 重疾险不能替代其他健康险。该险种只有在被保险人发生合同约定的疾病、达到约定的疾病状态或实施了约定的手术时,才能给付保险金。因此,需要组合其他健康险产品,被保险人才能得到较为全面和完善的健康保险保障。

2. 保险金额。保额的选择要考虑当前的医疗花费水平,而且每隔三五年,应该检查一下是否有必要追加保额,根据家庭成员和经济状况的变化作出一些适当的调整。

3. 保费。应尽量选择长的交费期,若选择年交保费,且重大疾病保险金的给付发生在交费期内,可免交以后各期的保费,保险合同继续有效。也就是说,如果被保险人分10年交费,在重大疾病保险合同生效第二年身染重疾,则免交后面8年的保费。

4. 投保年龄限制。由于老年人的发病概率比较高,保险公司一般不接受60岁以上的投保人,所以应早投保,等到50岁以后再投保,保费总支出会相当高,是很不划算的。

5. 观察期。保险公司根据保额和年龄状况,会要求被保险人体检并规定观察期(60天、90天、180天或1年),被保险人若在观察期内患重大疾病,则保险公司不承担赔付责任。

6. 承保疾病种类并非越多越好,新《健康保险管理办法》要求重疾险必须保障6类核心疾病,另外19种疾病,各家保险公司是自己情况灵活纳入保障范围,还要谨慎选择个别产品拆分疾病,制造保障疾病种类多的假象。

二、疾病保险产品的基本分类

（一）根据所保疾病不同，可分为特种疾病保险产品和重大疾病保险产品

（1）特种疾病保险产品是一种以被保险人罹患特定疾病为保险事故，当被保险人被确诊为合同规定某种特定疾病时，保险公司按照约定金额给付保险金的健康保险产品。一份特种疾病保险的保单可以仅承保某一种特定疾病，也可以承保若干多种特定疾病，既可以单独投保，也可以作为附加险投保。诸如生育保险、牙科费用保险、眼科保健保险、少儿白血病保险、艾滋病保险、传染性疾病保险（如新冠肺炎保险）等都是特种疾病保险。

（2）重大疾病保险产品是由保险公司经办的以特定重大疾病，如恶性肿瘤、心肌梗死、脑溢血等为保险对象，当被保人患有上述疾病时，由保险公司按照约定给付保险金的健康保险产品。

（二）根据是否可以单独承保，可分为基本疾病保险产品和附加疾病保险产品

（1）基本疾病保险产品：是可以单独投保的保险产品，一般保险期间较长，可能提供终身保障。

（2）附加疾病保险产品一般附加在其他主险后面，不可单独投保，保险双方在签订保险时，约定是否购买此类疾病保险，一般期限较短，或随主险到期而自动终止。

三、疾病保险合同的典型内容

疾病保险产品属于定额给付型保险产品，保险合同规定的疾病，就可以向保险公司提被保险人在保险责任期间初次被确诊为用支出，保险公司都会根据合同的规定给付保险金，无论疾病是否给被保险人造成费用。此外，如果被保险人在保险责任间因疾病身故或发生身体高度残废，保险公司也会按保险金额给付身故保险金、高残保险金，合同终止。故而疾病保险合同包含身故保险责任的，被保险人或投保人可指定一人或数人为身故保险金受益人；除身故保险金外的其他保险金的受益人为被保险人本人。

（一）等待期

和医疗保险一样，疾病保险合同一般也都规定了一个等待期或观察期，观察期结束后保险单才正式生效。通常为合同生效（或复效）之日起90天或180天，被保险人被诊断出相应的疾病，保险公司无给付责任。疾病保险合同设置等待期条款的目的在于防止被保险人带病投保，从而保障保险公司和其他被保险人的权益。

（二）保险责任的履行方式

疾病保险实务中，一部分产品是在被保险人首次诊断出合同规定疾病，保险公司给付约定保险金，保险合同终止；另一部分产品则具有多次重疾赔付功能，与一般疾病保险仅一次赔付不同，该类型产品将重大疾病分成多组，如果被保险人不幸身患其中一组中的重大疾病，该产品在对其进行重大疾病赔付后，该组剩余重疾责任终止，身故全残责任也终止，且保单现金价值为0，但仍然提供剩余几组重大疾病的保障。

(三) 身体高度残疾保险金及鉴定

被保险人于本合同生效（或后复效）之日起在等待期（通常90日、180日）因疾病导致身体高度残疾，保险公司按合同所交保险费（不计利息）给付身体高度残疾保险金，合同终止；在等待期后因疾病导致身体高度残疾，保险公司按合同基本保险金额给付身体高度残疾保险金，合同终止。关于高度残疾的鉴定，保险公司一般会要求在治疗结束后，由一定级别的医院、保险公司认可的医疗机构或鉴定机构出具能够证明被保险人身体高度残疾的资料。若保险双方当事人任何一方对残疾程度的认定有异议，则以司法鉴定机构的鉴定结果为准。如果被保险人遭受意外伤害或患病之日起一定期限（通常180日）内治疗仍未结束，则按该期限的最后一天（通常第180日）的身体情况出具资料或进行司法鉴定。

(四) 身故保险金

疾病保险合同规定，被保险人于合同生效（或后复效）之日起至年满十八周岁的年生效对应日前身故，保险公司按合同所交保险费（不计利息）给付身故保险金，合同终止。被保险人年满十八周岁，且在等待期结束，因疾病身故。保险公司按合同基本保险金额给付身故保险金。

(五) 免责条款

疾病保险和医疗保险在免责条款方面的规定基本相同，除了人身保险的些共有免责条款外，以下都属于免责事项：和疾病相关的既往症；遗传性疾病，先天性畸形、变形或染色体异常；性病；不孕不育治疗、人工授精、怀孕、分娩（含难产）、流产、堕胎、节育（含绝育）、产前产后检查以及由以上原因引起的并发症；疗养、矫形、视力矫正手术、美容、牙科保健及康复治疗、非意外事故所致整容手术；以及被保险人感染艾滋病病毒（HIV呈阳性）或患艾滋病（AIDS）等。不过，现在保险公司逐渐推出承保因职业原因感染HIV的疾病保险产品，比如"平安福（2015年版）"。

四、疾病保险产品的分类

(一) 重大疾病保险产品

重大疾病保险，是当被保险人在保险期间罹患保险合同约定的疾病、达到约定的疾病状态或实施了约定的手术时给付保险金的健康保险。此类保险中的"重大疾病"通常具有三个特点：灾难性（可能造成暂时或永久劳动能力丧失，甚至死亡）；复杂性（病情复杂、并发症较多或病程迁延反复，需要在医疗技术水平较高的医疗机构诊治）；费用高。该制度设计的目的包括：①使患有重大疾病的被保险人在生存期间能有较多现金完成疾病的康复治疗；②弥补被保险人因患重大疾病而丧失工作能力造成的收入损失；③帮助被保险人在有生之年完成其未了的心愿。

 扩展阅读

在我国的保险实务中,保险公司推出的疾病保险多为重大疾病保险产品,仅 2007 年至 2018 年这 11 年来,重大疾病保险已经为消费者提供了超过 3000 款产品,累计承保近 2 亿人次,累计赔付约 180 万人次,赔付金额超过 1000 亿元。目前,重疾险在健康险业务总保费中占比近 60%,有别于我国社保医保体系中的大病医疗保险。

(一)我国重大疾病保险的保障范围

2007 年 8 月 1 日,我国首部《重大疾病保险的疾病定义使用规范》正式开始实施,其中规定以重大疾病保险命名的产品必须涵盖以下六种核心疾病:恶性肿瘤、急性心肌梗塞、脑中风后遗症、冠状动脉搭桥术(或称冠状动脉旁路移植术)、重大器官移植术或造血干细胞移植术、终末期肾病(或称慢性肾功能衰竭尿毒症期)。除六种疾病外,保险公司可以根据市场需求和自身承保能力,选择其他承保疾病"。如今保险市场上的重大疾病保险产品,为了吸引消费者往往会极度扩大保障的疾病范围,但是保障范围的扩大意味着保费提高,所以消费者在购买重大疾病保险时应该根据自身的实际情况和交费能力选择最适合自己的产品,不能盲目追求保障疾病的多少。

(二)我国重大疾病保险与大病医疗保险的区别

2012 年 8 月 30 日,国家六个部委联合发布《关于开展城乡居民大病保险工作的指导意见》,针对城乡居民大病医疗负担重的现实,为了有效解决因病致贫问题,而建立大病保险制度,以减轻城乡居民的大病负担,充实了我国社保医保制度体系。大病医疗保险指为保障城乡居民重大疾病医疗需求而建立的专项医疗保险基金,当参保人员因规定的重大疾病产生超过基本医疗保险赔付限额的医疗费用时,对参保人员的高额医疗费再进行定的报销。大病医保的保障对象是城镇居民医疗保险、新型农村合作医疗的参保人。从定义可以看出,大病医疗保险属于费用报销型产品,和重大疾病保险的定额给付性质是不同的,它本质上是高额保险范畴。

目前纳入大病医保的重大疾病包括:儿童白血病、先心病、终末期肾病、乳腺癌、宫颈癌、重性精神疾病、耐药肺结核、艾滋病机会性感染、血友病、慢性粒细胞白血病、唇腭裂、肺癌、食道癌、胃癌、1 型糖尿病、甲亢、急性心肌梗塞、脑梗死、结肠癌、直肠癌,共 20 种。与商业重大疾病保险相比,大病医保并没有要求一定包含重大疾病保险的六种核心疾病,但其提供保障的疾病范围更多是重大疾病保险的除外责任。在报销比例上,对于基本医疗保险报销后的医疗费用,大病医保的保险比例一般不低于 50%,而且实行阶梯形的报销比例,即医疗费用越高,大病医保的报销比例越高,切实解决居民因为疾病陷入经济困境的难题。

资料来源:《人身保险实务》(第二版),黄素主编

 **产品示例**

国寿康宁终身重大疾病保险（2019版）利益条款

保险责任

在本合同保险期间内，本公司承担以下保险责任：

一、重大疾病保险金

被保险人于本合同生效（或最后复效）之日起一百八十日内，因首次发生并经确诊的疾病导致被保险人初次发生并经专科医生明确诊断患本合同所指的重大疾病（无论一种或多种），本合同终止，本公司按本合同所交保险费（不计利息）给付重大疾病保险金；被保险人于本合同生效（或最后复效）之日起一百八十日后，因首次发生并经确诊的疾病导致被保险人初次发生并经专科医生明确诊断患本合同所指的重大疾病（无论一种或多种），本合同终止，本公司按被保险人重大疾病确诊当时下列三者的较大值给付重大疾病保险金。若因意外伤害导致上述情形，不受一百八十日的限制。
1. 本合同基本保险金额；2. 本合同所交保险费（不计利息）；3. 本合同现金价值。

二、特定重大疾病额外给付保险金

被保险人因意外伤害或被保险人于本合同生效（或最后复效）之日起一百八十日后因首次发生并经确诊的疾病，导致被保险人初次发生并经专科医生明确诊断患本合同所指的特定重大疾病（无论一种或多种），本合同终止，本公司除按上述第一款的约定给付重大疾病保险金外，再按本合同基本保险金额的50%给付特定重大疾病额外给付保险金。

三、特定疾病保险金

被保险人于本合同生效（或最后复效）之日起一百八十日内，因首次发生并经确诊的疾病导致被保险人初次发生并经专科医生明确诊断患本合同所指的特定疾病（无论一种或多种），本合同终止，本公司按照本合同所交保险费（不计利息）给付特定疾病保险金；被保险人于本合同生效（或最后复效）之日起一百八十日后，因首次发生并经确诊的疾病导致被保险人初次发生并经专科医生明确诊断患本合同所指的特定疾病（无论一种或多种），本公司按照本合同基本保险金额的20%给付特定疾病保险金，但给付以一次为限，本合同继续有效。若因意外伤害导致上述情形，不受一百八十日的限制。

四、身体高残保险金

被保险人于本合同生效（或最后复效）之日起一百八十日内因疾病导致身体高度残疾，本合同终止，本公司按本合同所交保险费（不计利息）给付身体高度残疾保险金；被保险人因前述以外情形导致身体高度残疾，本合同终止，本公司按被保险人身体高度残疾当时下列三者的较大值给付身体高度残疾保险金：
1. 本合同基本保险金额；2. 本合同所交保险费（不计利息）；3. 本合同现金价值。

五、身故保险金

被保险人于本合同生效（或最后复效）之日起至年满十八周岁的年生效对应日前身故，本合同终止，本公司按被保险人身故当时下列两者的较大值给付身故保险金：
1. 本合同所交保险费（不计利息）；
2. 本合同现金价值。
被保险人于年满十八周岁的年生效对应日起身故，本公司按下列约定给付身故保险金：被保险人于本合同生效（或最后复效）之日起一百八十日内因疾病身故，本合同终止，本公司按本合同所交保险费（不计利息）给付身故保险金；被保险人因前述以外情形身故，本合同终止，本公司按被保险人身故当时下列三者的较大值给付身故保险金：
1. 本合同基本保险金额；2. 本合同所交保险费（不计利息）；3. 本合同现金价值。
本合同的重大疾病保险金、身体高度残疾保险金和身故保险金本公司仅给付一项，并以一次为限。

责任免除

因下列任何情形之一导致被保险人发生本合同所指重大疾病、特定重大疾病、特定疾病、身体高度残疾或身故，本公司不承担给付保险金的责任；
一、投保人对被保险人的故意杀害、故意伤害；
二、被保险人故意自伤、故意犯罪或抗拒依法采取的刑事强制措施；
三、被保险人在本合同成立或合同效力最后恢复之日起二年内自杀，但被保险人自杀时为无民事行为能力人的除外；
四、被保险人服用、吸食或注射毒品；
五、被保险人酒后驾驶、无合法有效驾驶证驾驶或驾驶无有效行驶证的机动车；
六、战争、军事冲突、暴乱或武装叛乱；
七、核爆炸、核辐射或核污染；
八、遗传性疾病（不包括严重肾髓质囊性病、肝豆状核变性(Wilson病）、脊髓小脑变性症、中度肌营养不良症、骨生长不全症（Ⅲ型）和亚历山大病），先天性畸形（不包括艾森门格综合征和脊柱裂）、变形或染色体异常。
无论上述何种情形发生，导致被保险人发生本合同所指重大疾病、特定重大疾病、特定疾病、身体高度残疾或身故的，本合同终止，本公司向投保人退还本合同的现金价值，但需要扣除本合同已经给付或应给付的特定疾病保险金。投保人对被保险人故意杀害或伤害造成被保险人身故的，本公司退还本合同的现金价值，但需要扣除本合同已经给付或应给付的特定疾病保险金，作为被保险人遗产处理，但法律另有规定的除外；投保人对被保险人故意杀害或伤害造成被保险人发生本合同所指重大疾病、特定重大疾病、特定疾病、身体高度残疾的，本公司向被保险人退还本合同的现金价值，但需要扣除本合同已经给付或应给付的特定疾病保险金。

国寿附加康宁两全保险（2019版）利益条款

保险责任

在本附加合同保险起见内，本公司承担以下保险责任。

一、身故保险金

被保险人于本附加合同生效（或最后复效）之日起至年满十八周岁的年生效对应日前身故，本附加合同终止，本公司按被保险人身故当时本附加合同所交保险费（不计利息）与本附加合同现金价值的较大值给付身故保险金。
被保险人于年满十八周岁的年生效对应日起身故，本附加合同终止，本公司按下列约定给付身故保险金：被保险人于本附加合同生效（或最后复效）之日起一百八十日内因疾病身故，本附加合同终止，本公司按本附加合同所交保险费（不计利息）给付身故保险金；被保险人因前述以外情形身故，本公司按下列约定给付身故保险金：

1. 被保险人于年满四十一周岁的年生效对应日前身故，本公司按被保险人身故当时本附加合同所交保险费（不计利息）的160%与本附加合同现金价值的较大值给付身故保险金；
2. 被保险人于年满四十一周岁的年生效对应日起至年满六十一周岁的年生效对应日前身故，本公司按被保险人身故当时本附加合同所交保险费（不计利息）的140%与本附加合同现金价值的较大值给付身故保险金；
3. 被保险人于年满六十一周岁的年生效对应日起身故，本公司按被保险人身故当时本附加合同所交保险费（不计利息）的120%与本附加合同现金价值的较大值给付身故保险金。

二、满期保险金

被保险人生存至保险期间届满的年生效对应日且未发生主合同约定的重大疾病确诊或身体高度残疾，本附加合同终止，本公司按主合同及本附加合同的所交保险费（不计利息）之和的110%给付满期保险金。

责任免除

因下列任何情形之一导致被保险人身故，本公司不承担给付身故保险金的责任：
一、投保人对被保险人的故意杀害、故意伤害；
二、被保险人故意犯罪或抗拒依法采取的刑事强制措施；
三、被保险人在本合同成立或合同效力最后恢复之日起二年内自杀，但被保险人自杀时为无民事行为能力人的除外；
四、被保险人服用、吸食或注射毒品；
五、被保险人酒后驾驶、无合法有效驾驶证驾驶或驾驶无有效行驶证的机动车；
六、战争、军事冲突、暴乱或武装叛乱；
七、核爆炸、核辐射或核污染。
无论上述何种情形发生，导致被保险人身故，本附加合同终止，本公司向投保人退还本附加合同的现金价值，但投保人对被保险人故意杀害或伤害造成被保险人身故的，本公司退还本附加合同的现金价值，作为被保险人遗产处理，但法律另有规定的除外。

图 5-2 产品条款截图

（二）特种疾病保险产品

特种疾病保险是保险人为被保险人因患某种特殊疾病提供医疗费用的保险。这些特殊疾病在精神上、经济上往往给病人带来沉重的负担。有时还使患者的家庭生活陷入困境。因此，这种保单的保险金额较大，以足够支付其产生的各种费用。特种疾病保险的给付方式，一般定在确诊为特种疾病后，立即一次性支付保险金额。

1. 根据保障的疾病范围，特种疾病保险主要分为五类产品

（1）生育保险。是以身体健康的孕妇和新生儿为保险对象的母婴安康保险，承保产妇或婴儿在产妇入院办理住院手续之日开始至产妇出院时为止的一段时间，因分娩或疾病，或意外事故造成产妇或婴儿死亡的保险金给付责任。

（2）牙科费用保险。是以保险人为被保险人的牙齿常规检查、牙病预防、龋齿等口腔疾病治疗而提供医疗费用保障的一种保险。

（3）眼科保健保险。是以保险人为被保险人提供接受眼科常规检查和视力矫正时所发生的医疗费用的一种保险。如眼科检查费、眼镜配置费、隐形眼镜等。

（4）艾滋病保险。是我国继推出承保因医疗输血造成感染和医护人员在工作期间感染艾滋病的保险事故的保险品种之后，又专门为艾滋病提供风险保障的产品。这是一种专门针对普通团体提供的专项艾滋病保险产品，承保因输血导致的艾滋病病毒感染或其他因工作中的意外感染、受犯罪侵害感染等情况引起的赔偿责任。保险期限1年，保险金额为每份1万元、总保险金额最高不超过30万元。

（5）传染性疾病专门保险。如我国曾经开办的非典型肺炎疾病保险是以机关、团体、企业、事业等单位为投保人，为其在职人员向中国人寿保险公司投保本保险。投保单位成员必须80%以上投保，而且符合投保条件的人数不低于8人。保险期间为1年，每份保险的保险金额为1万元。保险人主要承担被保险人经确诊罹患传染性非典型肺炎，在县级以上（含县级）医院或本公司认可的医院住院治疗的或者经住院治疗并在

住院期间身故的疾病保险金、身故保险金。民生人寿保险公司还推出专门针对禽流感的民生关爱特种疾病定期寿险（B款）。保险人对被保险人在保险合同生效10日后被确诊患有禽流感，且因此身故的给付身故金，被保险人年龄在18岁以上的保险金额为每份10万元，保险期间为1年。

2. 根据保障对象不同，特种疾病保险主要分为两大类

（1）女性特定疾病保险，由于现在女性的体质比男性的差，这也使得女性疾病的发病率偏高，而女性特定疾病保险就是专门保障针对女性健康而研发的保险产品。但是不论是哪一类女性险，作为为女性度身定做的保险产品，女性特定疾病保险都体现出三大优点和特色功能：一是能针对女性在特殊时期，如结婚、妊娠、生育期间的保障费用进行赔付；二是，女性特定疾病保险都会针对女性生理特征特别设立相关险种，专门为女性特有的乳腺癌、卵巢癌、宫颈癌等疾病提供医疗保障；三是，考虑到女性的爱美需求，一些女性险还能在女性因遭受意外事故而需接受整形手术治疗时，按手术医疗费用进行赔偿。

（2）少儿特定疾病保险，白血病是人类造血系统的一种恶性肿瘤，常被人们称作血癌。人体的造血细胞在致癌因素的作用下发生"癌变"，造成大量的幼稚细胞广泛而没有控制的增殖，出现于骨髓及其他组织器官中并进入周围的血液，就形成了白血病。而根据流行病学的统计，我国白血病的自然发病率为0.003%，每年新增约4万名白血病患者，其中2万多名是儿童，而且以2~7岁的儿童居多。所以白血病也被许多人作为一种单独的疾病来投保，也就是少儿特定疾病保险，这样可以在花费极少量费用的情况下获得较高的保障额度。

虽然说白血病的威胁比较大，但是其他的疾病也存在不少的威胁，所以少儿重大疾病保险就是能够保障包括白血病在内的15种重大疾病的一款保险，优点也很明显。

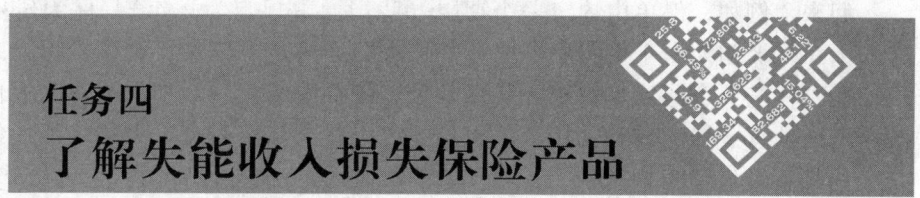

任务四 了解失能收入损失保险产品

一、熟悉失能收入损失保险产品

（一）失能收入损失保险产品的概念

失能收入损失保险历史悠久，最早可以追溯到14世纪德国的私营救助基金为失能矿工给予收入补偿，而作为独立险种则出现在19世纪末。经过100多年的发展，失能收入损失保险已经成为德国、美国、英国等成熟保险市场上的成熟产品。失能收入损失保险已成为工业化国家应对劳动者失能风险的重要措施，是其社会保障体系必不可少的组成部分。

失能收入损失保险产品（Disability Income Insurance），指当被保险人在保险合同有效期内因疾病或意外伤害导致残疾，丧失部分或全部工作能力而不能获得正常收入或正常收入减少时，为被保险人的收入损失提供经济补偿的健康保险产品。失能收入补的不

是为恢复健康而产生的直接经济损失,而是因失去工作能力引起的收入损失这种间接经济损失。

1. 失能的定义

失能,即丧失工作能力,无法获得正常收入,在具体的收入保障保单中又可分为完全失能、部分失能、永久失能等。实际上,各个国家的健康保险公司或人寿保险公司所销售的失能收入损失保险的责任范围差异比较大,主要是由于对完全失能的定义不同。失能的界定至关重要,直接影响理赔责任大小及险种的盈利能力。通常,失能的鉴定是被保险人在治疗结束后,由司法鉴定机构或其他有资质的医疗鉴定机构进行。通常规定,若被保险人在患疾病或发生意外伤害事故之日起第180日时治疗仍未结束,按第180日时的身体状况进行鉴定。

2. 失能分类

具体来说,失能收入损失保险中可以采用的完全失能的定义有以下几种:

(1) 任何职业完全失能。任何职业完全失能也称为绝对全残,指被保险人因疾病或意外伤害以致不能从事其原来的工作或其他任何与其所受教育、培训和经验相当的职业。由于该定义过于严格,使大多数被保险人都不能满足获得全部残疾给付的资格,这不仅会影响被保险人的利益,也降低了保险公司失能收入损失保险产品的吸引力,损害保险公司的利益。

(2) 以往职业完全失能。以往职业完全失能,一般也称为原职业全残,指被保险人因疾病或意外伤害而不能完成其以往职业的基本工作时,即被视为完全失能。采用该定义的保单扩大了保险保障的范围,只要被保险人因残疾不能完成其原来职业的基本工作,保险公司就应向其支付全残保险金,无论他此时是否能从事其他有偿工作。

(3) 通用完全失能。当前,有很多失能收入损失保险的保单将上述两种定义结合起来。例如,保单中约定一个期限(我国通常规定为2年),称为残疾初期,若被保险人在残疾初期由于伤残不能履行其惯常职业的基本职责,则该被保险人被定义为完全失能,并按照合同规定领取失能保险金;该期限结束后,如果被保险人仍然不能完成与其所受教育、培训和经验相当的工作,可仍然被认定为完全失能,继续领取失能保险金至保险金给付期满。

(4) 推定完全失能。有些收入保障保单规定,当被保险人出现下列情形之一、即可被认定为完全失能,即可领取合同中规定的全残保险金,而不论他是否从事原职业或其他职业。通常这些情形包括:①双目永久完全失明;②两上肢腕关节以上或两下肢踝关节以上缺失的;③上肢腕关节以上及一下肢踝关节以上缺失的;④一目永久完全失明及一上肢腕关节以上缺失的;⑤一目永久完全失明及一下肢踝关节以上缺失的;⑥四肢关节功能永久完全丧失的;⑦咀嚼、吞咽功能永久完全丧失的;⑧神经系统功能或胸、腹部器官功能极度障碍,终身不能从事任何工作,丧失生活自理能力的。

(二) 失能收入损失保险产品的特点

1. 按照被保险人的职业类别制定级别费率

职业是影响失能收入损失保险费率重定的重要因素。失能收入损失保险产品费率通常按照被保险人的职业类别制定级别费率。职业风险越高，失能风险越高，费率也就越高。对于那些重体力劳动者、高空作业工人等，由于其职业风险过高，被排除在失能收入损失保险之外。

2. 保险金支付低于实际收入损失

失能收入损失保险产品的保险金支付必须低于实际收入损失，且保险金的支付比例在保障被保险人失能后的生活的同时又不会过高，以防止被保险人夸大病情试图获得更高的失能保险金。一般地：

失能收入损失保险金 = 月保障工资 × 失能收入替代比例

其中，失能收入替代比例由投保人在投保时与保险公司约定并在保险单上载明。

3. 保险金支付采用年金的方式

失能收入损失保险产品的保险金支付一般按月或按周进行补偿，被保险人可选择。一方面，失能收入损失保险产品主要用于保障被保险人失能后的生活，保险人有义务为被保险人的利益考虑，若保险人一次性给付失能保险金，被保险人可能将此笔资金用于投资等非合理渠道；另一方面，若保险人一次性给付失能保险金，被保险人即使重返工作岗位，保险公司也不能拿回已赔付的保险金。这样，被保险人就有寻找理由索赔的动机，诱发道德风险。

4. 有保险金给付期限的设定

给付期限，是指失能收入损失保单支付保险金的最长时间。给付期限可以是短期，也可以是长期。短期补偿是为了补偿被保险人在身体恢复前不能工作的收入损失；长期补偿是为了补偿被保险人全部残疾而不能恢复工作的收入损失。一般而言，失能保险期间不论是生病致残还是受伤致残均相同，从13周、26周、52周，到2年、5年或给付至65岁。如全残始于55岁、60岁或65岁，可提供终身给付。多数失能为短期失能，约98%的失能者甚或6个月内可恢复。若恢复期超过12个月，恢复工作能力的概率也锐减，尤其是年老者，更适合选择较长的保险金给付期间。

二、失能收入损失保险产品的分类

（一）按保障范围分类

失能收入损失保险产品按照保障范围般可分为两种，一种是补偿因伤害而致残疾的收入损失保险产品，另一种是补偿因疾病造成的残疾而致的收入损失保险产品。

（二）按给付期间分类

失能收入损失保险产品按照给付期间分类可分为短期失能收入损失保险产品和长期失能收入损失保险产品。

短期失能收入损失保险产品，最长给付期间在1年以内，常见的最长给付期间有13周，26周或52周。长期失能收入损失保险产品，最长给付期间在1年以上，这类保险的最长给付期间可以延长至被保险人正常退休年龄或70岁。

（三）按承保对象分类

失能收入损失保险产品还可以按承保对象的不同分为个人失能收入损失保险产品和

团体失能收入损失保险产品。

失能收入损失保险产品具有的一些特殊条款及规定如下：

1. 部分失能保险金给付条款

部分残疾，是指导致被保险人不能完全从事其原有职业的某些工作内容或全天从事其职业的残疾。有些失能收入损失保险将部分残疾所致的失能也列入保险责任。其中，被保险人部分残疾时可按合同约定领取部分失能收入损失保险金。这是在原有失能收入损失保险业务发展到一定阶段之后才产生的。一般情况下，部分失能收入损失保险金可以在保单中约定（例如为完全失能收入保险金的一个固定比例），也可以约定给付公式。其给付金额依被保险人因残疾所致收入损失程度而定。

2. 加保选择权益条款

加保选择权的全称是"未来增加保险金额选择权"，即如果被保险人在未来某一时期的收入增加，则不论他当时的健康状况怎样都有增加保险金额的权利。被保险人增加保险金额时，不必提供可保证明，但须提供收入增加证明。通常，被保险人根据合同约定可以加保，但是须在保险合同规定的购买截止年龄（一般为50周岁或55期）之前，且每次允许增加的保险金额额度依各保险公司的规定而有所不同，但一般不会超过最初合同给付额的2倍。而有些保险公司规定，被保险人在45周岁之前可以按保险合同的约定额度购买，在45周岁之后每年可以增加的保险金额减少到最初额度的1/2或1/3。

3. 生活指数调整（COLA）给付条款

为了解决通货膨胀所导致的保险给付金购买力下降的问题则需要按生活费用调整保险金给付额，为失能的被保险人提供定期增长的失能收入损失保险金。在此条款下，失能收入损失保险金根据消费者物价指数的增长或保单中规定的比例而增加。既定比例通常是5%~6%；增加部分的年交保费按被保险人增加保险金时的年龄计算，而对于增加失能收入损失保险金的机会，被保险人有权拒绝。

4. 免缴保险费（WP）条款

大多数失能收入损失保险合同都含有免缴保险费条款。如果被保险人完全失能并且持续期超过规定的最短期限即可免交保险费。但仅在被保险人的保险金给付期间或在其伤残失能期间可免交。同时，被保险人在没有完全康复的伤残期间也可免交保险费。

5. 免责期间的设定

免责期间是指被保险人在失能开始后无保险金可领取的这段时间，即残疾后的前一段时间。免责期间类似于医疗费用和疾病保险中的免责期，是种特殊的免赔额或者说自负额，在此期间保险人不给付任何补偿。免责期的设定目的在于排除一些不连续的疾病或受伤，因其所致丧失劳动能力可能只有几天，或者在短时间内，被保险人还可以维持一定生活。除此之外，设置免责期还可以通过取消对短期残疾的给付而减少保险成本。各保险公司的免责期不同，如30天、2个月、3个月、6个月和1年，免责期越长，保费越便宜。此外，免责期间允许中断，如被保险人在短暂恢复后（一般限定为6个月内）再次失能，可将两段失能期间合并来计算免责期。

6. 特殊条款

失能收入损失保险除了在被保险人全残时给付保险金外，还可以提供其他利益。包括部分伤残保险金给付、未来增加保额给付、生活费用调整给付、移植手术保险给付、非失能性伤害给付、意外死亡给付等。这些补充的保险利益以特殊条款的形式通过交纳附加保费获得。

**产品示例**

新华卓越人生 A 款失能收入损失保险

所属公司：新华人寿

投保年龄：18 周岁至 45 周岁

表 5–1　　　　　　　　新华卓越人生 A 款失能收入损失保险

保障项	保额	说明
重度失能保险金	保险金额（按比例给付）	被保险人因意外伤害（详见释义）或于本合同生效（或合同效力恢复）之日起 180 日后患疾病，由本公司指定鉴定机构（详见释义）确诊发生本合同所指的重度失能（详见释义），本公司自被保险人被确诊发生本合同所指的重度失能之日起按本合同保险金额对应的重度失能保险金标准（详见附表一：《重度失能保险金标准表》）按月给付重度失能保险金，直至被保险人重度失能状态消失（详见释义）。 被保险人于本合同生效之日起 180 日内患疾病，由本公司指定鉴定机构确诊发生本合同所指的重度失能，本公司返还本保险实际交纳的保险费，本合同终止。
一般失能保险金	10% 保险金额	被保险人因意外伤害或于本合同生效（或合同效力恢复）之日起 180 日后患疾病，由本公司指定鉴定机构确诊发生本合同所指的一般失能（详见释义），本公司按下述二者中较大者给付一般失能保险金，本合同继续有效： （1）确诊发生本合同所指的一般失能之日所在保单年度（详见释义）在附表中对应的贷款余额（详见附表二：《贷款余额表》）× 一般失能程度等级对应的给付比例； （2）10% × 本合同保险金额。 被保险人在保险期间内如发生多次本合同所指的一般失能，则本公司累计支付的一般失能保险金最高以本合同保险金额为限。 被保险人于本合同生效之日起 180 日内患疾病，由本公司指定鉴定机构确诊发生本合同所指的一般失能，本公司返还本保险实际交纳的保险费，本合同终止。
身体全残保险金		被保险人因意外伤害或于本合同生效（或合同效力恢复）之日起 180 日后患疾病，由本公司指定鉴定机构确诊发生本合同所指的身体全残（详见释义），本公司按被保险人被确诊发生本合同所指的身体全残之日所在保单年度在附表二中对应的贷款余额扣除累计已支付的重度失能保险金及一般失能保险金后给付身体全残保险金，本合同终止。 被保险人于本合同生效之日起 180 日内患疾病，由本公司指定鉴定机构确诊发生本合同所指的身体全残，本公司返还本保险实际交纳的保险费，本合同终止。
满期生存保险金	所交保费	被保险人生存至本合同期满，本公司给付满期生存保险金，其金额为本保险实际交纳的保险费（不包括已豁免部分的保险费），本合同终止。

续表

保障项	保额	说明
保险费豁免		被保险人发生本合同第 2.3.1 款规定的重度失能,本公司免收自被保险人被确诊发生本合同所指的重度失能之日起至重度失能状态消失期间您应交的整年度续期保险费,本合同继续有效。被保险人因意外伤害或于本合同生效(或合同效力恢复)之日起 180 日后患疾病,由本公司指定鉴定机构确诊发生本合同所指的身体全残,如同时满足本合同规定的重度失能,则被保险人只能从本合同第 2.3.1 款重度失能保险金与第 2.3.3 款身体全残保险金中选择一项申请理赔,本公司仅对被保险人在上述两项保险金中选择的一项承担给付责任。

任务五 了解长期护理产品

一、了解长期护理保险产品

 行业动态

当今世界人口老龄化问题已成为世界各国密切关注的问题,为解决这一问题,各国都积极地寻找应对措施,制定相应政策。20 世纪 70 年代首先在美国出现长期护理保险产品(也称长期照料、长期照护保险产品),20 世纪 80 年代在德国和法国相继出现。2000 年 4 月日本正式开始实施全民长期护理保险计划。美国寿险管理协会定义长期护理保险:"是为那些由于年老或严重疾病或受意外伤害的影响需在家或护理机构得到稳定护理的被保险人支付的医疗及其他服务费用进行补偿的一种保险。"科隆通用再保险公司定义长期护理保险"是指当被保险人非常衰弱以至于在没有其他人帮助下不能照顾自己,甚至不能利用辅助设备时,给付保险金的一种保险"。美国健康保险协会对长期护理保险的定义为:"它是为消费者设计的,对其在进行长期护理时发生的潜在巨额护理费用支出提供保障。"我国学者魏华林、林宝清(2006)曾定义长期护理保险:"是为因年老、疾病或伤残而需要长期照顾的被保险人提供护理服务费用补偿的健康保险。"鲍勇、周尚成(2015)在其编纂的《健康保险学》中定义长期护理保险是:"指以因保险合同约定的日常生活能力障碍引发护理需要为给付保险金的条件,为被保险人的护理支出提供保障的保险。"

长期护理保险产品指对被保险人因年老、慢性或严重疾病、意外伤害等导致身体上的某些功能全部或部分丧失,生活无法自理,需要在家接受他人护理或在护理机构接受稳定护理时所支付的各种费用进行补偿的健康保险产品。长期护理通常周期较长,其保险期限一般可达半年、数年、十几年、几十年甚至终身,其目的在于尽可能维持和增进被保险人的身体机能,提高其生存质量,并不以完全康复为目标。

职业素养提升

建立长期护理保险制度是我国积极应对人口老龄化的重要举措,也是解决日益突出的失能人员长期照护迫切需求的重要民生工程。中国人口老龄化在持续发展,我国民政部最新数据显示,目前中国60岁以上老年人口已达到2亿人,占总人口的14.9%,未来老龄人口的占比还会不断升高。预计到2050年时老年人数和比例都将比现在增长一倍,80岁及以上高龄老年人将在较长时期保持在1亿人以上。即使按照现在的失能人员比例推算,我国失能老年人口规模也将会持续扩大。而调查数据显示,我国80岁以上老人,需要护理比例超过30%;90岁以上高龄老人,每两个老人中就有一个生活不能自理。一旦老年人丧失生活自理的能力,就需要别人长期照料才能生存下去,不仅需要大量人力成本以提供护理服务,同时还面临高昂的护理费用,长期照料服务需求随之增加,给家庭和社会带来越来越严峻的挑战,深入试点完善长期护理保险制度是积极应对这一挑战的重要举措。在我们已经可以预见到长期照护需求的增长和家庭照料能力下降的前景下,如何尽早探索解决方案并形成长期护理保险制度对于保障老年人失能后的生活质量、减轻家庭成员照护焦虑、促进养老服务业持续发展有着深远的社会意义和经济意义。

"十三五"以来,长期护理保险制度的建设已经在试点推进,2016年,人力资源和社会保障部办公厅出台《关于开展长期护理保险制度试点的指导意见》,正式启动长期护理保险试点计划,确定在河北省承德市等15个地区开展长期护理保险制度试点,并将吉林和山东两省作为国家试点的重点联系省份;2019年,政府工作报告中提出将进一步扩大长期护理保险制度试点;2020年5月国家医疗保障局发布《关于扩大长期护理保险制度试点的指导意见》(征求意见稿),贯彻落实政府工作报告任务,在15个国家试点城市的基础上,新增14个试点城市,并进一步完善相关制度措施。

在我国人口老龄化的大背景下,如何长期照护好失能、半失能老人已经成为刻不容缓的问题。

从目前开展长期护理保险的试点情况看,已经取得了一定的政策成效,经济和社会效益显现,制度保障功能逐步发挥作用。在解决重度失能人员长期护理需求问题方面积累了宝贵经验,增强了社会对建立长期护理保险制度的了解和认同。

第一,长期护理保险制度基本框架得以建立。各试点城市的参保对象以职工基本医疗保险的参保人员为主,由社会保险经办机构负责经办管理业务,通过划拨职工医疗保险基金、调剂职工医疗保险费率、财政补贴等途径筹集资金,根据参保人员失能评定等级、照护服务提供方式等对符合规定的长期照护费用实行差别化的待遇支付。

第二,提升了长期照护服务的质量,助推了长期照护服务业的发展。长期照护服务业的发展在长期护理保险试点地区得到保险基金支持,各试点地区在推动长期护理保险制度发展的同时,也通过政策补贴、购买服务等形式大力支持长期照护服务体系的发展,充实专业照护服务人员队伍,形成了医疗照护机构、养老机构以及居家照护的多层次照护服务体系,也在一定程度上促进了相关养老产业的发展。

第三,优化了医疗资源配置,减轻了医疗保险支出负担。长期护理保险制度的实施有效减少了需要长期照护的失能人员住在医疗机构导致的"过度医疗"和"压床"现象,释放部分医疗资源,实现医疗资源和照护服务资源的优化配置。

第四,减轻了个人和家庭的长期护理负担。各试点城市长期护理保险基金支付水平大部分达到了《关于开展长期护理保险制度试点的指导意见》提出的70%的要求,在较大程度上减轻了保障对象个人和家庭的照料负担。

二、长期护理保险产品的特点

(一)更适合老年人养老

典型的长期护理保险产品是一款主要负担中老年人专业护理、家庭护理及其他相关服务项目费用支出的新型健康保险产品,相较于传统健康医疗险来说,更易满足年老后的长期看护需求。

(二)保险金给付期限灵活

长期护理保险产品的给付期限十分灵活,有1年、数年甚至终身等几种不同选择。同时也规定有20天、30天、60天、90天、100天等多种免责期。通常,免责期越长,保费越低。但终身给付的长期护理保险产品通常很昂贵。

(三)豁免保费

长期护理保险产品的保费通常为均衡保费,但也有每年或每一期间固定上调保费者,其年交保费因投保年龄、等待期、保险金额和其他条件的不同而有较大区别。长期护理保险产品一般都有保费豁免功能,在缴费期间,被保险人一经确定需明"长期护理",保险公司将豁免以后各期保险费。

(四)通常保证续保

长期护理保险保单可以保证对被保险人续保到一个特定年龄如79岁,有的甚至保证对被保险人终身续保。保险人可以在保单更新时提高保险费率,但不得针对具体某个人,必须一视同仁地对待面临同样风险的所有被保险人。

三、长期护理保险产品的基本分类

(一)按照保险责任划分

长期护理保险产品按照保险责任划分为单一责任长期护理保险产品、寿险保单的附加产品、失能收入损失保险的扩展产品、医疗费用保险附约产品、万能型长期护理保险产品。

1. 单一责任长期护理保险产品

除非附加或者附约,单一责任长期护理保险产品仅提供长期护理保障。也就是说,只有被保险人满足保险合同中规定的护理条件时保险公司才会给付长期护理保险金。若被保险人在缴纳了多年的保费之后,却在长期护理之前因疾病或意外伤害身故,而被保险人没有任何身故保障,又无法获得长期护理保险金给付,容易造成被保险人家属对保险公司的不满,影响保险公司的社会声誉。

2. 寿险保单附加长期护理保险产品

寿险保单附加长期护理保险产品,指在提供传统寿险保障的同时,增加长期护理保险责任。这类产品弥补了单一责任的长期护理保险产品的不足。

3. 失能收入损失保险产品的扩展

被保险人在退休前购买长期护理保险产品，在其退休后，保险公司给付给被保险人与失能收入损失保险等额的保险金。在投保时不需要核保，只是要比正常人多交一些保费，实际上是将失能收入损失保险自动转为长期护理保险。

4. 医疗费用保险产品的补充

医疗费用保险产品，是对被保险人因疾病、意外伤害所产生的治疗费用进行补偿；而长期护理保险产品是对被保险人因慢性疾病或健康状况恶化所产生的长期护理费用进行补偿。两者都是健康保险，且都涉及费用补偿，因此，可将长期护理保险作为医疗费用保险的延伸。

5. 万能型长期护理保险产品

有些长期护理保险产品保险期间较长，被保险人在年轻时就购买了长期护理保险，但可能在多年以后才有长期护理的需要，长期护理保险具有储蓄性质，可以将其开发为保险金额随账户金额变化而变化的。

（二）按照投保人划分

长期护理保险产品按投保人划分为个人长期护理保险产品、团体长期护理保险产品。

（1）个人长期护理保险产品即为以个人名义购买的长期护理保险计划。

（2）团体长期护理保险产品，可分为雇主型保险计划和非雇主型保险计划两种。

雇主型保险计划是指由雇主为雇员以团体的形式购买长期护理保险；非雇主型保险计划是指一些社会团体通过团体的形式为团体中的个人购买长期护理保险，以获得较低的保险费率。

（三）按照保额是否变化划分

长期护理保险产品按保额是否变化划分为保额固定型长期护理保险产品、保额递增型长期护理保险产品。

（1）保额固定型长期护理保险产品，即按保险合同中约定的金额给付，固定不变。

（2）保额递增型长期护理保险产品，即随着生活费用指数和护理机构的护理费用指数的变化，逐年增加保险金给付。

（四）根据承保人的不同划分

长期护理保险产品按承保人的不同划分为社会保险型、商业保险型和国家福利型长期护理保险产品。

为应对人口老龄化的挑战，很多国家纷纷建立长期护理保险制度。关于长期护理保险的内涵，国外理论界和实务界并无太大分歧。但因主办主体、筹资模式、制度特征等差异而形成了不同的长期护理保险制度，大致可以分为社会保险型、商业保险型和国家福利型等三种模式。社会保险型长期护理保险产品，是指由政府或社会通过法律强制规范，对参保人提供护理服务所产生的费用进行补偿的一项社会保险产品。这是目前发达国家中最成熟、关注度最高的一种长期护理保险制度,以德国和日本为代表。商业保险型长期护理保险产品,是指由保险公司主办,投保人自愿缴费参保并在产生长期护理服务费用后由商业保险公司来给付的商业保险产品。美国是世界上较早建立长期护理保险制度的国家,也是商业长期护理保险制度的代表国家。国家福利型长期护理保险产品,是指国家通过提供福利津贴、实物和护理服务,来满足国民的长期护理需求。英国、瑞典是这种制度模式的代表国家。

四、长期护理保险产品的典型内容

(一) 保险金给付责任的规定

各保险公司约定的保险金给付责任并不一样,但通常包含以下内容:

(1) 长期护理保险金,由于年老、疾病、意外伤害等原因造成被保险人丧失生活能力。
(2) 癌症保险金,保险责任范围内的初次发生特定的癌症。
(3) 身故保险金,被保险人死亡可获得。
(4) 老年护理保险金,被保险人60岁后按规定领取。
(5) 老年疾病保险金,初次发生合同约定的疾病。

(二) 给付条件的规定

1. 丧失日常生活能力

如昆仑健康保险股份有限公司某长期护理保险保单规定:被保险人经医院诊断确定丧失独立完成以下六项"日常生活活动"中的三项或三项以上的活动能力即为丧失日常生活能力。

(1) 进食:在食物已经准备好的情况下,自己进食的能力。
(2) 洗澡:淋浴、沐浴或以任何其他方式清洗自己身体的能力。
(3) 更衣:穿脱、扣紧或解开所穿衣物,以及脱戴义肢及其他医疗辅助器具的能力。
(4) 移动:从床上移动至座椅、轮椅或其他替代器械上的能力。
(5) 步行:在室内从房间到房间之间的平地行走能力。
(6) 如厕:独立使用厕所和控制大小便的能力。

2. 医学上的必要性与住院治疗

保险公司要求被保险人住进护理院时与住进医院一样,要有医学上的必要性,此举旨在防范被保险人仅仅为获取护理保险金而进入护理院的道德风险。

3. 认知能力障碍

对于一些患有老年痴呆症等认知能力有障碍的人,他们虽然能够执行某些日常活动,但仍然需要长期护理。为了解决这一矛盾,更加客观地确定保险金给付条件,有些保险公司将认知能力障碍也作为护理保险金的给付标准。

(三) 给付方式的规定

长期护理保险的给付方式主要有现金给付(费用补偿)和实物给付。

1. 现金给付

现金给付方式又分为固定金额给付型(年金方式给付或一次性给付)和费用补偿

型。采用固定金额给付时,保险公司根据被保险人所要接受的不同等级的长期护理服务给付不同的护理保险金。固定金额给付与被保险人接受长期护理服务所花费的实际支出没有关系。法国主要采用固定金额方式中的固定年金给付,我国主要采用一次性的给付方式。采用费用补偿型时,保险公司对被保险人接受长期护理服务时所产生的实际、直接的护理费用进行补偿,美国也主要采取这种方式。采用现金给付方式可以使被保险人在一定范围内自由选择护理机构,较大限度地满足其护理需求。

2. 实物给付

实物给付即被保险人在满足给付条件的前提下,保险人直接向被保险人提供护理服务来作为保险金给付方式。实物给付的优点在于它可以真正满足被保险人的长期护理需求,不需要自己寻找护理机构,同时可有效防范道德风险。但此种给付方式对保险公司的专业化要求较高。日本和德国主要采用实物给付方式。

 产品示例

产品信息
所属公司:陆家嘴国泰
投保年龄:18 周岁至 55 周岁

表 5 – 2   国泰康顺长期护理保险

保障项	保额	说明
疾病身故或第一级残疾保险金	12 万元	被保险人因疾病身故的,我们按被保险人身故日的当年度保险金额给付疾病身故保险金,本合同效力终止。 被保险人导致附表所列第一级残疾的,我们按被保险人第一级残疾诊断确定日的当年度保险金额,给付第一级残疾保险金,本合同效力终止。 我们依交费期间届满与否区分当年度保险金额: (一)交费期间内:保险单载明的保险金额; (二)交费期满后:保险单载明的保险金额的 1.2 倍。 前述疾病身故或第一级残疾保险金两者,我们仅按其中一项保险金的约定给付;若被保险人同时导致一项以上的第一级残疾程度的,第一级残疾保险金的给付仍以一项为限。 被保险人导致第一级残疾同时符合 3.5 条约定的长期看护状态的,本合同效力终止且第 10.1 条"减额交清保险"、10.2 条"保险金额减少"、第 11.1 条"保险合同借款"及第 12.1 条"您解除合同的手续及风险"的约定不再适用。 但在继续符合长期看护状态的期间内,我们仍依照约定给付长期看护复健保险金及长期看护保险金。
长期看护复健保险金	12000 元	被保险人经我们指定或认可的医疗机构诊断确定符合 3.5 条约定的长期看护状态的,我们于免责期间结束的次日按保险单载明的保险金额的百分之十二,给付长期看护复健保险金。但终身以领取一次为限。 被保险人于本合同交费期间内经诊断确定符合长期看护状态的,将追溯自长期看护状态确定之日起,您免交本合同(不含其他附加合同)的保险费。本合同有效且免交保险费期间,被保险人如未能继续符合 3.5 条约定的长期看护状态的,您应自诊断确定未继续符合长期看护状态时起续交保险费。

续表

保障项	保额	说明
长期看护保险金	1万元	被保险人经我们指定或认可的医疗机构诊断确定符合3.5条约定的长期看护状态的,我们于免责期间结束的次日起,在每届满半年时按保险单载明的保险金额的百分之十,给付一次长期看护保险金。 长期看护保险金给付期间,被保险人如未能继续符合长期看护状态的,我们随即停止此项保险金的给付。
满期保险金	12万元	被保险人年龄达到八十八周岁的合同生效对应日仍生存的,在本合同效力未终止的情形下,我们按保险单载明的保险金额的1.2倍给付满期保险金,本合同即行终止。

任务六 了解医疗意外险

一、熟悉医疗意外险

依据我国相关法律的规定,医疗意外保险,是指按照保险合同约定发生不能归责于医疗机构、医护人员责任的医疗损害,为被保险人提供保障的保险。

国家的"十三五"规划纲要提出"加快发展医疗意外险和医疗责任险的有机结合",在临床医疗安全的实践过程中有重要意义;结合医疗质量最高法规、国家卫计委在2016年11月1日执行的新版《医疗质量管理办法》第三十六条明确规定:"医疗机构应当利用医疗意外险、医疗责任险保护医患合法权益。"由此医疗意外险作为缓解和降低医疗纠纷的发生提供法理依据,并作为全国医疗系统应对医疗纠纷提供了一个崭新的方法和有效的工具;银保监会2019年11月12日发布了新修订的《健康保险管理办法》,新《办法》增加了一些创新性规定,比如将医疗意外险纳入健康保险范畴。

医疗意外保险是社会发展的需要,是医疗市场发展到一定程度时的一种产物。它无论是对保险公司对医院还是对患者都是有益的。按照中国的实际情况,医疗行为发生了事故后,一般都是由医院解决而不是由保险公司来解决(包括协调、鉴定、司法诉讼),待解决后到保险公司进行理赔。它既制约了医院参保的热情,也制约了患者参保的积极性。医疗行为发生事故通常有两种情况:一是医疗机构、医护人员有责任,此种情况下,若医疗机构投保医疗责任险,那么由保险公司代其承担民事赔偿责任,最终的保险赔款支付给患者或家属;二是医疗机构、医护人员无责任,往往会增加了医疗纠纷,一定程度地扰乱医疗秩序,降低医患信任度,甚至使得医疗机构不得已承认存在医疗责任,侵害医疗机构、医护人员声誉和经济利益,现在有了医疗意外险,保险公司对因医疗意外给患者造成损害直接补偿患者及家属,可以减少患者的医疗损害,也可以让患者及其家属减少经济损失。

二、医疗意外险的特征

（一）保险产品的创新性

2019年银保监会发布新的《健康保险管理办法》后，保险公司开始创新推出医疗意外险产品。

（二）保险责任的特殊性

医疗意外险不是意外医疗险，不是保障被保险人遭遇意外事故之后产生的医疗费用、伤残导致的经济损失、恢复产生的护理费用等，而是保障因为医疗意外给患者造成的伤害，同时区别于医疗责任险，保障的不是医疗机构、医护人员因医疗责任而应该承担的民事赔偿责任。

 **产品示例**

医疗意外保险条款都邦财产保险股份有限公司医疗意外保险条款

总则

第一条　本保险合同（以下简称"本合同"）由保险条款、投保单、保险单、保险凭证、被保险人名册以及批单等组成。凡涉及本合同的约定，均应采用书面形式。

第二条　在保险人指定或认可的医院接受住院治疗者，可作为本合同的被保险人。

第三条　具有完全民事行为能力的被保险人本人及对被保险人有保险利益的个人可作为本合同的投保人。

第四条　本合同保险金的受益人包括：

（一）身故保险金受益人

订立本合同时，被保险人或投保人可指定一人或数人为身故、医疗事故保险金受益人。身故、医疗事故保险金受益人为数人时，应确定其受益顺序和受益份额；未确定受益份额的，各受益人按照相等份额享有受益权。投保人指定受益人时须经被保险人同意。

被保险人死亡后，有下列情形之一的，保险金作为被保险人的遗产，由保险人依照《中华人民共和国继承法》的规定履行给付保险金的义务：

（1）没有指定受益人，或者受益人指定不明无法确定的；

（2）受益人先于被保险人死亡，没有其他受益人的；

（3）受益人依法丧失受益权或者放弃受益权，没有其他受益人的。

受益人与被保险人在同一事件中死亡，且不能确定死亡先后顺序的，推定受益人死亡在先。

被保险人或投保人可以变更身故、医疗事故保险金受益人，但需书面通知保险人，由保险人在本合同上批注。对因身故、医疗事故保险金受益人变更发生的法律纠纷，保险人不承担任何责任。

投保人指定或变更身故、医疗事故保险金受益人的，应经被保险人书面同意。被保险人为无民事行为能力人或限制民事行为能力人的，应由其监护人指定或变更身故、医疗事故保险金受益人。

（二）残疾保险金受益人

本合同残疾保险金的受益人为被保险人本人。

（三）医疗事故保险金受益人

本合同医疗事故保险金的受益人为被保险人本人。

保险责任

第五条　在本合同保险期间内，保险人承担下列保险责任：

（一）意外身故保险责任

被保险人在保险人指定或认可的医院接受住院治疗期间，因遭受意外伤害事故，并自事故发生之日起一百八十日内（含第一百八十日）身故的，保险人按其意外伤害身故保险金额给付意外伤害身故保险金，保险责任终止。

在给付意外身故保险金前，如该被保险人已领取过意外残疾保险金，保险人将从给付的意外身故保险金中扣除已给付的意外残疾保险金。

（二）意外残疾保险责任

被保险人在保险人指定或认可的医院接受住院治疗期间，遭受意外伤害事故，且自意外伤害事故发生之日起一百八十日内（含第一百八十日），因该意外事故导致身体残疾，保险人根据《人身保险残疾程度与保险金给付比例表》（以下简称"比例表"）的规定给付意外残疾保险金。被保险人仍需继续接受治疗的，保险人根据被保险人在第一百八十日时的身体状况，对其进行残疾鉴定，并据此给付意外残疾保险金。

被保险人因同一意外伤害事故而导致一项以上身体残疾的，保险人给付比例表内所对应残疾项目保险金之和。若不同残疾项目属于同一手或同一足，保险人仅给付其中较高一项的意外残疾保险金。

保险人对同一被保险人所负的残疾保险金给付责任最高以本合同约定的保险金额为限，若保险人累计给付的意外残疾保险金达到保险金额时，保险责任终止。

（三）医疗事故保险责任

被保险人在保险人指定或认可的医院接受住院治疗时遭受医疗事故的，保险人按负责组织医疗事故技术鉴定工作的医学会组织的专家鉴定组确认的医疗事故等级给付相对应的医疗事故保险金，该项保险责任终止。

责任免除

第六条　存在下列情形之一，被保险人身故、残疾或医疗事故的，保险人不承担保险金给付责任：

（一）投保人对被保险人的故意杀害、伤害；

（二）被保险人犯罪或者抗拒依法采取的刑事强制措施；

（三）被保险人殴斗、自杀、故意自伤或因受酒精、毒品及管制药物；

（四）被保险人未遵医嘱，私自服用、涂用、注射药物；

（五）被保险人在精神疾患尚未治愈期间；

（六）被保险人流产、分娩；

（七）被保险人整容手术；

（八）被保险人患有艾滋病或者感染艾滋病毒（HIV阳性）期间；

（九）被保险人从事或参与恐怖主义活动、邪教组织活动；

（十）战争、军事行动、暴乱或者武装叛乱；

（十一）核爆炸、核辐射或者核污染。

发生上述情形，被保险人身故的，本合同终止，保险人退还该被保险人未满期保险费。

保险金额和保险费

第七条 本合同的每份的保险金额为人民币 10000 元。

（一）每份保险费人民币 30 元；

（二）下列高风险患者每份保险费为人民币 60 元：

（1）拟接受心脏手术的患者；

（2）拟接受开颅手术的患者；

（3）拟接受胸椎、颈椎手术的患者；

（4）拟接受化疗、放疗的患者；

（5）年龄在 65 周岁（含 65 周岁）以上的患者。

投保人应按照本合同要求交纳保险费。

保险期间

第八条 本合同自被保险人办妥住院手续，保险人同意承保、收取保险费并签发保险单时起至被保险人本次住院治疗结束，办理出院手续时止。

资料来源：http://www.iachina.cn/col/col3069/index.html

练习模块

一、单选题

1. （　　）是一种旨在通过订立商业保险合同对被保险人因疾病或意外事故所致伤害时发生的医疗费用进行报销或补偿的保险产品。

　　A. 医疗保险产品　　　　　　B. 健康保险产品

　　C. 疾病保险产品　　　　　　D. 护理保险产品

2. 根据保障的疾病范围，不属于特种疾病保险的产品为（　　）。

　　A. 生育保险　　　　　　　　B. 牙科费用保险

　　C. 儿童特种疾病保险　　　　D. 眼科保健保险

二、多选题

1. 以下属于医疗保险责任免除的有（　　）。

　　A. 投保人、受益人对投保人的故意杀害、故意伤害

　　B. 投保人、受益人对被保险人的故意杀害、故意伤害

　　C. 被保险人故意自伤、故意犯罪或拒捕

　　D. 被保险人服用、吸食或注射毒品

　　E. 投保人酒后驾驶、无合法有效驾驶证驾驶，或驾驶无有效行驶证的机动车

2. 以下（　　）是医疗保险对单项医疗费用规定的限额。

　　A. 规定住院费用的给付限额，包括每天的给付限额和住院天数的

限制

B. 规定外科手术费用限额

C. 规定门诊次数、每次门诊费用，以及一定时期内总的门诊费用限额

D. 规定各种疾病的给付限额

三、判断题

1. 医疗保险产品适用"损失补偿原则"。（   ）
2. 给付期限，是指失能收入损失保单支付保险金的最长时间。（   ）
3. 医疗意外险保障被保险人遭遇意外事故之后产生的医疗费用、伤残导致的经济损失、恢复产生的护理费用等。（   ）

四、问题讨论

1. 概述疾病保险特点。
2. 搜集保险产品条款，研讨重大疾病保险产品、特种疾病保险产品。

五、实训练习

1. 请同学们按照学习小组分组讨论以下案例。根据客户的情况，规划健康保险产品，使其获得最优保障。

张先生，40岁，医生，有城镇职工基本医疗保险（费用型医疗保险）。医院为其购买了补充医疗保险一份。上个月张先生因为甲状腺癌住院，花费医疗费用26895.4元。

2. 完成以下产品解读练习。

任务描述

某寿险公司××保险条款（节选）

第二条 投保范围

年龄在六十五周岁以下的身体健康者，可作为被保险人参加本保险。

第三条 保险期间和续保

本合同保险期间为一年，除另有约定外，自本合同生效之日起至本合同约定终止日二十四时止。

投保人可于保险期间届满之前或在本合同约定的交费宽限期内，经本公司同意后，向本公司交付续保保险费，本合同于保险期间届满的次日起延续有效一年。本合同可按上述方式续保至被保险人年满七十周岁后的第一个年生效对应日。

本公司保留终止本合同续保的权利，并有权调整保险费收费标准。

第四条 保险责任

在本合同保险期间内，被保险人遭受意外伤害，本公司依下列约定承担保险责任：

一、意外伤害身故、残疾和烧伤

1. 被保险人自遭受意外伤害之日起一百八十日内因该意外伤害导致身故的，本公司按保险单所载意外伤害保险金额给付身故保险金，本合同终止。

2. 被保险人自遭受意外伤害之日起一百八十日内因该意外伤害导致

身体残疾的，本公司根据《人身保险残疾程度与保险金给付比例表》，按保险单所载意外伤害保险金额及该项残疾所对应的给付比例给付残疾保险金。如治疗仍未结束的，按第一百八十日的身体情况进行残疾鉴定，并据此给付残疾保险金。

被保险人因同一意外伤害造成一项以上身体残疾时，本公司给付对应项残疾保险金之和。但不同残疾项目属于同一手或者同一足时，本公司仅给付其中一项残疾保险金；如残疾项目所对应的给付比例不同时，仅给付其中比例较高一项的残疾保险金。

3. 被保险人因意外伤害造成烧伤，本公司根据《意外伤害烧伤保险金给付比例表》的规定，按保险单所载意外伤害保险金额及烧伤面积所对应的给付比例给付烧伤保险金。

被保险人因同一意外伤害造成身体不同部位烧伤时，本公司仅给付比例较高一项的保险金。

被保险人因不同意外伤害造成的烧伤，发生在身体同一部位时，本公司仅给付比例较高一项的烧伤保险金；若后次比例较高，须扣除前次已给付的烧伤保险金；若前次比例较高，则本公司不再给付后次的烧伤保险金。

被保险人因不同意外伤害造成的烧伤，发生在身体不同的部位时，本公司分别给付各项烧伤保险金。

4. 本公司对被保险人一次或者累计给付身故、残疾或者烧伤保险金之和达到保险单所载意外伤害保险金额时，本合同的上述保险责任终止。

5. 如被保险人购票乘坐有指定路线的公共交通工具、在载客的电梯内（矿场及任何建筑工地的升降机除外）或者在一所发生火警的戏院、公众礼堂、酒店、学校、商业写字楼及医院内遭受意外伤害，并在一百八十日内因该意外伤害导致身故的，本公司除按本合同约定给付身故保险金外，另按保险单所载意外伤害保险金额给付保险金。

二、意外伤害医疗

被保险人自遭受意外伤害之日起一百八十日内，因该意外伤害在二级以上（含二级）医院或本公司认可的其他医疗机构诊疗，对被保险人每次意外伤害事故所发生并实际支出的符合当地公费医疗、社会医疗保险支付范围的医疗费用，本公司在扣除当地公费医疗、社会医疗保险和其他途径已经补偿或给付部分以及本合同约定的免赔额后，对其余额按本合同约定给付比例给付医疗保险金。医疗保险金的免赔额和给付比例，分别按照被保险人是否参加公费医疗、社会医疗保险的情况，由投保人在投保时与本公司协商确定并在保险单上载明。

本公司给付的医疗保险金以本合同约定的医疗保险金额为限，一次或累计给付的医疗保险金达到本合同约定的医疗保险金额时，本合同的医疗保险责任终止。

三、意外伤害住院津贴

1. 被保险人因遭受意外伤害在二级以上（含二级）医院住院治疗，本公司按被保险人实际住院日数乘以保险单所载每日生活津贴标准给付住院津贴，但最高给付日数以一百八十日为限。

2. 被保险人因意外伤害造成骨折但未住院治疗的，本公司根据《骨折类别及骨折程度表》中骨折类别所对应的给付日数乘以每日住院津贴标准给付住院津贴。

四、意外伤害保险金额、医疗保险金额、意外伤害住院津贴最高给付日数均以意外伤害发生日所在保单年度为准。

第五条 责任免除

因下列情形之一，导致被保险人身故、残疾、烧伤、住院或者发生医疗费用，本公司不承担给付保险金的责任：

一、投保人对被保险人的故意杀害、故意伤害；

二、被保险人故意犯罪或者抗拒依法采取的刑事强制措施；

三、被保险人殴斗、醉酒、服用、吸食、注射毒品；

四、被保险人自杀或故意自伤，但被保险人自杀或故意自伤时为无民事行为能力人的除外；

五、被保险人受酒精、毒品、管制药物的影响而导致的意外；

六、被保险人酒后驾驶、无合法有效驾驶执照驾驶或者驾驶无有效行驶证的机动车；

七、被保险人流产、分娩；

八、被保险人因整容手术或者其他内、外科手术导致医疗事故；

九、被保险人未遵医嘱，私自服用、涂用、注射药物；

十、被保险人参加潜水、跳伞、攀岩、探险、武术比赛、摔跤比赛、特技表演、赛马、赛车等高风险运动；

十一、战争、军事冲突、暴乱或者武装叛乱；

十二、核爆炸、核辐射或者核污染。

发生以上任何情形，导致被保险人身故的，本合同终止。未发生保险金给付的，本公司向投保人退还本合同的现金价值，但投保人对被保险人故意杀害或伤害造成被保险人身故的，本公司退还本合同的现金价值，作为被保险人遗产处理；已发生保险金给付的，本公司不退还现金价值。

第六条 保险金额

本合同的保险金额由投保人在投保时与本公司协商确定并在保险单上载明。

第七条 保险费

本合同的保险费由投保人在投保或续保时一次交清。

第八条 交费宽限期

保险期间届满日的次日起六十日为交费宽限期。在交费宽限期内发生保险事故，本公司仍承担保险责任，但有权从给付的保险金中扣除该保单年度投保人应交而未交付的保险费。超过交费宽限期投保人仍未交付保险费的,本合同效力自交费宽限期届满的次日起终止。

第九条 残疾或烧伤程度的鉴定

被保险人因意外伤害造成身体残疾或烧伤的,应在治疗结束后,由二级以上(含二级)医院、本公司认可的其他医疗机构或鉴定机构出具能够证明被保险人残疾或烧伤程度的资料。若本合同任何一方对残疾或烧伤程度的认定有异议,则以司法鉴定机构的鉴定结果为准。

被保险人自遭受意外伤害之日起一百八十日内治疗仍未结束的,应按第一百八十日的身体情况出具资料或进行司法鉴定。

表 5-3　　　　　　　　　　　该款保险产品费率表

年保险费　　　　　　　　　　　　　　　　　　　　　　　　货币单位:人民币元

职业类别	一	二	三	四	五	六
意外伤害保险金额:1000 元	2.2	2.8	4.0	5.0	7.0	9.0
医疗保险金额:1000 元	8.0	10.0	13.0	16.0	22.0	30.0
意外伤害住院津贴每 10 元/日	7.0	8.0	10.0	16.0	21.0	30.0

请按提示完成以下技能测试题目:

(1) 根据以上所给条款资料,分析指出该款保险产品的种类,并为该保险产品命名(商品名)。(20 分)

(2) 阅读以上所给条款资料,归纳总结该款保险产品的特色。(30 分)

(3) 假如你是一名保险推销员,你将该款保险推荐给哪些人群投保?请说明理由。(10 分)

(4) 某人一类职业,购买该款保险 10 份,需年缴保费多少元?列式计算。列表分析可获得怎样的保障?(10 分)

表 5-4　　　　　　　　　　　保险利益表

保险利益	保费合计

(5) 某人六类职业,购买该款保险 10 份,需年缴保费多少元?列式计算。列表分析可获得怎样的保障?(10 分)

表 5-5　　　　　　　　　　　保险利益表

保险利益	保费合计

项目小结

健康保险产品体系，并解读医疗保险、疾病保险、失能收入损失保险和长期护理保险医疗意外保险五大类商业健康保险具体产品。

医疗保险产品（Medial insurance），又称医疗费用保险产品，是一种旨在通过订立商业保险合同对被保险人因疾病或意外事故所致伤害时发生的医疗费用进行报销或补偿的保险产品。具备鲜明特点：无须指定受益人、所覆盖的风险具有复杂性、多为短期性产品、产品设计有年龄限制与分档要求、一般只覆盖医疗支出的直接费用、费用类产品适用"损失补偿原则"、理赔程序相对复杂。根据承保人的不同，医疗保险产品可分为社保医保产品和商业医疗保险产品；按照给付方式的不同，医疗保险产品可以分为费用报销型医疗保险产品、津贴型医疗保险产品（定额给付型医疗保险产品）；根据承保内容的不同，医疗保险产品可以分为基本医疗保险产品、高额医疗保险产品、特种医疗保险产品。

疾病保险产品（Sickness insurance），是以保险期限内被保险人首次诊断出保险合同约定的疾病为保险金给付条件的健康保险产品。只要在保险期间，被保险人初次诊断出符合合同条款的疾病，无论被保险人是否选择就医，只需向保险公司出具病情诊断书证实确实患病，保险公司就给付约定的保险金额，属于定额给付型保险产品。其特点包括：性别差异大的疾病保险产品、多为长期保险、保费豁免、理赔程序相对简便。根据所保疾病不同，可分为特种疾病保险产品和重大疾病保险产品；根据是否可以单独承保，可分为基本疾病保险产品和附加疾病保险产品。疾病保险产品分为重大疾病保险、特种疾病保险。

失能收入损失保险产品（Disability income insurance），指当被保险人在保险合同有效期内因疾病或意外伤害导致残疾，丧失部分或全部工作能力而不能获得正常收入或正常收入减少时，为被保险人的收入损失提供经济补偿的健康保险产品。失能收入补的不是为恢复健康而产生的直接经济损失，而是因失去工作能力引起的收入损失这种间接经济损失。失能收入损失保险产品的类别丰富。

长期护理保险产品指对被保险人因年老、慢性或严重疾病、意外伤害等导致身体上的某些功能全部或部分丧失，生活无法自理，需要在家接受他人护理或在护理机构接受稳定护理时所支付的各种费用进行补偿的健康保险产品。具备更适合老年人养老、保险金给付期限灵活、豁免保费、通常保证续保等特点，种类丰富。

医疗意外保险，是指按照保险合同约定发生不能归责于医疗机构、医护人员责任的医疗损害，为被保险人提供保障的保险。保险责任特殊，是按照国家政策研发的新产品。

实务篇

　　随着我国国民经济快速健康发展和人民生活水平不断提高，医疗体制改革的逐步深入，人们对健康越来越重视，商业健康保险市场的发展潜力也越来越巨大。近年来，健康保险保费快速增长，经营主体不断增多，产品不断丰富，经营管理水平不断提升。与此同时，健康保险与人寿保险在产品设计、费率厘定、风险管理以及经营技术上存在很大不同，健康保险的经营管理要求更严谨更专业。首先，健康保险的标的是人的身体，风险复杂多变且难以控制；其次，健康保险业务的经营涉及第三方医疗服务提供机构，从而面临较高的道德风险和逆选择；最后，健康保险产品多样，合同条款复杂，经营涉及领域宽泛，专业性要求很高。本章将聚焦健康保险业务经营管理的各个环节，包括营销、投保与核保、保全、索赔与理赔等，帮助读者理清健康保险经营管理的整体思路，了解健康保险的经营管理各环节的基本流程与特征，重新审视健康保险经营管理的未来发展。

项目六 健康保险营销

学习目标

知识学习目标：
☐ 掌握健康保险营销概念、目的、特点、原则
☐ 理解健康保险营销策略
☐ 掌握健康保险营销过程
☐ 了解健康保险营销渠道

技能训练目标：
☐ 能够完成健康保险营销方案设计
☐ 能够完成个险健康保险计划书设计
☐ 能够完成团体健康保险计划书设计

工作任务

1. 认识我国健康保险营销现状。
2. 掌握健康保险营销策略制定方法。
3. 掌握健康保险营销过程，掌握与客户有效沟通话术，掌握保险营销方案、个险和团险保险计划书制作方法。
4. 掌握不同的保险营销渠道，了解创新对保险营销的作用。

导入案例

中国银行保险监督管理委员会行政处罚决定书

银保监罚决字〔2021〕6号

根据《中华人民共和国保险法》（以下简称《保险法》）和《中华人民共和国行政处罚法》等有关规定，我会对永达理涉嫌违法一案进行了立案调查、审理，并依法向

当事人告知了作出行政处罚的事实、理由、依据及当事人依法享有的权利。在法定陈述申辩期内，当事人未提出陈述申辩意见。本案现已审理终结。

经查，永达理存在以下违法行为：

给予投保人、被保险人或者受益人保险合同约定以外的利益

永达理2018年上半年、下半年分别组织业务人员及其亲属、客户参加"高峰会议""极峰会议"，并出境旅游。部分客户出境费用由公司业务人员支付至公司账户，其中上半年"高峰会议"活动中，28名客户的费用由公司业务人员代为支付，涉及金额66.7万元；下半年"极峰会议"活动中，15名客户的费用由公司业务人员代为支付，涉及金额33.82万元。

李怀三时任公司副总经理，分管风控、合规、活动宣传等，对该违法行为负有直接责任。

上述事实有公司内部文件及签报、"高峰""极峰"相关的会议材料、公司出具的情况说明、调查笔录等证据证明。

资料来源：中国银行保险监督管理委员会 http://www.cbirc.gov.cn/cn/view/pages/ItemDetail.html? docId=973858&itemId=4113&generaltype=9

 职业素养提升

2015年是保险销售人员历史上的转折点：取消保险从业资格考试，大批人员进入保险销售团队，自此以后，保险代理人数量以年均百万的速度快速前进。截至2019年底，保险营销队伍接近1000万人。

从2019年的《关于开展保险公司销售从业人员执业登记数据清核工作》《开展保险专业中介机构从业人员执业登记数据清核工作》到2020年5月19日的《关于落实保险公司主体责任 加强保险销售人员管理的通知》《关于切实加强保险专业中介机构从业人员管理的通知》（以下简称两个《通知》），在保险从业人员整顿路上，监管力度不断加大。两个《通知》是在《保险法》及保险代理人、经纪人、公估人三部监管规章等法律法规框架下，结合2019年在从业人员清核中发现的问题，紧扣保险机构管理责任这个关键点，对保险机构主体责任的明晰化。"从业人员直接面对保险消费者从事保险销售、咨询等服务，其素质水平、诚信状况直接关系到保险消费者切身利益，直接影响保险行业形象。"身兼保险行业"行走的名片"的重任，监管必须提纲挈领、抓主要矛盾和矛盾的主要方面，才能更好的解决问题，惩治乱象。同时，两个《通知》从加强战略统筹、严格招录管理、严格培训管理、严格资质管理、严格从业管理、夯实基础管理、严格监管监督等方面，分别对保险公司、保险专业中介机构落实从业人员管理主体责任明确监管要求。建立全过程管理，将从业人员发展管理作为系统工程，抓住从入职到离职过程中的关键环节进行细化规定。

资料来源：银保监会整顿千万保险营销军团打"组合拳"！从清核到全流程监测，失信者寸步难行！https://baijiahao.baidu.com/s? id=1667101077859728939

1. 什么是保险营销？
2. 保险营销员要注意哪些问题？

任务一
认识健康保险营销

 业务描述

随着社会发展、环境变化,人们越来越认识到健康保险的必要性、重要性,如何有效地将保险公司研发的健康保险产品推向消费者,正是健康保险营销解决的问题。

一、健康保险营销概念

健康保险营销是指保险企业在变化的市场环境中,以市场需求为中心,以健康保险为产品,通过同他人交换健康保险产品和价值以满足其需求和欲望,同时实现企业目标的一系列活动。

健康保险营销这一概念内涵丰富:

(1) 了解消费者保险需求;

(2) 利用险种、费率、保险促销等组合手段;

(3) 满足顾客需要;

(4) 实现企业经营战略目标。

保险营销的基础是核心产品的推销。保险产品的核心是提供经济保障,顾客购买保险并不是为了买一张保险单,其目的在于转嫁自身的风险,获得经济保障,维持生产和生活的稳定。保险产品并不为人们提供一个直观的外界对象的客体,不能以某种物理属性直接满足人们生活和生产上的需要,它的使用价值只是作为一种观念物而存在。保险营销人员的职责之一就是树立人们的这种观念,从而满足人们转嫁风险、获得经济保障的需要。

保险营销的形式表现是形式产品的推销。保险产品的形式产品通过险种名称、保单条款、公司名称、保险费率等表现出来。保险商品买卖的成交,以保险合同关系当事人双方承诺履行一定的义务并取得相应的权利为基础。保险费率作为保险商品的价格,其制定发生在成本之前,这与有形产品的价格制定在成本发生之后显然不同。保险营销就是要通过保险产品的形式产品,实现保险商品的实际买卖。

保险营销实现的根本保证是附加产品。保险产品的附加产品主要包括保险服务,保险服务包括保前、保中、保后服务。保前服务是指展业人员进行保险宣传,向投保人介绍有关保险知识,了解保户的保险需求等;保中服务主要体现在根据保户的实际情况进行保险设计;保后服务则包括防灾防损、出险后进行理赔等环节。保后服务至关重要,是保险营销有别于其他营销的重要标志。就有形商品而言,售后服务主要是为了促进销售,提高顾客满意度,显然与保险售后服务不可同日而语。因为人们购买保险,就是为了获得在一定条件下的经济补偿或给付,因而售后服务是保险产品整体概念不可分割的组成部分，是保险营销实现的根本保证，而有形商品则不一定非有售后服务不可。就其他服务商品而言，对顾客影响最大的主要是售中服务，例如餐饮、旅游等便是如此。

保险商品与普通有形商品的分销渠道差异很大，主要表现在：首先，保险商品不存在实体分销，因为保险是一种服务商品，其生产与消费同时发生，没有实体转移的发生。其次，保险商品没有经销商。保险商品虽然也有中间商——保险代理人和保险经纪人，但他们只是分别代表保险企业和保户签订保险合同，对保险商品既没有所有权，也没有费率决定权。

对保险营销的理解要特别注意的是：保险营销并不等同于简单的保单推销。首先，从业务员的角度来看，保险营销要求业务员与准客户之间保持密切的联系，互通有无，不仅是卖保单的商业行为，更是永远的朋友。其次，从保险企业的角度来看，保险营销要求保险企业建立一套包含保单需求分析、实际营销、售后服务在内的一系列活动，其重点在于根据市场需要设计保险产品，其目的是实现保险企业经营的战略目标。

二、健康保险营销目的

健康保险营销的目的包括：通过满足人们的保险需求和愿望，实现保险企业的经营目标。其内涵应包括下述四个方面的内容：

（一）不仅要满足顾客的需求，而且要使其满意

有效的保险营销应达到这样的效果：由于所提供的某种保险商品较好地满足了顾客的需求和愿望，使其满意并产生购买本企业其他保险商品的愿望，或者通过需求得到满足的顾客去影响潜在顾客，扩大保险承保面。

（二）不仅要满足现实保险需求，而且要满足潜在保险需求

人们对保险的现实需求表现为对某种已存在的险种准备投保，而对保险的潜在需求则表现为由于某些原因还不可能立即投保，或者对某种险种的问世存在期望。满足潜在保险需求，要求保险企业在市场调查和预测的基础上，运用各种营销手段，开发新险种，开拓新市场，满足不同层次的保险需求。

（三）不仅要满足今天的保险需求，还要注意如何满足明天的保险需求

满足需求与愿望，必须建立一个动态的观念。随着客观经济环境的变动、消费者所面临风险状况的变化以及人们收入的增长，人们对保险的需求也在不断发生变化。保险营销要求业务人员及时掌握顾客的这种变化的趋势与程度，保险企业则利用汇总的信息掌握整个市场的动向，以不同的营销组合来满足人们处于变化中的保险需求。

（四）在以消费者为中心、满足顾客的保险需求与愿望的基础上，实现保险企业的经营目标

市场经济条件下，保险企业作为自主经营、自负盈亏、自我约束、自我发展的市场竞争主体和法人实体，其经营活动是一种有偿的经济活动，必须以谋求最大效益性为原则。

三、健康保险营销特征

健康保险营销既符合一般保险营销的特征，又具备一些自身特殊性，包括：

（一）健康保险营销的无形性

保险产品的无形特征决定了围绕保险产品开展的营销活动必然有别于有形产品的营销活动，健康保险营销也不例外。健康保险产品没有实物形态，以无形的承诺形式出现，在风险事故发生后通过理赔等保障服务来化解人们面临的疾病、伤残、收入损失等风险，来满足人们的生产生活需要，充分发挥健康保险在保障民生、促进消费和拉动内需等方面的重要作用，促进保险+健康、养老等社会服务领域的融合发展。

（二）健康保险营销的专业性

健康保险产品是在被保险人发生疾病（生育）、意外及医疗行为而产生医疗费用支出或收入损失时，按合同约定由保险人给予补偿的一种保险产品，相比其他险种要么标准化条款要么类别不多的特点，健康保险产品种类多、差异大、条款复杂，涉及保险专业术语、基本保险条款、医学、法律等内容，这就对从事健康保险产品营销的人员提出极高的要求，不仅要掌握营销理论、技巧，还要掌握风险管理、保险、医学、法律等学科知识、技能。只有这样，健康保险产品营销人员才能为客户识别健康风险、规划健康保险产品组合，逐渐让消费者认同专业水平，在客户服务中为其提供高质量、必要的支持和帮助。

（三）健康保险营销的社会性

随着社会发展、环境变化，健康风险对人们生产生活的影响越来越大，伴随着疾病发展和医疗科技进步，人们罹患疾病或者因其他医疗行为发生造成的医疗成本的逐渐走高，再加上人们对健康风险的认知越来越客观，渐渐选择购买健康保险来对抗风险。健康保险能够化解疾病费用风险、收入损失风险，对作为社会基本细胞的家庭的抗风险能力起到很好的保障作用，而这种家庭范围的稳定将保证社会的稳定。因此，健康风险的客观存在性必然决定了健康保险营销具有明显的社会性。

（四）健康保险营销的信息不对称性

保险企业作为健康保险产品的提供者，对产品设计拥有充分的信息，而产品的专业性对普通消费者是不利的，因为消费者不能像购买有形商品那样，通过阅读说明书或销售人员的现场演示来鉴别产品优劣，这种信息的不对称对消费者的购买造成障碍，这是信息不对称的第一个表现。同时，健康保险产品是服务型产品，产品价格以及规格的确定，都需要消费者在购买时履行如实告知义务。虽然保险企业可以通过一定的调查或设计来尽量规避道德风险，但由于信息的私人性，并不能完全规避，这种风险的逼迫负担使保险企业在核保时处于不利的境地，这是信息不对称的第二个表现。此外，信息不对称性的第三个表现是关于医疗机构的。健康保险企业的主要给付是针对被保险人的医疗费用支出，而提供医疗服务的种类与数量信息完全由医疗机构掌握，且该信息具有很强的专业性,这就使保险企业在核赔过程中处于不利的位置,同时也使被保险人处于不利的位置。要解决这三种信息的不对称,就要求保险方、投保方以及医疗服务提供方能够将各自的信息如实告知给对方,履行最大诚信原则。

(五) 健康保险营销的不确定性

保险作为负债经营,其实际成本要到保险期限结束甚至责任期间终止后才能体现,不像一般商品,成本可控,在销售前就可以通过对设备费用、原材料费用、人工费用以及其他费用的核算来计算确切的成本,同时在销售时能够根据成本来、收入来实现预期利润,也就是说,一般商品的成本是事前成本。但健康保险成本是事后成本,事前只是根据经验预测可能成本与利润。再加上健康保险经营过程中面临着消费者的逆选择和道德风险、医疗机构过度医疗等问题,更容易导致健康保险产品成本、利润难以控制,都会导致健康保险营销成本的不确定性。

(六) 健康保险营销的渠道依赖性

健康保险产品作为专业性很强的保险产品,必须要经过一定的渠道,才能到达消费者手中,满足消费者的保障需求,这个流通渠道就是保险营销渠道。我国保险公司人身保险产品销售大多通过个险、团险、银行保险、电商网络营销四种渠道。从四种渠道的业务规模和利润贡献来看个险和银保两个渠道的贡献度较大,保险公司还尝试了专业经纪公司、代理公司等间接渠道开展业务。随着社会发展,人们消费习惯在发生潜移默化的变化,保险公司需要调研需求、消费模式等现状,选择恰当的营销渠道。

四、健康保险营销原则

由于健康保险营销具有一定的特殊性,所以在营销环节上应该遵循以下一些原则:

(一) 最大诚信原则

一般商品的买卖交易建立在信守诺言、等价有偿的基础上。而诚信对健康保险营销显得尤其重要。这是因为健康保险营销中存在着信息不对称。而我们知道,交易信息不对称必然导致交易质量低下,所以遵循最大诚信原则是提高交易质量的必然要求。诚信是属于道德范畴,诚信推销既是对推销人员的素质与道德水准的要求,也是对推销人员的职业规范的要求。

(二) 顾客中心原则

"以顾客为中心"的观念产生于20世纪50年代,它强调买卖双方的共同利益,要求推销人员必须具有良好的职业道德,并在推销过程中加强对顾客的服务。

(三) 客户至上原则

现代市场营销越来越注重营销服务。这一点对健康保险产品尤为重要,因为健康保险产品是一种无形产品,服务质量构成健康保险产品的主要部分,产品质量高低更多地通过有形的服务过程来体现。所以,能否提供热情周到的全程服务,是判断健康保险产品价值的重要指标。

（四）互利互惠原则

互利互惠原则就是指推销人员推销品的交易能为买卖双方带来福利。在现实的交易中，买卖双方的目的都是非常明确的，基于双方的目的进行营销活动不仅能高效率解决消费者需求，而且易于增强推销人员的工作信心，有利于业务的发展。

（五）注重培育原则

目前，健康保险在我国还刚刚起步，国民的健康保险意识还比较薄弱。在保险意识薄弱的情况下，强力的保险推销不仅不会有好的效果，反而会给行业发展带来很多负面影响。所以，健康保险营销不应该仅仅局限于交易环节上，而应该注重给予市场更多的培育。市场培育过程是健康保险意识逐渐提高的过程，也是顺利实现交易的保证。

五、健康保险营销的构成要素

营销的构成要素包括营销主体、客体和对象。健康保险营销构成要素是健康保险营销主体、客体和对象。

（一）营销主体

健康保险营销的主体是指提供健康保险产品以及组织销售活动的当事人。通常包括保险企业以及中介机构。从世界范围来看，健康保险企业主要有商业保险公司、蓝十字和蓝盾计划、健康维护组织和自保计划。从组织形式上看，健康保险企业主要有国家或政府保险组织、股份制保险公司、相互保险公司、相互保险社等。健康保险营销中介是指专门从事健康保险业务咨询与招揽、风险管理与安排、损失鉴定与理赔服务等中介服务活动，并从中依法获取佣金或手续费的组织机构或个人。这些中介组织主要包括代理人、经纪人、公估人、顾问公司或教育培训机构等。

（二）营销客体

健康保险营销的客体就是健康保险产品，即保险方与投保方之间交易的物品。健康保险产品主要包括医疗费用保险、长期护理保险、失能收入保险。

（三）营销对象

健康保险营销的对象是指对健康保险产品具有现实需求和潜在需求的消费者。营销对象主要包括个体消费者（个人购买者和家庭购买者）和集体消费者（企事业单位、机关单位或其他社会团体）。

六、我国健康保险营销现状分析

（一）我国保险企业现行营销体制概况

在我国保险业的改革与发展过程中，产险、寿险公司的营销体制都在朝专业化、高效化方向发展。在经营体系相对成熟的企业，已形成了相对完善的营销组织管理架构，都建立起了以直销、中介、电网销为主要渠道的营销体系，同时不断完善优化营销激励政策，形成了能较好地激励业务人员、激发业务潜能的机制。不仅如此，伴随着市场意识的成熟，把销售与客户服务紧密结合的各种促销活动，也日益成为提高企业经营效率的常用手段。特别在寿险业中，随着美国友邦进入我国而引进的个人代理人制度在寿险业的广泛应用，使得营销体制的改良成为推动我国保险行业（特别是寿险业）高速增长的制度因素。

（二）我国保险企业现行营销体制存在的问题

在产品市场细分和产品多样化、复杂化、专业化背景下，营销制度层面的不适应日益凸显，成为企业经营效率不高的主要原因。

首先，对于刚成立、经营体系相对不成熟的保险公司，专业化的营销体系还未建立。在个别保险企业，从总公司到分支公司，都没有建立营销管理部门，致使营销工作组织管理确是，完全靠分、支公司靠资源禀赋、行业经验支撑，使得企业内营销管理不成体系。

其次，虽然中介机构（代理人、经纪人）在政府部门鼓励下数量上迅速增加，电子商务、电网销也曾兴起一时，但由于受保险企业经营理念制约及中介自身专业技术水平不高等因素限制，保险企业的销售渠道还主要倚重增设分支机构，广招人员，依靠业务员和营销员直接上门展业的销售方式。销售渠道单一化，没有形成多样化的销售渠道，自然也谈不上对中介销售渠道进行规范化管理的制度体系。这样既不能高效响应客户购买保险的需求，也未能借助中介机构的特殊作用削减保险销售中的信息不对称问题，反而使大量的代理、经纪等中介机构失去了生存的土壤。

任务二 认识保险营销策略

业务描述

××保险公司打算推出一款面向40岁以上人群、心脑血管疾病的特定疾病保险产品，请问公司应该做哪些准备？面对市场竞争者以及同类型产品，保险公司可以采取哪些营销策略？

保险营销是保险产品（险种）、保险产品价格（费率）、销售渠道和促销手段等因素针对目标市场共同作用的结果。保险营销策略是保险营销部门为了实现保险企业占领目标市场、完成预定营销目标，对目标保险市场选择、定位以及制定全面营销规划和行动方案。它是保险营销计划的基础，为保险营销活动奠定了基础。

保险营销策略的核心内容包括目标市场和营销组合。

一、目标市场

目标市场营销是保险营销的基础环节,包括市场细分(segmenting)、选择目标市场(targeting)和市场定位(positioning),即实行"STP"营销。确定适合本企业优势的目标市场,并根据市场需求的变化,及时调整营销组合策略,是使保险企业在保险市场竞争中始终处于主动地位、决定保险市场营销活动成功与否的关键。

(一) 细分保险市场

市场细分是企业营销管理者在市场调研的基础上,根据消费者的不同需求,将需求大致相同的消费者予以归类,从而将整体市场划分为若干个不同的消费者群,并选择适合企业目标的市场进行开发的过程。处于保险市场竞争中的各个保险企业,无论是市场上占主导地位的公司,还是新成立的企业,都必须认真分析保险消费者的需求,根据顾客需求的异质性和企业资源的有限性以及市场的竞争性,依据不同的市场细分标准,将保险市场分为若干细分市场。细分市场是由一群欲望或需求相同或者相似的消费者所构成的。营销者的职责主要表现为对细分市场的性质与数量进行识别,并确定目标市场。正确识别和满足细分市场通常是营销成功的关键。

在健康险产品需求方面因年龄段的不同而有所不同。按照消费者的年龄因素把消费者分为四类:一类是年龄在25岁以下,包括比例较大的未成年人,二类是25~35岁,三类是35~45岁,四类45岁以上。25岁以下比例较大的未成年人,父母主要为其购买少儿健康保险,且存在较大需求。第二类25~35岁该年龄段的人群通常家庭与事业都处在发展阶段,不仅具有较高的风险意识,对健康险类产品也比较认可,因而对健康险类保险产品的需求量也非常大。35~45岁一般是事业有成家庭稳定的阶段,有更多考虑关于自身保障的时间和精力,这一类对健康险的需求还是有的,但是没有前两类的需求大。45岁以上人群由于已经到达一定年龄段,各种慢性疾病与老年性疾病随之出现,在此类人群中医疗费用支出占比较大,所以对健康险需求很大,但是由于对健康保险的接受程度不大,且这个年龄段购买健康险保费也很高,所以这一年龄层购买意愿不是很高。

(二) 选择目标市场

保险市场经过细分之后,保险企业面对不同的众多子市场,必须根据需要覆盖保险子市场的数量和如何选择最佳的目标市场,着手选择目标市场,实行无差异营销、差异性营销和集中营销等市场覆盖战略。

在保险企业选择了目标市场之后,就要针对目标市场,进行市场定位。市场定位就是保险企业根据目标顾客对产品特性的重视程度,全方位为产品培养一定的特色,树立一定的市场形象,从而取得市场竞争的主动权,其实质就是为了取得目标市场的竞争优势。

二、营销组合

营销组合是企业为了更好地满足目标市场的需要而运用的各种营销策略以及和平共

处的手段。在 20 世纪 50 年代提出了以产品 product、渠道 place、促销 promotion、定价 price 构成的最基本的营销组合，即 4PS。后来人们又在此基础上添加了一些新的要素，如企业形象、服务、公共关系、政治权力等，将营销组合的要素进一步扩大。尽管如此，人们还是更多地采用 4PS 的营销组合概念作为最基本的营销策略和手段。

从整个保险企业的角度来看，需要在物质上和时间上对涉及单项销售措施的部分决策进行必要的协调，并使它们结合在一起。这样，由单项销售措施就产生出一个销售措施组合，也就是营销组合。

企业在制定营销策略时，应根据目标市场的不同、定位的差异来调整营销组合的内容，以便能够将适当的产品以适当的价格、适当的渠道、适当的销售手段传递给消费者，以满足消费者的需要。就保险企业来说，其营销组合主要包括险种策略、费率策略、渠道策略、促销策略。

（1）险种策略是保险公司的产品策略，是在市场调查与选定目标市场的基础上，对险种的开发、设计、险种组合、推出时机、附加险、服务等做出决策。保险产品在广义层面是无形产品，涵盖保险合同及全过程涉及的其他相关服务。在营销活动中，应强化新险种的开发工作及老险种的更新改造工作，以便及时满足不同群体的各种保险需求，保险营销策略中，都是注重保险产品的组合搭配，针对产品单一的问题，保险公司可以尝试推出"终身寿险＋重疾险"的形式，单独重疾险较少且住院医疗都采用附加险的形式，以实现优化组合，降低成本。以个险客户具有的特点为参照，在设计产品特征方面基于对风险控制相关要素的充分考量，提供含有重大疾病保障等内容、条款简单易懂的健康险产品。例如，市面上某家公司产品包含重大疾病保险、防癌专用保险、附加住院补贴、特定医疗保险、住院门诊、牙科眼科等专门化保险等，但是其中的一款含有保障 100 种重大疾病病种、50 种特定轻症疾病的重大疾病保险，成为公司最受欢迎的个险产品之一。

（2）渠道策略是保险企业在利用自有展业人员直销的同时，如何选择和激励合格的代理人、经纪人、公证人、再保险人等进行销售的决策。保险销售渠道是保险营销组合的重要因素，是保险经营活动的重要组成部分。它不仅对保险营销活动有直接而深远的影响，而且关系到保险公司的成败，因此渠道定位十分重要。目前健康险主要有以下营销渠道：代理人渠道、直销渠道、银行保险渠道、并逐步拓展相关新兴营销渠道，譬如：互联网销售、电话直销等。今后在保持现有渠道的基础上，积极开展与银行的合作，逐步拓展新兴营销渠道。

 行业动态

多种激励打造保险代理人渠道

不管是新业务价值的增长，还是市场份额的下降，这都要归结于友邦人寿的渠道策略。根据公司官网资料介绍，早在 1993 年友邦人寿即在中国设立分公司，是最早进入中国的外资险企，同样也是最早将保险营销员引入中国的外资公司。

从其设立发展到现在，友邦人寿的销售渠道已经拓展为三种类型：营销员渠道、电

话营销渠道、银行保险营销渠道，不过营销员渠道一直占有很高的份额。从友邦集团公司第三季度公布信息可以了解到，营销员渠道占公司新业务价值的比重为71%，而友邦中国的这一数字更是高达90%。

据友邦中国首席执行官此前在媒体中所表示的，这主要是公司的"最优秀代理人"策略作为有力支持。于2011年实行的该策略主要内容是将业务考核与员工的工资直接挂钩，明确岗位职责职能，管理销售流程和工具，技能培养点等。

但另一方面，实行该策略可能也与外资险企人员流失有关。据普华永道公布的2012年《外资保险公司在中国》调查报告显示，外资险企担忧的问题之一是行业人才的流失。对于友邦中国来说，同样也经历了一段人才流失的阵痛，保险代理人从最高峰时的3万人降到目前的2万多人。人才的流失让一向倚重代理人渠道的友邦保险认识到调整策略的必要。不过，这点从员工工资薪酬上并未看到明显增长。

从2012年公司年报数据来看，2012年保险营销员奖金、津贴为34345万元，比去年增长了7%。据友邦中国内部中级管理人员向记者介绍，友邦人寿的佣金制度从其入职以来是没有改变的，主要是奖金制度变化比较多。其向记者解释，佣金收入主要是针对新保单的提成，而业务员的奖金则针对的业务不同，通常包含长期服务奖、团队业绩奖等。

此外，公司在2011年6月开始还实行了员工持股计划，据此前首席执行官对媒体透露，该计划目前已覆盖50%的员工。但是从报表上数据上并未能体现。2012年股权支付的职工工资及福利为148万元，占工资薪酬的比重仅为0.2%。上述工作人员告诉记者，该项计划主要是针对公司的内勤员工，如管理人员、培训人员、理赔人员等，并不针对保险代理人员。

由于公司依赖于代理人渠道，因此决定了公司的保险种类主要是以寿险、健康险为主。2012年全年友邦中国实现保费收入869115万元，同比增长5.8%。其中个人保障类的寿险、意外伤害险、健康险所占比重达到了62.2%，而团险业务也主要是上述三种，投资连结险和分红险所占比例较少。

资料来源：https://business.sohu.com/20131118/n390312476.shtml

请大家研讨友邦人寿的营销策略。

（3）促销策略是保险企业、保险代理人、经纪人等将有关保险商品的信息通过各种沟通形式，如人员推销、广告、公共关系、展业推广等传递给投保人，以便让投保人了解、产生兴趣、产生投保欲望、最终做出投保决策等。

（4）费率策略是保险公司如何研究如何适应营销环境的方法，以科学的方式制定产品的费用。保险营销的价格也是营销组合中的一个重要因素，这是最敏感和最活跃的因素。健康保险产品具有部分特性，使得需要对消费者承受力、产品成本、经营风险等众多因素进行通盘考量才能够进行合理定价。所以，对信息收集、数据积累保有极高的重视度，以获取的数据及信息为支撑，开展完善的风险管控，并对产品费率予以合理界定，以使得公司也有更低的经营风险。目前健康险的精算定价主要考虑疾病率、伤残率和疾病（伤残）持续时间。由于患病风险存在不确定性，保险公司根据大数法则，基于患病概率设计产品。保险产品主要有两方面成本，分别是管理成本、销售成本。对保险公司而言，管理成本都是比较稳定的，而销售成本面临着增长的趋势。

三、营销策略执行

保险营销战略的执行一般包括相互联系的五项内容：保险营销方案的制定、保险营销组织的建立、保险营销决策和薪酬制度的建立、人力资源系统的开发以及企业文化的建设等。

（一）制定保险营销方案

保险营销方案的制订是执行公司营销战略的具体体现。为了有效地执行营销战略，必须制订详细的行动方案。保险营销方案的出发点是对保险企业销售市场上的事件进行系统的分析和预测。保险企业的营销部门将这些信息和企业自身的有关信息联系起来，可以清楚地认识并评价企业在销售领域中行动的可能性。因为在大多数情况下营销或者销售环节是计划的"瓶颈"领域，因此营销（或销售）计划对于保险公司的经营来讲特别重要，对其他工作领域的计划也有重要意义。保险公司不仅进行中长期（如1年）的营销计划，也制定短期（如1月或1季）的营销计划。

营销方案可以分为与市场相关的方案、与手段相关的方案和与竞争相关的方案。

与市场相关的方案有两种基本类型：集中化和差异化。集中化是根据一个占主导地位的原则控制销售行为，例如，针对一定的客户群，针对一个保险区域，或是针对某一个保险产品与服务，最终形成专门化。相反，差异化意味着普遍化。它基本上针对所有的客户群，向所有的客户群销售所有的产品或服务，但对不同的细分市场进行不同的市场处理。

与手段相关的营销方案着重考虑每一个销售政策手段。例如注重较低的保费、较高的保险保障质量、具有适应能力的风险补偿，尤其是高水平的服务或者强调特殊的销售方法。

与竞争相关的方案涉及与别的保险企业和非保险企业的关系，如保险公司与银行之间的关系。其特征有对抗（以排挤对方为目的的进攻型销售战略）、模仿别的保险企业的产品和价格在内的适应以及避让（选择市场空隙）等。在决策时可以特别考虑，保险企业在设计产品和确定保费时，是采取行业通用的销售战略，还是有意识地独树一帜。

在制订保险营销方案时，应该明确营销策略实施的关键性决策和任务，并将执行这些决策和任务的责任落实到个人或小组。另外，还应该包括具体的时间表，订出方案的确切时间。保险营销方案要回答的问题是：策略执行的任务有哪些？哪些是关键性的？如何完成这些任务？采取什么样的措施？本企业拥有哪些可以利用的资源？

（二）建立保险营销组织

保险企业的营销部门在营销战略的执行中起着举足轻重的作用。营销部门承担着寻找、锁定市场机会、制定与执行营销战略的任务，其目标是利润和市场份额。营销部门要将战略的执行任务分配给具体的部门或人员，规定明确的职责界限和信息沟通渠道，协调部门内部的各项决策和行动。建立保险营销组织结构需要按照组织设计的要求进行，解决保险企业的营销结构建立、职责与职权的划分、部门与人员之间的信息沟通与传递。

（三）完善保险营销决策和薪酬制度

为实施保险企业的营销战略，还必须设计相应的决策和薪酬制度。这些制度的建立与否或适当与否,也直接关系到营销战略执行的成败。例如在保险销售的薪酬制度中,如果将个人代理人的某一险种的佣金比率调高,必然使个人代理人对该项险种的销售热情提高,从而提高该项险种的销售业绩。因此,在建立保险营销决策和薪酬制度时必须考虑哪些制度最重要,哪些是主要控制因素,信息如何沟通等问题。

(四) 开发人力资源系统

保险营销决策的最终有效实施还要依靠营销部门的工作人员,所以人力资源的开发至关重要。它涉及内勤人员与销售人员的选拔、录用、培训、使用、考核与激励等方面的问题。

(五) 建设企业文化

企业文化及其基本内涵是指企业利用各种文化手段形成内部凝聚力并向外展示形象的一种管理思路,它包括核心概念和核心概念外化两个层次。企业文化的核心概念是企业价值观。价值观是个体或群体的企业员工对本企业生存与发展的认同,是一种共同意识。现代企业的价值观就是互惠共存,即内部员工的互惠共存、企业与社会公众的互惠共存。企业价值观这个核心概念有三个层次的外化:一是企业精神。这是指企业全体员工在长期经营管理实践中形成的一种共同信念与追求,企业精神往往凝练为简短的口号或格言。二是企业规章制度。这是企业领导体制、部门关系界定和各层次、各岗位的人员行为规范的总称,这些制度中渗透着企业价值观。三是企业形象。这是企业价值观的浅表层,是企业文化最易感知的外在形式,包括物质形象和人员形象。

任务三
掌握健康保险营销过程

 业务描述

××保险公司研发出面向40岁以上人群、心脑血管疾病的一款特定疾病保险产品,请问该公司如何将这款产品推向消费者?如何让消费者打消疑虑,购买该款产品?

 职业素养提升

为规范保险销售行为,维护保险消费者合法权益,促进行业持续健康发展,根据国务院办公厅《关于加强金融消费者权益保护工作的指导意见》(国办发〔2015〕81号)精神及相关法律法规,我会制订了《保险销售行为可回溯管理暂行办法》(以下简称《办法》)。

第二条 本办法所称保险销售行为可回溯,是指保险公司、保险中介机构通过录音录像等技术手段采集视听资料、电子数据的方式,记录和保存保险销售过程关键环节,实现销售行为可回放、重要信息可查询、问题责任可确认。

第三条　本办法所称保险公司为经营人身保险业务和财产保险业务的保险公司，专业自保公司除外。

本办法所称保险中介机构是指保险专业中介机构和保险兼业代理机构，其中保险专业中介机构包括保险专业代理机构和保险经纪人，保险兼业代理机构包括银行类保险兼业代理机构和非银行类保险兼业代理机构。

第四条　保险公司、保险中介机构销售本办法规定的投保人为自然人的保险产品时，必须实施保险销售行为可回溯管理。团体保险产品除外。

第五条　保险公司、保险中介机构开展电话销售业务，应将电话通话过程全程录音并备份存档，不得规避电话销售系统向投保人销售保险产品。

保险公司、保险中介机构开展互联网保险业务，依照中国保监会互联网保险业务监管的有关规定开展可回溯管理。

第六条　除电话销售业务和互联网保险业务之外，人身保险公司销售保险产品符合下列情形之一的，应在取得投保人同意后，对销售过程关键环节以现场同步录音录像的方式予以记录：

（一）通过保险兼业代理机构销售保险期间超过一年的人身保险产品，包括利用保险兼业代理机构营业场所内自助终端等设备进行销售。国务院金融监督管理机构另有规定的，从其规定。

（二）通过保险兼业代理机构以外的其他销售渠道，销售投资连结保险产品，或向60周岁（含）以上年龄的投保人销售保险期间超过一年的人身保险产品。

资料来源：中国保监会关于印发《保险销售行为可回溯管理暂行办法》的通知_部门政务_中国政府网　http://www.gov.cn/xinwen/2017-07/10/content_5209278.htm

一、营销过程

专业化销售是按一定的程序、一定的方法将推销过程分解量化，进而达到一定目标的销售活动。是专业不断支配行动，进而养成的专业销售习惯。保险行业中把它分成了七个步骤：计划与活动、客户开拓、接触前准备、接触、说明、促成、售后服务，如图6-1所示。

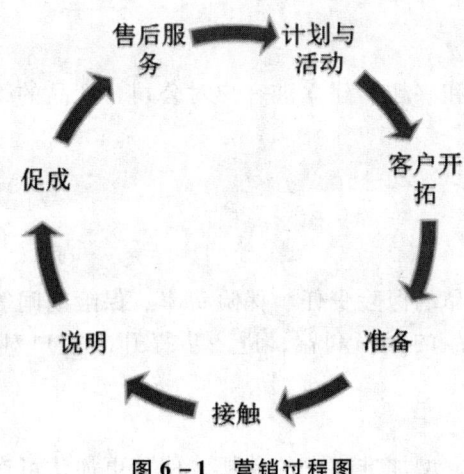

图6-1　营销过程图

（一）计划与活动

计划与活动是指制定详细的工作计划及各项销售活动的目标。计划活动是整个销售过程的灵魂，它可以清晰地让业务人员知道，什么时候该做什么事情，把有限的力量用在销售的关键点上，尽可能避免一些吃力不讨好的盲动式销售。设置活动目标，规划销售人员的情景，设置目标，做好自我工作量的管理，逐渐养成良好的习惯：

(1) 坚持每日有效4访；
(2) 坚持每天制定工作计划及记录工作日志；
(3) 坚持每月制定目标和拜访计划。

（二）客户开拓

任何销售行业都需要努力争取客户，尤其对于保险销售，因为保险销售产品非常特殊，是一份契约，是一份承诺，要拓展客户需要的准备工作是如何从茫茫人海中寻找大量潜在的有保险需求的准客户，并持续不断的去开拓和保持自己的准客户市场。客户来源主要包括个人认识，亲戚朋友介绍，陌生拜访，网络，参加社交活动等。

客户开拓的方法主要包括：

(1) 缘故法：通过各种社会关系认识的人成为缘故法，成功的机会较大。
(2) 介绍法：例如客户介绍客户，有影响力人士的运用。心陌生拜访法：此方法的益处在于客户的来源很多，而且能够锻炼胆量和接触技巧。
(3) 目标市场法：根据自身的特点，寻找有相同点的人群，用统一的拜访方法，统一的建议书，进行开拓，专业化的道路，例如：某个社区，以前从事过的行业。
(4) 职场开拓法：通过团体保险进入单位，以服务带动销售，对整个单位进行开拓。
(5) 交叉销售法：与证券的业务人员联合，交换名单，进行开拓。
(6) 创意销售：通过旅游参加社会活动等方式进行开拓。

（三）接触前准备

准备客户资料、公司介绍、产品信息等。

（四）接触

引起准客户的注意和兴趣，建立准客户对公司、产品的第一印象，让客户愿意聆听产品介绍。

（五）说明

1. 产品介绍

本环节主要介绍产品的保险责任、保险费率、保险期间等内容。

让客户准确了解产品的保障利益，进一步提升准客户对产品的兴趣，激发购买先行区。

2. 疑义处理

在处理疑义的时候，增加准客户的兴趣，使其更加认可产品，从而促使准客户对产品的购买意愿，促成销售。

疑义处理贯穿销售全过程，其中包括了产品介绍内和产品介绍外疑义处理。

（1）产品介绍内的疑义处理流程。

①澄清：若没听清楚问题要先澄清问题，不要没听清楚问题盲目理解问题而去解决问题。

②简单解决：简单的解决问题，避免说多被客户找出更多问题。

③回到产品销售流程：若无法确认客户是否听懂之前介绍的产品，可概括之前介绍过的内容，再回到销售流程。

（2）产品介绍外的疑义处理流程。

①澄清：若没听清楚问题要先澄清问题，不要没听清楚问题盲目理解问题而去解决问题。

②同理/赞美：同理或赞美客户，让客户能够更好的接受我们的观点。

③针对解决客户异议：仅针对客户询问的问题给予解决，切忌回答问题前附加一堆前缀或者是卖点。

④从众心理加促成：从众说一两句话，切忌多说，一定要及时促成。

 行业动态

表 6-1　　　　　　　　　　　健康保险营销话术

情况	客户疑义	保险营销员话术
一、对保险印象差	我觉得保险都是骗人的/我对保险的印象很差	① 您是怎么看保险的？您愿意说说保险的哪些方面让您觉得不满意吗？ （请客户谈谈感受，了解对保险的哪些方面印象比较差，一般来说，客户投诉较多的是服务和理赔。） 针对服务：我们是由银行来做代理销售的，您的服务是有保障的。 针对理赔：我们的合作伙伴都是经过谨慎选择的业内优秀公司－严谨负责，您尽可放心。 ② 您说的可能是在保险公司购买的某些保险产品，而不是我们现在所说的在银行购买的银保产品。 银保跟保险不太一样：我们的保险是柜面保险，不仅保底，而且有分红，另外还送一份保障。并且在银行卖的保险都是经过严格审查的，到期后收益非常不错。
二、不需要保险	我有足够的财富，不需要保险	①您说的确实有道理。 ②但是，保险还有其他投资所不具备的优势。 一是合理避税：保险所得不用征收利息所得税； 二是资产保全：保险金给受益人，不作为被保险人的遗产，可避免债务追偿； 三是遗产规划：如果开征遗产税，保险金给受益人，可以不作为被保险人的遗产； 四是财富的分配权：利用保险可以有效地提前进行可支配财产转移并分配给指定的收益人。不管贫穷或富有，保险对每个人来说都是必需的。 钱放着只能是单纯的货币，但如果让它做成产品，您的资产不仅没有减少，反而能实现更多价值。（根据实际情况进行产品举例）

续表

情况	客户疑义	保险营销员话术
三、时间太长	保险的缴费时间太长/投保时间太长	① 在保险金额一定的情况下，交费期限越长，每期交费会越少，交款压力也越小。例如，一次缴费10万元，如果改为每年缴1万元，缴10年，当年缴费轻松，剩余的9万元可以增加其他投资或者增加当期消费。用较少的投入，获得较高的保障。 ② 先生/女士您看，就像定期跟活期相比，活期随时都可以支取，但是利率只有0.35%。定期3个月的收益率2.85%是活期利率的8倍左右，时间越长您获得的收益也越多，我们这款产品是一个中长期的理财产品，相应的它的保障时间也更长。
	时间太长了，有时候急用钱，拿不出来/短期内要用钱很不方便	① 保险公司也考虑到这些情况。因此在你们急用钱时会提供70%左右的质押贷款，解您燃眉之急。 ② 当然，保险一般是专款专用的。建议您不是特别急的话建议不动这笔钱，为您后期提供一个良好的保障。
四、收益不高	保险收益不高啊	保险更注重的是保障和稳健理财，它的收益是建立在保障基础上的，和其他理财产品的投资功能是不能类比的。如果从资产配置的角度来说，保险是一个安全垫，是一个基石，是个人理财规划中不可缺少的。
	保险的红利到底给多少，能确定吗	您这个问题很好，保险的红利是不确定的。主要投资方向为大额协议存款或国家基础建设，并且收益会按照复利计算，您可以尝试一下。
	保险最后没有达到保险人员承诺的收益	保险的收益是跟市场的行情接轨的。最近时间刚好行情不好，就相当于抛物线的最低点，也是市场相对低点，将来必将有一个起伏。现在机会挺好的，是买进的时间，我自己也买了，现在这种情况我还会再买一段时间。
五、家人不同意	家人不同意买保险	家人在身边的情况下，先生/女士，您真是世界上最幸福的女人/男人了，您先生/妻子如此尊重您的意见，而且他是如此的爱您。因为您先生购买的这款产品其实不是为了自己，是为了给您的幸福生活提供更好的保障啊！ 客户家人不在身边的情况下，先生/女士，您购买的这款产品就是为了给您的家人提供未来幸福生活的保障。这是对您家人爱的最充分的体现，他们可能还没有理解您的良苦用心，您需要和他们再好好交流一下啊；保险产品和其他产品还是有区别的。有些种类在购置后的10~15天内是反悔期，在此期间退保是可以拿到全额本金的，仅需支付十几块钱的手续费。
六、保障功能问题	保险的保障功能没什么用啊	① 当然，我们谁都不希望自己会有什么意外。不过您想一想，您放心把100万元一次性在孩子只有20岁的时候给他吗？我相信大多数的父母都不放心。那有没有一种方式可以源源不断地保障孩子未来的生活？保险就是安全、持续、稳健的财富传承最好的方式。 ② 购买保险本质上就是一种抵御风险的手段。即使天不下雨，我们也都还是会购买雨伞做好防备的对吗？保险就是类似雨伞一样的存在。 保险销售面谈制胜绝招：软硬兼施

续表

情况	客户疑义	保险营销员话术
七、情绪不佳型客户	赶紧办业务，不说这个，你们有提成吧	首先对于表情不太好的客户，不要急着营销，先做好服务，同时对于具有攻击性的客户，我们应调整心态，一笑了之。
八、心存疑虑型客户	保险业务员经常换，有什么问题我找谁	①先生，保险公司都是国家控股的，业务员能换，保险公司不会换的。毕竟人往高处走，水往低处流，不管怎样，您的保单都是有效的。 ②况且，您的保单上面有详细的信息。有任何问题，您都可以拨打客服电话或直接来我行，我们也可以为您联系该保险公司，解决您的后顾之忧。
	我还年轻，等年纪大一些再买保险	年轻真的不需要保险吗？可能有人会认为年轻人身体健康，收入无虑，不需要保障。事实上是，最需要保险的人是：躺在病床上的人，最需要健康保险，遭遇意外的人，最需要意外伤害保险。但等我们真正发现需要保险保障的时候已经来不及了，就像房子已经着火的时候再找保险公司投保火灾保险，结果肯定是拒保。更何况，人生的不同阶段总是需要不同的保障计划来辅助完成我们的心愿，对于年轻人来说，收入有限，交费能力相对较弱，但咱们仍然要承担责任，报答父母的养育之债，这份债在我们健康地生活、工作时是没有问题的，而一份低保费高保障的保险能帮助我们在任何情况下都尽到为人子的职责。
	保险条款经常变，保险公司对客户的承诺会不会变	保险条款的变动，这是好事情，并且条款会变得越来越好，正如其他商品一样，投放市场还有一个不断修正的过程，可是我们对客户承诺是不变的。因为这是一种契约，契约一旦确定就不会改变。 条款改变是为了不断完善，让客户满意，条款再变，合同没法变呀，合同是一种契约，具有法律效力的。只要双方按合同办事，什么都不会改变。 王先生，听您的口气是否遇到了什么事，能否跟我讲一讲？在寿险推销这一行业中，业务员的流动性的确很频繁，但这并不会影响您的权益和保障。每一个客户都是和保险公司签约，并不是和业务员约。业务员只不过是连接保险公司和客户的桥梁。万一有不幸发生，保险公司会根据实际情况进行理赔。如果业务员因某种原因离开保险公司，对您的服务公司会安排专门的客户服务人员对您服务，这方面您不用担心。
	我的朋友说保险不能买	作为您的好朋友，他一定关心您和您家人的安全问题，他让您不要买保险，那您请他收下您10000元钱，当您发生疾病需要帮助时，他能给您150000元吗？肯定不会，但是保险公司能。

（六）促成

让客户增加潜意识里的下单欲望，促成准客户成交，最终成交。

1. 促成

保险营销促成技巧如下：

（1）默许促成法。默许法是在准客户默许的情况下，让准客户做出决定与选择。如果准客户没有阻止营销人员将其信息记录下来，例如营销人员主动拿出投保书、询问准客户出生日期等，而准客户并没有反对或制止，就是默许营销人员开展营销活动。营销人员可以说：

请问您的家庭住址是？

麻烦您把身份证给我看一下，我来帮您填写资料！

受益人就确定为您的爱人吧！

您的交费期选择20年还是30年呢？

（2）对比促成法。对比法就是将准客户年保费换算为月均保费、日均保费，而日均保费或者月均保费金额不高，使得准客户感觉很轻松，再让准客户与自己日常生活某些开支项目进行对比。比如：

每天少抽一包烟，50万元的身价永相伴，算起来真是很划算；

其实您只需要每天存入您的账户20元，您就可以获得50万元的保障。

（3）列表促成法。列表法是在准客户面前放上纸和笔，在纸上画上一条竖线将其分为左右两半。请客户分别写下购买保险的原因和不买的原因，帮助准客户理清自己的思路。当准客户在列明购买的原因时，通常准客户会以自己会买为前提来列出理由，当准客户快写完这一栏的时候，其购买意愿已经较高了。同时，有些准客户并不能清楚地列出自己不买保险的原因，而纯粹是出于本能的抗拒。

（4）重复检查促成法。在营销过程进行产品解读时，营销人员要随时停下来检查进展，如果在某处提及了可能会符合准客户需求的东西，停下来询问准客户：

这是您需要的吗？

这样一来是不是会比现在好多了呢？

这就是重复检查促成法。

此时，无论准客户回答"是"或"不是"，都不会结束营销员的产品解读。而且，通过不断提问，可以从准客户的回答中得到反馈，逐渐勾勒出一个轮廓，知道准客户到底想要什么，这对最后的一锤定音有很大的帮助。

（5）亮点促成法。通常，每种产品都会有一些亮点，是能让多数准客户最终确定购买的重要原因。营销人员必须能具备产品条款解读能力，并且提炼出产品中可能吸引准客户的亮点，并要在整个销售的过程中适时地多次提及亮点，大幅提升准客户想要拥有这款产品的欲望，增加促成成功率。

（6）总结促成法。总结法适用于当建议书已做好、年交保费（假如是8000元）也初步计算出来、但准客户仍觉得不划算的时候。

营销人员："×先生，现在我把8000元交给您，但您要答应我一个条件，万一我得了重大疾病，您赔我10万元；万一我因意外离开了，您赔我家人30万元；如果20年后，我平安无事的话，您把这笔钱连本带息一起给我，好不好？"如果准客户不说话，营销人员："请您在这签个字吧。"

（7）假设促成法。当我们尝试几种方法仍然没有成交，在即将离开时可以使用假设法。营销人员提出问题：假如风险事件发生了，家庭会受到什么样的影响，配偶、孩子生活会如何，激发准客户的责任心，提升购买意愿。

营销人员："×先生，假如，只是假如不是真的。您知道自己的生命到最后的时候了，您最放不下的人是谁？"

准客户："是孩子。"

营销人员："为什么？"

准客户："我的孩子还小。"

营销人员:"是啊,您觉得对孩子很愧疚是吗?其实保险就是您对孩子的一份责任,请您在这签字吧。"

(8) 举例促成法。营销人员通过近期发生、社会影响力大或者是发生在准客户身边的一些案例促成销售。

营销人员:"×先生,最近听我们的朋友刘某某说,您们过去的朋友罹患重疾,虽然经过治疗脱离了生命危险,但是治疗几乎耗光了家中的积蓄,之后的生活会受到很大的冲击。其实我们谁都不愿发生这样的事,但是风险事件是客观存在的,不以我们的意志为转移。提前做好保险规划,能够为您及您的家人提供风险保障。请您在这签字吧。"

2. 办理投保流程

根据《保险销售行为可回溯暂行管理办法》规定完成必要的双录过程,确认客户投保产品的各项内容和客户的购买意愿,同时让客户再次确认投保决定。

双录内容至少包含以下销售过程关键环节:

(1) 保险销售从业人员出示有效身份证明;

(2) 保险销售从业人员出示投保提示书、产品条款和免除保险人责任条款的书面说明;

(3) 保险销售从业人员向投保人履行明确说明义务,告知投保人所购买产品为保险产品,以及承保保险机构名称、保险责任、缴费方式、缴费金额、缴费期间、保险期间和犹豫期后退保损失风险等。

保险销售从业人员销售人身保险新型产品,应说明保单利益的不确定性;销售健康保险产品,应说明保险合同观察期的起算时间及对投保人权益的影响、合同指定医疗机构、续保条件和医疗费用补偿原则等。

(4) 投保人对保险销售从业人员的说明告知内容作出明确肯定答复。

(5) 投保人签署投保单、投保提示书、免除保险人责任条款的书面说明等相关文件。

保险销售从业人员销售以死亡为给付条件保险产品的,录制内容应包括被保险人同意投保人为其订立保险合同并认可合同内容;销售人身保险新型产品的,还应包括保险销售从业人员出示产品说明书、投保人抄录投保单风险提示语句等。

双录过程的注意事项:

(1) 保险销售行为现场同步录音录像应符合相关业务规范要求,视听资料应真实、完整、连续,能清晰辨识人员面部特征、交谈内容以及相关证件、文件和签名,录制后不得进行任何形式的剪辑。

(2) 保险专业中介机构、非银行类保险兼业代理机构应在录音录像完成后将录制的视听资料和其他业务档案一并反馈至承保保险公司。

(3) 银行类保险兼业代理机构应在录音录像完成后将新单业务录制成功的信息和其他业务档案一并反馈至承保保险公司。

 **课堂实作**

请同学们两两一组,分别扮演营销人员、准客户,基于"准客户"同学的实际情况,选择一款健康保险产品,展开销售促成。之后再互换角色进行第二轮演练。

二、营销方案设计

(一)保险营销方案

制定保险营销方案,必须是在充分调研市场保险需求的基础上,对营销的外部环境、内部环境进行分析,明确活动主题,设定活动目标,在方案中形成明确的奖惩机制以促成目标。

 **行业动态**

销售策划方案案例

为争取季度销售工作先进,2021年5月份某地区个险保底目标6500万元、挑战目标8000万元、卓越目标1亿元。为确保目标达成,经总经理室研究,特制定销售策划方案,具体内容如下:

一、活动时间

2021年5月1日至5月31日

二、参与人员

1. 全体营销员、收展员

2. 大个险全体管理人员

三、活动主题

五月劳动最光荣

日夜奔波促达成

四、活动目标

1. 10年期:保底目标6500万元、挑战目标8000万元、卓越目标1亿元

2. 其中保障型:2000万元

3. 短险1200万元

4. 星级人力2040人

表6-2

单位	10年期			其中:保障型10年期目标(万元)	星级人力目标(人)	短险目标(万元)	线上平台场次目标
	保底目标(万元)	挑战目标(万元)	卓越目标(万元)				
一区	369	454	567	103	129	86	60
二区	234	288	360	59	56	40	35
三区	171	210	263	49	43	26	25

续表

单位	10年期			其中：保障型10年期目标（万元）	星级人力目标（人）	短险目标（万元）	线上平台场次目标
	保底目标（万元）	挑战目标（万元）	卓越目标（万元）				
四区	634	780	975	176	162	96	88
五区	634	780	975	189	206	110	118
六区	970	1194	1492	257	235	142	120
收东	48	59	74	10	20	6	25
收南	300	369	462	68	48	25	38
收西	441	543	679	89	144	72	112
收北	441	543	679	148	121	76	68
收中	32	39	49	7	9	6	25
一县	561	690	863	256	300	131	145
二县	137	168	210	50	64	50	33
三县	73	89	112	31	31	17	25
四县	73	89	112	16	11	11	25
五县	561	690	863	210	220	150	118
六县	561	690	863	203	200	142	130
七县	214	263	329	68	30	12	45
八县	48	59	74	10	11	2	25
全市合计	6500	8000	10000	2000	2040	1200	1260

五、激励举措

（一）个人奖励

1. 单件奖励

5月1—15日，每件保障型主险新单达到5000元及以上，按以下标准奖励业务员：

表6-3

保障型产品主险单件保费	奖励标准
5000元及以上	200元
7000元及以上	360元
9000元及以上	580元

2. 精英达标奖

5月1—5月31日，10年期累计达成30万元及以上，奖励价值2万元指标一个；10年期累计达成50万元及以上，奖励价值2万元指标两个；10年期累计达成100万元及以上，奖励价值2万元指标三个；10年期累计达成150万元及以上，奖励价值2万元指标四个。

3. 星级人力专项奖

5月份达成星级人力（以省公司考核认定为准），按以下标准给予业务员奖励：

表6-4

上月达星且本月达星	上月未达星但本月达星
5份客养礼品（价值500元）	3份客养礼品（价值200元）

4. 金点子奖

活动期间，凡业务员和员工提出金点子（有助于业务、人力、基础管理工作），按点子的水平享受200元奖金，市公司进行评选。本奖励员工通过绩效兑现。

（二）支公司费用奖励

1. 举绩费用奖励

5月1日至5月15日，根据以下标准奖励支公司费用：

表6-5

时间	5月1—5日举绩	5月6—10日举绩	5月11—15日举绩
奖励标准	300元/人	200元/人	100元/人
5.1—5.15主管举绩率未达80%	150元/人	100元/人	50元/人

各支公司举绩人力目标：

表6-6

单位	举绩人力目标（人）
一区	50
二区	70
三区	50
四区	80
五区	50
六区	50
收东	100
收南	100
收西	100
收北	100
收中	80
一县	50
二县	60
三县	50
四县	50

续表

单位	举绩人力目标（人）
五县	90
六县	70
七县	40
八县	50
全市合计	1290

2. 举绩人力费用处罚

未达成月度40%举绩率的单位，按长险举绩人力缺口部分200元/人标准扣罚费用。

3. 保障型费用奖励

5月1—31日，根据各单位实际达成保障型保费给与费用奖励。支公司保障型费用奖励 = 实际达成保障型 × 保障型达成率系数

表6-7

保障型产品达成率系数	奖励系数
100%及以上	4.5%
70%（含）~100%	4%
低于70%	3%

注：如果月召开线上平台场次未达成目标的100%，本奖励仅发放50%，各单位召开数量以省公司平台申报系统上报为准。

说明线上标准平台的要求：①参与客户人数不低于20人，每场线上平台必须邀请公司个险督导人员入群；②严格按照市公司下发的标准流程执行；③每场活动结束必须反馈绩效数据和追踪明细，公司进行数据汇总。

4. 月度十年期经营费用奖励

5月1—31日，根据以下标准奖励支公司经营费用：

表6-8

项目	奖励标准
基本费用	实收10年期保费×2%
达成10年期保底目标	实收10年期保费×3%
达成10年期挑战目标	实收10年期保费×3.5%
达成10年期卓越目标	实收10年期保费×4%

（三）员工绩效奖

1. 阶段达标奖

5月1—15日，按以下标准奖励绩效奖金：

表 6-9

项目	达成 5.1—5.15 10年期保底目标	达成 5.1—5.15 10年期挑战目标	达成 5.1—5.15 10年期卓越目标
奖励标准	实收 10 年期保费×1%	实收 10 年期保费×2%	实收 10 年期保费×3%

阶段目标如下：

表 6-10

单位	10 年期		
	保底目标（万）	挑战目标（万）	卓越目标（万）
一区	184.5	227	283.5
二区	117	144	180
三区	85.5	105	131.5
四区	317	390	487.5
五区	317	390	487.5
六区	485	597	746
收东	24	29.5	37
收南	150	184.5	231
收西	220.5	271.5	339.5
收北	220.5	271.5	339.5
收中	16	19.5	24.5
一县	280.5	345	431.5
二县	68.5	84	105
三县	36.5	44.5	56
四县	36.5	44.5	56
五县	280.5	345	431.5
六县	280.5	345	431.5
七县	107	131.5	164.5
八县	24	29.5	37
全市合计	3251	3998.5	5000.5

2. 月度达标奖

5 月 1—31 日，支公司达成月度 10 年期保底目标的前提下享受绩效奖励，奖励标准如下：

表 6-11

达标情况	奖励标准
达成月度 10 年期保底目标	实收 10 年期保费 ×3% ×举绩达成率系数
达成月度 10 年期挑战目标	实收 10 年期保费 ×3.5% ×举绩达成率系数
达成月度 10 年期卓越目标	实收 10 年期保费 ×4% ×举绩达成率系数

举绩率系数如下：

表 6-12

举绩达成率	系数
30% 以下	0.5
30%（含）~40%	0.7
40%（含）以上	1

说明：月度绩效与阶段达标奖不重复，月度绩效与特政奖励重复计奖。

六、相关说明

1. 举绩标准：主险单件在 1500 元及以上的保单；
2. 本方案的个人业绩和单位业绩均以省公司系统数据为准。
3. 撤单扣减对应奖励。
4. 本方案解释权归市公司企划部。

（二）保险建议书

保险建议书从项目现状和客户现实及潜在需求的角度出发，分析保险市场，设计保险方案，提出操作流程，以书面形式、通俗易懂的语言向客户提供专业的保险建议，从而协助客户完善风险管理体系。撰写保险建议书时，必须要站在客户的立场思考问题，以引起客户的共鸣；必须遵守保险市场、行业及公司的规章和准则。

保险建议书内容必须完整、简约、缜密、可实施性强。具体应该包括：服务承诺、企业介绍、风险分析、风险管理建议、保险方案（保险标的、投保险种、条款等）、注意事项。保险建议书还要有封面、扉页、封底。

 案例研讨

您好，感谢您对中国人寿股份有限公司的信赖与支持。中国人寿保险股份有限公司是国内寿险行业的龙头企业，总部位于北京，注册资本 282.65 亿元人民币。作为《财富》世界 500 强和世界品牌 500 强企业——中国人寿保险（集团）公司的核心成员，公司以悠久的历史、雄厚的实力、专业领先的竞争优势及世界知名的品牌赢得了社会广泛客户的信赖，始终占据国内寿险市场领导者的地位，被誉为中国保险业的"中流砥柱"。根据您的目前状况和保障需求，特为您定制专属保险计划如下，请您参阅。

表 6–13

被保人	保障计划	保险期间	交费期间	保障额度	首年保费
周（男25岁）	国寿福盛典版 A 款（SP1）	终身	19 年	100 万元	25308.48 元
	如 E 康悦百万医疗 C（984）	1 年	1 年	605 万元	288.00 元
	附加长久呵护系列（1年期）（681,682 等）	1 年	1 年	1 万元	580.00 元
	百万如意行（庆典版）（SJ2）	至 75 岁	15 年	20 万元	5692.00 元
首年总保费					31868.48

国寿福盛典版 A 款（SP1）保障计划

详细投保方案如下：

表 6–14

被保人	投保人	保障计划	保险期间	交费期间	保障额度	首年保费
周（男25岁）	本人	国寿福终身重大疾病保险（盛典版，A 款）	终身	19 年	100 万元	24600 元
		附加豁免保险费疾病保险（2021 版）	终身	19 年	24600 元	708.48 元
首年总保费						25308.48 元

保障责任详情如下：

表 6–15

身价保障	身故保障不小于 100 万元身故给付保额 100 万元、保费、现价的较大值 关爱家人，爱与责任的延续
疾病保障	40 种轻症，每种疾病保障 20 万元 不分组，赔 6 次，最高保障 120 万元 疾病等待期 180 天（下同）每种疾病可给付 20% 保额 6 次最高给付 120% 保额 120 万元 20 种特定疾病保险金 50 万元 确诊给付 50% 保额 50 万元 120 种重疾保险金 100 万元 确诊给付保额 100 万元、保费、现价的较大值，即：重疾赔付有可能超过 100 万元 无需担忧医疗费，弥补收入损失，专注康复 6 种特定重疾，70 岁前额外给付 50 万元 在 120 种重疾保障的基础上，额外给付 50% 保额
保费豁免	被保人 60 种特定疾病、身体高残豁免保费 即上面的 40 个轻症和 20 种特定疾病 出险后免交后期保费，保单继续有效

如 E 康悦百万医疗 C（984）保障计划

详细投保方案如下：

表 6-16

被保人	投保人	保障计划	保险期间	交费期间	保障额度	首年保费
周（男25岁）	本人	如E康悦百万医疗保险（C款）	1年	1年	605万元	268元
	本人	国寿如E康悦质子重离子医疗保险（优享版）	1年	1年	150万元	20元
首年总保费						288.00元

保障责任详情如下：

表 6-17

医疗保障	医疗保险最高年限额605万元 一般医疗年限额300万元，住院医疗保险金300万元，特殊门诊保险金300万元，门诊手术保险金300万元，住院前后7日门/急诊保险金300万元 恶性肿瘤医疗费增加保障300万元 住院医疗保险金300万元，特殊门诊保险金300万元，门诊手术保险金300万元，住院前后7日门/急诊保险金300万元 恶性肿瘤住院医疗年限额5万元 按实际住院天数，每天给付200元 疾病等待期30天（续保无等待期），年度免赔额1万元，约定给付比例100% 就医医院：二级及以上公立医院的普通部（详情以保单为准）或本公司认可的其他医疗机构 若以有社保身份投保，未用社保，给付比例60% 详情以保单条款为准 医疗费用保险金 =（责任范围必需且合理的医疗费用 - 从当地公费/社保及其他途径已获得的医疗费用补偿 - 年累计免赔余额）× 给付比例 住院费用：在住院期间实际发生的药品费、住院手术费、床位费、膳食费和其他费用之和。特殊门诊：以门诊方式接受恶性肿瘤放射治疗、恶性肿瘤静脉注射化学治疗、肿瘤免疫疗法、肿瘤内分泌疗法、肿瘤靶向疗法、血液透析、腹膜透析或肾移植术后抗排异治疗 医疗保险金年限额150万元 保障范围：1. 质子重离子医疗保险金 2. 特定高端放射治疗医疗费用保险金 费用范围：包括床位费（每天1500元）、膳食费、药品费、医生诊疗服务费、护理费、检查检验费、治疗费 治疗期间：初次确诊恶性肿瘤之日起1年 疾病等待期：30天 给付比例：100% 若以有社保身份投保，未用社保报销，给付比例60% 治疗医疗机构范围：1. 质子重离子放射治疗医疗机构：上海质子重离子治疗中心 + 甘肃武威重离子医院；2. 特定高端放射治疗医疗机构：共10家

附加长久呵护系列（1年期）（681，682等）保障计划
详细投保方案如下：

表 6-18

被保人	投保人	保障计划	保险期间	交费期间	保障额度	首年保费
周（男25岁）	本人	长久呵护意外伤害费用补偿	1年	1年	1万元	40元
	本人	长久呵护住院费用补偿	1年	1年	1万元	250元
	本人	长久呵护住院定额给付	1年	1年	1万元	290元
首年总保费						580.00元

保障责任详情如下：

表 6-19

| 医疗保障 | 意外门急诊医疗每年 2000 元
意外住院医疗每年 8000 元
详情以条款和当地费率为准
住院医疗保障每年 1 万元
因意外住院或投保 90 天后疾病住院
有社保：报销剩余部分，免赔额 0 元，给付 90%。无社保：免赔额 150 元，给付 70% 详情以条款和当地费率为准
住院医疗每天给付 100 元
每个保单年度最多可给付 1 万元
详情以条款和当地费率为准 |

百万如意行（庆典版）（SJ2）保障计划

详细投保方案如下：

表 6-20

被保人	投保人	保障计划	保险期间	交费期间	保障额度	首年保费
周 （男 25 岁）	本人	百万如意行两全保险（庆典版）	至 75 岁	15 年	20 万元	5300 元
		附加百万如意行意外伤害住院定额给付医疗保险（庆典版）	至 75 岁	15 年	20 万元	392 元
首年总保费						5692.00 元

保障责任详情如下：

表 6-21

| 身价保障 | 疾病身故/高残保险金不小于所交保费
投保 180 日内身故或高残，给付所交保费；18~41 岁前身故/高残，给付 160% 所交保费；41~61 岁前身故/高残，给付 140% 所交保费；61 岁及以后身故/高残，给付 120% 所交保费
一般意外身故/高残保险金 200 万元
私家车意外身故/高残保险金 400 万元
按一般意外给付 10 倍保额 200 万元后，额外给付 10 倍保额 200 万元
公务车意外身故/高残保险金 400 万元
按一般意外给付 10 倍保额 200 万元后，额外给付 10 倍保额 200 万元
客运交通意外身故/高残保险金 600 万元
客运交通工具：指领有相关主管部门依法颁发的行驶执照、营运执照，以运载乘客为目的的机动车（含出租车及网约车）、水上交通工具 按一般意外给付 10 倍保额 200 万元后，额外给付 20 倍保额 400 万元
轨道交通意外身故/高残保险金 1000 万元
包括：高铁、动车、普通火车、地铁、轻轨列车、磁悬浮列车 按一般意外给付 10 倍保额 200 万元后，额外给付 40 倍保额 800 万元
航空意外身故/高残保险金 1000 万元
按一般意外给付 10 倍保额 200 万元后，额外给付 40 倍保额 800 万元
电梯意外身故/高残保险金 400 万元 |

续表

	按一般意外给付 10 倍保额 200 万元后，额外给付 10 倍保额 200 万元 8 种自然灾害意外身故/高残保险金 600 万元 包括：地震、泥石流、滑坡、洪水、海啸、台风、冰雹、龙卷风 按一般意外给付 10 倍保额 200 万元后，额外给付 20 倍保额 400 万元 公众场所特定事故意外身故/高残保险金 600 万元 特定事故包括：火灾、爆炸或踩踏事故 按一般意外给付 10 倍保额 200 万元后，额外给付 20 倍保额 400 万元
固定领取	75 岁满期返还保费 79500 元 满期返还两全保费，祝寿添福
医疗保障	意外住院每天给付 400 元 1 个保单年度内，可累积给付 180 天；保险期间内，可累积给付 1000 天

风险提示

* 投保人在保单犹豫期后解除合同会遭受一定损失，具体保单利益请以保单合同为准。

* 温馨提示：以上演示说明为本平台对上述产品的理解，便于保险从业人员学习、交流，演示数据仅供参考，请以实际为准。

附：病种详情

表 6-22

国寿福终身重大疾病保险（盛典版，A 款）- 特定重大疾病病种详情	
1. 多个肢体缺失	2. 严重慢性肝衰竭
3. 严重脑损伤	4. 严重Ⅲ度烧伤
5. 重型再生障碍性贫血	6. 严重慢性呼吸衰竭

表 6-23

国寿福终身重大疾病保险（盛典版，A 款）- 重大疾病病种详情	
1. 恶性肿瘤——重度	2. 较重急性心肌梗死
3. 严重脑中风后遗症	4. 重大器官移植术或造血干细胞移植术
5. 冠状动脉搭桥术（或称冠状动脉旁路移植术）	6. 严重慢性肾衰竭
7. 多个肢体缺失	8. 急性重症肝炎或亚急性重症肝炎
9. 严重非恶性颅内肿瘤	10. 严重慢性肝衰竭
11. 严重脑炎后遗症或严重脑膜炎后遗症	12. 深度昏迷
13. 特定年龄双耳失聪	14. 特定年龄双目失明
15. 瘫痪	16. 心脏瓣膜手术
17. 严重阿尔茨海默病	18. 严重脑损伤
19. 严重原发性帕金森病	20. 严重Ⅲ度烧伤
21. 严重特发性肺动脉高压	22. 严重运动神经元病
23. 语言能力丧失	24. 重型再生障碍性贫血

续表

国寿福终身重大疾病保险（盛典版，A款）–重大疾病病种详情	
25. 主动脉手术	26. 严重慢性呼吸衰竭
27. 严重克罗恩病	28. 严重溃疡性结肠炎
29. 严重原发性心肌病	30. 严重重症肌无力
31. 严重多发性硬化症	32. 严重脊髓灰质炎
33. 严重类风湿性关节炎	34. 严重系统性红斑狼疮性肾病
35. 植物人状态	36. 严重胰岛素依赖型糖尿病
37. 严重冠心病	38. 急性坏死性胰腺炎开腹手术
39. 经输血导致的人类免疫缺陷病毒感染	40. 非阿尔茨海默病所致严重痴呆
41. 严重弥漫性系统性硬皮病	42. 重症急性坏死性筋膜炎
43. 埃博拉出血热	44. 严重感染性心内膜炎
45. 严重肌营养不良症	46. 胰腺移植
47. 严重肾髓质囊性病	48. 肝豆状核变性（Wilson 病）
49. 严重自身免疫性肝炎	50. 原发性硬化性胆管炎
51. 头臂动脉型多发性大动脉炎旁路移植手术	52. 溶血性链球菌性坏疽
53. 克–雅氏病（CJD、人类疯牛病）	54. 丝虫病所致象皮肿
55. 严重继发性肺动脉高压	56. 严重获得性或继发性肺泡蛋白质沉积症
57. 胆道重建手术	58. 肺淋巴管肌瘤病
59. 严重结核性脑膜炎	60. 严重癫痫
61. 特发性慢性肾上腺皮质功能减退	62. 慢性复发性胰腺炎
63. 严重巨细胞动脉炎	64. 严重Ⅲ度房室传导阻滞
65. 严重肺源性心脏病	66. 细菌性脑脊髓膜炎后遗症
67. 进行性核上性麻痹	68. 因职业关系导致的人类免疫缺陷病毒感染
69. 因器官移植导致的人类免疫缺陷病毒感染	70. 脑动脉瘤破裂出血开颅夹闭手术
71. 亚急性硬化性全脑炎	72. 进行性多灶性白质脑病
73. 艾森门格综合征	74. 严重面部烧伤
75. 脊髓小脑变性症	76. 多处臂丛神经根性撕脱
77. 严重心肌炎	78. Brugada 综合征
79. 严重出血性登革热	80. 侵蚀性葡萄胎（或称恶性葡萄胎）
81. 横贯性脊髓炎后遗症	82. 室壁瘤切除手术
83. 获得性血栓性血小板减少性紫癜	84. 成骨不全症（Ⅲ型）
85. 范可尼综合征（Fanconi 综合征）	86. 脊髓血管病后遗症
87. 闭锁综合征	88. 脊柱裂

续表

国寿福终身重大疾病保险（盛典版，A款）－重大疾病病种详情	
89. 弥漫性血管内凝血	90. 急性肺损伤（ALI）或急性呼吸窘迫综合征（ARDS）
91. 结核性脊髓炎	92. 严重气性坏疽
93. 皮质基底节变性	94. 神经白塞病
95. 心脏粘液瘤手术	96. 脊髓空洞症
97. 亚历山大病	98. 原发性脊柱侧弯的矫正手术
99. 严重心脏衰竭心脏再同步（CRT）治疗	100. 异染性脑白质营养不良
101. 严重斯蒂尔病	102. 严重破伤风
103. 库鲁病	104. 肺孢子菌肺炎
105. 弥漫性硬化	106. 严重Ⅲ度冻伤导致截肢
107. 永久性脑脊液分流术	108. 严重甲型及乙型血友病
109. 风湿热导致的心脏瓣膜疾病	110. 严重肺结节病
111. 席汉氏综合征	112. 溶血性尿毒综合征
113. 脑型疟疾	114. 败血症导致的多器官功能障碍综合征
115. 大面积植皮手术	116. 原发性噬血细胞综合征
117. 严重肠道疾病并发症	118. 严重脊髓内肿瘤后遗症
119. 严重强直性脊柱炎	120. 肾上腺脑白质营养不良

表 6 – 24

国寿福终身重大疾病保险（盛典版，A款）－特定疾病病种详情	
1. 心脏瓣膜介入手术	2. 轻度脑损伤
3. 肝叶切除	4. 植入腔静脉过滤器
5. 轻度脑炎后遗症或脑膜炎后遗症	6. 中度肌营养不良症
7. 心包膜切除术	8. 单侧肺脏切除
9. 特定周围动脉狭窄的血管介入治疗	10. 单侧肾脏切除
11. 双侧卵巢或睾丸切除术	12. 于颈动脉进行血管成形术或内膜切除术
13. 特发性肺动脉高压	14. 中度运动神经元病
15. 中度类风湿性关节炎	16. 中度溃疡性结肠炎
17. 早期系统性硬皮病	18. 早期象皮病
19. 慢性呼吸衰竭	20. 早期原发性心肌病

表 6-25

国寿福终身重大疾病保险（盛典版，A 款）-轻度疾病病种详情

1. 恶性肿瘤——轻度	2. 较轻急性心肌梗死
3. 轻度脑中风后遗症	4. 原位癌
5. 冠状动脉介入手术	6. 特定面积Ⅲ度烧伤
7. 主动脉介入手术	8. 严重脑垂体瘤、脑囊肿、颅内血管性疾病（如脑动脉瘤、脑动静脉畸形、海绵状血管瘤、毛细血管扩张症等）
9. 特定年龄视力受损	10. 中度原发性帕金森病
11. 中度进行性核上性麻痹	12. 角膜移植
13. 出血性登革热	14. 可逆性再生障碍性贫血
15. 单个肢体缺失	16. 轻度坏死性筋膜炎
17. 轻度闭锁综合征	18. 肾上腺切除术
19. 面部重建手术	20. 慢性肾衰竭
21. 轻度弥漫性硬化	22. 中度阿尔茨海默病
23. 激光心肌血运重建术	24. 强直性脊柱炎的特定手术治疗
25. 植入心脏起搏器	26. 急性肾衰竭肾脏透析治疗
27. 植入大脑内分流器	28. 系统性红斑狼疮
29. 骨质疏松骨折导致的全髋关节置换手术	30. 中度重症肌无力
31. 病毒性肝炎导致的肝硬化	32. 严重慢性肝衰竭的早期阶段
33. 中度肠道疾病并发症	34. 急性出血坏死性胰腺炎腹腔镜手术
35. 轻度颅脑手术	36. 克罗恩病
37. 轻度面部烧伤	38. 特定年龄单眼失明
39. 糖尿病视网膜晚期增生性病变	40. 中度感染性心内膜炎

附：家庭风险建议

◆保额足够：一家之主的保障、配偶的保障、孩子的保障、父母的保障，不要让爱留缺口。

◆保障全面：意外、重疾、身故、子女教育、医疗、养老、财富传承，人生七张保单要买全。

◆年年检视：家庭情况的变化，风险的变化，保单的变化要及时掌握，保单年检年年做。

◆及时加保：家庭成员改变、财产状况改变、有意外或重疾事件发生，保障及时补充。

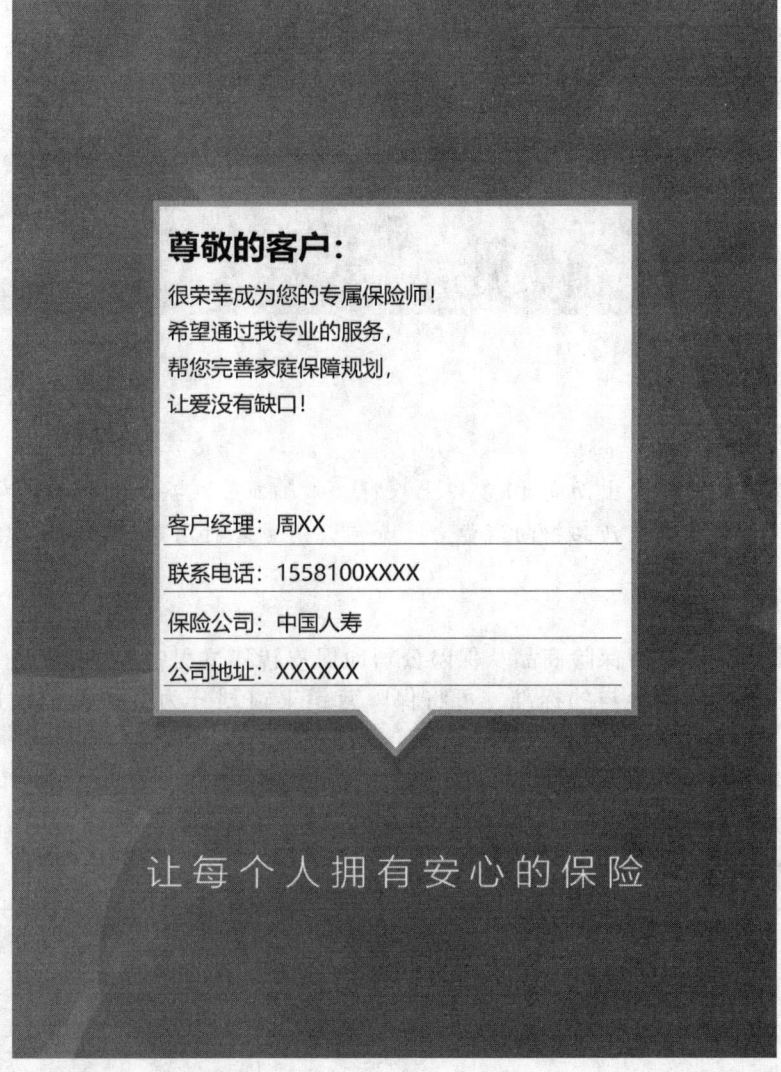

（三）团体保险方案

团体保险方案设计框架应包括：

（1）分析客户基本情况。包括对客户所处行业、交费能力等情况。

（2）判断客户的保险需求。根据企业投保目的，分析其所需的保险产品类型及保障水平。

（3）设计团体保险方案。列出年交保费、保险产品清单。

 课堂实作

××五金厂有员工100人，其中销售人员60人，该厂总经理张某，45岁。所有员工都参加了社会医疗保险。保险公司业务员李某与该厂总经理张某在一场活动中相遇，近年单位效益较好，担心员工意外和健康风险，计划拿出2万元做一定的安排。李某为张某推荐团体保险计划。张某向李某提出疑问,公司已经为员工办理了社会保险。部分员工还给自己购买了商业保险,还需要团体保险吗?团体保险与个人保险有什么区别呢?请为该五金厂完成团体健康保险方案。

任务四 认识销售渠道

 业务描述

××保险公司研发出面向40岁以上人群、心脑血管疾病的一款特定疾病保险产品,请问该公司如何将这款产品推向消费者?如何让消费者打消疑虑,购买该款产品?

一、保险营销渠道概述

保险营销渠道是指保险商品从保险公司向保户转移过程中所经过的途径。

按照有无中间商参与的标准,可将保险营销渠道划分为直接营销渠道和间接营销渠道。

2018年数据显示,各渠道对人身险业务贡献不尽相同,有些渠道增长喜人,有些渠道下降明显,具体情况见表6-26。

表6-26　　　　　　　　2018年人身险各渠道业务情况表

渠道	原保费收入(亿元)	同比增速	占比	占比增速
直销	2012.91	14.90%	7.67%	0.94%
专业代理	234.84	30.72%	0.89%	0.20%
个人代理	15452.21	18.27%	58.84%	8.67%
兼业代理(其他)	273.00	-0.41%	1.04%	-0.01%
经纪	255.57	38.72%	0.97%	0.27%
银保	8032.34	-24.11%	30.59%	-10.06%

资料来源:https://finance.sina.com.cn/money/insurance/bxdt/2019-02-21/doc-ihqfskcp7115493.shtml

保险营销渠道所执行的功能主要有沟通信息、促进保险公司与客户之间的接触以及保险促销等。换句话说,即是将保险商品由保险公司转移至保户,消除和克服保险公司与保户之间在时间、地点、所有权等方面的各种矛盾。具体而言,保险营销渠道所执行的功能主要有:

(1)沟通信息。这是指搜集与传递有关营销环境中各种力量和因素变动的信息,并加以分析、研究和整理,以供参考并达成保险交易。

(2)促销。这是指利用各种可能的渠道,通过生动、活泼的宣传,发布与传播保险产品的各种信息。

(3) 接触。这是指主动寻找潜在的保险消费者,并与之保持经常性的联系和沟通。

(4) 配合。这是指营销渠道使所提供的保险服务能够最大限度地满足客户需求,包括在数量上与险种上的组合等。

(5) 双向选择。保险营销既是保险公司对保险客户的选择过程,同时也是保险客户选择最满意保险公司和最佳保险服务的过程,保险营销渠道的所有成员必须善于并尽最大努力促成这种双向选择的达成。

(6) 实际达成,即购买和销售功能。实际达成功能主要完成保险产品所有权的转移。

(7) 资金融通。不论是佣金,还是手续费,资金的取得或周转,都满足了销售工作的各项成本支出。

(8) 风险承担。承担保险营销所带来的直接风险,其中主要是责任风险。

上述功能中的前五项主要是为了促成保险交易的达成,后三项功能则是帮助交易得到切实履行。总的来看,不论是哪项功能,都必须有人完成。在保险营销渠道中可以取消某一个环节的中间商,但不能取消任何一项功能,而且谁能以最低的费用支出完成,就应该由谁承担此功能。发达国家的实践证明,保险公司往往愿意借助保险中介达成以上功能。这样,保险公司就可以集中财力发挥好自己产品研发等功能;而保险中介则凭借自己的专业知识和经验拓展市场、促成交易。

二、保险营销渠道分类

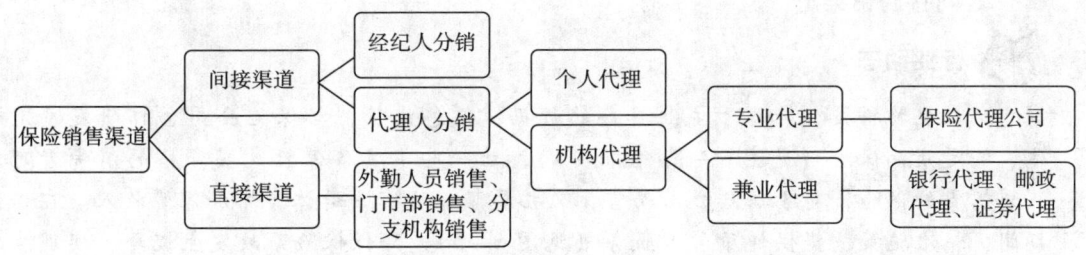

图 6-2 保险销售渠道体系

(一) 依据销售人员是否属于保险公司正式员工划分为直接营销渠道和间接营销渠道

1. 直接营销渠道

直接营销渠道,也称直销制,是指保险公司利用支付薪金的业务人员对保险消费者直接提供各种保险险种的销售和服务。

(1) 保险公司外勤人员销售即由采取直销制的保险公司配备的专门从事保险推销的由企业支付薪金的外勤人员销售产品。这些外勤人员是保险公司的员工,代表保险公司与保险客户接洽,并与客户洽谈投保与承保事宜,负责向客户招揽业务、推销产品、核保、收取保费从提供其他服务等。外勤人员的行为必须受与保险公司签订的推销合同约束。

(2) 保险门市部销售即由保险公司在公司本部或特定场所设立的直接招揽保险业务的部门向客户直接销售保险产品。在企业本部设立的门市部面向本地区的全体保险客户或潜在的保险客户;在特定场所设立的保险门市部则面向特定的保险客户,如在车站、机场、码头等场所设置的保险业务专柜,目的是承揽这些公共场所的流动人口投保的意外伤害保险、运输保险等。

(3)保险公司分支机构销售即由保险公司设立分支机构向客户直接销售保险产品。由于分支机构更接近保险客户,直接招揽与承保业务便成为保险公司分支机构的重要任务。不过,保险公司分支机构除继续延伸保险办事处承保业务外,仍主要依靠外勤人员和保险门市部直接推销保险产品。

直销渠道具备以下优势:保险公司的业务人员工作稳定、熟悉业务,有利于控制保险欺诈行为的发生,消费者安全感、获得感强;保险公司业务人员代表保险公司展业,具有较强公司特征,易于在客户心中树立良好的外部形象;如果保险公司业务人员完成或超额完成预期任务的情况下,不会因为业务规模大而大量增长收入,维持营销系统成本较低水平。但是缺乏激励,不利于保险公司争取更多客户,不利于扩大保险业务经营范围,不利于发挥保险业务人员的工作积极性。

在保险市场不健全的时期,保险公司大都采用直销制进行保险营销。但随着保险市场的发展,保险公司仅仅依靠自己的业务人员和分支机构进行保险营销是远远不够的,同时也是不经济的。无论保险公司的资金实力有多雄厚,都不可能建立一支足以包容整个保险市场的营销队伍,即使可能,庞大的工资支出和业务费用势必提高保险经营的成本。因此,在现代保险市场上,保险公司在依靠自身的业务人员进行直接营销的同时,还要广泛地利用保险中介人进行间接营销。

2. 间接营销渠道

 行业动态

××生物科技公司基于主业具备的数据、信息优势,与保险公司合作研发特定群体、特定疾病保险(见图6-3、图6-4),让一些不具备保险购买资格的消费者可以买到想要的保险,对于保险公司而言,又拓展了保险客户群体,增加保费收入。在保险期间,精准施策,提供健康管理服务(见图6-5),降低保险事故发生概率,实现生物科技公司、客户、保险公司三方共赢。具体该公司的业务场景如图6-6所示。

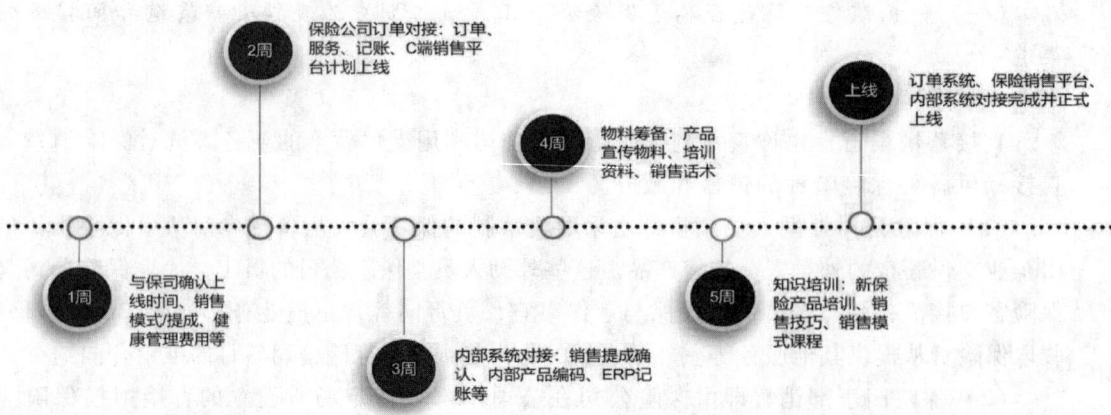

图6-3 公司与保险公司合作流程图

2型糖尿病

甜蜜人生 并发症保障	控糖卫士 百万并发症保障	惠享e生 慢病百万医疗	天地关爱 慢病百万医疗（送血糖仪）
36元	99-998元	300-2000元	400-2500元

有并发症人群	健康人群	通用	
众安百万防癌医疗险	众安尊享e生 百万医疗	抗疫无忧 出行&意外	惠民保普惠型保险
200-1500元	200-1500元	30元	59-199元

图 6-4 公司推出保险产品规划图

辅助保险产品设计创新

通过医疗健康大数据的应用，帮助保险业精准建立用户健康画像，对照疾病基础特征库，辅助保险公司进行慢病保险产品设计与定价，提升产品创新能力。

合理优化理赔服务流程

优化保险业务流程、重塑保险业理赔服务，提升保险业服务能力，直接电子化、智能化输出核赔结论，线上实现"报案-收单-核查-理算-理赔-结案"全流程。

打造全病程健康管理服务

通过用户慢病健康风险评估，为用户精准匹配健康险，连接"线上+线下"医疗、医药服务供应链网络，提升用户全病程健康管理服务体验。

多渠道合作资源整合

依托强大的医疗健康生态合作网络，整合多家国内知名手机厂商、穿戴设备及企业客户的合作伙伴资源，多渠道帮助保险业拓展合作资源。

图 6-5 公司提供健康管理服务图

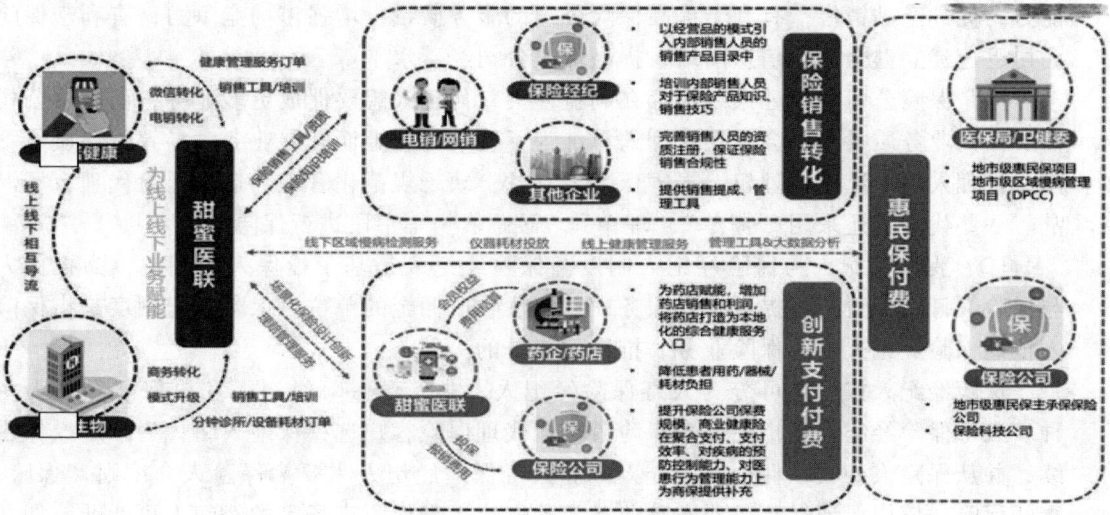

图 6-6 公司业务场景图

间接营销渠道，也称中介制，是指保险公司通过保险代理人和保险经纪人等中介机构推销保险商品的方法。保险中介人不能真正代替保险人承担保险责任，只是参与、代办、推销或提供专门技术服务等各种保险活动，从而促成保险商品销售的实现。

（二）依据产品销售渠道不同分为个险渠道、团险渠道、银保渠道、网络与电话营销渠道

1. 个险渠道

在银保渠道业务占比持续下降的同时，个人代理人业务占比持续攀升，2018年实现业务收入15452.21亿元，同比增长18.27%，占比58.84%，上升8.67个百分点。

保险中介不仅参与保险公司业务拓展，而且越来越多的保险中介积极参与事前风险预防，为被保险人提供培训、风险管理服务，减少保险事故发生，降低保险公司赔付率。

（1）保险代理人及保险代理制度。保险代理人是根据保险人的委托，向保险人收取代理手续费，并在保险人授权的范围内代为办理保险业务的单位或者个人。保险代理制度是代理保险公司招揽和经营保险业务的一种制度。

我国对保险代理人采用复合分类法，先按保险代理主体的性质将保险代理人分为单位代理人和个人代理人，然后将单位代理人按行业性质不同分为专业代理人和兼业代理人，从而形成了专业代理人、兼业代理人和个人代理人。专业代理人是专门从事保险代理业务的保险代理公司，其组织形式为有限责任公司；兼业代理人是受保险人的委托，在从事自身业务的同时，指定专人为保险人代办保险业务的单位；个人代理人是根据保险人的委托，向保险人收取代理手续费，并在保险人授权的范围内代为办理保险业务的个人。

保险代理人制度是按劳获酬，保险公司只需向代理人支付代理手续费，节约了员工管理费、宣传费、防灾费等，有利于降低保险公司保险成本；有利于提高保险公司供给能力，促进产品销售；有利于提高保险公司的服务质量，增强市场竞争力；有利于保险公司迅速建立健全保险信息网络，提高保险公司经营水平。

但是保险公司与代理人之间存在利益冲突，代理人想要促成更多业务，而保险公司需要提高业务质量，就会发生代理人单纯为了追求高佣金而开展业务，导致承保质量下降；代理人可能滥用代理权，损害保险人利益；缺乏规范化管理，造成保险代理市场混乱。一些代理人还采用"撕单""埋单""鸳鸯单"等手段进行保险欺诈。

（2）保险经纪人与保险经纪人制度。保险经纪人是基于投保人的利益，为投保人与保险人订立保险合同提供中介服务，并依法收取佣金的单位。保险经纪制度是指保险人依靠保险经纪人争取保险业务，推销保险单的一种营销方式。

保险经纪人按险种可分为人寿保险经纪人、非人寿保险经纪人和再保险经纪人三种。人寿保险经纪人是指在人寿保险市场上代理保险客户选择保险人，代为办理投保手续，并从保险人处收取佣金的中介人。非人寿保险经纪人主要为保险人介绍财产保险、责任保险和信用保证保险等非寿险业务。他们比人寿保险市场上的经纪人更活跃，如在海上保险中，保险经纪人的作用十分突出，他们既深谙航海风险，又通晓保险知识，能为保险人寻求最佳保险保障。再保险经纪人是指专门从事再保险业务的特殊保险经纪

人。再保险经纪人不仅介绍再保险业务，提供保险信息，而且在再保险合同有效期间继续为再保险公司服务。由于再保险业务具有较强的国际性，事实上，每个国家的许多再保险业务都是通过再保险经纪人促成的，因此，充分利用再保险经纪人就显得十分重要。

保险经纪人提供保险服务专业性强，作为被保险人的代表，独立承担法律责任，佣金向保险人提取，不增加投保人、被保险人经济负担。但是由于经纪人活动不依托保险公司进行中介活动，因此，如果经纪人缺乏法律法规限制，可能会以中介之名，行欺诈之事，例如以虚假信息牟取暴利，扰乱市场秩序。

2. 团险渠道

团体保险是指以一张保险单为众多被保险人提供保障的保险。团体保险是以集体单位作为承保对象，以保险公司和集体单位作为双方当事人，采用一张保险单形式订立合同。通常是以团体单位为投保人，单位内工作人员为被保险人。团体保险的基本模式，即由雇主交纳保险费，承保全部雇员，不论其可保性是否具备，受益人由雇员指定。在国外，团体保险通常是一种雇员福利计划。

（1）团体保险的特点：团体健康风险分散、逆选择风险较小、一张保单保团体、手续简化、费用低、保险费低廉。

（2）但是为了防止逆选择，在具体业务做法上一般有下列规定：

①团体的限制。参加团体保险的团体，不能是为投保团体保险而组成的团体，而必须是已经存在的、有特定业务活动、实行独立核算的正式法人团体。被保险人必须是单位组织的成员。

②团体内必须要有75%的人参加保险。

③在一个团体内，或按工龄、工资收入、职务等级分别定出保险金额，或是同一的保险金额。团体保险大都以一年为期限，每年更新保单，保险费可以由单位负担，也可以由单位、个人共同负担，保险费率按不同的职业有不同的标准。

（3）团体保险相对个险具备以下职能：

①稳定职能。作为一种经济补偿手段，一方面团体保险通过承诺对保险责任范围内的损失进行补偿，不仅能够使被保险人的损失减少到最大限度，还能够大大减少投保人的忧虑和不确定性，有利于人们恢复正常的工作生活，保障人们的生活水平，提高人们的生活质量；另一方面，由于团体保险往往具有普遍性和公平性，又有利于缩小贫富差距，促进社会和谐。因此，团体保险和税收等工具一样，也是社会运行的稳定器。

②融资职能。随着我国经济社会的快速、持续、稳定发展，人们保险意识的不断增强，团体保险的保费也会出现大幅增长，而团体保险公司为了实现保额的保值增值，会更加积极地进入到金融市场进行投融资，这不仅有利于提高保险业在金融市场上的地位，而且能够促进金融市场资源配置，优化金融市场结构，推进金融创新，从而促进我国金融市场的不断繁荣和发展。

③激励职能。团体保险，特别是年金保险，作为现代企业福利计划的一部分，逐渐成为企业管理中一个重要的组成内容。企业投保团体保险，不仅能够分担经营管理风险，而且能够对其员工进行激励，从而有利于企业运行的稳定，人力资源的科学管理，促进企业不断发展壮大。

团体健康保险是指以团体或其雇主作为投保人,同保险人签订保险合同,以其所属员工作为被保险人(包含团体中的退休员工),约定由团体雇主独自交付保险费,或由雇主与团体员工分担保险费,当被保险人因疾病或分娩住院时,由保险人负责给付其住院期间的治疗费用、住院费用、看护费用,以及在被保险人由于疾病或分娩致残疾时,由保险人负责给付残疾保险金的一种团体保险。

 行业动态

团体保险发展历程

在我国,团体保险的发展经历了以下三个阶段:

第一阶段,团体保险主导市场的发展阶段(恢复保险业务到1991年)

在恢复保险业务的20世纪80年代,我国团体保险占整个市场80%的份额,其经营模式主要是通过政府发文的形式,依靠行政力量的参与和推动。当时的中国人民保险公司开展的简易人身保险等更多的是采用这种方式。当时的个险也参照团险的这种方式做,企业负责代扣代缴保费,如学生平安保险。

由于大批销售的方式减少了营销费用和管理费用,加上特定条件下的行政介入,团体保险的费率一般较低,团体保险成为当时寿险市场十分重要的营销方式之一。

第二阶段,团体保险衰落的阶段(1992—2001年)

外国保险公司经过多年努力,于1992年开始进入我国保险市场,率先开放的是试点城市上海,在当年的《上海外资保险机构管理暂行办法》第十七条中对外资保险机构的营业范围限定为:"根据申请,中国人民银行批准外资保险机构经营除法定保险以外的下列业务的部分或全部,外国人和境内个人缴费的人身保险业务;上述业务的再保险业务;"以及经批准的其他业务。明确将团体保险业务界定为外资不应进入的领域。

此后,个险代理人营销模式开始大行其道,客观而言,个人代理制度推动了个险的繁荣,中资寿险公司紧随其后,把营销制度扩展到全国范围;但也导致了团险市场的急剧衰退,团险比例下降到了20%。

由于团体保险缺乏监管规则和管理惯例,国内除把本属于团体保险的团体意外、团体健康和团体定期视同团体保险外,还把不属于团体保险却属于养老保险,享受税收安排的企业年金和不享受税收制度安排的团体年金(以前统称为补充养老保险)也视同团体保险,这就导致了团体保险定义的含混和模糊,由于长短期业务不分,从而使得很难有一套规则能够界定如此之大的范围,从而使得规则更加难以出台。

这一时期出现了几种市场现象。一是外资保险公司为突破对其只能经营个人寿险的约束,开始打擦边球。国外早就存在职场销售,由于单位不缴费,只是从个人投保人的工资账户中扣除,属于代扣代缴的汇缴件,这时外资在上海引入这种方式,并且发扬光大,开始了变相的团险个做时代,尽管此种行为后来被监管部门叫停,却从来没有完全绝迹过。由此,为适应中外资业务范围的不同,同步开始了对团体保险概念旷日持久的争论,至今没有一个权威的关于团体保险科学公允的定义。二是团体保险在行业的地位急剧下降,由于公司之间团体经营理念的不科学,自我管理能力较弱,导致基层业务的

恶性竞争，监管又没有设立底线，因而团体保险市场成为不被看好的市场，一度成为中资公司前行的包袱，成为食之无味弃之可惜的鸡肋。有些公司开始了止血工程，业务规模和人力大幅度削减；有些公司则借团体保险之名开始了追逐规模甚至洗钱的过程，出现了零管理费用等不可思议的现象。随之，监管部门叫停了团体两全寿险产品。

第三阶段，团体保险寻求新生的阶段（2002年以后）

用2002年作为划分团体保险转型的分水岭，是因为这段时间发生了几件大事：一是2001年12月11日中国正式加入世界贸易组织，按照渐进开放的原则，中国政府为中资保险业设立了三年的保护期，到2004年底即全面开放，体现在人身保险领域主要是团体保险的开放；二是《保险法》第二次修改，2002年10月28日九届人大常务委员会第三十次会议《关于修改〈中华人民共和国保险法〉的决定》正式颁布，修改后的第九十二条对保险公司的业务范围进行了重新规定，即同一保险人不得同时兼营财产保险业务和人身保险业务；但是，经营财产保险业务的保险公司经保险监督管理机构核定，可以经营短期健康保险业务和意外伤害保险业务。从而使得该业务领域的竞争者扩大了一倍。

之后的两年，还有一系列政策上的巨大震荡，一是2004年企业年金政策的出台。先是一部三会（即劳动和社会保障部、银监会、证监会、保监会）的《企业年金基金管理试行办法》，随后劳动和社会保障部出台了《企业年金试行办法》，使信托型业务逐渐成为主流，尽管这不符合国际惯例，但确实对现行商业补充养老保险造成了巨大的冲击，保险业团体保险的长期业务处于急剧萎缩状态，对商业团险有潜在需求的客户大都持币待购；二是政府出台政策，限制不规范投保行为。2005年中纪委、监察部出台《关于党政机关及事业单位用公款为个人购买商业保险若干问题的决定》，开始对公款消费保险行为进行约束；三是反洗钱法的起草。2006年10月31日，十届全国人大常委会第二十四次会议表决通过了《反洗钱法》，2007年1月1日起执行，中国人民银行11月14日下发《金融机构反洗钱规定》和《金融机构大额交易和可疑交易报告管理办法》，并将出台《保险业金融机构反洗钱规定》。

（4）团体保险与个人保险的区别。

①风险选择的对象不同。保险人在承保团体保险时风险选择的对象是团体。因此，进行对象选择的重点是审查团体的合法性和团体成员的比例。投保团体必须是依法成立的合法组织，如各种企业、国家机关、事业单位等。投保团体中参加保险的人数，与团体中具有参保资格的总人数的比例，必须达到保险人规定的比例。通常，如果团体负担全体保险费，符合条件的成员必须全部参加，如果团体与个人共同负担保险费，投保人数必须达到合格人数的75%以上。

个人保险的风险选择对象是个人，出于公平公正对待投保人，保证保险公司偿付能力的考虑，保险人总是要对投保的个人及其风险状况做出小心谨慎的判断。比如需要考虑的因素有：年龄、性别、职业、健康状况、病史、居住地、险种和财务状况等。由于个人健康状况和家庭病史在保险人决定是否承保时起着至关重要的作用，保险人通常会要求被保险人进行体检并由医疗机构开具体检报告书，以此作为证明帮助保险人做出承保决定。

②核保方式不同。团体保险的被保险人不需体检。对投保团体进行选择后，可以确保承保团体的死亡率符合正常水平，对个别具体的被保险人就不需体检了。由此，既方便了被保险人，也节省了成本费用。

个人保险的被保险人在某些情况下需要体检并由医疗机构开具体检报告书，以帮助保险人做出承保决定。例如当保险金额超过一定限额的时候，就需要体检。

③费率不同。团体保险的保险费率低。团体保险的保险手续简化，免于体检，减少了代理人的佣金支出，节约了大量的费用，从而降低了附加保费，毛保费自然降低。而且，团体保险的死亡率比较稳定，与个人保险的死亡率基本相同，甚至低于个人保险的死亡率，也使得团体保险的费率低于个人保险的费率。这只是针对相同的风险人群而言，由于附加费用较低而使平均的费率降低。当然不同规模的团体费率也是不同的，规模越大的团体有更大的议价权，费率可以得到更大的优惠。

④定价方法不同。团体保险是针对团体设定保险费率，其团体的死亡率根据团体人员工作性质的不同而不同，因此，不同类别的团体适用不同的费率。费率除了和工作性质相关外，还和这个团体过去的理赔情况相关。所以团体保险一般是没有约定的费率表的，不同团体单独定价。

个人保险定价一般都是基于统一的生命表或者疾病发生率表，对于所有的标准体都是统一定价的。个人保险一般都是有统一的费率表。

⑤保单不同。团体保险使用团体保险单。团体保险以集体的名义投保，投保人是组织，其使用的保险单为团体保险单，即一份总的保险单，总的保单与个人保单内容相似，其中列明了所有被保险人的姓名、受益人姓名、年龄、性别、保额等。团体保单明确投保人与保险人的权利与义务关系，其变更等合同行为在投保人与保险人之间进行。给每个被保险人只发放一张保险凭证，在保险凭证中并不包括所有保险条款。通常，被保险人的保险金给付通过投保人或专门的账户进行，不直接面对单个的被保险人。

个人保险采用一张独立的保单约定投保人和保险人之间的权利义务。保单中的承保部分须填写投保人、被保险人的个人有关资料，以及关于受益人、保险金额、保险费和交付方式、签单日期、生效日期、保险期限等内容。保险条款则包括保险责任、责任免除等核心内容。

⑥保险计划的灵活性不同。团体保险的投保人是单位团体，保单使用团体保单，保费统一交纳，因此，保险人对于团体保险给予了一定的灵活性。在被保险人方面，被保险人可以是确定的个人，也可以是约定条件下不确定的个人；在保险金的给付上，可以是定额给付，也可以是根据被保险人不同而不同的非定额给付；保险条款上，投保人可以就保单条款的设计和保险内容的制定与保险人进行协商。当然，团体保险单也应遵循一定的格式并包括一些特定的标准条款，但与个人保险合同相比明显具有灵活性。

个人保险都是采用标准条款，不是投保人与保险人自由协商的结果，一般情况下，投保人既不能拟定保险单的内容，也不能对保险单所确定的内容进行修改。

3. 银保渠道

银保渠道在 20 世纪 90 年代中期传入国内，并在 2003 年监管机构允许一家银行同多家保险公司合作之后，迅速成长为国内最重要的保险销售渠道之一，保费收入突飞猛进，并于 2008 年，首次超过个险营销渠道。银保渠道对国内人身险市场的影响极大，然而，如今在"保险姓保"的大背景下，遭遇了前所未有的"危机"。2018 年银保渠道业务收入下降超过 20%，业务占比更是下降超过 10 个百分点。与此同时，受到资本市场不景气影响，险企投资收益率普遍下滑，甚至难以覆盖银保渠道业务成本。各家公司在银保渠道表现差异较大，有些公司保持较快增长，有些公司小幅增长或者负增长，还有一些中小公司因为降幅过大，似乎已经放弃银保渠道。

4. 网络营销

西方发达资本主义国家的保险公司，早已在利用网络进行保单销售，并取得了一定的成效。1997 年美国网上保险营销保险费收入达到 3.97 亿美元，而这个数字 2001 年已经增加到 11 亿美元，有 93% 的公司以公众网络或客户、业务员私人网站的形式利用网络资源进行营销。英国于 1998 年建立的"屏幕交易"网址提供 7 家该国保险商的汽车和旅游保险产品，用户数每个月以 60% 递增。网络保险将在保险销售和服务市场上占有重要地位。

在我国，网络营销方式虽然起步较国外稍晚，但近年来也得到了初步的发展。1997 年 11 月 28 日中国保险信息网的开通，标志着我国保险业已经迈进网络之门。而 1997 年 12 月，新华人寿保险股份有限公司完成了第一份网上保单的签订，更是标志着我国的保险业已经搭上了网络快车。同时，平安保险公司投资设立的"PA18"新概念、泰康人寿保险公司开通的"泰康在线"以及其他国内保险公司相关网站的纷纷亮相，表明网络营销方式已经引起了国内保险公司的广泛重视。

网络营销成本低，据数据统计，网络营销比传统营销方式成本降低 58%～71%；服务质量高，利用网络，定制化满足消费者保险需求；增加新的销售机会，传统销售中营销人员出于对自己经济利益考虑往往只考虑大客户，而忽略潜在的小客户，通过网络营销触达这些小客户，增加业务规模；减少市场壁垒，有助于保险公司摆脱时间、空间限制，随时随地为世界任何角落的投保人提供保险服务。

当然，网络营销也面临以下问题：基础设施建设相对落后、网络信息安全问题亟待解决、相关法律法规不健全、道德风险更难控制。

5. 电话营销

电话营销（简称电销）起源于 20 世纪 70 年代的美国，一经问世，即以其高效率、低成本、广覆盖的优势在成熟市场快速发展。目前，电话营销已经被越来越多的保险公司所采用，并取得较好成效，成为渠道创新较为成功的销售模式之一。

电话营销业务是在传统电话服务基础上发展出现的新型业务营销模式，是以电话为主要沟通手段，借助网络、传真、短信、邮寄递送等辅助方式，通过保险公司专用电话营销号码，以保险公司名义与客户直接联系，并运用公司自动化信息管理技术和专业化运行平台，完成保险产品的推介、咨询、报价以及保单条件确认等主要营销过程的业务。

电话营销存在以下困难：消费者对电话营销方式认可度不够高、客户资料准确度不够高、电话营销的产品较单一。

除以上营销渠道外，保险公司也在不断尝试电视营销、手机营销、数据库营销、保险 APP 营销、保险微博营销、保险微信营销、社群营销等创新渠道，取得一定成效，为保险营销创造更多机遇，打开了更广阔的市场。

 **行业动态**

微信小程序顺利成为保险行业营销新渠道！

这几年国家对于保险行业愈发重视，大家也开始重视购买保险的必要性。电影《我不是药神》上映后，更是加深了人们对保险的重视。从保险类小程序访问量的上涨不难发现，如今小程序涉及的行业领域已经进入到人们生活的方方面面。

目前各行各业纷纷开发小程序，除了保险小程序外，还有旅行小程序、酒店小程序、物流小程序、外卖小程序等，简直包含了人们的衣食住行。当然了，北京恒泰博远科技都可以为不同的行业定制开发专属的微信小程序。

随着功能的不断完善与成熟，小程序已在保险行业得到广泛应用。依托微信生态丰富的数据、社交及支付能力，小程序将"用完即走"的便捷优势深耕保险行业，贯穿六大运营环节，助保险公司开拓品效合一的营销生态。

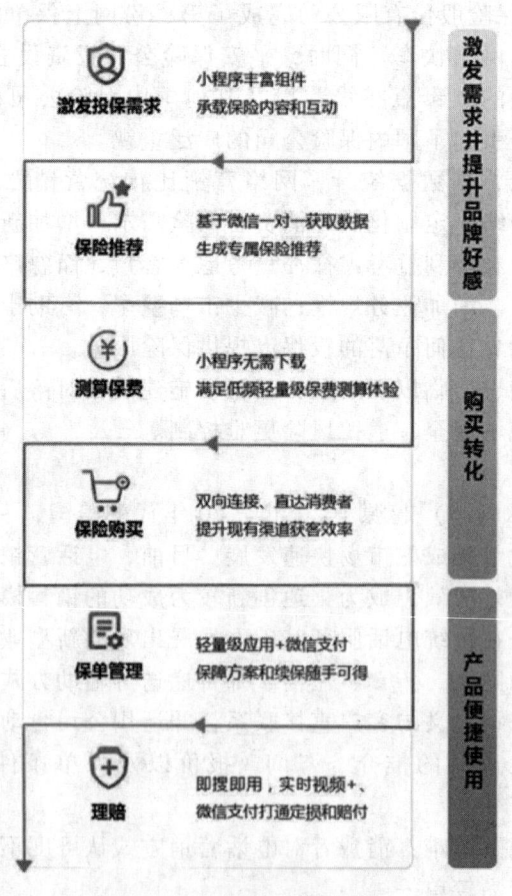

图 6—7 保险小程序功能

与此同时，腾讯平台坐拥海量社交大数据及丰富的流量场景矩阵，帮助保险公司精准识别潜在消费者的兴趣偏好、所处场景及投保需求，从而触达目标用户，进行针对性沟通，促进保单销售转化。保险行业小程序全链路玩法，面对不同营销诉求及不同险种，小程序的多功能组件及多样化的内容展现形态为保险公司提供从潜客触达、长期影响、销售转化到保单管理的全链路功能。

功能一：自助下单，高效提升投保转化。

针对标准化短险，小程序支持用户通过微信支付，直接下单，完成保险购买与社交分享流程，促进保单转化的同时，带动社交裂变。

功能二：吸引留资，电话跟进再触达。

针对长险投保，小程序内置电话咨询模块，用户可直接拨打保险公司电话，或通过绑定手机留下联系信息，方便保险公司后续跟进，刺激销售转化。

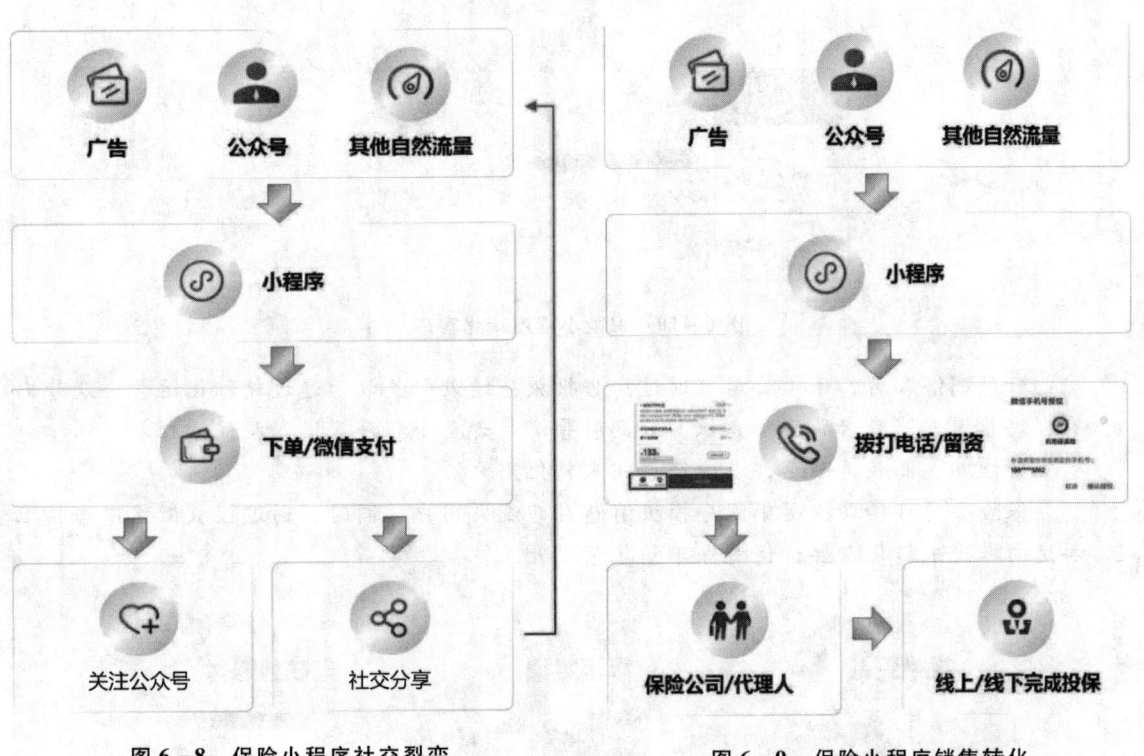

图 6-8　保险小程序社交裂变　　　　图 6-9　保险小程序销售转化

功能三：精细化运营，长期蓄客促转化。

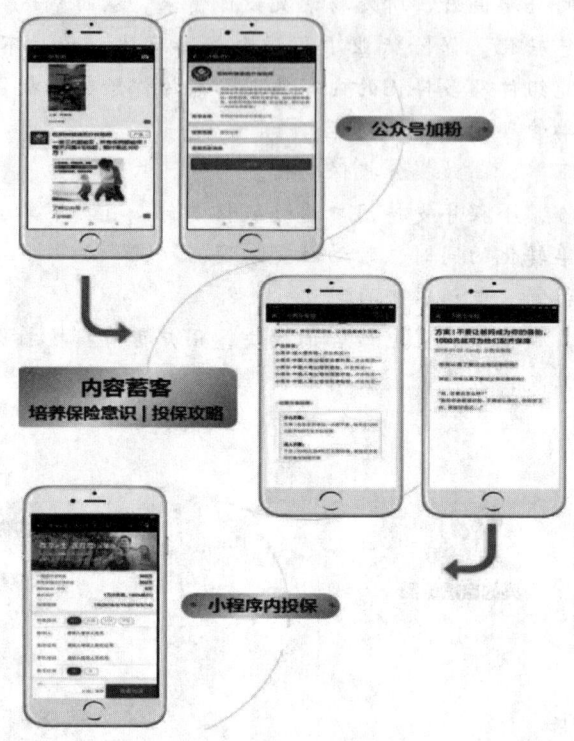

图6-10 保险小程序转化客户

针对高潜客群，保险公司可通过广告投放持续吸引关注，通过精细化运营公众号内容，培养潜在消费者的保险意识，长期引导消费者至小程序，进入投保流程。

功能四：高效再触达，多途径召回未转化用户。

保险公司可借助推送小程序模板消息召回流失用户，同时，通过投放微信广告精准再定向曝光未转化人群，促进保单销售量提升。

图6-11 保险小程序拓展功能

在如今，高速发展的互联网社会，人们对于自身的安全保障的需求日益紧张，同时保险行业迅速发展，保险行业和小程序的相结合，是最明显的体现。

资料来源：https：//www.sohu.com/a/250230249_100169986

三、保险营销渠道选择

（一）影响营销渠道选择的因素

保险公司选择哪种营销渠道才能以最小的代价，最有效地把保险商品送达到目标顾客手里，这是一个非常现实的问题。保险公司在选择和评价保险营销渠道时，一般要考虑如下因素。

1. 商品因素

保险公司生产和销售什么样的保险商品，将直接影响保险公司对营销渠道的选择。商品因素主要包括保险险种、保险商品的服务对象、保险费率等。

2. 市场情况

市场情况主要应考虑的是保险消费者的服务需求。保险营销渠道的设计者应当充分了解消费者所要求的服务水准以选择最有效率的营销渠道。但是要提供所有的服务是不可能的，也是不切实际的，保险公司和其渠道成员未必有必备的资源和技术来提供所有要求的服务；而且提供较高水准的服务将导致渠道成本增加，对消费者而言意味着价格将提高。保险公司必须在消费者的服务需求、符合需求的成本和可行性以及消费者对价格的偏好三者之间达到平衡。

3. 企业自身的条件

由于直销制具有明显的优点，所以保险公司大都有直销的愿望，但是进行直销必须有一定的人力、物力和财力，保险公司对市场是否熟悉、有无营销人才和财力大小决定着完成渠道功能的效率。如果条件不好，完成渠道功能的效率还不如中介商，就不应贸然采用直销。

4. 中介合作意愿

有时候选择什么营销渠道并不是保险公司单方面的问题，还要考虑中介商的态度和意见。中介态度是否积极、是否乐意合作对渠道效率必然会产生重大影响。例如，有些新险种，保险代理人或保险经纪人对其销路没有把握，不肯轻易接受委托，在这种情况下，保险公司只能自己推销。

5. 环境因素

从微观环境看，企业大多尽量避免采用与竞争对手相同的营销渠道，但也不尽然。从宏观环境看，经济形势有较大的制约作用，如在经济萧条时，保险公司的营销策略重点只能是控制和降低保险商品的营销成本，因此必须尽量减少中间环节，取消非必要的附加费率。此外，政府有关保险营销的种种政策、法规也会限制保险营销渠道选择的范围。

6. 营销成本和效益的评价

这是决定渠道选择的最终因素。保险公司在选择之前，对可供选择的若干渠道的费用、风险和利润进行详细的分析、评价和比较，以确保选择的营销方案是最佳方案。

（二）保险营销渠道的选择

保险公司在选择营销渠道时所考虑的最重要的因素是能否以最小的代价最有效地推销保单。在现代社会经济条件下，对于刚刚成立不久、规模较小的保险公司，由于其自身财力、经营技能以及其他外部条件的种种限制，适宜采用传统的直销制，这样既有利于保险公司稳步成长，又有利于逐步树立良好的企业形象。随着公司规模的不断扩大、市场占有份额的不断增加、营销技能和经验的迅速累积，在条件允许的情况下，可有计划地引进代理人和经纪人这种间接营销渠道，最终形成符合自身情况的具有特色的保险营销渠道组合。而对于规模较大、声誉较高的保险公司，在各种条件都具备的情况下，完全可以自行选择既符合企业自身情况，又符合市场规律的最优保险营销渠道组合。此外，有鉴于财产保险与人身保险在性质和经营技术上的区别，对于财产保险公司，特别是比较集中的企业财产保险而言，宜采用直销制，以便于保险公司减少营销成本，并加强承保控制；而对于分散的家庭财产保险和人寿保险而言，则宜采用代理制或经纪制，以便于保险公司争取更多的客户，从而不断扩大市场占有份额，增强企业的竞争力。

保险公司无论选择哪种营销渠道，都必须根据自身条件、保险商品特性和保险市场需求情况，对可供选择的各种渠道的费用、风险和利润进行详细的分析、评价和比较，才能选择出最有效的保险营销渠道。

练习模块

一、单选题

1. 保险营销的基础是（　　）。
   A. 核心产品的推销　　B. 形式产品的推销
   C. 附加产品　　　　　D. 分销渠道

2. 健康保险营销的特征不包括（　　）。
   A. 无形性　　　　　　B. 专业性
   C. 社会性　　　　　　D. 信息对称性

3. （　　）是保险企业在利用自有展业人员直销的同时，如何选择和激励合格的代理人、经纪人、公证人、再保险人等进行销售的决策。
   A. 渠道策略　　　　　B. 产品策略
   C. 心理策略　　　　　D. 价格策略

二、多选题

健康保险营销的目的包括（　　）。
A. 不仅要满足今天的保险需求，还要注意如何满足明天的保险需求
B. 不仅要满足现实保险需求，而且要满足潜在保险需求
C. 在以消费者为中心、满足顾客的保险需求与愿望的基础上，实现保险企业的经营目标
D. 不仅要满足顾客的需求，而且要使其满意

三、判断题

1. 渠道策略是保险企业、保险代理人、经纪人等将有关保险商品的信息通过各种沟通形式,如人员推销、广告、公共关系、展业推广等传递给投保人,以便让投保人了解、产生兴趣、产生投保欲望、最终做出投保决策等。( )

2. 在制订保险营销方案时,应该明确营销策略实施的关键性决策和任务,并将执行这些决策和任务的责任落实到个人或小组。( )

3. 间接销售渠道缺乏激励,不利于保险公司争取更多客户,不利于扩大保险业务经营范围,不利于发挥保险业务人员的工作积极性。
( )

四、问题讨论

1. 健康保险营销的构成要素有哪些?
2. 请分析如何依据年龄细分健康保险市场。
3. 请结合健康保险发展现状总结健康保险营销渠道。

五、实训练习

1. 请选择一家自己熟悉的保险公司、锁定一款健康保险产品,制定一段时间营销方案。
2. 请两两一组,相互为对方制作一份健康保险建议书。

项目小结

健康保险营销是指保险企业在变化的市场环境中,以市场需求为中心,以健康保险为产品,通过同他人交换健康保险产品和价值以满足其需求和欲望,同时实现企业目标的一系列活动。

保险营销是保险产品(险种)、保险产品价格(费率)、销售渠道和促销手段等因素针对目标市场共同作用的结果。保险营销策略是保险营销部门为了实现保险企业占领目标市场、完成预定营销目标,对目标保险市场选择、定位以及制定全面营销规划和行动方案。它是保险营销计划的基础,为保险营销活动奠定了基础。保险营销策略的核心内容包括目标市场和营销组合。

专业化销售时按一定的程序、一定的方法将推销过程分解量化,进而达到一定目标的销售活动。是专业不断支配行动,进而养成的专业销售习惯。保险行业中把它分成了七个步骤:计划与活动、客户开拓、接触前准备、接触、说明、促成、售后服务。在营销过程中要掌握客户疑义处理话术,并能制定营销方案,设计保险建议书。

保险营销渠道是指保险商品从保险公司向保户转移过程中所经过的途径。按照有无中间商参与的标准,可将保险营销渠道划分为直接营销渠道和间接营销渠道。间接营销渠道又细分为代理人、经纪人、银保兼业,保险公司还创新型采用电话、网络、微信、微博营销。

影响营销渠道选择的因素众多,包括商品、市场、企业自身条件、中介合作意愿、环境、营销成本和效益的评价。保险公司无论选择哪种营销渠道,都必须根据自身条件、保险商品特性和保险市场需求情况,对可供选择的各种渠道的费用、风险和利润进行详细的分析、评价和比较,才能选择出最有效的保险营销渠道。

项目七
健康保险核保与承保

学习目标

知识学习目标：
- 掌握健康保险核保的概念及意义
- 掌握健康保险核保需要考虑的要素、核保资料、核保流程、核保结论等基本内容
- 掌握健康保险承保的概念及程序

技能训练目标：
- 能够正确填写并审核健康保险投保单据
- 能够根据客户所提供的相关资料作出分析，找出风险点，并给出适当的核保结论
- 能够进行承保和核保的模拟演练

工作任务

1. 认识健康保险核保的基本内容。
2. 掌握各项要素对健康保险核保的影响过程。
3. 掌握健康保险核保的四大流程的必要性及各自的优劣势。
4. 能针对健康保险的各种资料对客户的风险进行分析。
5. 能在不同背景下判定客户应归于何种核保结论。
6. 掌握健康保险承保的流程。

导入案例

小陈体型比较胖，想要购买重大疾病保险，保险公司核保时，要求小陈进行体检。小陈想不通："医生都说我身体好着呢，没啥毛病，凭什么让我体检？"这其实就体现了保险医学和临床医学之间的差别，对健康的判断标准不一样。临床医学和客户认为的

健康比较简单明确,就是指当前状况下不需要接受治疗。但是保险医学认为的健康是指死亡率或疾病发生率接近于数据预期。所以临床医学认为健康的人,保险医学不一定也认为健康,所以可能是需要体检、加费、除外或者是缓保。

就以小陈为例子,肥胖可能还没有达到需要治疗的程度,临床上认为是健康的。但从远期看,肥胖可能会造成重疾发生率增高,所以保险公司会提出需要进行体检,通过体检结果来做出进一步的判断。

资料来源:https://www.sohu.com/a/439914277_672202(资料有删改)

 行业动态

随着我国居民健康意识的提高,健康保险已经成为大多数家庭选择保险时的首要考虑对象。与此同时,国家明确鼓励商业保险公司丰富健康险产品种类,鼓励商业保险机构积极开发与健康管理服务相关的健康保险产品,支持针对不同的市场设计不同的健康保险产品。早在2019年上半年,我国健康险市场份额已经超过车险,成为保险业第二大险种,然而,赔付的增长已经超出了保费的增长率,如何在把握商机的同时控制赔付风险,在众多商业保险机构中脱颖而出,率先进入良性发展的新阶段,成为了商业保险公司需要思考的重点。

在保险业高速发展的今天,赔付率也日趋高企。对此,可靠地事先核保就显得尤为重要。健康保险核保需要三种重要的资料和数据:一是财务资料,这是对投保人财务损失评价的基础;二是医疗资料,即投保人的重要医学数据和身体检查资料;三是职业资料,即投保人的职业因素对其健康状况影响的相关数据和资料。为了更好的了解这些信息,国家医保局已经明确,鼓励商业保险机构参与人口健康数据应用业务平台建设,支持商业健康保险信息系统与基本医疗保险信息系统、医疗机构信息系统进行必要的信息共享,全面提升商业保险信息化管理服务水平,用以解决资料缺乏问题。在获取充足医疗信息的基础上,应用合适的统计技术及模型工具,将能够模拟出被保险人未来可能的健康轨迹,估计其健康风险水平,为其参保提供依据。

资料来源:https://mp.weixin.qq.com/s?src=11&timestamp=1624956182&ver=3159&signature=lKdB*RAkMi2XeXdGjiISnyEll4u1E8EHf5wHK*awqQCurD7mcHeLCpmRnFvL3IwZRq*FKo6XB3ZKWQ*LfMYvejJ-Eu1O2zMTPsGcy*sdE-oPMS29avLCGbmbzW45S8a9&new=1

1. 什么是健康保险核保?
2. 核保时要注意哪些问题?

任务一
了解健康保险核保基础知识

 业务描述

随着各种自然及社会环境的变化,人类世界污染越发严重,人类罹患各种疾病的风险也越来越高。在投保时,保险公司会格外注意健康保险的核保问题。那么什么是核保?为什么要有核保?这就是本部分健康保险核保基础知识要解决的问题。

一、健康保险核保概念

核保,是指保险人对标的风险进行评判和分类,进而决定是否签发保单以及以什么样的条件签发保单。简单地说,核保就是做两件事,其一是决定是否接受该风险;其二是决定以何种条件接受该风险。

在健康保险的经营过程中,为了确保保险公司的安全稳定运行,维护公平合理的原则,不仅需要大量的被保险人,而且还需要对被保险人的风险种类和风险程度做出比较精确的评估和分类。而由于健康保险的特殊性,这种风险种类和风险程度的评估主要是基于疾病的角度来完成的,这是健康保险核保的一个很重要的特点。

二、健康保险核保的意义

经营健康保险的保险公司同其他的寿险公司一样,既要符合大数法则,也要进行风险选择。如果仅仅一味地追求标的数量,而忽视了保险的风险质量,引入了较多带有健康隐患的客户,这很可能会直接提升保险公司的赔付率,从而导致公司的财务稳定和持续经营受到影响。由此可见,核保是实现健康保险公司安全稳定运行的不二法门,同时核保工作的规范性也是衡量健康保险公司经营管理水平高低和运行状况是否良好的重要标准。

归纳起来,核保的意义如下:

1. 保证保险公司经营的公平合理

此处的公平合理主要体现在健康保险公司应根据风险程度的大小收取相应的保费。由于被保险人的年龄、性别、健康状况、病史不同,即表现为各种健康保险的相关风险发生的概率不同,这对于保险公司来说,表现为其承担风险大小不同,因此保险人需要将被保险人的在健康方面的风险程度加以筛选和分类,然后根据风险程度的不同收取相应的保费。对健康风险程度较高的被保险人收取较高的保费,对健康风险程度较低的被保险人收取较低的保费。倘若对不同风险程度的被保险人收取相同的保费,这样做有失公平。而通过核保过程来分类收取保费可以维持保险公司公平合理的经营原则。

2. 维护保险公司经营的安全性

投保人缴纳的保费是保险公司的主要资金来源，未来将用于保险金的赔偿或给付。因此，保险公司若没有一个科学的核保过程，很容易导致逆向选择，使得医疗或疾病的实际发生率高于预定发生率，进而导致公司赔付额增加，造成保险公司经营困境，甚至破产。所以，只有通过核保将被保险人的风险控制在合理范围内，才能保证公司财务稳定，保证保险公司的安全稳定运营。

3. 有效防范逆向选择和道德风险

投保人的道德风险会对保险经营产生巨大影响，世界上约有 20% 的保险赔款是因为保险欺诈而赔偿。保险公司承保的保险标的众多，面临的风险多种多样，营销人员在营销过程中限于相关知识的缺乏，准确识别风险级别的难度很大。通过核保对投保人的投保动机、被保险人的健康状况加以审核，可以有效减少逆选择和道德风险。

4. 对逆选择和道德风险进行有效防范

在保险经营过程中，很容易出现逆选择和道德风险，而这些风险对保险公司的经营过程产生的影响是非常大的，据统计，每年约有 20% 的保险赔款可能会涉及保险欺诈。由于保险公司经营的特殊性，承保标的的数目是相当巨大的，承保的风险类型也是多种多样，营销人员在营销过程中如果存在某些方面知识的缺陷，准确识别风险的难度就会很大，因此这就需要通过核保人员对投保人的投保动机、被保险人的健康状况等因素进行审核，可以对逆选择和道德风险进行有效的防范。

扩展阅读

健康保险欺诈

健康保险欺诈基于实施者可以分为三种：供方（医疗服务提供者）欺诈、需方（被保险人）欺诈以及保险方（含保险公司员工、代理方和经纪方）欺诈。本文从供方欺诈开始，为大家详细介绍各方的多种欺诈手段，希望能有所借鉴。

供方（医疗服务提供者）欺诈是不诚信、却深谙并利用健康医疗体制的供方实施的欺诈，是健康保险欺诈中最常见并涉及金额最大的欺诈来源。以下列举涉及的欺诈都是在商业健康保险领域，有一小部分适用于社会医疗保险。

这里的供方包括：个人医师、医院及诊所、药房或药厂、化验机构、家庭护理机构等。他们可能会通过索赔作假、账单作假、伪造诊断或服务日期、处方作假进行欺诈。

索赔作假，是指供方提出实际并未发生的医疗服务索赔，可以涉及医院、化验室、医疗供应商、药房、家庭护理机构等，但因为通常没有具体的证据能证明供方是否提供了服务，而患者也说不清是否使用了这些服务，导致索赔作假成为了最难发现和举证的欺诈行为。

账单作假，是另一项常见的供方欺诈手段，指供方提交高于实际发生金额的账单进行索赔。账单作假常见于医疗服务编码失误（医疗服务编码指为了便于标准化医疗赔付流程，为对应医疗服务或产品制定的唯一编码）。不论是无心造成的错误或是蓄意欺诈，由于编码一般是由系统自动生成，因此难以甄别。有二种常见的账单作假形式，使用更贵的服务或产品编码进行替代；为需方捆绑式使用价格优惠的医疗服务，而在索赔时进行拆分单独计价；实施了健康保险不覆盖的项目，但索赔时故意写成类似的却覆盖在保险范围内的诊疗项目，例如，供方为了使医疗服务能够得到保险赔付，故意修改某些信息，例如住院日期等。

还有一种是伪造诊断或服务信息。不诚实的供方有时为了获得更多赔付或使其提供的不必要的医疗服务显得合理，会做出错误的诊断报告。提供不需要的医疗服务和医疗滥用这两个概念通常模糊不清，因为区别一般仅在于供方的主观想法，例如，当医生提供了不必要的多余的医疗服务，但是医生本人真实确信其属必要，这种只是医疗滥用而非供方欺诈；同时，特定的医疗行为方式能为证明欺诈动机提供确凿证据。

处方作假有几种情况：医院、药厂和化验单位会向为患者提供其服务或产品的临床医师提供"回扣"；有的医师为了获得回扣，向需方提供了本不需要的服务或产品，从而实施欺诈。

还有以下几种常见的供方欺诈形式：药房为患者开出普通药，但在提交索赔时却报出比实际开出价格要高的药品；化验机构索赔未提供的化验服务；私营医师、诊所、医院使用专业的服务委托机构处理账单，委托机构却对账单进行造假，实施欺诈；有的供方，尤其是流动诊所等，以免费服务的形式吸引需方，取得需方个人信息后，向其保险公司或社保进行欺诈；无证经营欺诈等。

当然，我们认为大多数的供方都是诚实、勤劳的专业人士，致力于为患者提供更好的专业诊疗，但是由于供方对于整个健康医疗保障体系拥有深刻了解和洞察力，这也为不诚信的供方提供了多种方便之门，应加以防范。

资料来源：http：//www.xiangrikui.com/jiankang/qita/20120419/210458.html

 行业动态

健康保险核保常见的方式

健康保险，是指保险公司通过疾病保险、医疗保险、失能收入损失保险和护理保险等方式对因健康原因导致的损失给付保险金的保险。由于人们的疾病发病往往会有一个漫长的发病过程。保险公司为了尽可能的避免客户发病期带病投保或者有病不如实告知的情况，保险公司会采取两种方式避免：

1. 对于投保保额相对较高或者年龄较大的客户朋友，在核保过程中，会直接要求客户做体检或做抽样体检，对于体检不通过者是不予承保的。

2. 设定一定期限的疾病观察期，一般是90天或者180天或者1年，观察期内即使是发生合同约定的疾病，保险公司也是不予理赔的。

而意外险和人寿保险不存在客户带病投保的道德风险，因此不需要太严格的核保，因此健康保险核保会比人寿保险和意外险要难很多。

资料来源：https：//www.mibaoxian.com/article/15746.htm

任务二
了解健康保险核保的要素

 业务描述

关文文身体不太好,最近看了一篇文章介绍保险公司重大疾病险,很是心动,打算为自己购买一份重大疾病险。但是听说购买重疾险的要求比较高,文文担心自己的各项情况会不符合保险公司的要求。那么保险公司在进行健康保险核保过程中,要考虑哪些因素呢?

健康保险从性质上来看,与人寿保险是不同的,人寿保险是以人的寿命作为保险标的,因此在核保过程中主要考虑的是影响被保险人生存死亡的因素。而健康保险以被保险人的身体作为保险标的,其所涉及的风险主要是各种疾病,保险种类也是复杂多样的,因此在核保过程中对影响疾病的各种风险因素的评估显得更为重要。健康保险给付类型的多样性对评估风险因素有着不同的要求,所考虑的风险因素也与人寿保险各有偏重,尤其依赖医学分析。

一般情况下,健康保险核保具体包括以下几个要素:

1. 年龄

年龄通常是健康保险核保的重要内容。在医学上,年龄对于疾病的罹患率、患病的持续期以及疾病康复所需的时间都具有定的影响。一般来说,年幼者以急性病为主且治愈率较高;而中老年以慢性病为主,治愈率较低。所以一般情况下,随着年龄的增长,健康保险赔偿或者给付的频率和幅度都会增加。当然也有例外,例如医疗保险中,通常0~5岁是婴幼儿疾病高发期,这一年龄段的医疗保险保费会更高。

2. 性别

与寿险一样,性别往往是除了年龄以外对健康保险承保具有影响的又一重要因素。一般情况下,女性的平均预期寿命高于男性的预期寿命,而且男性与女性生理差异以及男性和女性从事的职业和其他社会活动的危险程度、释放压力方式不同,因此发病的风险和后续的影响及康复的时间也是有差异的。因此,性别也是健康保险核保的重要因素之一。

 **行业动态**

性别对健康的影响——癌症

由癌症导致的死亡占男性死亡的21.9%,占女性的20.7%。百分比上的差距依然不大，但不同性别所患癌症种类不尽相同，比如女性的乳腺癌与男性的前列腺癌。男女共患的非生殖系统癌症也表现出了明显的性别差异。

具体到不同的癌症种类来说，除了非吸烟者中的甲状腺癌，肺癌以及脑膜瘤在女性中的发病率更高，很多癌症中男性的发病率远远高于女性，比例高达2∶1，咽喉癌、膀胱癌的男女比例更是达到了惊人的4∶1。

一些癌症男女发病部位或是生存预后也不同，比如女性结肠癌患病率更低，但结肠癌更容易发生在右侧，而右侧结肠癌预后通常更差；再比如，男性患上的胶质母细胞瘤往往更恶性。

这种差异部分是由于吸烟、饮酒等生活方式导致的。但去除生活方式影响后，男性依旧有更高的患癌概率。这是因为女性体内拥有更多X染色体上抑癌基因的表达；而男性Y染色体则携带一些原癌基因，睾丸酮还会增强染色质的重塑，这也会进一步提高男性的患癌概率。

在治疗层面，在黑色素瘤与非小细胞肺癌中，最近大热的免疫检查点抑制剂对男性的效果更好；由于男女之间的药物代谢调节网络的差异，女性在结肠癌治疗中获得的效果更好。因此，制定性别特异性的方案在今后的癌症治疗中必不可少。

资料来源：https：//mp.weixin.qq.com/s? src=11&timestamp=1624959756&ver=3160&signature=Tqa6o4XyV4XZvDYMjT3RNZcnmjKY－eAZpkp＊rb＊EJNePGiCNGQyuKqEhNY9AUg9mPkPMGXngu－ohStEMeRk5YTTRpNlgr7itSE6jQdZ7P5S1sAHxsDnQAofSlT9sIjQd&new=1

3. 个人健康状况

被保险人自身的健康状况在健康保险核保中占有基础性的重要地位。个人健康状况包括被保险人的既往病史和现有症。既往病史，是指被保险人在以前患过的某种疾病或者受过的外伤，而曾经罹患的某种疾病自然会对当前的健康状况产生一定影响。现有症是指被保险人在投保时所罹患尚未治愈的疾病。因此保险公司要根据具体的情况做出承保决定，最后还有对客户的体格进行测量，如心率、血压、血脂和血糖等，这些指标值的正常与否预示着保险期限内某种疾病的发生率的高低。

4. 家族病史

家族病史也是健康保险核保的要素之一，特别是一些遗传性因素对个体健康状况有很大的影响，比如糖尿病、高血压等，很大程度上跟遗传是有关系的。除了遗传因素之外，有的家族的生活环境和家族习俗也会对某些疾病的患病率有影响，例如某些家族有近亲结婚的传统，这也会使某些隐性疾病的发病率大大增加。所以在核保时，保险公司需要对家族病史进行严格的审查，才能做出正确的承保决策。

 行业动态

什么是家族病史？拥有家族病史在投保时对自己有哪些影响？在保险理赔时如果有家族病史会有什么影响？

投保健康保险或人寿险时，一部分产品需要了解亲属的生病状况，这就涉及1个定义——大家族病历。大家族病历就是指某这种病症在大家族组员中的病发状况，现阶段各车险公司对大家族病历的核保规范都有所区别,有的商品核保较严,将家庭史作为考虑的因素,那么大家族病历对选购保险有什么危害?

家族病史不管是遗传性的,还是因为生活环境和饮食习惯造就的,家庭成员患有该种疾病的可能性也会大大增加。以肺癌为例,环境因素是引起这种癌症的主要原因,如果家庭成员吸烟,其他家属也会接触到二手烟中的致癌物质,那么同样有可能导致肺癌。日本学者调查显示,肺鳞状细胞癌患者中,35.8%有家族史;女性肺泡细胞癌患者中,有家族史的高达58.3%。因此,部分保险公司也会将家族病史作为核保考虑因素。

健康险主要保障因罹患合同约定的疾病,在保险公司指定医疗机构接受治疗而发生的必要且合理的医疗费用,或经指定医疗机构确诊后一次性给付保险金额。健康险与疾病有直接关系,因此对被保人的健康因素考虑也较严,通常需要告知既往病史、现有病史、体检结果,部分产品还需要告知家族病史,如市面热销的复星联合康乐一生重大疾病保险、弘康哆啦A保重大疾病保险。

此外,如果所保障的疾病容易有家族倾向,那么家族病史也会作为保险公司承保的考虑因素,典型的有防癌险。根据2017中国癌症最新数据,胃癌有明显的家族聚集倾向,家族发病率高于普通人群2~3倍;家族中曾有人罹患大肠直肠癌者,患此癌的几率也比平常人高许多;前列腺癌、乳腺癌、食管癌也有家族聚集倾向。所以,大部分癌症医疗险和给付型的恶性肿瘤保险,都会询问直系亲属是否罹患癌症。

资料来源:http://shebao.southmoney.com/dongtai/sbxw/201907/87003_3.html

5. 职业

职业对健康保险核保方面的影响,主要体现在职业病危险因素上。职业病危害因素在一定条件下可对人体健康产生不良影响,主要取决于职业病危害因素的强度或浓度,以及接触有害因素的机会和程度(即接触时间的长短),当职业病危害因素的活性不大,强度或浓度小于一定界限,或劳动者与之接触的机会少、时间短时,对机体的健康可能没有影响,但当有害因素的作用超过一定限度时,则可发生轻微的健康影响,甚至严重的损伤。了解职业危害因素对人体健康的损害,是健康保险核保中职业因素的关键环节。

6. 生活习惯

一些不良的生活习惯,如抽烟、喝酒尤其是滥用毒品,都会对身体健康状况产生重要的影响。这些不良嗜好都会影响人的身体健康,加大各种健康风险发生的可能性。

7. 环境

环境通常包括自然环境和社会环境。自然环境是指居住环境和工作环境,例如空气环境、视觉环境、声音环境、电磁辐射(高强度的)、空间布局等多种要素,它们对人的身心健康均有重要的影响。社会环境主要包括人际关系,周围的社会状况。好的环境自然会有助于人的身心健康,而不良的环境则恰恰相反。

8. 财务状况

当投保人提出投保申请时,保险公司通常应该考察其财务状况。一旦其财务状况与其投保的险种及保额不匹配,则有逆选择的风险。因此健康保险核保时通常对保险金额及财务状况进行严格审核。

9. 投保动机

投保动机可以从投保人、被保险人和受益人之间的保险利益关系有所发现。它主要反映是否存在道德风险问题。结合被保险人的年龄、职业、健康状况和以往记录来综合考察，进而判断投保人在投保时是否隐瞒重要信息，是否有骗保的动机。明确的目的、合乎逻辑的受益人，以及与投保人财务状况相比合理的投保金额，都是反映投保动机的最好例证。

10. 逆选择

逆选择是指在指风险大的客户更希望以平均保费购买保险。逆选择在健康保险中更容易出现，人们通常在没有生病或者身体健康正常的情况下，会认为疾病与自己无关，自己运气好，永远不会生病，自然不会主动寻求保险保障，而只有在人们意识到自己有健康风险时才会在远择投保。保险公司为了减少和避免逆选择的发生，其在接受投保申请之前往往要求投保人如实告知自己的身体状况，要求某些投保群体在保险公司指定的医疗机构体检，还在保单中附加一些观察期和等待期条款，从而尽可能在最大程度上减少逆向选择的发生。

11. 道德风险

投保人为了获得保险金，在开始提交投保申请时往往故意隐瞒重要事实，或者在保单有效期内，被保险人故意自残导致保险事故发生，夸大病情和残疾程度并且延长康复时间。因此，保险人要仔细检查核保过程的各个方面，以减少道德风险的发生。

12. 理赔经验

理赔经验是团体健康保险核保的重要因素。团体健康保险核保与个人健康保险核保有很大不同。团体健康保险一般不对团体成员个体进行核保，而是以整个团体为核保对象，重点评估团体的危险程度，例如团体的规模、业务性质、以往的理赔经验等是团体健康保险核保的考虑因素。

任务三 了解健康保险核保的风险选择过程

业务描述

胡先生是某公司高管，但由于之前对保险的意识不强，一直没有买过保险，前段时间由于父亲住院，才深深意识到健康保险的重要性，现在准备为自己购买一份高保额的重大疾病险。胡先生想知道，健康保险的核保包括哪些流程呢？

核保是保险公司的风险控制入口，一份健康保险合同的订立必须经过多环节的风险选择，才能确定合理的承保条件。一般情况下，核保常见的有四个风险选择过程：营销人员的核保，体检医师的核保，生存调查及核保人员的核保。

一、第一次风险选择——营销员的核保

由于在整个保险销售过程中,营销员是面见客户的第一关,相对来说对客户也最熟悉,因此营销人员的风险选择至关重要,被称为第一次风险选择。这第一次风险选择是否到位,跟营销员的品质、业务素质和风险选择意识都有直接关系,因此,保险公司需要加强对营销员的教育引导和管理。营销员进行第一次风险选择时,主要注意以下几方面:

1. 注意避免道德风险,防止逆向选择

第一次风险选择中最重要的内容就是避免投保人的道德风险和防止逆向选择行为的产生。在销售过程中,一般要求营销员一定要面见投保人及被保险人,对那些投保动机不纯、来者不善的人,应婉言谢绝。同时还要注意投保人与被保险人之间的保险利益关系,如果不是合理合法的,应不予接受。受益人与被保险人之间的利益关系也应注意,若无明确利益关系时,也应书面说明正当理由,否则应另行指定受益人。此外,营销员要注意保险金额、所缴保费与投保者经济能力相适应,以避免不良后果。当然,如果客户有不良嗜好如酗酒、赌博、药瘾或社会交往背景复杂的投保者,也应于第一时间尽量予以婉拒。

2. 注意投保人或被保险人的健康状况

由于健康保险是以身体作为保险标的的保险,因此被保险人的健康状况是第一次风险选择中最为重要的内容。虽然无法做到非常专业,但营销员在面见客户时也应仔细观察被保险人体格、外观、精神状态和步态等信息,如果有不合理的或可疑情况,应在业务员报告书中加以说明,并及时向核保险人员进行提示。例如体型较肥胖的人易患心脑血管疾病、糖尿病等,如果近期体重下降明显者则有患恶性肿瘤的可能,如果投保健康保险则需仔细审核。同时还要考虑被保险人的精神状态,若反应迟钝,答非所问,要考虑有无智能障碍。

3. 正确指导投保人填写投保单及有关专项问卷

为了避免引发投保人与保险公司的争议甚至法律纠纷,投保申请书上要求填写的内容不得有遗漏,有关条款的重要内容及相关的法律应向客户详细解释,明确说明如实告知义务、除外责任、合同失效、合同解除等方面的规定。营销员要协助指导投保人或被保险人填写投保申请书、健康告知以及核保相关问卷,并要求其如实告知,并且以上内容要求由被保险人或投保人亲自填写。如被保险人为未成年人时,应由法定监护人代为签名。

4. 准确、详细填写业务员报告书

营销员核保的重要承载工具就是业务员报告书,它是核保过程中的重要资料。营销员通过报告书,不仅能对投保单以外的信息加以补充说明,提醒核保人员注意重要的细节,避免遗漏,更重要的还可以为核保人员提示调查方向,以利于做出正确的核保结论。因此营销员在填写报告书一定要准确、详细而且客观,见表7-1。

表 7-1　　　　　　　　　　　业务人员报告书

投保单号：
业务员姓名：　　　　　　　　　　　　　　　　业务员代码：
第一部分：被保险人有关资料：

1. 被保险人学历：
   □小学及以下　□初中　□高中　□中专　□大专　□本科　□硕士　□博士及以上

2. 在您与被保险人的接触过程中，被保险人的体格、精神、智力、视听和言语表达、运动等是否异常？
   □是　□否

3. 据您了解，被保险人是否存在投保书健康告知中所列的疾病、症状、治疗史等情况？
   □是　□否

第二部分：投保人有关资料（如投保人非被保险人本人，必须填写此部分；若投保人与被保险人为同一人，则仅填写 2~4 项）

1. 投保人学历：
   □小学及以下　□初中　□高中　□中专　□大专　□本科　□硕士　□博士及以上

2. 住宅状况：
   □租用　□自置　□按揭　□亲属住房　□单位住房　□其他_____

3. 交通工具：
   □私家车　□公务车　□公共交通　□其他_____

4. 据您了解，投保人每月家庭基本费用支出（包括房贷、车贷等）大约在哪个范围？
   □1000 元 - 3000 元　□3000 元 - 5000 元　□5000 元 - 10000 元　□10000 元以上

第三部分：业务招揽过程

1. 制作、提交本投保申请期间是否已面见客户？
   投保人：□是　□否　被保险人：□是　□否

2. 投保经过：
   □不认识，主动要求投保　□陌生拜访　□业务员推销
   □亲友/婚姻/血缘关系　□经他人介绍，但不熟悉

3. 是否已向投保人明确说明免除保险人责任的条款与合同解除条款？
   □是　□否

4. 是否已明确询问并提醒投、被包容人对投保书中各项健康、财务问题进行如实告知？
   □是　□否

业务员声明：
□以上所报告的情况确经本人亲自会晤投保人和被保险人，且投保书由投保人、被保险人亲自告知和签名，如有不实见证或报告，本人知道须承担相关法律责任。

业务员签名_____
　　　　　　　　　　　　　　　　　　　　　　　　　　　　____年____月____日

保险营销人员与客户接触最多，了解投保信息也是最为清楚，因此其能否规范进行第一次风险选择，对于保单质量影响至关重要。保险营销人员职业道德水准、法律意识、责任感及其知识水平的高低，在一定程度上决定着保险公司保件的质量，影响着危险选择的效果。

二、第二次风险选择——体检医师的核保

体检医师核保，就是体检医师运用保险医学知识，对被保险人的健康状况进行的风险选择。由于体检医师在医学上的专业性，风险选择过程将对被保险人的健康风险进行评估、筛选、分类，为确定被保险人的死亡率提供最有价值的资料及意见，是健康保险中确定投保人或被保险人健康风险的最重要方法。

具体而言，体检医师的工作要求如下：

1. 听取被保险人的告知，收集被保险人的信息

体检医师在为客户进行体检时通常会对客户进行询问，了解被保险人的年龄、既往病史、家族史、现病症、职业、生活环境、医疗状况及常用药物等对其身体健康状况及预期死亡率有影响的各种健康方面的因素，力争获取明确详细的投保信息，从而有针对性的选择体检项目。

2. 进行身体检查

在进行体检时，体检医师一般会先仔细观察被保险人体型、体质、面色、皮肤、精神状态、言谈举止、步态等状况。然后通过体格检查、实验室检查以及器械检查准确掌握被保险人的健康状况。当然，是否需要体检，各保险公司的标准不同，产品类型、保险金额、年龄、自身健康状况等各因素不同，体检的项目也不同。

3. 完成体检报告，提出核保建议

体检医师在完成体检后，会出具一份体检报告书，对被保险人的健康状况进行具体描述，并提出合理的核保建议，方便核保人员做出合理的结论。一份完整的体检报告书由健康告知与体检结果组成。其中体检结果由体检医师如实填写，而健康告知部分原则上应由被保险人亲笔填写，但如果条件限制，在某些情况下也可由体检医师仔细询问后填写，但必须经被保险人亲笔签名认定。如果健康告知有既往病史及现病症时，体检医师也应仔细询问其所患疾病名称、发病时间、治疗及复查时间、如何治疗、治疗效果如何、主治医师或就诊医院名称等相关信息，结合具体患者检查有关项目并予以记录，经综合评价后得出体检结论。

三、第三次风险选择——核保人员的核保

在保险公司的核保人员根据前两个核保环节提供的资料及报告书，经过综合分析，判断是否可以承保及以何种条件承保过程，称为专职核保人员核保，也称为第三次风险选择。

核保人员在核保时，对投保金额过高，告知声明遗漏或其他有疑点的保件，有必要做进一步资料的收集。一般对健康状况有疑点的可要求被保险人做针对性体检，以获得进一步的健康资料；对财务收入状况有疑点的可进行生存调查，以确保保额的适当。同时，若核保人员认为被保险人的体检资料尚不足以评估危险而需要被保险人的既往病症时，可要求被保险人协助到曾就诊的医院调阅有关的病例报告或要求提供过去一定时期内的体检报告及相应的治疗记录，或使用有关的特殊问卷或补充告知声明书，以收集足够的资料帮助评估风险。

当资料收集完备后，核保人员应对影响被保险人健康风险的各项因素进行综合分

析,依据核保手册对被保险人的风险进行评估,决定承保条件。对于标准体以标准费率承保,对于次标准体则依据其危险程度,额外死亡率值做出加收多少特别保费、特别约定除外责任、降低保额、增加免责期限或缩短保险期限等核保决定。对于一个较复杂的次标准件,核保人员可能会交叉使用上述承保办法。不到万不得已一般不会采取拒保体,因为拒保对被保险人的心理影响极大,甚至导致客户的流失。作为一个优秀的核保人员来说,控制风险不在于其拒保了多少,而在于是否能以各种方法承保多少,既能控制风险又能促进了业务发展的完美组合。

四、第四次风险选择——生存调查

生存调查是指保险公司为了解被保险人可否承保,以何种条件承保或为排除道德风险及逆向选择的投保者加入被保险人集团,而对生存中的被保险人实施的调查。

(一) 生存调查的内容

1. 投保事项

主要包括:投保内容是否经被保险人同意,投保单是否经被保险人亲笔签名;投保人、被保险人、受益人的关系;是否同意指定;住址、户口所在地是否正确;投保的险种、保额与其身份是否相符;投保动机如何;业务员服务的质量如何,与投保人、被保险人有无关系、有无面见被保险人等。

2. 健康状况

主要通过与客户的面晤、交谈,判断客户的身高、体重是否正常,精神状态如何,有无语言智力障碍;观察其脸色面貌如何,有无明显的伤痕(特别是手术疤痕)或肢体残疾;视觉、听觉有无异常;肢体运动是否协调,有无突然的不自主震颤举动;了解客户的现在有无疾病,过去有无住院或手术;近期有无体检,体检结果有无异常,在哪家医院,体检项目有哪些,对于有过住院治疗状况的需通过各种途径去医院调阅其病史资料,记录并发症情况,诊断结果,治疗手段、手术状况,用药情况,异常的化验结果,出院情形及预后;了解客户有无因健康状况被其他公司加费、延期、拒保或拒赔过。

3. 财务状况

主要包括:年收入状况及来源;保险历史;投资经营状况;家庭资产状况。

4. 职业与环境

主要包括:现职工作的内容、工作性质;有无高空作业情况,有无使用危险工具,有无兼职等;居住与周围环境如何,有无危险因素;工作环境如何;有无职业病危险因素。

5. 习惯和嗜好

主要包括:是否有赌博、吸毒等不良恶习,有无违法犯罪记录;是否抽烟、嗜酒,其数量如何,有无药物依赖等。

具体的调查内容依据险种、客户的具体情况等因素不同而不同,核保人员在进行健康保险核保时,应连同生存调查人员所提供的客户资料一起进行认真研究,力图找出每一项隐藏的风险点。

（二）生存调查的方法

根据调查对象的不同，可将生存调查分为间接调查和直接调查。间接调查法是调查人员通过与生活在投保人、被保险人周围或与之有来往的人们接触、交谈，从侧面了解投保者的身体、职业、收入、道德品行及近期内投保者生活中的若干变故情况等。间接调查法的时效慢，成本高，且如被客户知悉可能会引起不必要的误会，影响保险公司的形象。故在之际工作中一般仅对高额保件，或是有特别危险顾虑时才采用。

直接调查法是通过直接面晤的方式，了解被保险人的健康状况、经济状况，并听取受访者的告知，必要时可向受访者索取有关的病例和既往体检、治疗的记录、补充告知书等，对危险单位进行综合的评估。直接调查法比较直接、经济，且不易引客户反感，但如果受访者有意隐瞒时，不易获得事实的真相。

课堂实作

2018年9月21日，客户谭小波为本人、妻子吴丽琼、女儿谭小婷、女儿谭小茹，向A保险公司湖南分公司投保重大疾病保险、两全保险（分红型）、附加住院定额给付医疗保险、附加住院定额给付医疗保险、附加意外伤害、重疾、附加豁免保费定期寿险等，保额较高，需进行生存调查。

2018年9月24日，生调人员去往长沙市天心区惠宝汽车销售服务有限公司，对谭小波本人及单位情况进行了调查。

客户谭小波，现年42周岁，男性，湖南长沙人，已婚，学历大专，身高173cm，体重68公斤，外表体形健康，精神面貌良好，言谈举止正常，比较健谈且对调查工作较为配合。否认吸烟、喝酒、危险运动嗜好，否认住院病史，否认家族病史。

请以此为背景，撰写生存调查报告。

任务四
核保过程中的信息资料

业务描述

小吴是一名新入职的保险营销员，经过一个多月的努力，客户张先生终于同意签单了，可是张先生工作非常忙碌，为了尽可能为客户张先生提供方便，让张先生一次性准备好各种资料，小吴想了解在核保过程中客户都需要提供哪些信息资料呢？

核保人员在进行危险选择时必须收集投保人、被保险人的相关资料，通过对这些相关信息资料的分析研究，才能做出合埋的核保结论。核保过程中的信息资料一般分成投保人所提供的资料，保险人所提供的资料及其他资料。

一、投保人所提供的资料

（一）投保单

投保单是投保人向保险人申请订立保险合同的书面要约，投保单通常由保险人采用统一的格式印制，投保人依照保险人所列的项目逐一填写。虽然不同公司的健康保险投保单在内容或项目安排不会完全一样，但通常都包括两个部分。一是投保人与被保险人的基本情况，包括姓名、性别、年龄、职业、联系方式、投保险种及投保金额等。二是投保人与被保险人的如实告知事项，包括身高体重、酒精、烟草与药物使用情况、既往病史、家族病史、财务状况、是否投保其他健康保险被拒绝或延期、是否有健康保险索赔记录等。长期护理险投保单通常还会包括些精神状况、认知缺陷方面的告知事项。

投保单是保险合同的重要组成部分，是保险人获取承保信息的第一手资料，见表7-2。保险人可以根据投保人在保单中所填写的信息作出初步的承保判断以决定是否需要进一步获取其他信息。但是投保单是由投保人单方填写的资料，如果投保人在填写投保单时故意隐瞒或透漏了一些重要信息，保险人会据此作出错误的承保决定。因此，保险人还需要获取其他更为客观全面的资料加以综合判断。

表7-2 　　　　　　　　　　　　　　　　个人保险投保单

业务员姓名：
业务员工号：
收款收据号：
保险合同号：　　　　　　　　　　　　　　　　　　　　　　　　　　　　体检□　非体检□

| 客户保障声明 | 1. 请您在仔细阅读保险条款，充分理解保险责任、责任免除、解除合同等规定，权衡保险需求和交费能力后；再作出投保决定。
2. 投保单为保险合同的重要组成部分，请准确、真实填写，并由投保人、被保险人亲笔签名。不明事项请向业务员或我公司咨询。如无特别声明，我公司将以您本次填写的地址为最新地址。如有地址变更，请及时通知我公司，以便为您提供服务。
3. 根据我国《保险法》规定，我公司有权就投保人、被保险人的有关情况进行咨询，您应如实告知；如您未如实告知，我公司有权依照《保险法》的规定决定是否解除合同，并有权决定是否对合同解除前发生的保险事故承担保险责任。
4. 保险合同自我公司同意承保、收取首期保险费签发保险合同的次日开始生效，此前我公司不承担保险责任。
5. 一切与本投保单各项内容及保险条款相违背或增减的业务员说明及解释均属无效，您对公司的一切告知均以书面为准。
6. 投保人通过业务员递交投保书、交付保险费的，请检查业务员证件并及时索取盖有我公司收费专用章的收款收据。|

一、客户资料

投保人	姓名：_____	性别：□男□女　出生日期□□□□年□□月□□日　年龄：□□周岁
	证件名称：□身份证　□其他　证件号码：□□□□□□□□□□□□□□□□□□是被保险人的：_____	
	职业：_____兼职：_____职业代码：□□□□职业类别：_____级　工作单位：_____	
	通讯地址：_____邮编：□□□□□□	婚姻□未婚□已婚
	联系电话：_____手机：_____电子邮件：_____	状况□离婚□丧偶

续表

被保险人	姓名：		性别：□男□女	出生日期：□□□□年□□月□□日	年龄：□□周岁
	证件名称：□身份证　□其他　证件号码：□□□□□□□□□□□□□□□□□□				婚姻状况 □未婚□已婚 □离婚□丧偶
	职业：_____　兼职：_____　职业代码：□□□　职业类别：_____级　工作单位：_____				
	通讯地址：_____　邮编：□□□□□□　电话：_____				
	手机号：_____　电子邮件：_____				

受益人（本栏仅供指定身故保险金受益人）：

受益顺序	姓名	性别	出生日期	是被保险人的	受益份额	证件名称	证件号码
							_____
							□□□□□□□□□□□□□□□□□□
							_____

二、要约内容（附加险种名称请填写对应的主险险种名称之下）

险种名称	保险金额	保险期间	交费期间	交费方式		标准保险费
		□终身□定期（__年/至__岁）	（_____年/至__岁）	□	趸交	
		□终身□定期（__年/至__岁）	（_____年/至__岁）	□	年交	
		□终身□定期（__年/至__岁）	（_____年/至__岁）	□	半年交	
		□终身□定期（__年/至__岁）	（_____年/至__岁）	□	季交	
		□终身□定期（__年/至__岁）	（_____年/至__岁）	□	月交	
		□终身□定期（__年/至__岁）	（_____年/至__岁）	□	不定期	

保险费合计人民币（大写）_____　（¥_____）

首期暂交费：_____　交费形式：□银行转账□银行代收□现金□支票□其他　交费日：□□□□年□□月□□日

续期交费形式：□银行转账□银行代收　若选择银行转账，请填写开户银行：_____　户名：_____
□现金　□支票　□其他　账号：□□□□□□□□□□□□□□□□□□

年金领取年龄：□□□周岁　首期领取金额：_____　领取方式：□趸领　□年领　□月领　其他_____
□平准领取□递增领取　递增率为□□□%　其他_____

如投保分红保险，红利领取方式：□现金　□累积生息　□抵交保费　□购买交清增额保险　□其他

公司信息通知方式：□电子邮件□手机短信　□电话　□信函

合同争议处理方式：□诉讼　□仲裁　仲裁委员会：_____

三、告知事项（凡条款列明有"免费未到期保险费责任"的险种，请同时填写"投保人"项下告知事项。）			被保险人	投保人
1. 身高体重	被保险人身高□□□厘米，体重□□□斤；投保人身高□□□厘米，体重□□□斤		是　否	是　否
2. 平均年收入（填写过去三年大约的平均年收入值）	被保险人：	投保人：		

续表

3. 生活习惯	A. 是否驾驶摩托车或其他机动车	□ □	
B. 是否参加潜水、拳击、攀岩、飞行、赛车、漂流等危险运动或有此类嗜好			
C. 是否服食任何成瘾药物或吸毒			
D. 是否有饮酒或吸烟习惯？如"是"，填写右栏：已饮酒__年，种类____，每天数量____；与__年前因_____停止饮酒；已吸烟__年，每天_____支；于__年前因_____停止吸烟			
E. 是否计划两年内出国			
4. 身体残障	A. 是否曾患听力视力、语言、咀嚼障碍、智力障碍		
B. 是否曾患有脊柱、胸廓畸形，四肢、手、足、指残缺			
5. 症状体型	是否曾患有或被告知有下列症状，或因下列症状接受治疗：		
慢性咳嗽、咯血、胸闷、心慌、气短、浮肿、声嘶哑、吞咽困难、呕血、黑便、腹痛、黄疸、贫血、肿块、血尿、蛋白尿、皮肤淤斑、不明原因皮下出血点、渐进性消瘦、持续性头痛、晕厥、抽搐、昏迷、长期发热、高度近视			
6. 病史询问：是否曾患有或接受治疗过下列疾病			
A. 高血压、先天性心脏病、风湿性心脏病、心内膜炎、冠心病、心肌梗塞、心律失常、心肌炎、脑血管意外			
B. 帕金森氏综合症、癫病、脑部疾病、脊髓疾病、精神病			
C. 哮喘、肺结核、肺气肿、支气管扩张、尘肺、矽肺、肺源性心脏病			
D. 消化性溃疡、萎缩性胃炎、胰腺炎、肝硬化、乙肝或丙肝病毒携带者、胆道感染或结石			
E. 尿路结石或畸形、肾炎、肾病、肾功能不全、多囊肾、肾盂积水、前列腺疾病			
F. 肿瘤（包括恶性肿瘤及尚未确诊为良性或恶性之息肉、肿瘤、囊肿、赘生物）			
G. 糖尿病、痛风、垂体机能亢进或减退、甲状腺机能亢进或减退、肾上腺机能亢进或减退			
H. 系统性红斑狼疮、风湿或类风湿病、胶原性疾病有结缔组织疾病、椎间盘突出、疝、痔			
I. 贫血、血小减少性紫癜、过敏性紫癜、血友病、白血病、被建议不宜献血			
J. 白内障、视网膜疾病、角膜疾病、青光眼、中耳炎、及其他眼、耳、鼻、喉或口腔疾病			
K. 先天性疾病、遗传性疾病、地方病、职业病、药物过敏史			
L. 是否还有以上未列名的疾病			
7. 诊疗、检查经历	A. 过去 3 个月内是否接受过医生的诊断检查和治疗		
B. 过去 5 年内是否因疾病或受伤住院或手术			
C. 过去 5 年内除健康普查外是否做下列检查：X 光（透视、摄片）、心电图、B 超、CT 或核磁共振、脑电图、血液化验、胃镜、肠镜等内窥镜检查、病理活检、眼底检查			
8. 你及你的配偶是否曾接受或试图接受与区滋病有关的诊察或治疗？在过去 6 个月内是否持续超过一周以上下列症状：体重下降、食欲不振、盗汗、腹泻、淋巴结肿大及皮肤溃疡			

续表

9. 父母兄弟姐妹中是否有人曾患过遗传性疾病、结核病、肝炎、肝硬化、癌症、糖尿病、肾病、心脏病、中风、高血压、动脉硬化、精神病或曾是乙肝、丙肝病毒携带者或60岁以前因病身故			
10. 妇女专项	A. 是否正在怀孕？如是，孕期第□□周		
	B. 是否患有子宫肌瘤、子宫颈瘤、卵巢囊肿、卵巢癌、异位妊娠、乳腺增生（包块、肿块）、乳腺癌、阴道不规律出血等疾病		
11. 投保记录	A. 目前是否有已参加或正在申请中的其他人身保险？如有，请告知承保公司、保险险种名称、保险金额、保单生效时间		
	B. 过去2年内是否曾被保险公司解除合同或申请人身保险而被延期、拒保或附加条件承保		
	C. 过去有无向保险公司索赔		
12. 说明：（以上3~11项如"是"请列明问题编号及有关需说明的内容，包括疾病诊治日期、诊治结果、诊治医院名称、债务情况等。对投保单及告知内容，我公司承担保密责任。）			

备注	
声明与授权	1. 贵公司已对保险合同的条款内容履行了说明义务，并对责任免除条款履行了明确说明义务。本人已仔细阅知，理解客户保障声明、产品说明书（仅限于分红、万能、投资连结保险）及保险条款尤其是责任免除、解除合同等规定，并同意遵守。所填投保单各项及告知事项均属事实并确无欺瞒。上述一切陈述及本声明将成为贵公司承保的依据，并作为保险合同一部分。如有不实告知，贵公司有权解除合同，并对解除合同前发生的事故不保险责任。 2. 本人谨此授权凡知道或拥有任何有关本人健康及其他情况的任何医生、医院、保险公司、其他机构或人士，均可将有关资料提供给贵公司。此授权书的影印本也同样有效。
投保人签名：	被保险人（或其监护人）签名：	投保申请日期： □□□□年□□月□□日

课堂实作

小金（工号：20012345）是一名新上岗不久的保险营销员，之前一直是跟着主管跑业务，今天好不容易可以单独出马了。第一单挺顺利，客户对险种很认可，已经打算购买。然而小金开始犯愁了，以前的投保单填写都是主管负责，自己可从来没单独接触过投保单。

客户家庭情况如下：

丈夫朱小达，身份证号码为：33021019900412××××，联系方式为18622222222。

妻子秦素云，身份证号码：33121119930522××××，联系方式为17023456789。二人连同儿子朱小小（身份证号码为33021020160911×××）一同居住在广州市粤华南路999号朝云楼×××室。邮编：410222。

朱小达系广东省广州市高速公路管理局职工，工作性质为公路收费员（职业代码为0501023，风险等级为二级）。其本人身高178cm，体重75kg，年收入约16万元，有驾照，驾龄约7年，有吸烟习惯，每日吸烟约10支，烟龄8年。无其他不良嗜好。曾于2015年4月15日投保某保险公司的医疗费用险A款，目前该保单有效，并曾因2017年阑尾炎在广州某医院做过切除手术而向该公司办理过理赔，目前身体状况良好。

妻子秦素云系广州白云机场票务人员（职业代码为0504020，风险等级为一级）。本人身高166cm，体重51kg，年收入约9万元，无不良嗜好，身体状况良好。

今天（2019年9月10日），妻子秦素云准备为丈夫投保某保险公司重大疾病寿险，保额为30万，交费期间20年，年交保费为4220元，首期保费的交纳方式为银行转账，开户银行为工商银行，账号为：360286001122×××。受益人指定为儿子朱小小。被保险人免体检。保险合同产生争议时，选择仲裁方式，仲裁机构为广州仲裁委员会。

请根据以上资料，填写投保单。

（二）病历资料及体检报告

在健康保险业务中，如果投保单上显示被保险人曾经有住院记录或者手术记录，那么保险人会要求投保人提供医院的全套病历资料或者近期的健康体检报告。这是评估被保险人健康状况非常客观的信息来源。除此之外，保险公司的承保手册中还会制定体检标准表，年龄偏大、保额偏高的被保险人往往会被要求到保险人指定的正规医疗机构体检。保险人会根据体检报告所提供的信息对投保申请进行筛选，选择承保健康状况良好的被保险人，而对于健康状况较差的被保险人则有条件承保或者直接拒保。

病历资料和体检报告是非常值得信赖的承保信息来源，但是病历资料和体检报告的获取通常需要花费较多的时间和成本，尤其是被保险人按照保险人的要求到指定医疗机构体检的费用是由保险人承担的，因此保险人出于成本管控的目的会谨慎使用这一承保信息来源。

（三）各类问卷及补充告知

问卷是核保人员为了准确全面地搜集被保险人的相关风险信息，要求被保险人填写某些特殊的调查问卷。这些问卷通常包括三类：第一类是关于健康方面的问卷，包括高血压问卷、糖尿病问卷、肿瘤问卷、贫血问卷等；第二类是关于个人因素方面的问卷，包括高风险职业问卷、出国人员问卷、机动车驾照者问卷等；第三类是高保额财务问卷。

核保的各类问卷及补充告知也是核保的重要信息来源之一。这些问卷有些是在投保时必须填写的，如职业及驾驶问卷、婴幼儿问卷等；有的是在核保过程中或体检中填写的，如特定疾病问卷等，见表7-3。核保人员可从这些问卷中进一步了解被保险人有关健康、职业、爱好及财务等方面的情况，为准确做出评估提供了更为详尽的资讯。

| 表 7-3 | 贫血问卷 |

通讯地址：
被保险人：   业务员：

1. （1）台端何时发现？   年   月
   （2）如何发现？☑身体不舒服 □健康检查 □其他，请详述：
   （3）造成原因：□不明 □遗传 □铁质不足 □经期血量过多 □胃肠道出血 □其他，请详述：
   （4）当时症状：□晕眩 □脸色苍白 □恶心、呕吐 □头痛 □耳鸣 □心跳较快（心悸）□食欲不振 □嗜睡 □手脚发麻 □其他，请详述：
   （5）诊断病名：□缺铁性贫血 □地中海型贫血 □其他，请详述（若不确知，请提供诊断证明）：
   （6）目前是否符合医保局认可之重大伤病资格？□否 □是；若是，请一并附证明。
   （7）就诊、追踪之医院名称及地点：
2. 该疾病治疗过程：
   （1）是否接受治疗？
   □是，请回答下列治疗方式：
   □否，请详述原因：
   （2）治疗方式：
   □门诊，   次，请详述起讫时间：
   □输血，   次，请详述起讫时间：
   □住院，   次，请分别详述起讫时间：
   □手术名称及方式：□脾脏切除 □其他，请详述：
   □服药治疗、药物名称（可提供药袋或医师处方笺）：
   （3）是否须长期服药治疗 □是 □否；若否，何时停药？
   （4）就诊期间曾接受何种相关检验项目及结果：
3. 该疾病之治疗结果或目前状况：
   （1）是否持续追踪或治疗？□否 □是；若是，多久追踪一次：
   最后一次就诊日：   年   月
   追踪检查项目？
   结果为何？
   （2）医师是否有嘱咐事项或建议？□否 □是；若是，请详述：
4. 是否有复发或不适？□否 □是；若是，复发或不适次数   次。
   最后一次时间：   年   月，复发或不适情形，请详述：

投保人/被保险人声明：
本人谨此代表本人及被保险人声明及同意：对此问卷的各项要求均已了解，所填各事项均属事实并确无欺瞒。上述一切陈述及本声明将成为签发保单的依据，并与投保单一并作为保险合同的组成部分。

（四）财务资料

财务证明资料是指能证明投保人和被保险人经济情况的合法有效文件，包括薪资证明、股票、债券、房地产投资、企业经营执照、财务报表、股权证明、验资报告、完税证明等客观性的财务资料。目的是了解投（被）保险人的财务状况、判断其投保目的、保费与年收入的比例是否合理、有无续保能力等，确定其保障的合理程度。

二、保险人所提供的资料

（一）业务员报告书

一般来说，保险人不会直接接触到投保人，而保险代理人和保险经纪人作为保险市场的中介人，他们在健康保险营销过程中将与投保人发生频繁的面对面接触，能够了解投保单所提供的额外承保信息，更方便保险人作出正确的投保决定。因此，保险人通常会要求保险中介人提供一份业务员报告书，内容包括：你认识投保人与被保险人多长时间、你与投保人的关系、投保人的来源以及你是否知晓投保人的一些负面信息等。业务员报告书一定程度上弥补了投保单由投保人个人填写的缺陷，是对投保单信息的佐证。但是，由于保险中介人在财务上有动力进行销售，难免会为客户做有利的介绍，所以仅仅依赖投保单和保险中介人的报告获取承保信息，仍然被认为是不全面客观的。当然，保险人会非常注重保险中介人的职业道德和经营业绩，对于遵守职业道德和经营业绩优秀的保险中介人，保险人会更信任他们提供的报告。

（二）生存调查报告

一般情况下，生存调查的结果均反映在生存调查报告上，里面应该详实反映调查所获得的有关投保人和被保险人的信息，特别是投保单与其他信息来源中的疑点（也是生存调查的重点）是否得到合理的解释。核保人员通过生存调查报告可获得核保所必需的信息、查证有关投保单告知的问题及深入调查可以的情况，这对于准确评估风险十分重要。同时，生存调查还可对风险选择过程中的各个环节，如业务员的展业环节、体检过程、核保评估及公司内部风险控制机制等做出客观的评判或验证，以改进今后的核保工作。

三、其他资料

在核保过程中还可能需要一些其他由第三方提供的资料，如从交通管理部门获取驾驶信息以及驾驶违章记录，从某些特殊团体获取其会员的活动记录等。由于个体病历资料和体检报告的获取成本相对较高，有些国家和地区则成立了保险行业共享的医疗数据库或健康信息中心，例如美国的健康信息中心，该信息中心收集各成员公司的客户健康信息供全体成员公司查询共享。当然，医疗信息的收集与披露要符合个人隐私保护的法律要求。在我国，《个人税收优惠型健康保险业务管理暂行办法》等文件要求，由中国保险信息技术管理有限责任公司开发建设的商业健康保险信息平台已于2016年1月1日正式上线。该平台主要提供个人税优健康险的客户验证、承保、保全、保单转移、续期、续保、理赔、账户管理、客户信息查询和交易核对等接口以及平台的产品管理功能。

总之，核保资料的来源是多方面的，收集并归纳提炼出对核保评估有用的资料，是核保人员在评估前必须做好的重要工作。由于核保资料涉及投保人、被保险人的私人资料，因此，核保人员应注意对资料保密，不得随意泄露。

任务五
健康保险核保结论

业务描述

康先生最近比较烦,他为自己投保了一份重大疾病保险,但是由于超重、心电图异常等原因,保险公司下发的核保结论中评定康先生为次标准体,要加保费。康先生想知道,到底什么是次标准体呢?保险公司还有哪些核保结论呢?

核保是一个审核决定的过程,即根据投保申请书、业务人员报告书、体检报告书、生存调查等核保资料提供的有关投保人、被保险人的信息资料,由核保人员进行综合分析,运用数理查定法,对被保险人的风险加以量化,依其风险程度做出是否承保以及以何种条件承保的决定,这种决定就是核保结论。

一、标准体

标准体是以标准保险费率承保的被保险人群体的总称。一般来说,保险公司90%以上的被保险人是标准体。标准体的范围因保险公司的实力、在市场所占份额及经营策略的不同而有所差异。市场占有率较大的公司,由于其承保的被保险人集团较大,所保风险个体的数量多,对其整体的实际风险影响较小,所以可依大数法则将其标准体范围放宽,采取较宽松的做法。市场占有率小的公司,承担的风险数量有限,如果采取冒险的做法,扩大标准体的范围,则很可能会将以往的经营成果化为乌有,所以划定标准体的范围相对较小,以确保经营的安全性。

案例分析

贫血也可评为标准体

案例信息:被保险人45岁女性,投保重疾,告知2016年3月因贫血、子宫多发肌瘤住院,并提供住院病历。病历资料:入院血常规:血红蛋白75g/L(120~160),MCV、MCHC均降低;被保险人行子宫全切除术,病理诊断:子宫平滑肌瘤。

核保分析:健康告知有贫血、子宫多发肌瘤病史。子宫多发肌瘤已行子宫全切术,病理诊断为良性,可不予评点。住院时血红蛋白75g/L,MCV、MCHC均降低,为小细胞低色素性中度贫血,本案件的关键风险点为中度缺铁性贫血对于重大疾病保险的影响。

贫血主要依据贫血的类型或病因,以及贫血的严重程度进行评点的。本案例中的被保险人为中年女性，因子宫多发肌瘤住院行子宫全切除，住院期间发现中度贫血，故被保险人贫血原因为子宫肌瘤月经失血过多引起的慢性缺铁性贫血。投保时核保予以抽查体检，血常规血红蛋白135g/L，贫血已治愈恢复正常，重疾标准体承保。

资料来源：https://mp.weixin.qq.com/s/1RTdpO4YWG41SR9NMpZRaA

二、次标准体

次标准体又称弱体，是指被保险人面临健康或非健康损害因素，致使其疾病发生率超出标准重疾发生率一定比例以上的投保体的总称。对于次标准体的承保常常通过增收特别保费、缩短保险期限、特别约定除外某些责任等条件或交叉运用上述措施，使之成为可保体，在核保上称为条件承保。

在健康保险核保实务中最常见的是加收保费和除外责任。

三、延期体

延期承保是指被保险人的身体健康状况暂不明了，需要观察一段时间后，由投保人申请投保，届时再根据被保险人的身体状况和公司的投保规则作出承保决定。对危险程度不明确或不确定，无法进行准确合理风险评估的客户，或危险程度过大超过了可采用附加条件承保的次标准体的危险程度，但通过治疗等干预措施短期内有可能好转的，作出暂时不予承保即延期投保的决定。例如怀孕妇女、正在服用药物的被保险人等。

四、拒保体

对于那些明显不满足承保标准的被保险人，保险人往往会选择拒绝承保。常见的拒保疾病有：癫痫、智力障碍者、精神病患者；恶性肿瘤；慢性活动性肝炎、肝硬化；慢性肾功能不全、尿毒症、曾接受过肾脏移植者；严重心脏病和脑血管疾病患者；性病、艾滋病或HIV抗体阳性；核保人员根据核保规则认为不能承保的。

值得特别说明的是，我国长期以来一直对风险较高的被保险人加收保费，而缺少对风险较低的被保险人的保费优惠。近年来，一些保险公司也在逐渐推出优选定期寿险附加重疾类保险，打破了我国健康保险产品一直以来将被保险人分为健康体和非健康体两类的传统做法。所有被保险人均需要体检，将"是否吸烟"作为评价被保险人健康等级的第一级风险指标，将非吸烟群体分为"超优体""优选体""优标体""标准体"，将吸烟群体分为"次优选体""次标准体"共6个不同等级，除了关注被保险人是否吸烟，还会考虑被保险人血压、胆固醇、体格指数等指标，并对6个等级的准客户赋予不同的费率，使健康人群能以最便宜的保费实现公平投保。据测算，身体健康的被保险人投保此类产品最多可比投保其他同类产品节省约40%的保费。

📖 案例分析

案例背景：

被保险人男性，年龄48岁，职业，私营企业主，保险经历，无，身故受益人：子女，健康告知：无特殊异常，家族史，父亲55岁死于高血压并发症，母亲健在。

投保险种及保额：重大疾病保险，保额 10 万元人民币。

体检报告：一般检查：身高 166cm，体重 76kg，血压三次分别为 170/110mmHg，168/105mmHg，165/105mmHg，尿常规 PRO＋，RBC＋＋，复检 PRO＋，RBC（－），心电图检查：左室高电压。

1. 根据以上资料是否可以做出核保决定？
2. 核保决定类型：A. 标准体，B. 次标准体，C. 延期，D. 拒保
3. 请解释做该核保决定的理由。
4. 被保险人的风险因素有哪些？

案例解析：

1. 根据现有资料可以做出核保决定。
2. 核保决定类型为拒保。
3. 被保险人 48 岁男性，体检血压高 168/107mmHg，同时父亲 55 岁死于高血压并发症，其应患有高血压。同时尿常规持续蛋白尿。考虑为高血压同时伴有蛋白尿，存在肾脏损害，因此重大疾病保险拒保。
4. 被保险人风险因素主要为：

（1）被保险人患有高血压。

（2）蛋白尿。产生蛋白尿的原因有很多，比如剧烈运动、精神紧张、尿液污染、肾炎等。高血压同时出现蛋白尿，应考虑蛋白尿是由高血压导致的肾脏损害所致，或者说这种可能性比较大。

（3）左室高电压，单纯心电图左室高电压并不能表明存在左心室肥大等心脏器质性病变，需要心脏超声检查方可确定。但此客户患有高血压同时左室高电压，表明可能已经存在心脏器质性改变。

综合以上，被保险人主要风险为高血压及其并发症。

资料来源：https://mp.weixin.qq.com/s/7KtBr7aIaRIrV_Hx5Jt1aQ

课堂实作

被保险人王女士，年龄：55 周岁；性别：女；职业：家庭妇女；健康告知：无异常。家族史：无异常，丈夫已身故。投保人：女儿；职业：农民；受益人：女儿；年收入：3 万元。所交保费：0.6 万元。保险经历：无任何投保经历。投保计划：重大疾病保险 20 万元；附加医疗费用型保险 2 万元。体检结果：身高 159cm，体重 53kg，血压 138/81mmHg，尿常规正常，乙肝五项均（－），SGPT（－），SGOT（－），TB（－），DB（－），CH（－），TG（－），Bun（－），Cr（－），ECG 正常，胸透及 B 超显示肝胆脾胰双肾及妇科均正常。生存调查结果：老年家庭妇女，丈夫已身故，独居。无收入，由两位子女提供每月 200 元的生活费。本次由女儿投保，职业为农民，年收入实际约为 1 万元，投保人及其丈夫未购买保险。

讨论本案例的核保要点和核保结论，并叙述原因。

职业素养提升

承保与核保是业务经营的第一环节,其质量好坏直接对保险公司的经济效益和社会效益产生重要影响,保险公司分支机构的承保能力控制影响到保险公司偿付能力水平的强弱。部分保险公司分支机构忽视风险责任控制,在承保核保中,明知保险标的不符合承保条件,但为了实现自身效用最大化而盲目承保,如随意降低费率、放款宽承保条件、高额退费和超承保能力承保等,加大了风支机构的经营风险。

资料来源:http://wenda.tianya.cn/question/36c2a0745709249a

1. 什么是承保?
2. 承保的流程有哪些呢?

任务六
掌握健康保险承保的流程

 业务描述

刘女士在保险公司购买了一份医疗费用型的保险,本以为马上可以拿到保险合同,但营销员告诉她,可能要稍等两天,刘女士想知道,买保险时,保险合同不应该一手交钱一手交货吗?健康保险的承保流程又是怎样的呢?

一、健康保险承保的定义

承保是指保险人接受投保人的投保申请并与之签订保险合同的全过程。消费者通过健康保险营销决定购买健康保险产品后,投保人需要填写投保单,保险人对投保申请进行核保审核,进而作出承保决定、收取保险费、签发保险单等一系列的过程,都称为承保。

核保是保险承保的核心。因此,我们也可以这样理解承保与核保的关系:广义上的承保指的是从投保人提出投保申请到最后签订保险合同的全过程;狭义上的承保指的是核保。

二、健康保险承保的基本程序

健康保险承保,是相对于健康保险业务中投保人的投保而言的,包括从接到投保人填写的投保单开始,经过健康保险核保的一系列步骤和流程,由健康保险公司决定按照一定的条件接收投保人的风险转移,并收取保险费、出具保险单和建立保险基金、案卷归档的全部过程。

目前,国内寿险公司承保作业流程大致可用图7-1来表示:

- 营销员递交投保单及随附资料；
- 交由公司初审员进行资料审核：
- 审核通过——递交扫描、受理投保申请；
- 审核不通过——退还营销员完成相关处理。

- 对投保资料进行录入和复核，符合出盘条件的投保单做出盘扣款标记，不符合条件的投保单暂不出盘扣款；
- 每工作日系统生成扣款出盘文件，财务部向银行发送扣划保险费申请。

- 对投保申请进行核保审核，并下发核保照会；
- 保险费扣划数据回盘，业务系统做保险费匹配的日结批处理。

- 营销员按照会要求处理照会，递交补充资料；
- 审核回复资料，完成后续操作，做出核保决定。

- 业务系统做承保批处理，对核保通过且有足额保险费的投保单进行保险单签发处理。完成保险单打印工作；
- 次工作日制作、复核和发放保险单。

- 营销员签收保险单，保险单递送客户，客户签署保单回执；
- 保单证以及组成保险合同的各项资料，立卷归档。

图 7-1 承保作业流程

递交投保申请、初审和核保作业等内容已在前述任务中进行了介绍，本部分主要介绍审核验险后接受业务、收取健康保险费、缮制保单与复核签章、递送保单与签收保单、资料归档、新单回访等承保工作流程。

（一）审核检验后接受业务

健康保险的投保申请资料，经过前述的核保环节后，形成了确定的核保结论，根据保险公司的核保规则和核保手册的要求，对于可以承保和可以附加条件承保的业务，在审核检验后决定接受业务。如果投保金额或保险标的风险超出保险人承保权限，则无权决定是否承保，只能将该笔业务逐级上报，并向上一级主管部门提出承保建议。

（二）收取健康保险保险费

交付保险费是投保人的基本义务，向投保人及时足额收取保险费是保险承保中的重要环节。为了防止保险事故发生后的纠纷，在签订保险合同中要对保险费交纳的相关事宜予以明确，包括保险费交纳的金额及交付时间以及未按时交费的责任。对于非寿险合同，合同中会特别约定并明确告知：如果投保人不能按时交纳保险费，保险合同将不生效，发生事故后保险人不承担赔偿责任；如果不足额交纳保险费，保险人将有限定地（如按照实交保费与应付保费的比例）承担保险责任。

（三）缮制保单和复核签章

对于同意承保的投保申请，要求签单人员缮制保险单或保险凭证，并及时送达投保人手中。缮制单证是保险承保工作的重要环节，其质量的好坏，关系到保险合同双方当事人的权利能否实现和义务能否顺利履行。单证采用计算机统一打印，要求做到内容完整、数字准确、不错、不漏、无涂改。保单上注明缮制日期、保单号码，并在保单的正副本上加盖公、私章。如有附加条款，将其粘贴在保单的正本背面，加盖骑缝章。同时，要开具"交纳保费通知书"，并将其与保单的正、副本一起送复核员复核。

任何保险单均应按承保权限规定由有关负责人复核签发。它是承保工作的一道重要程序，也是确保承保质量的关键环节。复核时会审查投保单、验险报告、保险单、批单以及其他各种单证是否齐全，内容是否完整、符合要求，字迹是否清楚，保险费计算是否正确等，力求准确无误。保单经复核无误后必须加盖公章，并由负责人及复核员签章，然后交由内勤人员清分发送。

（四）递送保单和签收保单

递送保单要及时。就客户的购买心理而言，只有在拿到保单并进行初步研读后，心里才会踏实下来。所以，在签约之后、保单制作完成之前，代理人应及时和客户就保单状态进行沟通，打消客户等待的担心和顾虑；一旦保单制作完毕，要及时向客户递送保单。

保单递送给客户后，经客户本人确认无误，应当签收保单，由投保人在签收回执上亲笔签名，并由送单工作人员交回公司存档。

投保人在签收保险单时，应注意以下事项：

（1）仔细审核保险公司提供的整套保单材料。一般保险产品的保单材料都包含有保险单、保险条款、投保单（副本）、送达回执、客户服务指南、首期保险费发票等。长期保险产品的保单材料还有现金价值表，提供减额交清功能的产品还有减额交清保额表。

（2）逐条核对保险单及首期保险费发票上的所有项目。如有错误，及时通知保险公司予以更正。

（3）认真阅读保险条款和有关说明。收到保险单后，应注意了解保险合同的生效时间、保险期间、每年的交费时间，并认真阅读保险责任、责任免除、现金价值表以及退保约定等内容。

（4）妥善保管整套保单材料。保险单及有关单证票据务必妥善保管，注意防水、防潮、防蛀。若保单材料丢失，应及时到保险公司挂失补办。

从收到保单之日起10天内称为冷静期或犹豫期，在此期间，如果客户提出撤保，保险公司将无息退还保险费，保险合同终止。

关于犹豫期，银保监会《关于规范健康保险业务经营有关问题的通知》中规定，"犹豫期"是从投保人收到保险单并书面签收日起10日内的一段时期。在犹豫期内，投保人可以无条件解除保险合同,保险公司除扣除不超过 10 元的成本费以外,应退还全部保费,并不得对此收取其他任何费用。保险公司对投资连结保险投保人在犹豫期内解除保险合同的费用扣除应当符合《健康保险新型产品信息披露管理办法》的有关规定。

(五) 资料存档

保险单证以及组成保险合同的各项资料,要求保险公司立卷归档,妥善保管。案卷资料按照保险监管部门的要求至少要保存 10 年,对于保险金额巨大和影响寿险公司经营管理的重要案卷资料,则根据公司内部档案资料管理的规定,至少保存 20 年。

存档资料分为两类,一类为实物资料,另一类为电子资料。

(1) 实物资料在承保结束后由当地分公司或中心支公司档案人员进行归档保管。

(2) 电子资料由扫描人员进行扫描上传,以备总公司核保人员调阅电子档案。

对另外增加的资料,实物资料归入原投保书档案中;扫描资料归入原投保书的电子档案中。

(六) 新单回访

保险公司应当建立回访制度,指定专门部门负责回访工作,并配备必要的人员和设备。

保险公司应当在犹豫期内对合同期限超过一年的健康保险新单业务进行回访,并及时记录回访情况,发现问题,及时纠正处理。回访应当包括以下内容:

(1) 确认受访人是否为投保人本人。

(2) 确认投保人是否购买了该保险产品以及投保人和被保险人是否按照要求亲笔签名。

(3) 确认投保人是否已经阅读并理解产品说明书和投保提示的内容。

(4) 确认投保人是否知悉保险责任、责任免除和保险期间。

(5) 确认投保人是否知悉退保可能受到的损失。

(6) 确认投保人是否知悉犹豫期的起算时间、期间以及享有的权利。

(7) 采用期缴方式的,确认投保人是否了解缴费期间和缴费频率。

(8) 健康保险新型产品的回访,中国银保监会另有规定的,从其规定。

(9) 保险公司在回访中发现存在销售误导等问题的,银保监会规定,应当自发现问题之日起 15 个工作日内由销售人员以外的人员予以解决。

课堂实作

刘小明 (工号 27218) 是××人寿长沙分公司 (销售机构代码,430131) 团险部一名销售人员,通过前期多次与大通电器公司沟通洽谈《团体保险保障方案》,大通家用电器股份有限公司长沙分公司决定为 100 名员工购买团体保险。该团体保险销售渠道为个人代理。

客户资料如下：大通家用电器股份有限公司长沙分公司，统一社会信用代码：91430100183858××××，成立于2007年1月1日，主营业务是电器制造，行业类别为一般职业，单位总资产9000万元，年总收入500万元，员工100人，单位现位于湖南省长沙市芙蓉区韶山北路190号，邮政编码410000。

2020年5月3日，该单位决定交由人力资源部经理张三先生经办，为本单位100名员工全体投保团体保险。（投保单位经办人张三，身份证号码43312219860506××××，联系电话：1314210××××，固定电话0731-8523140，邮箱：zhang@126.com）

《团体保险保障方案》为××人寿团体意外伤害保险，附加住院费用补偿团体医疗保险，保险期限1年，保费全部由单位负担，采取趸交费方式，通过银行转账支付，该单位提供的开户行是工商银行白沙路支行，账号987654320123456。经过初步核保，××人寿保险公司同意承保团体意外伤害保险，保额为10万元/人，总保额1000万元，总保险费2800元。附加住院费用补偿团体医疗保险，保额10000元/人，总保额100万元，总保费为5000元/人。争议处理方式采用诉讼，保费即时结算，指定生效日期为2020年5月3日。投保单位为新单投保，以前未投保其他人身保险，过去三年没有向保险公司索赔过，过去三年没有发生过死亡或伤残情况，公司没有长期病假，长期接受治疗、残疾的员工，保险金额分配采取均一保额。

（注：本题相关信息均为虚构。）

请根据背景资料完成下列任务：
(1) 请向客户说明承保业务处理基本流程。
(2) 请向客户说明团体保险投保单初审的要点。
(3) 请向客户说明团体保险新单投保时需要提交的资料。
(4) 简述新单扫描的注意事项。
(5) 根据以上资料，填写一份投保单，见表7-4。

表7-4　　　　　　　　　　　　团体保险投保单

销售机构号码：
销售渠道：
代理机构名称：
代理机构号码：
销售人员姓名：
销售人员代码：　投保人客户号：202043××××××

投保提示：
1. 请您在仔细阅读保险条款，充分理解保险责任、责任免除、解除合同等规定，权衡保险需求后作出投保决定，填写投保单。
2. 投保资料（包括投保单、被保险人清单等相关资料）为保险合同的重要组成部分，填写内容必须真实、准确。若有不明事项请向销售人员或我公司咨询（客户服务热线：95519）。
3. 根据《中华人民共和国保险法》规定，我公司有权就投保人、被保险人的有关情况进行询问，您应如实告知，如您未如实告知，我公司有权在法定期限内解除保险合同，并依法决定是否对合同解除前发生的保险事故承担保险责任。
4. 一切与本投保单各项内容及保险条款相违背或增减的销售人员说明及解释均属无效，一切告知均以书面为准。
5. 生效日期以保险单载明日期为准，此前我公司不承担保险责任。
6. 公司已向您提供最新季度的偿付能力相关信息，请您仔细阅读。

续表

一、投保人资料

单位/团体名称				行业类别	
证件类型	统一社会信用代码凭证	证件号码		传 真	
通讯地址				邮政编码	
成员总数		在职人数		投保人数	
职业类别		联系人姓名		联系人手机	
联系人电子邮件			联系人固定电话		

二、被保险人资料（详见所附被保险人清单）

被保险人总数	

三、受益人资料

1. 除本合同另有约定外，身故保险金以外的其他保险金受益人为被保险人本人。
2. 身故保险金的受益人由被保险人或投保人指定（详见所附被保险人清单）。
3. 投保人在指定或变更身故保险金受益人时需经被保险人书面同意。投保人为与其有劳动关系的劳动者投保人身保险，不得指定被保险人及其近亲属以外的人为受益人。
4. 若投保人未填写身故保险金受益人信息的，我公司将依照《中华人民共和国保险法》第四十二条规定履行给付保险金的义务。

四、要约内容（被保险人详细要约信息见所附被保险人清单）

险种名称	总保险金额（元）	总保险费（元）	被保险人数（人）	保险期间	缴费期间

保险费合计	（大写）	（小写）		币种	□人民币 □其他
保单性质	□新单投保 □续保保单		指定生效日	□指定为 年月日 □不指定	
交费方式	□一次性交清/趸交 □年交 □半年交 □季交 □月交 □不定期 □其他				
交费形式	□银行转账 □支（汇）票 □银行代收 □POS机 □现金 □其他				
交费开户银行		交费账户开户名称		账号	
短险结算方式	□即时结算 □组合结算：结算限额 结算日期 □指定日期结算 □其他 （若选择非即时结算，则每年6月30日，12月31日及合同期满日为固定结算日，此处不必填写）				
争议处理方式	□诉讼 □仲裁（若选择仲裁，请在此处明确填写全称：仲裁委员会） （若选择仲裁选项但未明确写仲裁委员会的名称，或填写了不存在的仲裁委员会，则仲裁约定无效）				

五、公共限额保险资料 险种名称：

公共保额使用范围：□不选择公共保额（不必填写公共保额内容。）□不包括连带被保险人 □包括连带被保险人

续表

公共保额	□固定公共保额 固定公共保额合计 　元； □浮动公共保额 人均浮动公共保额 　元；人均浮动比例： 　%；合计保额： 　元
公共保险费	元　公共保额使用许可 □经投保人确认后使用 □无需投保人确认，直接使用
每一被保险人可使用额度	□相同额度 元 □同被保险人个人保额 □无限额 □详见附件

六、基金险账户资料

首期缴费金额	个人账户 交费金额（元）		计入个人 账户金额	
	公共账户 交费金额（元）		计入公共 账户金额（元）	

七、养老金保险资料

领取方式	□延期领取 □即期领取 □清单指定 □一次性领取 □年领 □月领 □其他
领取年龄	男： 周岁　女： 周岁

八、告知事项

1. 投保单位是否已在我公司投保其他人身保险？（若"是"，请在下表中，详细说明。）□是 □否：

险种名称	保险单号码	保险单生效日期
		年　　月　　日
		年　　月　　日
		年　　月　　日

2. 过去三年是否向保险公司索赔过？
（若"是"请在备注栏列明索赔险种，索赔时间、索赔原因及索赔人数。）□是 □否

3. 过去三年是否发生过死亡或伤残情况？（若"是"，请告知人数。）□是 □否：
疾病死亡　人，疾病伤残　人，意外死亡　人，意外伤残　人

4. 参加投保的被保险人是否患有以下疾病？□是 □否：
a. 恶性肿瘤；b. 心脏病（心功能不全Ⅱ级以上）；c. 心肌梗塞；d. 高血压（Ⅱ级以上）；e. 白血病；f. 肝硬化；g. 慢性梗塞性支气管疾病；h. 脑血管疾病；i. 慢性肾脏疾病；j. 糖尿病；k. 再生障碍性贫血；l. 先天性疾病（见条款中释义部分）；m. 精神病或精神分裂；n. 癫痫病；o. 身体残障；p. 妇科疾病；q. 其他疾病；r. 是否曾因病全休或半休。

5. 是否有长期病假，长期接受治疗或住院治疗人员参加本次投保？（若"是"，有　人）□是 □否：

6. 是否有残疾人员参加本次投保？（若"是"，有　人）□是 □否：

7. 保险金额分配规则：☑均一保额 □按年收入 □按职位 □综合了多种因素（请在备注栏列明）

（说明：4，5，6项目若为"是"：请在被保险人清单的具体被保险人"备注"栏写明）

九、合同约定及特别约定（备注栏）

续表

注册地：中国　　部门类型：政府××人寿护才统括方案：

1. 属组 1 限定 1-3 类职业购买；属组 2 限定 4-5 类职业购买；属组 3 限定 6 类职业购买。
2. 《附加住院费用补偿团体医疗保险》有医保的被保人免赔额 100 元，给付比例 90%；无医保的被保险人免赔额 200 元，给付比例 70%。

十、投保人及被保险人声明

　　贵公司已对保险合同的条款内容履行了说明义务，并对责任免除条款履行了明确说明义务，投保单位已仔细阅知，理解投保提示及保险条款尤其是责任免除解除合同等规定，并同意遵守。所填投保单各项及告知事项均属事实并确无欺瞒，上述一切陈述及本声明将成为贵公司承保的依据，并作为保险合同的一部分，如有不实告知，贵公司有权在法定期限内解除合同，并依法决定是否对合同解除前发生的保险事故承担保险责任。

　　被保险人或其监护人兹同意授权凡知道或拥有任何有关其本人健康医疗及相关情况的任何医生、医院、保险公司、其他机构或人士，均可将所需的有关资料，提供给中国人寿保险股份有限公司，本授权书的影印本也同样有效。

　　特授权本投保单所填写的联系人（身份证号：＿＿＿＿＿＿＿＿）为我公司日常业务的办理人，联系人可持我公司相关资料，办理我公司保险日常业务，本授权委托自签发之日起生效。

　　投保人或授权人签字：　　　投保人盖章

　　投保申请日期　年　月　日

健康险专项：　　受理机构：　　经办：　　受理日期：

练习模块

一、单选题

1. 下列关于投保所需资料的描述不正确的是（　　）。

A. 投保单

B. 个人业务需要提供被保险人身份证件，如：身份证、户口本、护照、军官证等

C. 从其他公司转续保的业务，核保人员可视情况要求投保人提供上年度保单、保险协议、被保险人清单等

D. 高保额意外险业务，或被保险人所支付保费与其能力不匹配以及其他异常业务，仅需提供财务问卷即可

2. 下列投保件中一般需做体检的是（　　）。

A. 高保额的保件

B. 高年龄的客户

C. 在健康告知中具有家族遗传病史的客户

D. 以上都是

3. 一般保险公司 90% 以上的被保险人是（　　）。

A. 标准体　　　　　　B. 次标准体

C. 延期承保体　　　　D. 拒保体

二、多选题

核保人员应具备下列哪些条件（　　）。

A. 熟练掌握核保工作的基本方法、规定
B. 具有风险控制意识及服务意识，对市场开拓无需关注
C. 熟练掌握保险基础理论和人身保险专业知识
D. 通过总公司组织的核保专业资格考试并获得授权

三、判断题

1. 饮食嗜好、嗜酒、吸烟都属于行为危险因素。　　　　　　　（　　）
2. 核保中考虑的环境因素包括生活环境和工作环境。　　　　　（　　）
3. 冠心病客户可以采用特别约定的方式承保。　　　　　　　　（　　）

四、问题讨论

1. 健康保险核保的流程有哪些？
2. 请分析年龄、性别及家族病史这几项因素是如何影响健康保险核保的？
3. 请结合实务，说明健康保险承保的流程。

五、实训练习

请根据背景资料完成任务。

李华（工号：20080305）是一名新上岗不久的保险营销员，今天签单成功，他递交了投保资料到保险公司。

客户资料如下：

张弛，在湖南长青贸易有限公司工作，主要从事会计工作（职业代码为0101023，风险等级为一级），身高175cm，体重70kg，年收入约30万元，2020年5月1日拟投保一份保额为10万元的××人寿保险公司康宁终身重大疾病保险，保险费分20年年交，年交保费8400元，首期保费的交纳方式为银行转账，开户银行为工商银行书院路支行，账号为：3602860011222222。指定妻子和儿子为其受益人，妻子（苏乐，身份证号为：432301198601280168），儿子（张子轩，身份证号码是：430103201011060906），受益份额各为50%。被保险人免体检。保险合同产生争议时，选择仲裁方式，仲裁机构为长沙市仲裁委员会。

张弛的身份证号码为：430104198512204016，电话：158744412××，家庭地址是长沙市人民东路223号，邮编：410222。电子邮件：×××@126.com。身体健康，有吸烟的习惯，已有11年的吸烟史，每天吸烟约20支，自己驾驶一辆标致307轿车，驾龄5年，没有其他高风险的运动嗜好，也没有既往病史。

（注：本题相关信息均为虚构。）

（1）请向客户说明承保业务处理基本流程。
（2）根据以上资料，填写一份投保单，见表7-5。

表 7-5

个人投保单
个人保险投保单

业务员姓名：

业务员工号：

收款收据号：

保险合同号：　　　　　　　　　　　　　　　　　　　　　　　　　　　　体检□　非体检□

客户保障声明

1. 请您在仔细阅读保险条款，充分理解保险责任、责任免除、解除合同等规定，权衡保险需求和交费能力后；再作出投保决定。
2. 投保单为保险合同的重要组成部分，请准确、真实填写，并由投保人、被保险人亲笔签名。不明事项请向业务员或我公司咨询。如无特别声明，我公司将以您本次填写的地址为最新地址。如有地址变更，请及时通知我公司，以便为您提供服务。
3. 根据我国《保险法》规定，我公司有权就投保人、被保险人的有关情况进行咨询，您应如实告知；如您未如实告知，我公司有权依照《保险法》的规定决定是否解除合同，并有权决定是否对合同解除前发生的保险事故承担保险责任。
4. 保险合同自我公司同意承保、收取首期保险费签发保险合同的次日开始生效，此前我公司不承担保险责任。
5. 一切与本投保单各项内容及保险条款相违背或增减的业务员说明及解释均属无效，您对公司的一切告知均以书面为准。
6. 投保人通过业务员递交投保书、交付保险费的，请检查业务员证件并及时索取盖有我公司收费专用章的收款收据。

一、客户资料

投保人

姓名：＿＿＿＿　性别：□男□女　出生日期□□□□年□□月□□日　年龄：□□周岁

证件名称：□身份证　□其他　证件号码：□□□□□□□□□□□□□□□□□□是被保险人的：＿＿＿＿

职业：＿＿＿＿　兼职：＿＿＿＿　职业代码：□□□　职业类别：＿＿＿级　工作单位：＿＿＿＿＿＿＿

通讯地址：＿＿＿＿＿＿＿＿＿＿＿＿＿＿＿＿　邮编：□□□□□□　婚姻状况：□未婚□已婚□离婚□丧偶

联系电话：＿＿＿＿＿＿＿手机：＿＿＿＿＿＿　电子邮件：＿＿＿＿＿＿＿

被保险人

姓名：＿＿＿＿　性别：□男□女　出生日期□□□□年□□月□□日　年龄：□□周岁

证件名称：□身份证　□其他　证件号码：□□□□□□□□□□□□□□□□□□　婚姻状况：□未婚□已婚□离婚□丧偶

职业：＿＿＿＿　兼职：＿＿＿＿　职业代码：□□□　职业类别：＿＿＿级　工作单位：＿＿＿＿＿＿＿

通讯地址：＿＿＿＿＿＿＿＿＿＿＿＿＿＿＿＿　邮编：□□□□□□　电话：＿＿＿＿＿＿＿

手机号：＿＿＿＿＿＿＿　电子邮件：＿＿＿＿＿＿＿

受益人（本栏仅供指定身故保险金受益人）：

受益顺序	姓 名	性别	出生日期	是被保险人的	受益份额	证件名称	证件号码
							□□□□□□□□□□□□□□□□□□

二、要约内容（附加险种名称请填写对应的主险险种名称之下）

险种名称	保险金额	保险期间	交费期间	交费方式	标准保险费
		□终身□定期（＿＿年/至＿＿岁）	（＿＿＿＿年/至＿＿岁）	□　趸交	

续表

	□终身□定期（__年/至__岁）	（_____年/至__岁）	□	年交
	□终身□定期（__年/至__岁）	（_____年/至__岁）	□	半年交
	□终身□定期（__年/至__岁）	（_____年/至__岁）	□	季交
	□终身□定期（__年/至__岁）	（_____年/至__岁）	□	月交
	□终身□定期（__年/至__岁）	（_____年/至__岁）	□	不定期

保险费合计人民币（大写）_____（¥_____）

首期暂交费： 交费形式：□银行转账□银行代收□现金□支票□其他 交费日：□□□□年□□月□□日

续期交费形式：□银行转账□银行代收   若选择银行转账，请填写开户银行：_____ 户名：_____
□现金 □支票 □其他   账号：□□□□□□□□□□□□□□□□□

年金领取年龄：□□□周岁 首期领取金额：_____ 领取方式： □趸领 □年领 □月领 其他
□平准领取 □递增领取 递增率为□□□% 其他

如投保分红保险，红利领取方式：□现金□累积生息□抵交保费□购买交清增额保险□其他

公司信息通知方式：□电子邮件□手机短信 □电话 □信函

合同争议处理方式：□诉讼 □仲裁 仲裁委员会：_____

三、告知事项（凡条款列明有"免费未到期保险费责任"的险种，请同时填写"投保人"项下告知事项。）		被保险人	投保人
1. 身高体重	被保险人身高□□□厘米，体重□□□公斤；投保人身高□□□厘米，体重□□□公斤	是 否	是 否
2. 平均年收入（填写过去三年大约的平均年收入值）	被保险人：_____ 投保人：_____		
3. 生活习惯	A. 是否驾驶摩托车或其他机动车	____	____
B. 是否参加潜水、拳击、攀岩、飞行、赛车、漂流等危险运动或有此类嗜好		____	____
C. 是否服食任何成瘾药物或吸毒		____	____
D. 是否有饮酒或吸烟习惯？如"是"，填写右栏	已饮酒__年，种类____，每天数量____ 与__年前因_____停止饮酒 已吸烟__年，每天_____支 于__年前因_____停止吸烟	____	____
E. 是否计划两年内出国		____	____
4. 身体残障	A. 是否曾患听力视力、语言、咀嚼障碍、智力障碍	____	____
	B. 是否曾患有脊柱、胸廓畸形，四肢、手、足、指残缺	____	____
5. 症状体型	是否曾患有或被告知有下列症状，或因下列症状接受治疗：		
慢性咳嗽、咯血、胸闷、心慌、气短、浮肿、声咽哑、吞咽困难、呕血、黑便、腹痛、黄疸、贫血、肿块、血尿、蛋白尿、皮肤瘀斑、不明原因皮下出血点、渐进性消瘦、持续性头痛、晕厥、抽搐、昏迷、长期发热、高度近视		____	____
6. 病史询问：是否曾患有或接受治疗过下列疾病			
A. 高血压、先天性心脏病、风湿性心脏病、心内膜炎、冠心病、心肌梗塞、心律失常、心肌炎、脑血管意外		____	____

续表

B. 帕金森氏综合症、癫病、脑部疾病、脊髓疾病、精神病			
C. 哮喘、肺结核、肺气肿、支气管扩张、尘肺、矽肺、肺源性心脏病			
D. 消化性溃疡、萎缩性胃炎、胰腺炎、肝硬化、乙肝或丙肝病毒携带者、胆道感染或结石			
E. 尿路结石或畸形、肾炎、肾病、肾功能不全、多囊肾、肾盂积水、前列腺疾病			
F. 肿瘤（包括恶性肿瘤及尚未确诊为良性或恶性之息肉、肿瘤、囊肿、赘生物）			
G. 糖尿病、痛风、垂体机能亢进或减退、甲状腺机能亢进或减退、肾上腺机能亢进或减退			
H. 系统性红斑狼疮、风湿或类风湿病、胶原性疾病有结缔组织疾病、椎间盘突出、疝、痔			
I. 贫血、血小减少性紫癜、过敏性紫癜、血友病、白血病、被建议不宜献血			
J. 白内障、视网膜疾病、角膜疾病、青光眼、中耳炎及其他眼、耳、鼻、喉或口腔疾病			
K. 先天性疾病、遗传性疾病、地方病、职业病、药物过敏史			
L. 是否还有以上未列名的疾病			
7. 诊疗、检查经历	A. 过去3个月内是否接受过医生的诊断检查和治疗		
B. 过去5年内是否因疾病或受伤住院或手术			
C. 过去5年内除健康普查外是否做下列检查：X光（透视、摄片）、心电图、B超、CT或核磁共振、脑电图、血液化验、胃镜、肠镜等内窥镜检查、病理活检、眼底检查			
8. 您及您的配偶是否曾接受或试图接受与区滋病有关的诊察或治疗？在过去6个月内是否持续超过一周以上下列症状：体重下降、食欲不振、盗汗、腹泻、淋巴结肿大及皮肤溃疡			
9. 父母兄弟姐妹中是否有人曾患过遗传性疾病、结核病、肝炎、肝硬化、癌症、糖尿病、肾病、心脏病、中风、高血压、动脉硬化、精神病或曾是乙肝、丙肝病毒携带者或60岁以前因病身故			
10. 妇女专项	A. 是否正在怀孕？如是，孕期第□□周		
B. 是否患有子宫肌瘤、子宫颈瘤、卵巢囊肿、卵巢癌、异位妊娠、乳腺增生（包块、肿块）、乳腺癌、阴道不规律出血等疾病			
11. 投保记录	A. 目前是否有已参加或正在申请中的其他人身保险？如有，请告知承保公司、保险险种名称、保险金额、保单生效时间		
B. 过去2年内是否曾被保险公司解除合同或申请人身保险而被延期、拒保或附加条件承保			
C. 过去有无向保险公司索赔			
12. 说明：（以上3~11项如"是"请列明问题编号及有关需说明的内容，包括疾病诊治日期、诊治结果、诊治医院名称、债务情况等。对投保单及告知内容，我公司承担保密责任。）			
备注			

续表						
声明与授权	1. 贵公司已对保险合同的条款内容履行了说明义务，并对责任免除条款履行了明确说明义务。本人已仔细阅知，理解客户保障声明、产品说明书（仅限于分红、万能、投资连结保险）及保险条款尤其是责任免除、解除合同等规定，并同意遵守。所填投保单各项及告知事项均属事实并确无欺瞒。上述一切陈述及本声明将成为贵公司承保的依据，并作为保险合同一部分。如有不实告知，贵公司有权解除合同，并对解除合同前发生的事故不保险责任。 2. 本人谨此授权凡知道或拥有任何有关本人健康及其他情况的任何医生、医院、保险公司、其他机构或人士，均可将有关资料提供给贵公司。此授权书的影印本也同样有效。					
	投保人 签名：		被保险人 （或其监护人） 签名：		投保申请 日期：	□□□□年□□月□□日

（注：以中国人寿保险公司单证为例）

项目小结

核保，是指保险人对标的风险进行评判和分类，进而决定是否签发保单以及以什么样的条件签发保单。

健康保险给付类型的多样性对评估风险因素有着不同的要求，所考虑的风险因素也与人寿保险各有偏重，尤其依赖医学分析。健康保险核保具体包括年龄、性别、个人健康状况、家族病史、职业、生活习惯等多项因素。

核保是保险公司的风险控制入口，一份健康保险合同的订立必须经过多环节的风险选择，才能确定合理的承保条件。一般情况下，核保有四个风险选择过程：营销人员的核保，体检医师的核保，生存调查及核保人员的核保。

核保人员在进行危险选择时必须收集投保人、被保险人的相关资料，通过对这些相关信息资料的分析研究，才能做出合理的核保结论。核保过程中的信息资料一般分成投保人所提供的资料，保险人所提供的资料及其他资料。

核保是一个审核决定的过程，即根据投保申请书、业务人员报告书、体检报告书、生存调查等核保资料提供的有关投保人、被保险人的信息资料，由核保人员进行综合分析，运用数理查定法，对被保险人的风险加以量化，依其风险程度做出是否承保以及以何种条件承保的决定，这种决定就是核保结论。核保结论包括：标准体、次标准体、延期体、拒保体等不同类型。

承保定义为保险人接受投保人的投保申请并与之签订保险合同的全过程。消费者通过健康保险营销决定购买健康保险产品后，投保人需要填写投保单，保险人对投保申请进行核保审核，进而作出承保决定、收取保险费、签发保险单等一系列的过程，都称为承保。

项目八 健康保险理赔

学习目标

知识学习目标：
- 掌握健康保险理赔的概念、原则、特点
- 熟悉健康保险的理赔管理
- 掌握健康保险理赔的流程与内容
- 了解健康保险索赔中的保险欺诈

技能训练目标：
- 能够准确填写健康保险理赔相关单证
- 能够进行健康保险结案处理、归档并处理简易流程
- 能够识别健康保险索赔中的保险欺诈

工作任务

1. 认识我国健康保险理赔现状。
2. 了解健康保险理赔的原则和特点。
3. 掌握健康保险理赔业务流程。
4. 掌握健康保险理赔过程的处理技巧。

导入案例

2021年1月1日，泰康人寿发布《2020年泰康人寿理赔白皮书》（以下简称《白皮书》）。《白皮书》显示，2020年泰康人寿全年赔付80万件，赔付金额61亿元，平均每天赔付2210件，每天赔付1675万元，最快的一笔赔付用时只有6秒。

2020年，泰康人寿赔付金额61亿元，其中重疾险赔付31亿元、医疗险赔付17亿元、寿险赔付12亿元、意外险赔付1亿元，重疾险、医疗险的赔付金额快速增长，配置重疾+医疗保障已成为很多客户的选择。

泰康人寿 2020 年理赔白皮书数据显示，健康险理赔呈现四大特点。

重疾出险明显呈年轻化趋势。"70"后重疾出险人数最多，占比近五成，但"80"后、"90"后呈现出快速增长的趋势，占比由去年 30% 提升至 40%，更是值得关注的群体。

重疾风险男女有别。女性重疾出险率是男性的 1.43 倍，女性特有的乳腺癌、宫颈癌、子宫体癌、卵巢癌出险已占恶性肿瘤整体出险的 35%，建议女性优先投保重疾险。男性则要重点防范"心梗""脑梗"，因为男性因心脑血管疾病引发的重疾占比已达 23%，该比率是女性的 8 倍。

各年龄段疾病风险各不同。从医疗险赔付来看，各年龄段疾病出险原因差异化较大，12 岁以下呼吸道疾病高发，占比 51%；13～35 岁意外受伤逐渐增多，由 6% 增长到 17%；36 岁以后，良、恶性肿瘤、心脑血管疾病等慢性病逐渐增多，由 4% 增长到 22%。

恶性肿瘤治疗时间长、费用高。恶性肿瘤出险会产生长期、高额的治疗需求，客户诊断恶性肿瘤后，5 年内平均赔付 3.3 次（单一客户最多理赔 55 次），人均花费 9.69 万元（单一客户最高医疗花费 154.8 万元）。

资料来源：https://baijiahao.baidu.com/s? id = 1687937167423185455&wfr = spider&for = pc

行业动态

泰康在线发布 2020 年度理赔及健康服务报告显示，全年赔付总金额超 30 亿元，理赔件数超 190 万件，理赔客户超 75 万人。此外，2020 年泰康在线 99% 的健康险、90% 的财产险理赔申请均在线上完成，用户理赔便捷性显著提升。此外，泰康在线 2020 年单笔健康险最高赔付达 114 万元，财产险最高赔付 100 万元，单个用户最多赔付 104 次。

数据背后，是泰康在线通过科技提升理赔便捷性。泰康在线推出的线上"一键理赔"服务，省去繁琐理赔流程，用户可自行线上操作，小额案件结案时效提升 300%；自主研发的业内首个线上理赔纠纷 ODR 平台，打破时间和空间的局限，同时引入中立第三方调解机构协助解决纠纷，提升理赔纠纷处理便捷性。

疫情期间，泰康在线为支持疫情防控，大力推广全程"零接触""云赔付"，期间完成新冠相关赔付近百件、理赔金额近百万元，满足疫情下用户"线下少接触、线上办业务"的理赔需求。同时，泰康在线还利用集团大健康生态资源及科技优势，紧急集合百余名专科医生，快速上线视频义诊，访问量超 5 万人次，惠及 700 万人。

泰康在线自 2018 年起，即着手构建医疗服务网络，通过"新生态"的建设广泛连接服务资源，为客户提供对抗风险的综合解决方案。例如，推出在线问诊购药服务，22 万名公立医院医生 7×24 小时在线；开通门诊/重疾绿通服务，覆盖全国 293 个地级市、2694 家医疗机构，三甲医院 100% 全覆盖；推出个性化体检服务，涵盖全国 126 个城市 711 家体检机构；上线特色口腔齿科服务，包含全国 198 座城市 1639 家齿科门诊，全年服务用户超 5.5 万人。

资料来源：中国银行保险报网 http://xw.sinoins.com/2021 - 02/23/content_383175.htm

1. 什么是健康保险理赔？
2. 健康保险理赔的原则和特点是什么？

任务一
认识健康保险理赔

 业务描述

理赔是保险公司经营中最重要的业务环节,也是保险保障功能最重要的体现。随着健康保险业务的不断发展,人们也越来越关注健康保险的理赔。健康保险理赔高频、大量的特点意味着人们对健康保险理赔的要求尤高。如何做好健康保险的理赔工作呢?

一、健康保险理赔概念

从狭义范围上讲,健康保险理赔是保险公司理赔人员对被保险人发生的保险事故进行核实认定并进行相应处理的行为,是一种具体的操作行为。

广义的健康保险理赔,通常是指被保险人在保险合同有效期间内发生保险事故时,受益人依照保险合同约定申请保险金给付,在接受客户索赔、进行现场查勘与取证的基础上,保险公司依照保险合同约定,展开保险责任审定、赔款理算,最终达致赔付损失的决定或因损失不属保险责任而拒绝赔偿。

健康保险理赔由索赔过程与保险金给付过程两部分组成。当被保险人发生了保险合同中保险责任范围内的伤病事故,向保险人报案,并提供相应的损失证据,根据保险条款请求保险公司给付保险金的法律行为为索赔。《保险法》第二十二条规定:"保险事故发生后,按照保险合同请求保险人赔偿或者给付保险金时,投保人、被保险人或者受益人应当向保险人提供其所能提供的与确认保险事故的性质、原因、损失程度等有关的证明和资料。"通常情况下,健康保险索赔的方式有被保险人直接索赔和被保险人授权医疗机构索赔两种方式。在健康保险理赔过程中,提出索赔的人称为健康保险索赔人,也叫保险金申领人。健康保险索赔人是被保险人或受益人。

保险人以保险合同为依据,对被保险人或其受益人的索赔请求进行审核,若符合条件则给付保险金,这一过程为保险金给付。《保险法》第二十三条规定:"保险人收到被保险人或者受益人的赔偿或者给付保险金的请求后,应当及时作出核定;情形复杂的,应当在三十日内作出核定,但合同另有约定的除外。保险人应当将核定结果通知被保险人或者受益人;对属于保险责任的,在与被保险人或者受益人达成赔偿或者给付保险金的协议后十日内,履行赔偿或者给付保险金义务。保险合同对赔偿或者给付保险金的期限有约定的,保险人应当按照约定履行赔偿或者给付保险金义务。"在给付健康保险的保险金时,如被保险人生存,保险金的受益人应为被保险人本人,保险公司不受理其他指定与变更;如被保险人死亡,受益人依法取得保险金的申请权。

二、健康保险理赔的原则

为了建立规范的健康保险理赔工作秩序，更好地为维护客户的权益，兼顾风险管控和服务之间的平衡，树立保险公司的信誉与品牌形象，从事理赔工作的人员应严格遵循理赔的基本工作原则。健康保险理赔原则对于健康保险理赔工作的严谨有序、得心应手，防范和处理纠纷有着非常重要的意义。

（一）重约守信原则

重约守信原则是健康保险理赔必须坚持的最基本、最重要的原则。保险人与被保险人之间的权利和义务关系是通过保险合同来实现的。保险合同条款是保险人履行其义务、承担赔偿责任或给付责任的依据，对合同双方当事人都具有法律的约束力。保险合同中的各项条款以及相关法律法规是保险人处理赔案的法律依据按照合同约定赔偿或给付保险金是保险人应尽的义务。保险理赔是保险人履行相关义务的具体体现，因此，保险人都应该严格遵守合同的约定，恪守信用，既不要夸大保险责任范围，也不能无端拒赔或缩小保险责任范围。在作出拒赔处理时，要出示拒赔的客观证据，向客户耐心解释，讲清楚拒赔理由和道理。

按照保险合同，赔偿给付保险金是保险人应尽的义务，也是保险人履行保险合同的法律依据。如果保险人不能遵守合同约定、不守信用地进行赔偿，保险人的信誉必然受损，同时被保险人可根据保险合同向法院起诉，获得保险合同所约定的保险保障。坚持重约守信，才能保障被保险人和受益人的合法权益，树立保险公司的良好形象，扩大健康保险的积极影响。

（二）实事求是原则

健康保险的理赔必须要实事求是，这是理赔作业应当遵循的基本准则。理赔工作必须一切都从客户实际情况出发，求真务实，决不能以主观臆断来处理赔案。尽管在健康保险合同条款中，对于发生保险事故后的保险金给付责任做了明确规定，但在实际赔案处理过程中，健康保险案件形形色色，案发原因也错综复杂。此外，客户可能对健康保险合同条款的理解存在差异，其提出的索赔要求有些合理，有些不尽合理，理赔人员处理案件时难免会因为条款方面的原因与客户发生一些纠纷。这就要求保险理赔人员要遵守合同约定，明察秋毫，按照实事求是的原则对保险事故所造成的损失按保险合同的约定进行赔偿，不夸大、不缩小、不滥赔、不惜赔、不错赔。

实事求是原则要求健康保险理赔人员在工作实践中求证两方面的"实"。第一是保险事故的"实"，即在赔案处理过程中，判断保险事故的性质和原因时应从事实和证据出发，尽最大可能地还原保险事故的真实。第二是判定责任的"实"，即在认定保险责任的归属与范围时，必须基于合同条款与法律。

面对复杂的理赔案件，理赔人员需要站在客观公正的立场上，摆正公司和客户的利益关系。一方面要依据健康保险合同的约定，坚持依法公正理赔原则；另一方面要具体问题具体分析，在不违反理赔原则的基础上，充分考虑客户的利益，机动灵活地解决纠纷。如果保险公司在健康保险条款制定上有不够严谨的情况时，可以根据有利于被保险人和受益人的解释原则进行处理，最大限度地让客户满意。但是，保险公司也不能毫无原则，决不能搞人情赔款，防止诱发道德风险，应该时刻维护公平原则，积极维护诚实客户的权益。

 行业动态

通融赔付

2007年，我国第一个由保险业界制定的金融行业标准——《保险术语》出版面世。其中第8条、第5条、第12条对"通融赔付"的定义为："保险人根据保险合同约定本不应承担或完全承担赔付责任，但仍赔付全部或部分保险金的行为。"随后，李民在其著作《保险原理与实务》对此定义进行完善，认为："所谓通融赔付，指的是按照保险合同条款的规定，本不应保险人赔付的经济损失，由于一些其他特殊原因的影响，保险人给予全部或部分补充或给付，是保险理赔实事求是原则的延伸。"

资料来源：李民，刘连生，保险原理与实务，第3版［M］．中国人民大学出版社，2015．

（三）效率原则

保险理赔工作必须注重时效性，保险事故发生后，理赔工作人员应主动迅速地深入现场进行查勘，在合理的期限内尽快审定索赔材料是否完备、事故是否属保险责任等，准确计算赔款，及时向被保险人或受益人支付赔款，避免案件积压和拖延，最大限度地满足客户的合理需求。低效率会影响保险公司在客户心目中的形象，从而影响其今后的投保行为。在具体的理赔实务中，效率原则主要体现在主动、迅速、准确和合理等方面，这是衡量理赔工作质量的重要标准，也是保险公司信誉的集中表现。

1. 主动

当事故发生以后，保险公司的理赔人员接到出险通知，应主动调查了解案情，进行现场查勘，调查走访，掌握出险情况，进行事故分析，确定保险责任。对于前来索赔的客户，保险公司工作人员应主动热情的接待，为客户提供人性化的服务。要坚决杜绝那种接待投保时主动热情，接待索赔时冷漠推诿的做法和态度。

2. 迅速

速度是效率原则的关键所在。我国《保险法》第二十三条规定："保险人收到被保险人或者受益人的赔偿或者给付保险金的请求后，应当及时作出核定；情形复杂的，应当在30日内作出核定，但合同另有约定的除外。保险人应当将核定结果通知被保险人或者受益人；对属于保险责任的，在与被保险人或者受益人达成赔偿或者给付保险金的协议后10日内，履行赔偿或者给付保险金义务。保险合同对赔偿或者给付保险金的期限有约定的，保险人应当按照约定履行赔偿或者给付保险金义务。"为保证理赔案件能够得到及时处理，大多数保险公司都对受理案件的理赔时限做出了明确规定。例如民生保险公司的理赔承诺：赔付金额千元以内、资料齐全的理赔案件当日结案；赔付金额10万元以内、资料齐全的个人业务理赔案件10个工作日内结案，超出10个工作日的向客户按3%/年复利支付延滞利息；对于案情复杂，不能确定赔款金额的，在30日内

按可以确定的金额预付赔款,并在最终确定给付保险金的数额后,将支付相应的差额;当被保险人或受益人申请保险金的证明和材料不全或不准确时,公司会一次性以书面形式告知需要补充的有关材料;对不属于保险责任的,公司自做出核定之日起 3 日内向被保险人或受益人发出拒绝给付保险金通知书并说明理由。

3. 准确

保险公司的理赔人员应当严格按照合同约定,准确认定责任范围和责任程度,以保险标的遭受的实际损失为准,从查勘、定损到赔款计算,都要力求准确无误,杜绝差错,不发生错赔和滥赔现象,保证双方当事人的合法权益。

4. 合理

在处理健康保险理赔案件时,理赔工作人员要熟悉条款,根据健康保险的相关知识以及保险合同的约定厘清保险责任,合理赔偿,严格按照健康保险合同中的约定和保险法律法规中的有关条款处理赔案,抵制欺诈性索赔,赔款金额要合情合理。在具体的案件中,要查明损失发生的原因,准确估算损失,结合实际情况采取灵活的操作方法进行赔付。

三、健康保险理赔的特征

健康保险属于人身保险的范畴,鉴于保险标的和保险性质的不同,健康保险理赔和财产保险理赔存在较大差别。与同属于人身保险范畴的人寿保险相比,两者虽具有一些共同特点,但由于健康保险和人寿保险承保风险和承担责任不同,健康保险理赔同一般的人寿保险理赔在很大方面也存在相当大的差异。例如,相比一般的财产保险和人寿保险理赔工作,健康保险在被保险人遭受意外伤害事故或者患病时,保险公司给付的保险金不是像人寿保险或意外伤害保险那样给付事先约定的金额,财产保险中的损失补偿原则在健康保险中通常也不适用。健康保险理赔与财产保险理赔、人寿保险理赔的主要区别见表 8-1。

表 8-1　　　　健康保险理赔与财产保险理赔、人寿保险理赔的区别

比较项目	健康保险理赔	人寿保险理赔	财产保险理赔
保险金理赔的基础	医疗费用或收入损失的补偿或约定金额	事先约定的金额	财产损失补偿
保险金给付的确定性	不确定	确定	不确定
受益人	一般为被保险人	被保险人及第三方	投保人(被保险人)
代位追偿	适用	不适用	适用
保险金给付的比例分摊	视情况而定	不适用	适用
被保险人或受益人防止或减少损失的费用	不承担(有的承担合理预防性用药)	不适用	适用
特殊条款	免赔额、观察期、比例给付条款、保险金的协调给付等		

健康保险理赔中的特殊条款主要有以下几种:

（一）免赔额

免赔额是指由保险公司与投保人（被保险人）事先约定，损失额在规定数额之内，被保险人自行承担损失，保险人不负责赔偿的额度。因为免赔额能够消除许多小额索赔，减少损失理赔费用，从而降低保险公司的经营成本。而从投保人的角度来看，费率也相对较低。

因此，保险公司一般都会对健康保险中一些金额较低的医疗费用采用免赔的规定，保免赔额条款在健康保险中得到广泛的使用。赔额条款要求保险人根据保险的条件做出赔付之前，被保险人先要自己承担相应的损失额度。以人保健康为例，除部分没有免赔额的医疗险产品外，其余基本都有 100~150 元额度的免赔额。也就是说，低于该金额的医疗费用是不能获得理赔的，这种让投保人自担小额风险的规定，让保费可以更加低廉。

（二）观察期

观察期又称为等待期或免赔期，它是指健康保险中保险人为了防止被保险人带病参加健康保险，降低赔付率而做出的规定。健康保险的保单中常规定一个观察期，被保险人在观察期内由于疾病、生育及其导致的病、残、亡发生的支出医疗费用或收入损失，保险人不负责任。观察期结束后，健康保险责任才正式生效。

在健康保险中，观察期一般是针对在医疗保险、重大疾病保险这几类健康保险中，被保险人在首次投保时，从合同生效日算起的一段时间内被保险人患病，保险公司不予承担赔偿责任。从观察期的时限来看在普通住院类医疗保险中，观察期一般为 60 天或 90 天；在重大疾病保险中，观察期一般为 90 天、180 天、1 年。

（三）比例给付条款

比例给付条款又称为共保比例条款，它是指保险人与被保险人按一定比例共同分摊被保险人医疗费用的赔偿方式，它相当于保险人与被保险人的共同保险。

（四）保险金的协调给付

在健康保险理赔过程中，还要注意有没有保险金协调给付的规定。因为在某些情况下，被保险人会拥有一份以上的健康保险合同，即会存在超额投保的情况。为防止被保险人从伤害或疾病事故中不当得利，大部分团体健康保险保单和少数个人健康保险保单都规定有保险金的协调支付条款，由此保证被保险人得到的所有保险金给付不会超过其实际损失的总额。这与人寿保险和意外伤害保应理赔的有关规定是不同的。

（五）既往症

既往症是指被保险人在投保之前，身体上已经发生的疾病或是有健康上的异常。若有既往症，被保险人在投保时一定要将此情况详细告知保险公司，如发生故意隐匿、过失遗漏或不实之说明等情况，保险人可以据此解除合约。

针对不同程度的既往症，保险公司一般采取风险规避原则，如加费、除外、延期甚至拒保处理。而医疗险对于既往症的处理，其核保要求严于重疾保险，尤其是在线百万医疗产品，如有既往症几乎无法通过在线核保。

四、健康保险理赔的作用

健康保险理赔是保险人履行健康保险合同的过程，直接体现了健康保险的基本职能。健康保险理赔的作用可以归纳为三个方面。

（一）兑现承诺、实现经济补偿功能

健康保险合同是一种医疗保障性合同，客户交付保险费后，获得的是保险人为其提供的保障。在约定的事件发生后，客户可以得到约定的保险金，以解除后顾之忧，使其生活和工作不至于因为各种疾病风险而导致较大的经济损失。而这种承诺的实现是通过理赔来体现的。

（二）规范和完善健康保险经营管理

理赔是检验承保质量的重要环节，保险经营中各方面的问题往往要在理赔的环节中才能暴露出来。通过理赔，能够检验保险合同条款的制定是否规范严谨、费率的制定是否合理，检验销售人员在销售过程中的情况及核保人员的业务水平等。因此，通过理赔可找出保险经营中的漏洞和需要改进的地方，进一步提高经营管理水平和业务质量，防范业务风险，为将来科学决策提供依据。

（三）保证经营的稳健性和连续性

理赔是对承保质量的最有效的检验，它不仅可以促使保险人不断改善承保质量，而且还有利于保持良好的偿付能力，维持经营的稳健和连续。

任务二 了解健康保险理赔管理

业务描述

在"十三五"期间，我国健康保险保费收入年均增长 27.66%，健康险业务赔付年均增长 30.80%。健康险的赔付增速高于保费收入的增长速度，是近年来的常态。从保险公司的角度而言，应如何进行健康保险理赔管理呢？

一、健康保险理赔管理的内容

（一）组织管理

在国外，健康保险业务主要还是由寿险公司经营，部分意外伤害保险公司也经营健

康保险业务。此外，还有专门的健康保险公司。不同的保险公司，其健康保险的理赔管理也有着不同的组织形式。有些保险公司在其总公司设立健康保险理赔管理部门来专门处理所有的健康保险理赔工作，也有一些保险公司在数量众多的分支机构中都设立专门的健康保险理赔管理部门，这两种理赔管理的形式各有利弊。

由总公司理赔管理部门直接进行理赔处理可以节省成本，因为这样可以节省在人员培训和通讯方面的费用。同时，理赔人员也方便与核保、精算等相关部门的专业人士沟通。总公司理赔管理部门直接处理健康保险理赔事务有两种具体的模式：一种是单独设立健康保险理赔管理部，由一个健康保险理赔部门来处理所有健康保险产品的理赔工作；另一种是按照健康保险产品的分类分别设置理赔管理部门，如团体健康保险理赔部和个人健康保险理赔部，也有按照医疗费用保险、失能收入保险的类别来分别设立理赔部门的。

按健康保险产品的类型来进行理赔管理时，每一个理赔部门或者小组专门处理同类业务，这样可以提高理赔人员的业务水平，缺点是可能造成不同理赔部门之间的处理缺乏一致性。相反，如果采用单个理赔管理部门来处理所有的健康保险理赔，则处理的一致性较好。但同时，理赔人员在专业性方面又有所欠缺，因为当一个部门要处理多种业务的索赔时，理赔人员不得不更加强调其工作的通用性。一些采用在分支机构普遍设立健康保险理赔部门的管理模式的保险公司，由其分支机构的理赔部门直接处理各种索赔案件。这种模式使理赔人员更加贴近现场和客户，有利于理赔人员及时处理客户提出的索赔申请，但在这种模式下，理赔人员与核保、精算等相关部门的专业人员的沟通可能会有一定的困难。同时，由于在每个分支机构都设立理赔管理部门，各分支机构之间业务规模并不相同，索赔的发生又有一定的季节性和区域性，这可能会造成资源的浪费和管理成本的增加。

从目前国外健康保险经营的现状和发展趋势来看，各保险公司更倾向于集中在一个部门进行理赔管理，这样可以大大节省管理费用，而且由于计算机和网络技术的广泛应用，也使这种组织模式成为可能。我国目前已经有了专门的健康保险公司，专门经营健康保险业务，其他的财产保险公司、人寿保险公司也在经营健康保险业务。由于我国地域广阔，保险公司一般都采用在分支机构成立理赔管理部门的组织形式，但一般在总公司还有专门的理赔管理部门，对各分支机构的理赔管理部门进行监督、培训、协调和业务指导等工作。

实际上，国内健康保险理赔管理的组织模式是由各保险公司健康保险业务的经营模式决定的，有些保险公司由专门的健康保险部门或健康保险事业部门来进行健康保险业务管理，健康保险理赔也和人寿保险理赔以及意外伤害保险理赔一样由不同人员分别处理；有些人寿保险公司的理赔部门既负责人寿保险的理赔，也负责意外伤害保险和健康保险的理赔。

（二）业务管理

1. 建立标准化、规范化的制度

建立包括理赔业务管理办法、理赔业务流程规定等内容的理赔业务管理制度，以克服因理赔人员的个性差异给理赔质量控制和管理带来的困难，尽量减少理赔工作的随意性,使理赔工作标准化、规范化。

2. 明确各级保险公司理赔权限

实施超越权限和通融赔付的理赔案件的送审制度,使各级保险公司的理赔人员在理赔案件处理时明确职责,责任到人,更便于理赔工作的监督和管理。

3. 施行专题讨论制度

由于理赔工作要涉及保险、法律、社会以及医学等方面的知识,因此对于重大、疑难的理赔案件应施行专题讨论制度,广泛听取各方面的意见,使理赔工作更具科学性和合理性。

4. 理赔管理依据相对独立的理赔原则,实行垂直管理

各级公司的理赔人员在其权限范围内享有独立审核决定权,行政主管不加干预;下级理赔人员在理赔处理时只对上级理赔主管人员负责,使理赔与具体业务、行政相对独立,保证赔案处理的公正性,提高业务质量。

(三) 信息管理

理赔的信息管理是理赔管理的基础,也是理赔管理目标实现的重要保证。通过健康保险理赔及其相关信息的收集、处理和统计,可以反映健康保险经营的现状和存在的问题,评估经营效益和经营风险,为改进健康保险经营管理提供重要的科学依据。

(四) 档案管理

上级保险公司应不断积累理赔工作中的经验教训,建立规范的理赔档案存放、调阅制度,同时将具有典型代表意义的案件和处理办法汇集起来,编制理赔案例汇编,以便下级保险公司借鉴参考。

(五) 人员管理

理赔工作是一项技术含量较高的工作。在健康保险理赔工作中,理赔人员要运用到保险、法律、医学等方面的知识,这对理赔人员的培训提出了较高要求,只有不断加强相关业务知识的培训,才能使理赔人员不断提高业务能力,确保理赔工作质量。这样才能满足客户的合理要求,也能够防范道德风险。因此,建立理赔人员管理制度,明确理赔人员的责任、资格、评聘、培训、考核、晋升、待遇和奖罚等十分重要,这样可以提高健康保险管理的专业化程度,提高理赔质量,确保健康保险业务规范经营与稳健发展。

(六) 就诊医院管理

由于健康保险具有理赔事故发生频率较高、存在逆选择的机会较多、被保险人道德风险较高等特点,为了减少如挂床住院、滥开药品、冒名顶替、谎报或夸大病情、隐瞒病史等被保险人的故意行为,加强对就诊医院的管理就成为保险公司理赔管理的重要环节。

健康保险的就诊医院可以分为定点医院、认可医院和其他医院,以定点医院为主要形式。就诊医院的管理主要通过定点医院的确定和评估、住院客户的管理、医院关系的

维护、信息共享等，达到风险控制和提高医院管理水平的目的。

二、健康保险理赔成本控制技术

近年来，人们对医疗服务的利用有所增加，医疗服务成本不断提高，使整个健康保险的给付成本也与日俱增，保险公司的风险控制工作面临着前所未有的挑战，投保团体和个人也不得不缴纳更高的保费。可见，对健康保险理赔成本进行控制，是健康保险经营管理中非常重要的一项内容。具体来说，控制健康保险理赔成本的措施主要有如下两个。

（一）建立定点医院

在传统的健康保险理赔管理中，定点医院建设是控制健康保险理赔成本的重要手段。健康保险理赔过程中涉及的医疗服务过程是有医疗机构具体实施的，在国内现有的医疗体制下，保险公司理赔人员要审核这个过程是否合理，有无过度提供医疗服务，必须加强与医疗机构协作的力度，最常采用的就是定点医院模式，即选择部分管理严格、医疗设备先进、技术力量强、收费合理且愿与保险公司合作的医院作为健康保险业务的定点医院。通过与定点医院签订协议，保证被保险人到定点医院就诊后，医院为健康保险理赔人员拜访被保险人、了解病情及调查等提供方便。通过设立定点医院，可以大大减少健康保险理赔人员在理赔工作中的困难，降低理赔管理的成本。

同时，保险公司还可以通过合理适量地筛选定点医院，加强与定点医院之间的联系及信息交流，对合作良好的定点医院予以各种形式的鼓励及支持等，通过经济合同对医疗服务的数量和医疗费用支出情况进行有效的控制，引入一定的监督机制，逐步建立起与医院间的利益关系。

在目前的医疗卫生体制下，针对健康保险经营风险较高的特点，只能采取加强与医院合作、向其派遣驻院代表的办法，即保险公司根据健康保险投保的规模，在医院内指定专人或聘请专人作为驻院代表，负责核对被保险人身份、监督药品使用情况等工作。随着我国医疗卫生体制改革的不断深入、社区医疗的普及以及健康保险的不断发展，我们可以尝试引进如美国的PPO、HMO等医疗管理体制，为我们的健康保险经营管理开辟出一条更加有效的管理渠道。

（二）建立理赔管理系统

建立科学、规范的理赔管理系统，可以有效地控制健康保险的理赔成本。这里的理赔管理系统，包括两层含义。

（1）科学、规范的理赔管理制度。一个科学、规范的理赔管理系统首先是指一整套系统、规范、科学的理赔管理制度。这些制度的建立是整个理赔管理工作取得成功的关键。健康保险理赔过程中各项操作都是围绕着健康保险合同的有关规定进行的。同时，为了减少理赔处理过程中的随意性，提高处理的一致性，防止差错发生，保险公司还应制定专门的管理制度和规则。这些理赔管理制度实际上也是建立计算机化的业务管理系统的具体依据。目前，国内部分保险公司在健康保险理赔中存在理赔无章可循、随意性大以及人为干预较多等问题，有关健康保险理赔方面的纠纷也是最多的。要解决好上述问题，保险公司应尽快建立、健全系列科学、规范的理赔管理制度，并在实际工作中严格执行这些管理制度。

（2）高效的计算机理赔管理系统。随着管理技术的不断进步，特别是计算机和网络技术的飞速发展，越来越多的保险公司开始建立自己的计算机理赔管理系统。这种系统在处理常规的健康保险赔案方面有非常明显的优势，因为借助于计算机系统和相应的软件可以处理理赔管理中大量的数据管理和计算工作，同时还可以进行定期的理赔分析。借助这样一个计算机理赔管理系统，一个理赔人员1天可以处理150～200份健康保险的理赔申请。

三、健康保险理赔处理技术

在健康保险理赔管理过程中，各种专业技术的应用是非常重要的。这些专业技术主要包括医学专业技术和信息专业技术。

（一）医学专业技术

在健康保险理赔中，医学专业技术的应用是非常重要的。如果不具备一定的医学知识，或者没有得到医学专业人员的支持，理赔人员就无法深刻理解医疗服务的过程。即使不要求每一位理赔人员都具备定程度的医学知识和医学专业技能，整个理赔管理部门中也必须有这方面的专业人员或有关的专家。

保险公司可以聘请具备一定医学专业知识的专业理赔人员处理大多数常规的健康保险赔案。同时，可以聘请一定数量的临床医师来协助处理某些非常规的健康保险赔案。此外，也可以聘请些医学专家和权威作为保险公司的咨询顾问，以研究界定复杂病例中医疗行为的必要性和合理性等问题。还有一些保险公司则聘请非专职的医疗专家，定期对部分较复杂或非常规的健康保险赔案进行审核和评估，以实现对理赔过程的监督控制。

（二）信息专业技术

健康保险的理赔管理被认为是一项非常复杂的工作，因为在理赔处理过程中，既涉及许多规则和制度的引用，如健康保险合同条款中的有关规定、各类理赔管理制度和规则等，还涉及大量的材料和信息的审核、处理，如被保险人的索赔表格、各种医疗服务过程中的证明材料等。如果在健康保险的理赔管理过程中能较好地利用各种信息处理技术，对于降低理赔成本和提高理赔效率无疑是非常有帮助的。近年来，随着计算机和网络技术的迅速发展，越来越多的信息专业技术手段被应用到保险公司的健康保险理赔管理工作中。

1. 计算机图像扫描技术

利用计算机图像扫描技术，能将索赔表格和损失证明等大量的文字材料扫描以后存储在计算机中。这些存储后的信息可以传输、打印和显示在计算机屏幕上，极大地方便了理赔人员的工作，使他们能够从繁杂而费时的文字处理工作中解脱出来。

2. 计算机文字、图像识别技术

虽然利用计算机图像扫描技术可以将理赔过程中涉及的各种文字材料扫描进计算

机,但计算机文字、图像识别技术对理赔管理更有帮助,因为它可以将上述材料中的数据信息直接转化成计算机可以识别和管理的数据记录。这就使文字形式的索赔材料能直接被计算机化的健康保险理赔管理系统所调用,节省了信息录入过程中的人力投入,极大地提高了理赔管理工作的效率。

3. 电子自动理赔处理系统

在国外的健康保险理赔中,许多保险公司建立了自己的电子自动理赔处理系统,该系统根据有关理赔处理的规则和相应的索赔信息自动进行理赔处理工作,基本上不需要理赔专业人员的干预。对某些比较简单、有标准化数据的索赔,该系统可以自动作出是否应该给付保险金的决定并计算出相应的保险金给付额,还会自动打印账单、赔款通知书和有关的信件,并将有关处理结果存储到计算机系统中。

4. 专门的理赔分析软件

在健康保险的理赔管理过程中,涉及许多对医疗服务过程中有关资料的审核,许多审核结论需在一定的数据分析的基础上才能作出。某些专门的理赔分析软件,可以根据各种内、外部的数据信息制定各项医疗服务的合理的、必要的费用标准,同时自动将索赔资料的数据与上述标准进行比对,最后作出进一步处理的建议。还有些专门的理赔分析软件可以识别被保险人对卫生服务是否过度使用等。当然,上述软件的开发需要理赔管理人员与医学专家及电脑专家的密切协作。

虽然上述各类技术的应用不可能解决健康保险理赔中的所有问题,但对于提高理赔管理的效率和降低成本的确是大有裨益的。对此而言,国内保险公司在健康保险理赔管理技术上与国外保险公司有一定的差距,特别是在计算机和网络技术的应用方面。国内保险公司应积极引进或借鉴国外保险公司在这方面比较成熟的技术,进一步提高商业健康保险理赔工作的效率。

 职业素养提升

在保险业有一种说法,"保险欺诈一直伴随着保险理赔,可以说欺诈是理赔的技术病毒,只要保险业在,保险欺诈就在"。

一起不合常理的健康保险赔付案件在大数据面前上演了"现形记"。

轻微摔伤意外的门诊费用超出了 5000 元,与以往同类案件相比,高出一大截,保险公司理赔风控系统感知到异常后,理赔专家进一步核查发现,虽然发票、化验报告单、疾病诊断证明等医疗文书和医疗费票据一应俱全,但报告中医生签名还是露了马脚。

在保险人提交的检查报告单中,医生签名签章处并不是常规的医生盖章,而是"手写体",经过理赔专家核定,这是通过修图方式伪造的化验单,在进一步对发票、影像报告等材料细节处核验的过程中,也发现包括超声波影像报告日期不符、门诊票据疑似色差等细节。

单据是伪造的,但提交的材料却很完备。对此,保险反欺诈专家判断,骗保人应该是"老司机",也不排除团伙作案的可能性。随后,对同期发生的相似案件进行了复核,发现多份影像报告的签名处存在相似的 PS 痕迹,影像报告中也有大量雷同。

事实上,运用大数据防范保险欺诈显得尤为重要。银保监会最近下发的《关于运用大数据开展反保险欺诈工作的通知》,就相关目标、主要任务、时间安排等进行明确,并强调了以大数据技术为核心的工作重点。

从上述赔付案件便可窥一二。回溯整个流程,这批保险人提交的材料齐全,类型相似,同时也按照保险公司理赔环节在报案后迅速提交材料。保险反欺诈专家认为,按照惯例,短时间内这样"完备"的操作可能并非个人所为。

资料来源:腾讯网 https://new.qq.com/omn/20200528/20200528A00MSH00.html

1. 健康保险理赔的主要流程是什么?
2. 怎样去识别健康保险索赔中的保险欺诈呢?

任务三 掌握健康保险理赔流程

业务描述

张女士三年前购买了一份重大疾病保险,前一段时间她被诊断出罹患恶性肿瘤,她想去保险公司索赔,保险公司的理赔流程是怎样的呢?

健康保险理赔流程是保险公司按照法律法规和保险合同的约定,以统一、标准化的作业方式,及时、准确、合理地处理客户的理赔申请,兑现保单承诺,履行保险合同义务的业务处理流程。健康保险理赔的流程一般可以分为接报案、立案、理赔审核、理赔调查、理赔计算、复核审批、结案归档等几个环节,如图 8-1 所示。

一、接报案

接报案是指保险事故发生后,被保险人或受益人将该事故情况通知保险人,保险人接受客户的报案和索赔申请的过程。

(一)接报案作业流程

1. 出险报案

报案是指在保险事故发生后,投保人、被保险人或受益人,或他们的委托代理人立即通知保险公司或其保险代理人的行为,报案是被保险人应尽的义务。《保险法》第二十一条规定:"投保人、被保险人或者受益人知道保险事故发生后,应当及时通知保险人。"一般保险合同规定索赔申请人要在保险事故发生十日内通知保险公司。报案方式可采用上门、电话、短信、电报、传真、邮件、在线报案等形式,报案内容包括被保险人姓名、性别、身份证号码(或被保险人出生日期)、投保险种、保险金额、保险期限、保险单号码、事故发生的时间、事故发生的地点、事故的原因及损害状况、就诊医院、被保险人现状、报案人的联络方法等。

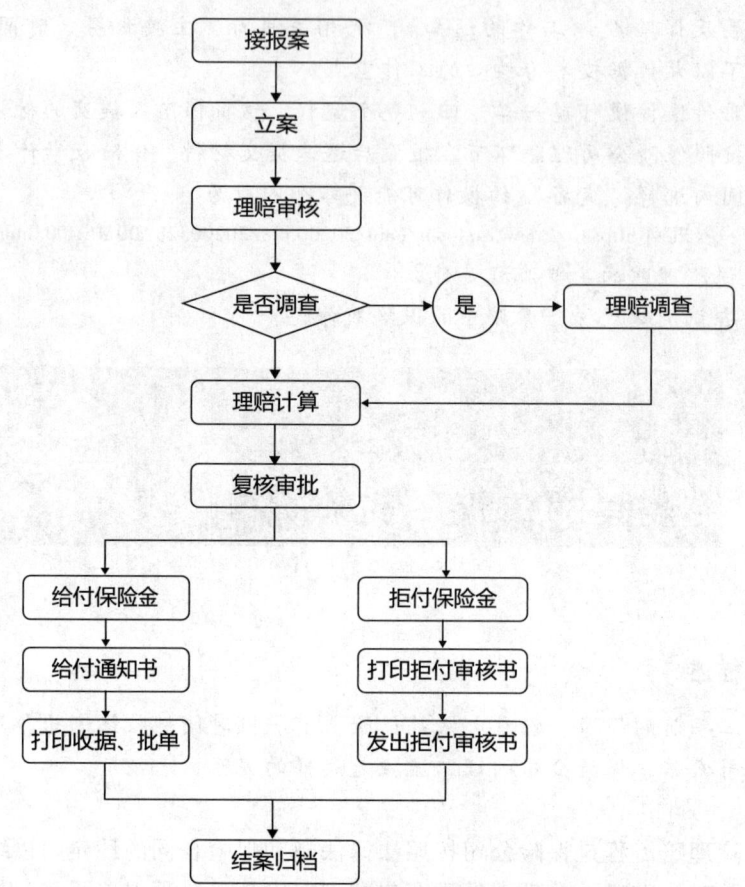

图 8-1 健康保险理赔流程图

2. 报案受理

理赔人员在接到出险报案后,应及时询问并填写报案登记簿,对报案事项予以记载。记载内容应当包括报案时间、被保险人姓名、身份证号码、险种名称、保单号码、出险时间、地点、简要经过和结果、就诊医院、病案号以及报案人姓名、联系电话与地址等情况,并要求理赔申请人填写理赔申请书及提供理赔申请的相关材料。理赔申请书的内容会依据健康保险产品而定,重大疾病保险、失能收入保险、长期护理保险的理赔申请书是不同的。

 课堂实作

请根据以下案例,正确填写理赔申请书。

刘文,35岁,男,某装饰公司经理,家住长沙市××路××大厦×栋6F,身份证号为410203××××××1234,联系方式为13012345678。他于2019年11月30日在某保险公司为自己购买了医疗保险一份,保险金额为5万元,保险期限1年,保险合同号为2019-123456-D11-12345678-1。保险费通过银行转账,开户银行是中国工商银行,账号为622200000012345。

2020年7月30日刘文因急性阑尾炎到湖南省人民医院住院治疗。经过治疗，康复出院，现在向保险公司申请理赔，见表8-2。

表8-2

理赔申请书

填写前请您阅读本申请书黑体字及背面权益提示　　　　　　　　　　报案编号：

申请人信息	姓名		性别		与出险人关系	□本人 □配偶 □父母 □子女 □其他：_____
	证件类型	□身份证 □其他_____		证件号码		
	保险金达到1万元人民币或1000美元请填写本行		证件有效期限		年 月 日 国籍	职业
	固定电话	-		手机	电子邮箱	
	联系地址	省/直辖市		市	区/县	
	领款方式	□银行转账	□现金		开户银行	
	银行账号					

出险人	姓名		性别		联系地址	
	证件类型	□身份证 □其他_____		证件号码		
	保险金达到1万元人民币或1000美元请填写本行		证件有效期限		年 月 日 国籍	职业
	提示：若出险人与申请人为同一人，则无需填写本栏。					

事故经过	时间： 年 月 日 时	地点：
	详细经过：（如曾住院，请填写住院资料，如：医院名称、起始日期、疾病诊断名称等。）	

出险人现状	□治疗中	□治疗结束	□身故（身故日： 年 月 日）	□残疾（失能）

	保险合同号码	授权变更项目
1		□固定电话 □手机 □电子邮箱 □联系地址 □连带变更本人其他保险合同的上述项目
2		□固定电话 □手机 □电子邮箱 □联系地址
3		□固定电话 □手机 □电子邮箱 □联系地址
4		□固定电话 □手机 □电子邮箱 □联系地址

保险合同变更授权：若本申请书载明的本人固定电话、手机、电子邮箱或联系地址与本人保险合同相关项目不一致，本人同意贵公司按本申请书内容变更保险合同相关项目。	
□出险人在其他保险公司投保	承保公司
□出险人已获第三方给付(赔偿)	给付机构

（二）接报案工作要点

接报案是客户发生保险事故后与保险公司的第一次接触，保险公司服务人员应高度重视。在报案登记过程中，接案人应准确记录报案时间，以判断是都因延迟报案而增加理赔查勘费用。在受理报案时要特别注意以下事项：

（1）在接待报案时，应注意礼貌周到，询问应注意方式、方法和技巧，避免引致报案人的不满和欺诈者的警觉。

（2）向报案人说明需提供哪些理赔材料（见表8-3）时，应一次性解释清楚，避免出现重复索要必要理赔资料的情形。

表 8-3　　　　　　　　　　　理赔项目应备资料

赔案类别	应备资料代码	应备资料代码说明
身故（疾病）	1、2、4、5、6、7、9、13、14	1. 理赔申请书
疾病住院医疗	1、2、3、5、9、11、12、13、14	2. 保险合同
意外住院医疗	1、2、3、5、9、11、12、13、14	3. 被保险人身份证或户籍证明
意外门诊医疗	1、2、3、5、9、11、13、14	4. 受益人身份证或户籍证明
日额津贴	1、2、3、5、7、9、12、13、14	5. 理赔委托书和受托人身份证明（仅适用于理赔委托）
手术津贴	1、2、3、5、7、9、10、12、13、14	6. 死亡证明、户籍注销证明及火化证明三者中的两者
重大疾病（疾病类）	1、2、3、5、9、10、12、13、14	7. 病理报告/疾病诊断书
重大疾病（意外事故）	1、2、3、5、9、10、12、13、14	8. 法医学鉴定或医院诊断证明
重大疾病（指定手术）	1、2、3、5、9、10、12、13、14	9. 门诊、急症或住院病历
高度残疾（疾病）	1、2、3、5、7、8、9、12、13、14	10. 手术记录
		11. 医疗费原始发票和费用清单（处方）
		12. 出院小结
		13. 银行卡（折）复印件
		14. 公司认为必要的其他文件

（3）遇到保单失效或保险事故明显与保单责任不符的情况，应提醒报案人核对。

（4）遇到出险时间在对应当期保费未续缴情形下的保单宽限期内的，应提醒客户尽快在宽限期内续缴保费，便于理赔顺利进行。

（5）在报案人询问能否得到理赔以及理赔金额之类问题时，切忌随意解释，更不能在没有经过理赔审核的情况下就理赔结论向客户进行任何形式的承诺。

（6）对于通过网络、邮件等报案方式报案的案件，应主动及时与报案人取得联系，确认已收到报案，同时进一步获取与出险事故相关的信息。

二、立案

健康保险理赔人员接到保险金申请人提交的理赔申请书和相关的索赔资料，对赔案进行初步的审核并作出是否接受索赔申请的决定，这一过程称为立案。立案是一种形式审核，它要求理赔人员在受理案件的过程中对一些显而易见的事实即刻做出判定，如索赔单证是否齐全有效，出险人是否是被保险人，保险事故是否发生在保单有效期内等，如不符合索赔要求，则不予立案并退回索赔单证。

（一）立案规则

1. 立案条件

立案必须符合下列条件：保险事故发生，出险人是保险单上的被保险人，保险合同为有效合同，被保险人在保险有效期内出险，理赔申请在保险法规定的时效内。

2. 申请人条件

除条款有特别约定外，各项保险金的申请人为：残疾、重疾、医疗保险金为被保险人；身故保险金为受益人，未指定受益人的，由继承人申领；保费豁免为投保人、被保险人或被保险人的监护人；权利人也可委托他人代为申请，但必须向寿险公司提交有权利人（委托人）和代理人签名认可、授权明确的《理赔委托书》及双方的身份证明。

3. 立案申请材料

根据理赔规定和理赔申请类别提供相应的证明材料。理赔申请书要求由权利人亲自填写，由代理人填写的应持有授权委托书及其委托人身份证明。在申请人提出理赔申请时，根据发生保险事故的性质和申请类别，申请人应提交不同的证明文件。

（二）退件

在实务中，并非所有的理赔案件都能立案，对于不能立案的索赔申请，寿险公司应及时通知保险金申请人，并将保险金申请人提交的索赔资料退还。有下列情形的通常不予立案：

（1）出险人并非保单上的被保险人或保险合同约定的被保险公司；
（2）保险事故的发生不在保险期间内；
（3）理赔申请超过保险法规定的时效；
（4）申请人资格审查不合格；
（5）证明资料不齐全且在规定的期限内仍无法补全的；
（6）明显不属于保险责任范围的。

上述情况及其他不符合立案条件的案件，立案人员必须填写《理赔申请材料签收单》，将处理决定及理由书面通知申请人，同时必须对申请人提交的原始单证复印留底后做退件处理，在复印件上注明日期及送件人的姓名存档，并将处理日期在《理赔申请书》上进行登记，防止申请人伪造其他的证明材料重新进行索赔。

（三）立案作业流程

1. 立案审核

接案人员收到报案受理人员或申请人提交的理赔申请书、理赔申请材料签收单及相关证明材料后，在电脑系统中复核所有的报案信息，查询既往承保、理赔记录，审核理赔申请书、理赔申请材料签收单的填写是否符合要求，证明材料是否齐全，申请人是否符合申请资格。对立案审核结果，接案人员应做如下处理：

（1）符合立案条件的，进行立案登记。
（2）证明材料不完整或效力不足的，向申请人说明原因，通知客户尽快补齐证明材料。待证明材料齐全后，重新审核、立案。
（3）对审核过程中发现的、申请人尚未申请理赔的、公司应承担保险责任的保险合同，应告知申请人补交保险合同。待证明齐全后，进行立案登记。

2. 立案登记

经立案审核符合立案条件的理赔申请，接案人员做如下立案登记处理：

（1）对报案登记中记录不全的项目进行补充；对报案登记中记录不准确的项目进行补正，并计算预估赔付金额。
（2）应对申请人提出理赔申请的保险合同分别立案登记，记录立案时间、接案人等。
（3）案卷移交。确认立案后，根据理赔申请及事故证明材料，将理赔申请书、授权委托书、理赔申请材料签收单及所附证明材料入档，送交核赔人初审。进行案卷移出登记，记录移交案卷的赔案号、理算人员姓名及案卷移交时间，并由初审人员签名确认。

三、理赔审核

理赔审核是理赔人员审定保险事故及保险责任的行为与过程。它是正确给付理算的基础，是健康保险理赔中极为关键的一个环节。

（一）理赔审核的分类

理赔案件可以分为简易案件、一般案件和复杂案件。简易案件是指符合简易案件标准，不需要进行理赔调查，可以在分公司客户柜面进行即时给付的理赔申请件；一般案件是指超出简易案件范围，不需要进行理赔调查的理赔申请件；复杂案件是指经理赔受理、一般案件审核确定，符合理赔提调标准，需要进行理赔调查的理赔申请件。

对于个人理赔案件，在收到被保险人理赔申请及有关证明资料后，对简易案件通常应在3日内结案（客户柜台申请的简易案件可即时结案给付）；一般案件应在收到理赔申请材料后5个工作日内结案；复杂案件应在收到理赔申请材料后30个工作日内结案。对于团体理赔案件、一般案件应在收到理赔申请材料后15个工作日内结案；复杂案件应在收到理赔申请材料30日内结案，但合同另有约定的除外。

理赔人员在各自的给付权限范围内具有独立审批权。理赔人员在做出属于保险责任的核定后，应进一步进行理赔审核并按照理赔流程继续开展后实的理赔服务。如果理赔人员做出不属于保险责任的核定，应当自做出核定之日起3日内，向被保险人或者受益人发出拒绝赔偿或者拒绝给付保险金的通知书，并说明其理由。另外，理赔人员在案件审核期间，对客户申请内容负有保密义务，不得对外透露，且不得作任何形式的承诺。如果涉及有亲属关系或有其他利害关系的案件时，理赔人员必须执行回避制度。

（二）理赔审核的内容

理赔审核主要包括合同审核、事故审核、申请资料审核、医疗费用审核和受益人审核等几个方面。

1. 合同审核

合同审核主要包括：确认出险人姓名、身份证号码、年龄、职业与投保信息是否相符；确认保单状态，是否有保单失效或保单中止等情况，是否有保全变更情况；确认保单是否存在补充告知、特别约定或补充协议等事项；确认被保险人健康告知、保障告知、既往病史、既往理赔等情况。

2. 事故审核

事故审核主要包括：审核保险事故相关信息；确认事故发生是否在保险期间内；确认事故责任类型；判断保险事故赔付险种；判断保险事故是否属于免责事项；确认是否为观察期内发生的保险事故。

3. 申请资料审核

理赔申请材料原则上要求提供正本，若提供复印件则须原件留存机构加盖印章。申请资料审核具体包括：

（1）就诊资料审核。就诊资料审核主要包括：审核收据、发票是否为原件；审核医院出具医疗发票的真实性；审核医院发票有无加盖收费专用章；根据条款约定审核就诊资料是否齐全；审核就诊资料的真实性、有效性和合理性；审核重点为初诊日期、现病史、既往史、疾病诊断、相关检查报告及治疗项目等内容。

（2）证明资料审核。证明资料审核主要包括：申请手术定额津贴须提供医院出具的手术记录；申请重症监护病房日额津贴须提供医院出具的入住重症监护病房期间的病历；申请意外伤害、意外医疗赔付须提供意外事故证明，申请意外烧伤保险金或意外伤残保险金须提供医院或合法鉴定机构出具的烧伤程度或身体残疾鉴定证明；申请身故保险金须提供户籍注销证明、公安部门出具的身故证明或医院出具的居民医学死亡证明书；病理诊断报告须为二级以上医院出具；团体保单下被保险人申请理赔应提供单位加盖公章的相关证明；对于使用补偿原则的案件，申请人需提供已注明给付比例或给付金额的医疗费用收据原件或复印件，收据原件或复印件应加盖给付单位公章。

4. 医疗费用审核

对于约定有责任延续条款的产品，保险公司一般承担发生在保险期间内且延续至合同到期日后30日内的住院治疗费用。对于发生在保险期间内的意外事故，保险公司一般承担意外事故发生之日起180日内的意外医疗费用；如果被保险人因同一原因再次住院，距上次出院不足30日的视为同一次住院。

审核医疗费用是否属于责任约定或当地基本医疗保险范围，费用型医疗保险适用补偿原则；此外，须扣除责任范围以外的不合理费用，并关注保险产品中对于日限额、次保额的责任约定。

5. 受益人审核

一般健康保险的保险金受益人为被保险人本人，但身故保险金受益人为被保险人指定的受益人。未经被保险人同意，不得指定或变更身故保险金受益人。受益人为未成年人时，由其监护人申请保险金，申请资料须附监护人的身份证明。

受益人为法定继承人的，应由全部继承人共同申请或委托一名代表进行申请（须出具全部继承人同意代为领取的授权委托书），并附全部继承人的身份证明及户籍证明。遗产按照下列顺序继承：第一顺序：配偶、子女、父母；第二顺序：兄弟姐妹、祖父母、外祖父母；继承开始后，由第一顺序继承人继承，第二顺序继承人不继承；没有第一顺序继承人继承的，由第二顺序继承人继承。

6. 审核出险事故是否需要理赔调查

健康保险理赔人员调阅被保险人的投保资料，根据报案情况，查看被保险人投保时的健康及财务告知、体检报告等事项，分析是否可能存在道德风险及责任免除的情况，以此确定是否需要进行调查及调查的重点。需重点进行调查的理赔案件包括：

（1）预计赔付金额较高的赔案；

（2）长期险合同订立2年内死亡的；

（3）存在保险欺诈、恶意投保可能或有保险责任免除可能的；

（4）核赔人认为其他确有必要进行调查的。

如上述案件事实清楚、证据齐全、责任明确，可免于调查，但必须制作免调审核单写明免于调查的理由。

课堂实作

1. 某保险股份有限公司住院费用补偿医疗保险条款

在本合同保险期间内，本公司依下列约定承担保险责任：

一、在本附加合同保险期间内，被保险人遭受意外伤害或在等待期（连续投保的，不受等待期的限制）后因疾病在二级以上（含二级）医院或本公司认可的其他医疗机构住院诊疗，对被保险人实际支出的、符合当地社会基本医疗保险支付范围的住院医疗费用，本公司按本附加合同约定的给付比例给付保险金。其中，等待期和给付比例由投保人在投保时与本公司协商确定并在保险单上载明。若被保险人已从当地社会基本医疗保险、公费医疗或其他途径获得补偿或给付，本公司对剩余未获补偿或给付的部分按上述规定给付保险金。保险期间届满被保险人治疗仍未结束的，本公司承担给付保险金责任的期限，自保险期间届满次日起至出院之日止，但最长不超过90日。

本公司对每一被保险人给付的保险金以该被保险人的保险金额为限，一次或累计给付的保险金达到该被保险人的保险金额时，本附加合同对该被保险人的保险责任终止。

二、在本附加合同保险期间内，被保险人遭受意外伤害或在等待期（连续投保的，不受等待期的限制）后因疾病在二级以上（含二级）医院或本公司认可的其他医疗机构住院诊疗，本公司按本附加合同约定的住院日定额给付金额乘以实际住院日数给付保险金，但对每次住院的给付日数以90日为限。其中，等待期由投保人在投保时与本公司协商确定并在保险单上载明。被保险人多次住院的，累计给付日数以180日为限。若被保险人本次住院治疗与前次住院原因相同，并且前次出院与本次入院间隔不超过30日，则本次住院与前次住院视为同一次住院。

责任免除内容：

因下列情形之一，导致被保险人支出医疗费用的，本公司不承担给付保险金责任：

（1）保险单中特别约定本公司不承担保险责任的疾病；

（2）被保险人在本附加合同生效前的未愈疾病；

（3）被保险人的洗牙、牙齿美白、正畸、烤瓷牙、种植牙或镶牙等牙齿保健和修复；

（4）被保险人的视力矫正手术或变性手术；

（5）被保险人非因意外伤害导致的整容或矫形手术；

（6）主合同列明的其他责任免除事项。

2. 契约设定内容

补充医疗：在本附加合同保险期间内，被保险人遭受意外伤害或在等待期（连续投保的，不受等待期的限制，首次投保等待期为90天）。因意外伤害或疾病在二级以上（含二级）医院或本公司认可的其他医疗机构住院诊疗，对被保险人实际支出的、符合当地社会基本医疗保险支付范围的住院医疗费用，本公司扣除100元免赔额后按85%比例给付，意外伤害给付比例为80%。

定额给付：被保险人遭受意外伤害或在等待期（连续投保的，不受等待期的限制）后因疾病在二级以上（含二级）医院或本公司认可的其他医疗机构住院诊疗，本公司每天按30元给付金额乘以扣除3天免赔天数后的实际住院日数给付保险金，但对每次住院的给付日数以90日为限。

3. 住院费用补偿型、定额给付性医疗保险案件操作细则

住院费用补偿部分

（1）根据被保险人所提供的医院住院病历等资料，确认被保险人所发生的保险事故属于保险责任范畴。

（2）核算保险期限内、符合要求的住院总费用；

（3）根据医疗保险结算清单，核算非基本医疗保险支付范围的医疗费用；

（4）将总费用扣除非基本医疗保险支付范围的医疗费用、扣除契约设定免赔额、乘以契约设定给付比例，计算最终赔付金额。

定额给付部分

（1）根据被保险人所提供的医院住院病历等资料，确认被保险人所发生的保险事故属于保险责任范畴。

（2）核算保险期限内、符合要求的住院总天数；

（3）将住院总天数乘以契约设定每天给付金额，计算出最终赔付金额。

活动实施步骤

1. 教师讲授住院费用补偿型、定额给付型医疗保险条款、契约设定及理算；
2. 分发住院费用补偿型、定额给付型医疗保险案件资料：

被保险人尹金敏因输尿管结石，于 2010 年 9 月 23 日送至云海省人民医院住院治疗。经过治疗，病情痊愈，现申请核赔。

资料一

中国××××保险股份有限公司

核赔申请书

申请人	姓　　名	尹金敏	是出险人的		本人		
	证件名称	身份证	证　件　号		432109195409090918		
	联系地址	云海省丽华市华润园 A2 栋 401			电话		17787201236
出险人	姓　　名	尹金敏	性　　别		男	住院号	00323789
	证件名称	身份证	证　件　号		432109195407240918		
	出险时间	20100923	出险地点		云海省人民医院		
	出险原因			输尿管结石			
	主险合同号		险种名称	出险人身份（可复选）			
	2009 - 590102 - D87 - 73900226 - 0		补充医疗	■被保险人 □投保人 □连带被保险人			
				□被保险人 □投保人 □连带被保险人			
				□被保险人 □投保人 □连带被保险人			
				□被保险人 □投保人 □连带被保险人			
				□被保险人 □投保人 □连带被保险人			
出险经过及结果	填写说明：（1）简述出险经过及结果；（2）如曾住院，请填写医院名称、起始日期、疾病诊断名称等住院资料。 被保险人尹金敏因输尿管结石，于 2010 年 9 月 23 日送至云海省人民医院住院治疗。经过治疗，病情痊愈，现申请核赔。						

续表

声明及授权

1. 本人郑重声明：本申请书内容完全属实，否则，贵公司有权拒绝给付。
2. 本人作为受益人（继承人）向贵公司办理申请给付手续，申请人、受益人资料无错漏，因此产生的法律后果由本人承担。
3. 本人谨此授权凡知道或拥有任何有关被保险人健康及其他情况的任何医生、医院、保险公司、其他机构或人士，均可将所需的有关资料提供给贵公司。此授权书的影印本具有同等效力。

申请人签名：张金敏					申请时间：2010 年 10 月 30 日	
业务员	李顺华	代码	96000003	联系电话	19937126991	营业单位
受理人	苏轩安	代码	96000084	受理日期：2010 年 10 月 30 日		

资料二

疾病诊断证明书

医院 Hospital

健康档案号：_____

姓名 尹___ 性别 男 年龄 56 岁 科别 泌尿外科 病床号 08 - 07 - 03 A

入院日期　2010-09-23　17：40

出院日期　2010-09-30　09：00

住院天数　7 天

入院诊断：1、右侧输尿管结石　　右肾积水

出院诊断：1、右侧输尿管结石　　右肾积水　　2、十二指肠球炎
　　　　　3、慢性浅表性全胃炎　　　　　　　4、乙状结肠多发性息肉
　　　　　5、慢性结肠（左半）、直肠炎

出院医嘱：1、定期复查泌尿系 B 超
　　　　　2、多饮水，口服排石药物，清淡饮食，我科随诊。
　　　　　3、择期来院行肠道息肉高频电凝电切

资料三

医院有限公司住院医药费发票

发票代码 2430
发票号码 3000

姓名：尹　　住院时间：9月23日 - 9月30日　共 天
科别：泌尿外科　住院号：　　　　　　　2010 年 月 日

项目	金额	项目	金额	项目	金额
床位费		诊察费		检查费	
治疗费		护理费		手术费	
化验费		其他		西药费	
中成药		中草药费		特殊材料费	
输血费		特殊服务费		自费	1306.75
折扣		折让		代收费	

合　计（大写）：人民币 壹仟叁佰零陆元柒角伍分　　￥1,306.75

已预缴：￥ 5,000.00　　补款：￥　　　　退款：￥ 3,693.25

本票手工填制无效，使用至 2010 年底止，过期作废。　　开票人：

资料四

医院 出院记录
Hospital

健康档案号：_____

姓名 尹___ 性别 男 年龄 56岁 科别 泌尿外科 病床号：08 - 07 - 03 A

入院日期　2010-09-23　17：40

出院日期　2010-09-30　09：00

住院天数　7天

入院诊断： 1、右侧输尿管结石　右肾积水

入院时情况： 患者，男，56岁，反复右侧腰腹痛2天余入院。入院查体：T 36.5°C　P 72次/分　R 20次/分　BP 137/72 mmHg　神志清楚，自主体位，查体合作，吐词清晰，全身皮肤巩膜无黄染，全身浅表淋巴结未扪及。双肺呼吸音清，未闻及干湿性啰音，心率72次/分，律齐，心音有力，未闻及杂音。腹平坦，未见胃肠型及蠕动波，未见腹壁静脉曲张，腹肌紧张，全腹无压痛、反跳痛，未扪及腹部异常包块，肝脾肋下未及，Murphy's征阴性，腹部移动性浊音（-），肠鸣音正常。右肾区叩痛，右侧输尿管行程深压痛，膀胱浊音未叩及。　辅助检查：（2010-09-23 湘雅医院）B超：右侧输尿管下段结石并右肾积水，复查。

住院经过： 入院后马上予以积极抗感染、解痉、止痛治疗待疼痛缓解后行KUB+IVP检查示：右侧输尿管上段结石0.4*0.4CM2大小，估计能够通过保守治疗排出，继续予以扩张输尿管、排石药物治疗，同时完善无痛胃肠镜检查示：1 十二指肠球炎　2 慢性浅表性胃炎　3 乙状结肠多发性息肉　4 结肠（左半）、直肠粘膜炎性改变　行息肉病检示：炎性息肉 今患者要求出院，请示上级医师后予以办理。

出院时情况： 目前患者无不适，无明显尿频、尿痛及腰腹痛等不适，查体：四测正常，心肺无特殊，腹部平软，无明显触压痛，双肾区无叩痛。

出院诊断： 1、右侧输尿管结石　右肾积水　　　2、十二指肠球炎

　　　　　　3、慢性浅表性胃炎　　　　　　　　4、乙状结肠多发性息肉

　　　　　　5、慢性结肠（左半）、直肠炎

出院医嘱： 1、定期复查泌尿系B超

　　　　　　2、多饮水，口服排石药物，清淡饮食，我科随诊。

　　　　　　3、择期来院行肠道息肉高频电凝电切

资料五

<table>
<tr><td rowspan="2" colspan="2">本次住院医疗费总额</td><td colspan="3">个人政策自付</td><td>应付</td><td colspan="2">公务员补助</td><td>超统筹封顶个人自付</td></tr>
<tr><td>小计</td><td>完全自付</td><td>部分自付</td><td>起付线</td><td>起付线补助</td><td>自付补助</td></tr>
<tr><td colspan="2">4,069.05</td><td>717.6</td><td>535.04</td><td>182.56</td><td>640.78</td><td>274.62</td><td>121.71</td><td>0</td></tr>
</table>

		统筹计算金额	分段计算	个人比例自付		统筹基金支付		公务员补助	
本次费用分段计算	进入统筹计算			比例(%)	金额	比例(%)	金额	比例(%)	金额
			起付线以上：0—3000	3.00%	69.43	88.00%	2036.62	9.00%	208.29
		2314.34	3000—10000	.00%	0.00	.00%	0.00	.00%	0.00
			10000以上到封顶线	.00%	0.00	.00%	0.00	.00%	0.00
				合计	69.43	合计	2036.62	合计	208.29
	进入大病互助计算	大病互助费用总额		个人比例自付		大病互助支付		公务员补助	
				比例(%)	金额	比例(%)	金额	比例(%)	金额
		0.00		.00%	0.00	100.00%	0.00	.00%	0.00
	超出大病互助封顶线余额			0					

	医疗总费用	¥	4069.05	大写	肆仟零陆拾玖元零伍分
本次总支出	统筹支付	¥	2036.62	大写	贰仟零叁拾陆元陆角贰分
	大病互助支付	¥	0.00	大写	
	公务员补助支付	¥	604.62	大写	陆佰零肆元陆角贰分
	其中公务员特殊补助	¥	121.06	大写	壹佰贰拾壹元零陆分
	帐户支付	¥	0.00	大写	
	现金支付	¥	1306.75	大写	壹仟叁佰零陆元柒角伍分
预付款	已交预付款	¥	5000.00	大写	伍仟元整

资料六 　　　　中国××××保险股份有限公司核赔计算书

被保险人＿＿＿＿＿＿　　　　险种＿＿＿＿＿＿

□意外医疗　□住院医疗　□身故、伤残　□给付计算公式　□分级累进计算公式

经办人：＿＿＿＿＿

备注说明：

3. 每位同学根据分发的案件资料进行审核、理算；
4. 针对出现的问题教师进行讲解和个体指导；
5. 熟练完成住院费用补偿型、定额给付型医疗保险条款及案件审核、理算。

资料来源：李玉菲、将非，《保险实务综合技能训练》。

四、理赔调查

理赔调查是指保险金申请人按要求提供了完整的索赔资料，经过寿险公司初步立案，但由于案情比较复杂或存在疑点，保险公司的理赔人员进行全面深入的调查核实工作。理赔调查是健康保险公司控制理赔风险、保证公司业务稳定经营的重要手段。

（一）理赔调查的基本要求

理赔调查必须本着实事求是的原则；调查应力求迅速、准确、全面；对案件的调查必须实行双人查勘制度；调查人员在查勘过程中禁止就理赔事项做出任何形式的承诺；调查应遵循回避原则；调查完毕后应及时撰写调查报告，真实、客观地反映调查情况；需要境外调查的案件应报总部业务管理部门批准。

（二）理赔调查的依据

理赔调查的重点应当放在投保动机不良、事故疑点多、风险大的索赔案件上，目的是防范理赔中出现的骗赔、保险欺诈和道德风险因素。以下异常情况应该引起理赔人员的高度重视：

1. 有关保险合同内容

保险事故发生近期，大幅增加保险金额或投保低保费高保障的保单；保险合同失效后近期又突然复效；同一期间投保其他保险公司的同类保险。

2. 有关被保险人、受益人

申请索赔时，被保险人或受益人的行为举止有违常理，如要求迅速理赔或急于要求和解，以要挟、投诉、登报、法律诉讼等方式向核赔人员施加压力；事故发生后很长时间才申请索赔。

3. 有关保险事故

保险事故发生时间与投保时间或签发保险合同时间间隔较短；保险事故发生时，被保险人仅与家人或朋友在一起；保险事故发生时无目击者；索赔申请人所陈述事故发生地点较偏僻，属于不易查证的地方。

4. 有关理赔申请文件

保险事故证明文件不正规、不合法；证明文件有删除、涂改或伪造的情况；不能提供完整的索赔资料或以丢失、不清楚为由拒绝提供。

（三）理赔调查的方法

理赔调查的方法主要有：

1. 现场查勘

现场查勘的目的是推断保险事故的性质、保险事故发生的合理性和损失程度。现场查勘时发现能证明事故性质的痕迹或物品，应尽可能客观、完整地保全，可以采取照相、笔录、绘图、录像等形式。现场查勘工作质量的高低对及时、准确、合理地处理索赔案起着关键的作用。

2. 调查询问

调查询问是指调查人员为查明案情而用提问的形式向涉案人员所进行的取证活动。调查人员事先要拟订询问计划，掌握询问技巧，尽可能多地获取相关证据。调查询问的对象包括：投保人、受益人、被保险人；被保险人的家属、同事、邻居等有关知情人员；代理人、医生、相关机构的人员等。

3. 聘请专业机构鉴定

有些理赔案件，理赔人员需要聘请专业鉴定机构对物证进行技术鉴定，一般包括死者身份鉴定、事故原因鉴定、事故性质鉴定、伤残等级鉴定、笔迹鉴定。

行业动态

理赔案件调查及调查报告撰写操作细则

第一部分　接报案情况

本公司于 2019 年 10 月 9 日接到张某的报案，称被保险人李某于 2019 年 7 月 5 日因在工地干活时被空中掉落的重物砸伤，而后经医院抢救无效身故。本公司于 2019 年 10 月 9 日受理理赔申请后介入调查。

第二部分　投保情况及理赔记录

被保险李某，性别男，年龄 46 岁，住址云海省丽都市南区小站镇荷信苑。于 2018 年 12 月 1 日由其本人投保人身意外伤害综合保险，保额 30000 元，合同为有效。被保险人李某无既往理赔记录情况。

第三部分　调查思路

核实出险人工作性质、所在单位及从事的工种，调查被保险人所在工地位置及出险经过。

第四部分　调查经过

第一次调查经过：2019 年 10 月 11 日上午 10 点，调查人员郑某、王某前往小站镇和馨园进行调查，经过如下：面见被保险人配偶杨某，询问了被保险人生前所从事的工作、出险经过及具体出事工地的地址（详见问话笔录）。杨某称并不清楚工地的具体位置，随后杨某将赔偿协议出示给调查人员查看，调查人员将此协议拍照取证。

取得材料：证人证言 1 份；拍照照片 1 份。

第二次调查经过：2019 年 10 月 11 日下午 3 点调查人员郑某、王某前往云海省总医院进行调查，经过如下：调查人员要求查看被保险人的抢救病历，但据医生叙述抢救记录都记录在病历本上，当时就会交给家属，医院并没有任何记录。

第三次调查经过：2019 年 10 月 18 日上午 10 点调查人员郑某、王某与被保险人的儿子李达通过电话（19920191322）进行调查，经过如下：调查人员询问被保险人的具体出险地址，李达叙述：并不知道在哪出的事，当时知道出事时已经直接送到了市里的总医院，只知道附近有一所在建的幼儿园。

第四次调查经过：2019 年 10 月 21 日下午 2 点调查人员郑某、王某与医学死亡证明上记载的联系人石某通过电话（18820661234）进行调查，经过如下：联系人称出事地点为丽都开发区南环路海河工业园区的一个施工现场。

第五次调查经过：2019年10月21日下午3点调查人员郑某、王某前往海河工业园区进行调查，经过如下：在施工现场经询问正在干活的工人，证实在2019年7月15日在卸构件时由于构件被吊车吊起后从高空脱落砸死了送货司机。由于双方私了达成一致，派出所及交通队未予立案。（因工人不愿意签字，故未作调查笔录。）

取得材料：现场照片5张。

第五部分　调查结论

依据上述调查，被保险人李某，职业为个体司机，于2019年7月15日因在工地卸构件时被空中掉落的重物砸伤，而后经医院抢救无效身故，情况属实。

报告出具日期：2019年10月22日
报告人1：郑某　报告人2：王某

五、理赔计算

理赔计算，简称理算，是指理算人员对索赔案件做出给付、拒付、通融赔付、豁免保费和对给付保险金额进行计算。理算人员根据保险合同以及类别的划分进行理赔计算，缮制《理赔计算书》和《理赔案件处理呈批表》。

（一）给付理算

对于正常给付的索赔案件的处理，应根据保险合同的内容、险种、给付责任、保险金额和出险情况计算出给付的保险金额。如身故保险金根据保险合同中的客户身故责任进行计算；伤残保险金则根据客户伤残程度及鉴定结果，按规定比例计算；医疗保险金则根据客户支付的医疗费用进行计算。

百万医疗险理赔案例

2020年3月，张女士为其54岁的母亲姜女士投保了一份百万医疗险尊享e生，该险种的住院报销额度为600万元/年，不限自费药，免赔额为1万元，保费为1066元/年。

2020年9月，姜女士感觉不适去医院检查，发现宫颈出现病变，10月份确诊为宫颈癌。治疗期间，姜女士总共花费12万元，其中医保报销6.5万元，个人自费5.5万元。张女士想到自己曾为母亲购买过医疗险，于是提交理赔申请。

经过保险公司的理算，姜女士自费的5.50万元再扣除1万元的免赔额后全额赔付，保险公司很快赔付给姜女士4.5万元。

补偿性医疗费用在计算赔付金额时要扣除被保险人已经从社保以及第三方获得的医疗费用赔偿，还要考虑免赔额及自负比例、限额等。而疾病保险通常属于定额给付型，只要确定属于给付责任，保险人就按合同约定的保险金额以及给付比例进行定额给付。

 课堂实作

医疗费用分割单具有原始发票的效用，参保人可持此单再去第二家、第三家商业保险机构进行再次费用补偿。

1. 分割单上会体现经过核准的医疗费用总额和第一家保险机构已经给付的医疗费用金额；

2. 第二家保险公司在进行核算时，以医疗费用总额减去第一家保险机构已经给付的医疗费用金额作为此次报销医疗费用总额。

活动实施步骤

1. 教师介绍分割单的情况，讲述分割单的作用以及填写规范；
2. 分发分割单资料、案件资料；
3. 每位同学根据分发的分割单资料、案件资料进行具体的理算；并开具客户向其他保险公司继续报销医疗费用的分割单；
4. 针对出现的问题教师进行讲解和个体指导；
5. 熟练完成核赔案件分割单的识别、计算与开具。

边轩丽，同时在三家保险公司投保相关各种保险。均包含疾病住院费用补偿保险责任。2010年11月5日，边轩丽因急性化脓性阑尾炎急送至云海省江永市第二人民医院住院治疗。经过治疗，病情痊愈。其父亲先向中国×××寿险股份有限公司云海省分公司进行核赔，核赔结束后，携带以下资料来我公司核赔，并根据我公司核赔结果，向第三家保险公司申请核赔。

资料一

中国××××保险股份有限公司
核赔申请书

<table>
<tr><td rowspan="3">申请人</td><td>姓　名</td><td>边林海</td><td>是出险人的</td><td colspan="3">父亲</td></tr>
<tr><td>证件名称</td><td>身份证</td><td>证件号</td><td colspan="3">432109197103280918</td></tr>
<tr><td>联系地址</td><td colspan="2">云海省江永市中心小学</td><td>电话</td><td colspan="2">17787331536</td></tr>
<tr><td rowspan="5">出险人</td><td>姓　名</td><td>边轩丽</td><td>性　别</td><td>女</td><td>住院号</td><td>830259</td></tr>
<tr><td>证件名称</td><td>身份证</td><td>证件号</td><td colspan="3">432109200107292864</td></tr>
<tr><td>出险时间</td><td>20101105</td><td>出险地点</td><td colspan="3">云海省江永市第二人民医院</td></tr>
<tr><td>出险原因</td><td colspan="5">急性化脓性阑尾炎</td></tr>
<tr><td colspan="2">主险合同号</td><td>险种名称</td><td colspan="3">出险人身份（可复选）</td></tr>
<tr><td></td><td colspan="2">2009-590102-689-73900226-0</td><td>学平</td><td colspan="3">■被保险人 □投保人 □连带被保险人</td></tr>
<tr><td></td><td colspan="2"></td><td></td><td colspan="3">□被保险人 □投保人 □连带被保险人</td></tr>
<tr><td></td><td colspan="2"></td><td></td><td colspan="3">□被保险人 □投保人 □连带被保险人</td></tr>
<tr><td></td><td colspan="2"></td><td></td><td colspan="3">□被保险人 □投保人 □连带被保险人</td></tr>
</table>

续表

出险经过及结果	填写说明：（1）简述出险经过及结果；（2）如曾住院，请填写医院名称、起始日期、疾病诊断名称等住院资料。 　　被保险人边轩丽因急性化脓性阑尾炎，于2010年11月5日急送至云海省江永市第二人民医院住院治疗。经过治疗，病情痊愈，现申请核赔。

声明及授权

1. 本人郑重声明：本申请书内容完全属实，否则，贵公司有权拒绝给付。
2. 本人作为受益人（继承人）向贵公司办理申请给付手续，申请人、受益人资料无错漏，因此产生的法律后果由本人承担。
3. 本人谨此授权凡知道或拥有任何有关被保险人健康及其他情况的任何医生、医院、保险公司、其他机构或人士，均可将所需的有关资料提供给贵公司。此授权书的影印本具有同等效力。

申请人签名：张金敏						申请时间：2010年11月28日	
业务员	李顺华	代码	96000003	联系电话	19937126991	营业单位	
受理人	苏轩安	代码	96000084	受理日期：2010年11月28日			

资料二　　　　　　　　　　　　　核赔案件抄单

承保单位：中国××××保险股份有限公司
投保人（单位）：云海省江永市中心小学
保险合同号：2009 - 590102 - 689 - 73900226 - 0
　　　　　　　　　　　　　　　　　　　　　　　　　　　　　　　投保单号

	险种名称	保险起止日期	保险金额	保险费
主险	学　平	10年09月01日至11年08月31日	8000	
附加险		10年09月01日至11年08月31日	5000	40
		10年09月01日至11年08月31日	60000	

被保险人信息

序号	姓名	性别	年龄	出生日期	证件号	受益人	与被保险人关系	备注
076	边轩丽	女		20010729	432109200107292864			

该被保险人是否为续保：√是　　否　　（上年度承保时间：2009年09月01日）

备注：
1. 以投保单名册如实填写。（注明被保险人所在序号）。
2. 防止相同名字发生错误，请按顺序填三位被保险人姓名，中间为出险人。单个险种出险人为一人的填一个人。
3. 医疗金、伤残金受益人一律为被保险人本人，死亡赔付的请注明受益人姓名及关系。

资料三

二医院
The Second Hospital of

疾病诊断书

交病人收执　第　号

二医院住院病人疾病诊断书							
姓名	边	性别	女	年龄	9岁	籍贯		职业	学生
门诊号				住院号	830		
2010年11月05日入院				2010年11月08日出院			

出院诊断：急性化脓性阑尾炎
出院医嘱：1. 注意休息，避免剧烈运动
　　　　　2. 口服消炎药
　　　　　3. 不适随诊

科医生　刘　　　签发日期　　　2010年11月08日

资料四

二医院
The Second Hospital of

病 案 单

姓名：边　　病室：微创外科二病区　　床号：515　　住院号：830

出 院 记 录

入院时间：2010-11-5
出院时间：2010-11-8
住院天数：3天
入院诊断：腹痛查因：急性阑尾炎

　　入院时情况：患者边某，性别女，年龄9岁，因"转移性右下腹部疼痛10余小时"入院。体查：体温：37.6℃，脉搏：70次/分，呼吸：20次/分，血压：120/80mmHg发育正常，营养良好，急性面容，神志清楚，精神尚可，自动体位，查体合作，问答切题，全身皮肤粘膜未见黄染，全身浅表淋巴结未触及肿大。专科情况：腹平，未见胃肠型及蠕动波，右下腹局部腹肌紧张，右中下腹部压痛，反跳痛明显，肝脾双肾未扪及，移动性浊音阴性，双肾区无叩击痛，肠鸣音尚可。无金属音及气过水声。

　　住院经过：入院后完善相关检查。结合病史及检查结果分析，患者无明显手术禁忌。于2010-11-5日在全麻下行"腹腔镜下阑尾切除术"。手术顺利。术后予抗炎、补液等对症支持处理。现患儿术后恢复可。予出院。

　　出院时情况：患者未诉特殊不适，现一般情况尚可。查体：伤口外敷料干燥固定，伤口无红肿渗液。全腹无压痛与反跳痛。

　　出院诊断：急性化脓性阑尾炎
　　出院医嘱：1. 注意休息，避免剧烈运动
　　　　　　　2. 口服消炎药
　　　　　　　3. 不适随诊

医师：刘
2010年11月08日

资料五

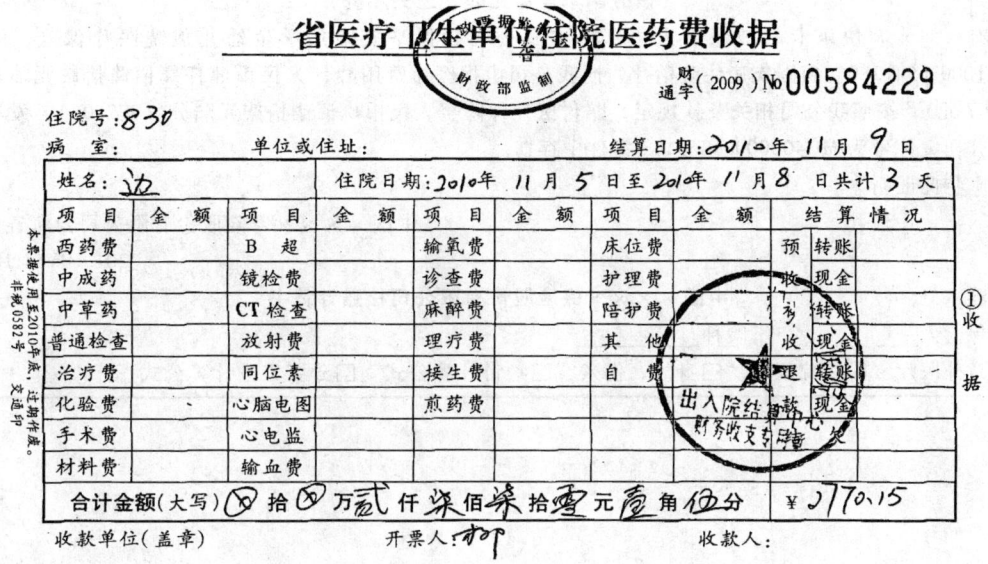

资料六

资料	户籍所在地 城居医保虚拟单位					住院天数	3		
	入院日期 2010-11-05			出院日期 2010-11-08		住院号	830530		
既往费用	本年段计算费用累计	本年住院次数	本年度已发生的住院医疗费支出						
			医疗费合计	已付起付线	统筹基金支付	完全政策自付		部分政策自付	共付比例自付
	0.00	0	0.00	0.00	0.00	0.00		0.00	
本次住院医疗费	项目	金额	个人政策自付		项目	金额		个人政策自付	
			完全自付	部分自付				完全自付	部分自付
	床位费	240.00	120.00	0.00	化验费	240.00		0.00	0.00
	诊察费	15.00	0.00	0.00	检查费			0.00	0.00
	护理费	70.00	0.00	0.00	特殊检查费	110.00		0.00	33.00
	输氧费	26.00	0.00	0.00	治疗费	493.00		0.00	0.00
	输血费	0.00	0.00	0.00	特殊治疗费			0.00	0.00
	医疗服务费	10.00	10.00	0.00	手术费	840.00		0.00	0.00
	西药	1075.38	0.00	128.34	麻醉费	630.00		0.00	0.00
	中成药	0.00	0.00	0.00	材料费	585.29		246.50	38.20
	中草药		0.00	0.00	进口内置材料	0.00		0.00	0.00
	其他费用		0.00	0.00	国产内置材料	108.00		0.00	21.60
	新生儿费								
	本次住院医疗费总额		个人政策自付					应付起付线	
			小计	完全自付	部分自付				
	4,442.67		597.64	376.5	221.14			700	
本次费用	进入统筹计算	统筹计算金额	共付段计算	个人比例自付			统筹基金支付		
				比例(%)	金额		比例(%)	金额	
		3145.03		50.00%	1572.51		50.00%	1572.52	
本次总支出	医疗总费用	¥	4442.67	大写	肆仟肆佰肆拾贰元陆角柒分				
	统筹支付	¥	1572.52	大写	壹仟伍佰柒拾贰元伍角贰分				
	现金支付	¥	2870.15	大写	贰仟捌佰柒拾元零壹角伍分				
预付款	已交预付款	¥	0.00	大写					
	应交金额	¥	2870.15	大写	贰仟捌佰柒拾元零壹角伍分				
	应退金额	¥	0.00	大写					

患者/家属签字： 联系电话： 操作人： 139 审核人：

资料七 中国××××寿险股份有限公司分割单
（该分割单复印无效，遗失不补）

兹有××××快乐卡的被保险人边轩丽在我公司投保平安附加学生幼儿住院医疗保险，保单号DF2065100036541289。现因疾病住院治疗，向我公司申报医疗费用共计人民币肆仟肆佰肆拾贰元陆角柒分（4442.67元）。按照我公司相关条款规定，赔付医疗保险金人民币玖佰柒拾柒元陆分（977.06），发票原件已在我公司案件号为MG40000001865143案件中存档。

  特此证明

中国××××寿险股份有限公司云海省分公司
2010年11月20日

资料八 中国××××保险股份有限公司核赔计算书

被保险人_____ 险种_____

□意外医疗 □住院医疗 □身故、伤残 □给付计算公式 □分级累进计算公式

经办人：_____

备注说明：

中国××××保险股份有限公司
保险金额付医药费分报证明单
（分割单复印无效，遗失不补）

你单位_____同志在我公司投保_____保险，保险号码为_____
_____，因_____住院/门诊治疗，共计医疗费为（大写）_____万_____千_____百_____十_____元_____角_____分。给付赔案号为_____，根据我公司相应保险条款，共计赔付医疗费金额为（大写）_____万_____千_____百_____十_____元_____角_____分。
原始医疗发票、清单已存我公司。
特此证明。

中国××××保险股份有限公司
盖章生效
年　月　日

资料来源：李玉菲、蒋菲，《保险实务综合技能训练》。

（二）理算具体细节

（1）医疗保险是一种损失补偿性质的保险，除了定额医疗保险外，在一人投保多种、多份医疗保险后，发生给付时，可以分别计算，但合计赔付金额应在保险金额之内，而且不能超过实际医疗费用。为此，索赔时必须提供医疗费用原始票据；只有当被保险人的医疗费用已经有其他方面承担了一部分，保险公司需要承担差额时，才可接受医疗费用票据复印件，但必须查验原件。

（2）保险条款约定了观察期（又称"等待期间""免责期间"）的，保险责任在观察期结束后才开始。

（3）对于保险金给付申请书，重点审核医生诊断的病名、初诊日期、就诊医院及其地址电话、就诊身份（社保/自费）；意外伤害事故详情；有关部门鉴定或意见；

（4）受益人应为被保险人本人，未经被保险人同意，不得受理投保人的指定或变更；

（5）投保人或被保险人为医生时，不得为被保险人出具诊断书或类似证明；

（6）医院是指依照卫生管理法规领取有效执照的医疗机构，不包括专供休养、戒毒、护理、养老等非以直接诊治病人为目的的机构；

（7）根据免责条款，对被保险人故意行为、犯罪行为、吸毒或使用麻醉药物导致的疾病或伤害治疗费用，不承担保险责任；

（8）防止被保险人装病逃避工作骗取医疗费用给付。

（9）重点注意情况：被保险人对工作职位、收入、雇主、工作经历等存在不如实告知，或者受雇记录不清楚、不连贯；每日医疗给付金额与被保险人财务状况不相称；被保险人家族成员理赔频率过高；住院天数过长、医疗措施过于昂贵且并不必须；索赔申请时事故原因不明，医生只能根据被保险人自述或其他主观的信息作出诊断，特别是在失能原因认定上；以国外住院治疗的单据申请理赔；保单生效后不久即发生保险事故，或者在保单届满时以及当年度末申请理赔；索赔原因难于检查，如腰痛、头痛等；失能保险中被保险人已经被认定丧失工作能力，但仍在工作；申请文件涂改、伪造，或更改经过拒赔的资料再次索赔。

(10) 通常线下销售的健康保险存在捆绑销售的情况，比如主险为终身寿险，重疾险为附加险，此时，终身寿险和重疾险是共用保额的，比如保额约定为 51 万元，一旦被保人确诊了癌症，在重疾险赔付 50 万元之后，寿险的保额就只剩下 1 万元了。

（三）拒付理算

对应拒付的案件，理算人员作拒付确认，并记录拒付处理意见及原因。对于保险合同由此终止的，应在处理意见中注明，并按条款约定计算应退还保费或现金价值，以及补扣款项及金额；对于保险合同继续有效的，应在处理意见中注明，将合同置为继续有效状态。

（四）通融赔付

在一些特殊情况下，对于被保险人的索赔，保险人还可通融赔付，即按照保险合同条款的规定，本不应由保险人赔付的经济损失，保险人在综合考虑各种因素的前提下，仍然给予一定的补偿或给付。这种通融赔付不是无原则的"送人情"，而是对保险原则的灵活运用。在考虑使用通融赔付时，必须注意要有利于保险业务的稳定和发展，有利于维护保险人的信誉和在市场竞争中的地位，同时要适时适度。

（五）豁免保费

对于应豁免保费的案件，理算人员作豁免确认，将保险合同作"已理算且保费豁免"处理。

 行业动态

重大疾病险理赔案例

2018 年 9 月，A 女士投保了复星联合健康保险公司的"康乐一生重大疾病保险"，保额为 50 万元，保险期限为终身，年缴保费 4430 元。

复星联合健康保险股份有限公司
FOSUN UNITED HEALTH INSURANCE CO., Ltd.

保险单

保单号：W8▆50001431683
合同生效日期：2018年09月11日

投保人与被保险人信息					
投保人		证件号码：4▆		性别：女	年龄：26
被保人		证件号码：42▆		性别：女	年龄：26

币种：人民币

险种及责任	（基本）保险金额/份数	合同满期日	每期保险费	缴费年限	缴费频次
复星联合康乐一生重大疾病保险（C款升级款） 康乐一生重大疾病保险（C款升级款）	500000	至终身	4430	30年	年交

2020 年 5 月，姜女士感觉不适去医院住院检查，出院诊断"甲状腺恶性肿瘤"，病

理诊断左右两侧均为"甲状腺乳头状癌"。

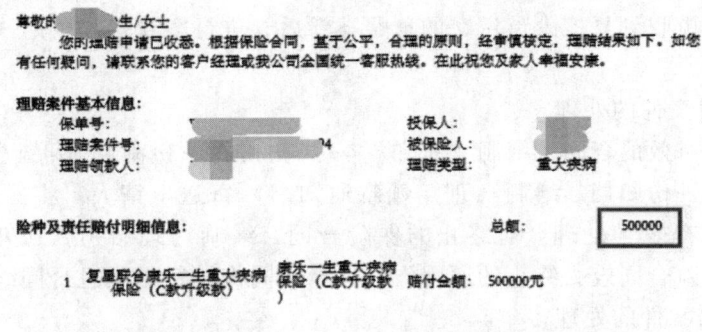

A女士想到买过的保险，于是提交理赔申请。经过调查和理算，保险公司很快赔付给A女士50万元。

案例来源：https：//zhuanlan.zhihu.com/p/162840057

六、复核审批

(一) 复核

复核是指上级理赔人员对下级理赔人员经办的案件再次进行审核,目的是及时发现和纠正理赔过程中的疏忽和错误,保证理赔处理的客观性和公正性,为理赔进行把关。复核是理赔业务中的一个关键环节,通过复核,能够发现理赔处理过程中的疏忽和错误,并进行及时的纠正;同时复核对理赔人员也具有监督和约束的作用,防止理赔人员个人因素对理赔结果的影响,是理赔部门内部风险防范的重要环节。

复核人员应着重审核保险责任范围和责任免除因素,核对给付金额、其内容要点包括:出险人的确认;保险期间的确认;出险事故原因及性质的确认;保险责任的确认;证明材料的完整性及有效性的确认;理算结果准确性及完整性的确认。

(二) 审批

已复核的案件应逐级呈报给有相应审批权限的主管进行审批。审批人员对复核人员呈送的案件进行审批后,复核人员应根据审批结论分别进行如下处理:

(1) 对于批示需重新理算的案件,应退回理算人员重新理算。
(2) 对于批示需进一步调查的案件,应通知调查人员继续调查。
(3) 对于批示不同意且需上报的案件,以"理赔案件审批表"的形式报请上级公司审批。
(4) 对于批示同意且无须上报的案件,复核人员将案卷移交结案人员。

七、结案归档

(一) 结案

结案人员收到复核人员送交的理赔案卷后,进行案卷移入登记,并根据以下情况分别处理:

1. 给付案件的处理

对继续有效的合同,缮制"批单"一式两份,一份附贴在保险合同上,交还客户以明示,另一份归档。缮制《理赔领款通知书》寄送申请人。将保险合同作"已结案且合同继续有效"处理。对终止的保险合同,缮制《理赔领款通知书》寄送申请人,同时注明保险合同效力终止的原因。将保险合同作"已结案且合同终止"处理。

2. 拒赔案件的处理

对继续有效的合同,缮制《拒赔通知书》寄送申请人。通知书中应注明拒赔的原因,措辞必须明确,并提示申请人取回保险合同等证明材料。将保险合同作"已结案且合同继续有效"处理。对效力终止的合同,缮制《拒赔通知书》并寄送申请人,通知书中应注明拒赔原因及保险合同效力终止的原因。如有退费款项,应同时在通知书中予以反映,并注明金额及款项归属人,提示前来领款。将保险合同作"已结案且合同终止"处理。

3. 豁免保费案件的处理

应豁免保费的案件,缮制《豁免保费通知书》寄送申请人。将保险合同作"已结案且合同豁免保费"处理。

（二）归档

理赔案件结案完毕后，所有的理赔资料应予以归档，交由专门人员进行管理，以备今后随时查询。理赔资料的归档一般有以下步骤：

1. 根据不同的标准将理赔案件卷进行分类

通常情况下，保险公司按照险种的不同进行分类，如医疗险、重大疾病险等，也有按索赔时间的顺序进行分类的。此外，个别保险公司尝试以客户为中心进行分类的方式。

 行业动态

团体健康保险业务的归档处理

个人健康保险业务结案归档的方式是一人一案，团体健康保险业务的归档方式是一险种一案。特别值得一提的是，团体保险理赔除了处理具体的理赔案件，还有一项非常重要的内容就是统计分析，即对众多的理赔案件归类、分档、并进行统计分析。常见的统计方法有两种，一是按险种统计，统计该险种的单项赔付率；二是按投保人统计，统计该保单的赔付率。通过统计这些理赔数据，可以提出理赔分析及相关的建议、促进团体健康保险业务整体理赔风险控制和业务的发展。

资料来源：荆涛. 人寿与健康保险［M］. 北京大学出版社，2011.

2. 进行理赔资料的整理及装订

将理赔案件进行分类登录装订后，放入案卷袋中归档。装订时需要注意以下几点：及时整理；规律排放理赔资料；保持案卷的完整性。

理赔归档的材料及装订顺序：理赔案卷目录；保险单正本或复印件；理赔申请材料签收单；委托授权书；理赔给付申请书；理赔调查报告书及相关调查材料；各类会签结果；各类通知书；领款收据及批单；被保险人、受益人身份证明；申请人申请索赔的各种事故证明材料和医疗费用等有关单据；合议笔录；案件呈报或上报上级公司的报告书副本及上级公司批复文件；起诉书、应诉书、答辩状、法庭调解书和庭外和解协议书。

3. 理赔案件的归档保存

归档赔案套袋上注明给付金额、结案日期、经办人，赔案按年份、险种、编号分类放置。理赔档案应长期保存，因此对于档案存放环境有较高的要求，包括保持存放环境一定的湿度和温度，做好防潮防火工作；注意存放地的安全，坚决避免出现档案失窃的情况。此外，应建立相应的理赔档案管理制度，如借阅制度。鉴于频繁地外借会导致档案磨损，可在档案归档前保存扫描件，一般的查询工作只需查询扫描件即可。

 **案例分析**

××公司健康保险理赔案例

（一）案例背景

1. 投保情况

投保人张某于2020年5月11日为其女（6周岁）投保了10万元保额的"××少儿重大疾病保险"、保险期间30年的10万元保额的"关爱××定期重疾个人疾病保险""守护××住院医疗费用个人医疗保险（推广版）"（一档），上述三个险种的生效日期均为2020年5月16日。10万元保额的"守护××少儿特定疾病保险"，生效日期为2020年5月15日。

2. 出险情况

2020年10月4日被保险人因流行性腮腺炎就诊，经住院治疗好转后于2020年10月11日出院。医疗费用总计为1924.5元。2020年11月2日投保人孙先生到保险公司柜面申请医疗费用保险金。

（二）理赔情况

1. 理赔金申请人及受益人审核

案件的被保险人为未成年人，本次理赔金的申请人为其监护人，保险金打入的账户为其监护人的账户。申请人提供了身份证原件及其与被保险人的关系证明材料，符合相关要求。

2. 住院费用保险金的审核

（1）保单有效性审核。"守护××住院医疗费用个人医疗保险（推广版）"一档，生效日期为2020年5月15日。保单处于有效状态且未进行过保全申请。

（2）保险事故有效期审核。本次保险事故的发生时间在保单的保险期限内，并已过了等待期，属于"守护××住院医疗费用个人医疗保险（推广版）"险种的有效责任期限内的责任。

（3）申请材料及客户身份审核。客户提供的理赔申请材料符合合同条款的约定，且真实、有效。材料上的被保险人姓名、证件号码、年龄、职业与投保信息相符。

（4）就医情况审核。被保险人就诊病历记录，被保险人因右腮肿痛1天，化验室检查血淀粉酶异常升高门诊以流行性腮腺炎收治于感染科住院。住院期间经积极的抗病毒及其他辅助治疗后，病情好转并于2020年10月11日出院。就诊病历记录的既往史和个人史均未发生与本次保险事故有关联的情况的记载，可以确认被保险人所患的疾病属于合同条款所约的保险责任范畴；被保险人就诊的医院属于公司产品合同中约定的指定医疗机构；整个的治疗期间均在合同约定的有效责任期限内。

（5）既往史审核。公司审核人员审核案件过程中，发现本次理赔申请虽然只是对2020年10月4日至2020年10月11日因流行性腮腺炎住院医疗费用1924.5元的住院医疗费用进行的申请，但在公司理赔核心业务系统可查到，投保人同一时间内为被保险人投保了保额为40万元的长期健康型险种和医疗费用报销型险种，考虑投保人是否存在道德风险及被保险人是否存在既往疾病史，审核人员又专门进入该市城镇居民基本医疗结算信息系统查询被保险人基本医疗的就诊情况。发现被保险人2017年至2020年因呼吸系统疾病多次住院治疗，特2017年8月19日被保险人因颅内感染就住于某医院儿科。审核人员在公别是在业务系统查看投保书告知栏中"过去十年内是否曾住院检查或治疗？""过去一年内是否有过医院门诊检查或治疗？""过去一年中是否有发热、疼痛、大小便异常、体重明显变化或者其他不适症状？""是否曾经或正患以下疾病"询问的告知情况时，投保人孙某均答复为"否"。

审核人员针对公司理赔核心业务系统和该市城镇居民基本医疗结算信息系统查询到的结果，提起调查，重点调查被保险人在投保前所患的疾病及2017年8月19日因颅内感染后于某医院儿科就医时，被保险人当时诊断及治疗情况。同时，考虑到投保人投保时未如实告知的既往疾病史可能会影响被保险人在公司投保各险种的承保条件和承保结论，启动了理赔二核，将理赔时所发现的投保人在投保时未如实告知的既往疾病史及时反馈给公司核保人员，以便核保人员重新审核投保人为被保险所投保的险种的核保结论。审核人员还将审核中发现的问题与销售部门进行了沟通，约谈了业务员，了解了业务人员展业时的情况，业务人员反馈该客户为主动投保。

核保人员需重新审核投保人未告知的被保险人既往疾病史，核保决定给予"天使××少儿重大疾病保险""守护××住院医疗费用个人医疗保险（推广版）"（一档）、"关爱××定期重疾个人疾病保险"解除合同、无息返还已交纳的保险费。"守护××少儿特定疾病保险"保单继续有效的核保结论。

3. 理赔调查结果

经调查，被保险人在2017年8月19日至2017年8月25日因抽搐在医大盛京医院住院治疗，诊断为颅内感染不除外，癫痫不除外，经络膜囊肿。2018年至2020年曾多次因支气管肺炎在某医院住院治疗。

4. 理赔结论

（1）理赔审核结论。根据《保险法》第十六条及"守护××住院医疗费用个人医疗保险（推广版）"（一档）合同中约定的未告知的既往症为责任免除之规定，对本次申请的"守护××住院医疗费用个人医疗保险（推广版）"（一档）住院医疗费用金责任不予赔付。

（2）理赔二核结论。"关爱××定期重疾个人疾病保险""××少儿重大疾病保险"和"守护××住院医疗费用个人医疗保险（推广版）"（一档）解除合同，无息返还已交纳的保险费。"守护××少儿特定疾病保险"保额10万元，保单继续承保有效。

（三）总结

1. 本案例申请的理赔金额虽然不大，但是理赔人员在审核的过程中没放过任何蛛丝马迹，对案件进行了缜密的审核、认真的分析，同时充分利用了互联网平台提供的大数据，并通过理赔二核加强与承保审核人员相互沟通，共同做好风险管控，解约部分高风险险种，为公司挽回了可能存在的高额赔付责任。

2. 公司应加强销售人员培训，应将保险合同涉及的重要事实向对方明确说明和告知。就保险人而言，应当向投保人说明合同条款的内容，包括保险责任、责任免除、等待期限等；而投保人应就保险人询问有关情况，特别是对保险事故的发生有重大影响的情况应当如实告知保险人。

资料来源：《健康保险学》，卓志主编

任务四
认识健康保险索赔中的保险欺诈

 业务描述

张某为其丈夫投保了保额为 60 万元的重大疾病保险，观察期满后，张某称其丈夫罹患恶性肿瘤，随即向保险公司提出索赔申请。如此短期出险，保险公司怀疑其存在骗保嫌疑。在实务中，保险欺诈主要有哪些类型？应如何防范呢？

一、健康保险索赔中的保险欺诈类型

健康保险索赔中的保险欺诈主要表现为投保人、被保险人、受益人以骗取保险金为目的，采取各种欺诈手段，致使保险人陷于错误认识而向其支付保险金。保险欺诈具有极强的隐蔽性和严重的社会危害性。常见的人身保险欺诈类型有：

（一）虚构事实

虚构事实，是指投保人、被保险人、受益人在未发生保险事故的情况下，谎报发生了保险事故并骗取保险金。一般是投保的被保险人没有发生保险事故，没有投保的人发生意外后，利用前者的被保险人身份向保险公司索赔。

（二）故意不如实告知

故意不如实告知是指投保人或被保险人在投保时隐瞒既往病史和现有病症，或者隐瞒真实年龄、真实职业等情况，影响保险公司的承保决定和承保条件。

 典型案例

2018 年 3 月，胡某为其丈夫陈某投保。被保险人陈某 2018 年 11 月因病住院。2019 年 2 月胡某为其申请理赔。经查，陈某已在其他两家保险公司完成理赔，如此短期出险，存在骗保嫌疑。调查人员走访医院，调查 CT 取样，发现被保险人投保前已进行颅脑 CT 诊断确诊，投保时故意未如实告知，欺诈性质明显。最终保险公司拒绝赔付。

（三）未经被保险人同意投保

未经被保险人同意投保是指未经被保险人同意私下投保以死亡为给付保险金条件的合同，或未经被保险人书面同意认可的保险，通过篡改保险金额方式骗赔。如未婚夫妻投保以死亡为给付保险金条件的保险，还有的投保人蓄意涂改保险金额然后制造保险事故加害被保险人骗取保险金。

（四）先出险后投保

先出险后投保是指被保险人在出险后再投保，索赔时将提供的证明材料修改成投保后的资料；隐瞒被保险人身体已有的疾病，在保单生效后，谎称在保险期限内罹患该疾病；还有的是死后投保，直接骗取保险金。

（五）故意制造损失和意外事故

投保人先采用种种手段欺骗和怂恿被保险人投保，然后谋杀被保险人，将被保险人的死亡伪装成意外事故，骗取巨额保险金；或伪装成第三者杀人、自然死亡或交通事故和其他意外事故死亡；有的被保险人自残或除外责任到期后自杀谋取保险金。

（六）医患勾结，无病住院

一些医院的医生为了自身的利益，提供虚假证明，造成被保险人无病住院、小病大养、一人投保全家受益，为不诚实的被保险人骗取保险金大开方便之门。

（七）夸大损失程度

投保人对发生的保险事故，夸大损失程度，借以骗取保险金。如客户投保健康保险，生病后虽已痊愈仍不肯出院，骗取额外保险金和医疗补贴。

二、健康保险欺诈的防范措施

（一）建立严格的承保预防体系

保险公司应提高业务员（包括代理人）的风险防范意识，建立业务员展业质量考评员的责任心和事业心；加强教育培训，提高核保人员的业务素质，使不法分子不敢骗，不能骗，骗不成；建立一整套科学的管理体制，使承保、理赔彻底分开，形成专人展业、集中审核签单、统一理赔的制度。

（二）建立保险信息交换系统

各保险公司要联合建设计算机交换信息系统，用来存储有关承保、理赔、欺诈等方面的信息，以供查阅。各家保险公司之间、同一家保险公司的分支机构之间可以互相查阅相关信息，不给不法分子可乘之机。

（三）加强理赔体系建设

各保险公司应要建立合理、科学、高效的理赔程序，努力提高理赔人员的素质，健全审核制度，加强理赔的监督管理，详细调查风险事故发生的原因，防止索赔人的恶意欺诈，实现理赔管理的规范化、制度化和现代化。

（四）加强与公安、交警、司法机关的合作

各保险公司应让司法机关参与保险公司疑难案件的调查和鉴定，利用司法机关办案的权威性、法律性和严肃性，对不法分子起到威慑作用。

（五）加强法制教育，运用法律武器

各保险公司应以各种形式向全社会广泛宣传《中华人民共和国保险法》和有关法律、法规，宣传我国法律对保险欺诈行为的定罪、量刑规定。在大力宣传的同时，也要运用法律武器，严肃查处保险欺诈分子。

任务五 掌握健康保险理赔业务处理技巧

业务描述

李某因病住院治疗花费 20000 元医疗费，他将相关资料提交到保险公司进行索赔。经保险公司理赔人员核算，应赔付李某 11000 千余元。请问该公司应如何和客户对理赔金额的分歧进行沟通？

一、健康保险理赔沟通技巧

健康保险理赔处理的沟通技巧就是通过健康保险理赔人员与被保险人或受益人采取电话、会面、书信、电子邮件等方式，使双方对于理赔案件的某些观点、看法、思维方式等达成一致。

沟通是理赔案件处理中最重要的技能，也是最基本的技能。有效的沟通在理赔案件的过程中是必不可少的。在健康保险理赔沟通过程中需要注意以下问题：

（1）在理赔案件处理时应明确被保险人或受益人提供的资料是否齐全；及时向其说明保险公司通常处理理赔案件的程序，向被保险人或受益人明确在规定的时间内理赔的处理完成时就会有结果等。

（2）请被保险人或受益人留下电话号码或其他便捷的联系方式，承诺一有结果会马上通知对方。

（3）在立案后的调查过程中要尽可能地与被保险人或受益人保持必要的联系，如通报案件的处理进程等，从心理上给被保险人或受益人以安慰。

（4）当可以进行正常赔付时一定要告知被保险人领取赔款时所需准备的资料，领取的时间、地点等，避免使他们由于所带资料不全而反复奔波的麻烦。

（5）当不能理赔时，不能简单地以电话告知拒赔的决定，而要请被保险人或受益人来公司或理赔人员上门与他们面对面地进行沟通，讲明不赔的法律或条款的依据，听取他们的意见，有针对性地一一解答，减轻他们的抵触心理，避免矛盾的激化。

二、健康保险理赔谈判技巧

（一）知己知彼

只有在对理赔案件有全面的了解并有充分准备的基础上才能选择具体而有效的谈判方式，才能使自己立于不败之地。要真正地了解对方，必须明确他们的需求，这样才能采用行之有效的手段和方法。因此，在谈判之前，获悉对方的信息并确定相应的谈判方式是很重要的。

（二）刚柔并用

当理赔人员处于维护条款和法律的严肃性的问题上与对方谈判时，开始便要和盘托出理赔人员的最高条件，在气势上压住对方，但要注意语气和态度。这种方式适用于与一些极个别无理取闹的对手的谈判，逼迫对手让步。如对手以硬碰硬，不妨用"我们可以采用正常的法律程序"等与对手交涉。当优势不在自己时，如对某些条款的理解产生歧义时，也要从谈判对手的角度考虑，以不变应万变，不动声色，让对手尽情发挥，躲过对手的锋芒，从而为达成一个妥协的又不使保险公司的利益受到较大损失的协议做好准备。

（三）找出对方的失误

从开始准备谈判时就集中精力发现对手的失误，并尽可能声明这种失误对保险公司或将对保险公司造成的危害。如在由于被保险人不如实告知的拒赔谈判中就要应用这样的谈判技巧，说明不如实告知已经或将要给保险公司带来什么样的危害，这样谈判起来就会更加主动。谈判的技巧在应用的过程中，理赔人员一定要注重诚信，在维护保险条款的严肃性、控制风险的同时还要注重文明礼貌、售后服务等问题，让对方感到心服口服。

（四）学会赞赏

适时的赞赏是储蓄感情的良方。在理赔谈判时不要由于自己是寿险公司的理赔人员就觉得自己对条款、法规、保险责任的理解样样都是正确的，对方的主张样样都是错误的，而要适时地对谈判对方对于保险的正确认识给予肯定和表扬，以缓解谈判中的紧张气氛。

（五）不要使用刺激性的语言

人际关系专家指出，谈判双方之间可以讨论，但不能有过于激烈的争论。火药味十足的争论是没有赢家的，对理赔案件处理中的谈判双方来说更是如此。在谈判中无论对方的态度如何，无论对方的言语有多么的恶劣，理赔人员都要以一种平和的心态去面对，不能以怨报怨、恶语中伤，否则会使有利转为不利、使优势转为劣势。

（六）学会倾听，走进对方的世界

学会倾听对于理赔人员尤为重要。客户在谈判中往往急于证明自己是正确的，希望尽快得到理赔，而遭受拒绝后则往往不能接受，并对理赔人员的观点产生逆反心理，这种心理是十分自然的。理赔人员应学会认真倾听，并适时地做出回应，然后巧妙地引出别的关键的话题，于是在没有冲突或气氛缓解的情况下继续谈判。

（七）注意营造谈判的氛围

最有效的交流应该是让我们的话走进对方的心。为达此目的，营造出良好的谈判氛围是很重要的。心理学早就证明，人在接受负面信息时会产生自我防卫心理，而使用恰当的技巧可以降低这种自我防卫心理。

三、理赔调查过程中的技巧

理赔处理过程中的调查、分析、决策也要根据不同的情况使用不同的技巧。如在理赔的调查中不仅要听取被保险人或受益人对于出险情况的叙述，也要调查第三方对于案件情况的描述，第三方可以涉及目击者、邻居、单位、警方或医疗机构等。调查时可以借助从事过公、检、法、司等背景的人员，借助专业的调查设备和管理软件，借助专业的调查公司，借助其他寿险公司的调查机构等，都是在理赔调查中可以采取的技巧。

理赔分析时，不仅要有自己的思路，也要有集体讨论的意见，不仅要有理赔人员的意见，也要有医学、法律专业人士的意见，不仅要有公司内部的意见，还可以征询同业的对于案件处理的分析意见等。在决策时更要群策群力，特别是对于疑难案件的处理，技巧的运用可以使困难的情况变得简单、容易。

总之，在理赔案件的处理过程中，理赔技巧的运用是不可或缺的，技巧运用的好坏关系理赔案件处理的时效，关系理赔案件的正确处理，关系风险的控制，关系寿险公司形象的维护。

一、单选题

1. 健康保险理赔必须坚持的最基本、最重要的原则是（　　）。

A. 重约守信原则　　　　　　B. 实事求是原则
C. 效率原则　　　　　　　　D. 应赔尽赔原则

2. 健康保险理赔的作用不包括（　　）。

A. 兑现承诺、实现经济补偿功能
B. 规范和完善健康保险经营管理
C. 实现资产的增值与保值
D. 保证经营的稳健性和连续性

3. 健康保险理赔人员接到保险金申请人提交的理赔申请书和相关的索赔资料，对赔案进行初步的审核并作出是否接受索赔申请的决定，这一过程称为（　　）。

A. 接报案　　　　　　　　　B. 立案
C. 理算　　　　　　　　　　D. 理赔调查

二、多选题

1. 健康保险理赔的原则包括（　　）。
A. 重约守信原则　　　　B. 实事求是原则
C. 效率原则　　　　　　D. 应赔尽赔原则

2. 健康保险理赔由（　　）与（　　）两部分组成。
A. 索赔过程　　　　　　B. 核赔过程
C. 保险金给付过程　　　D. 理算过程

3. 健康保险理赔的流程包括（　　）。
A. 接报案　　　　　　　B. 立案
C. 理赔调查　　　　　　D. 理赔计算

三、判断题

1. 在谈判中无论对方的态度如何，无论对方的言语有多么的恶劣，理赔人员都要以一种平和的心态去面对，不能以怨报怨、恶语中伤。（　　）

2. 在健康保险理赔管理过程中，医学专业技术和信息专业技术的应用很少。（　　）

3. 不是所有的健康保险案件都要经过理赔调查这一流程。（　　）

四、问题讨论

1. 健康保险理赔的含义和特点是什么？
2. 请分析健康保险理赔管理中的道德风险来源是什么，如何来规避呢？
3. 请简述健康保险公司理赔的作业流程。
4. 医疗费用保险、重大疾病保险、失能收入保险和长期护理保险在理赔服务中有哪些特殊要求呢？

五、实训练习

1. 请选择一家自己熟悉的保险公司，了解其理赔工作流程，并写出调查报告。

2. 被保险人李叶，女，某市国棉厂职工。生于1975年10月19日，家住某市国棉一厂。身份证号码为430102197510198765。2017年5月20日其在中国人寿某市支公司为自己投保康宁终身保险，保额50000元，保险合同号为2017-610430-S42-5008-3，保险交费正常，合同一直有效。2020年4月20日被保险人的丈夫张三（身份证号码：430102197201091234，联系方式：18812349876）报案，称李叶因病于2020年2月8日至4月14日在该市中心医院住院治疗，4月14日在家死亡。现向保险公司申请身故保险金。保险金领取通过银行转账，开户银行是中国工商银行，账号为622200000054321。

（1）作为保险公司的理赔人员，你应该要求受益人提供哪些申请资料？

（2）请根据此案例，正确填写理赔申请书。

理赔申请书

填写前请您阅读本申请书黑体字及青面权益提示　　　　　报案编号：

申请人信息

姓名		性别		与出险人关系	□本人 □配偶 □父母 □子女 □其他：_____
证件类型	□身份证 □其他_____		证件号码		
保险金达到1万元人民币或1000美元请填写本行		证件有效期限	年 月 日	国籍	职业
固定电话	-	手机		电子邮箱	
联系地址	省/直辖市		市	区/县	
领款方式	□银行转账 □现金	开户银行			
银行账号					

出险人

姓名		性别		联系地址	
证件类型	□身份证 □其他_____		证件号码		
保险金达到1万元人民币或1000美元请填写本行		证件有效期限	年 月 日	国籍	职业

提示：若出险人与申请人为同一人，则无需填写本栏。

事故经过

时间：　年　月　日　时　　地点：

详细经过：（如曾住院，请填写住院资料，如：医院名称、起始日期、疾病诊断名称等。）

出险人现状　□治疗中　□治疗结束　□身故（身故日）　年　月　日　□残疾（失能）

	保险合同号码	授权变更项目
1		□固定电话 □手机 □电子邮箱 □联系地址 □连带变更本人其他保险合同的上述项目
2		□固定电话 □手机 □电子邮箱 □联系地址
3		□固定电话 □手机 □电子邮箱 □联系地址
4		□固定电话 □手机 □电子邮箱 □联系地址

保险合同变更授权：若本申请书载明的本人固定电话、手机、电子邮箱或联系地址与本人保险合同相关项目不一致，本人同意贵公司按本申请书内容变更保险合同相关项目。

□出险人在其他保险公司投保	承保公司	
□出险人已获第三方给付（赔偿）	给付机构	

3. 赵某于2016年12月31日投保了B寿险公司的金瑞人生（B款）终身寿险（分红型）附加金瑞人生重大疾病保险5份，基本保险金额为年50000元。2019年5月2日，赵某因身体不适，在中国人民解放军总医院进行诊治。诊断结果为因冠状动脉粥样硬化性心脏病，不稳定性心绞痛，陈旧性下壁心肌梗死。住院月余，医疗费用近10万元。出院后，他向B寿险公司提出理赔申请。

请根据上述资料，完成下列任务：

（1）请结合案例，说明哪些人有资格向保险公司申请索赔？

（2）请告知客户索赔的基本流程。

（3）告知客户重大疾病保险索赔必备的材料。

项目小结

健康保险理赔，通常是指被保险人在保险合同有效期间内发生保险事故时，受益人依照保险合同约定申请保险金给付，在接受客户索赔、进行现场查勘与取证的基础上，保险公司依照保险合同约定，展开保险责任审定、赔款理算，最终达致赔付损失的决定或因损失不属保险责任而拒绝赔偿。健康保险理赔由索赔过程与保险金给付过程两部分组成。

健康保险公司理赔管理涉及风险管理理论、医学、精算学和法学等多门学科的专业知识。为保证健康保险理赔管理工作顺利进行，健康保险公司要注重组织管理、业务管理、信息管理、档案管理、人员管理和就诊医院管理，通过建立定点医院和理赔管理系统等方式，对健康保险理赔成本进行控制，这是健康保险经营管理中非常重要的内容。

健康保险理赔流程是保险公司按照法律法规和保险合同的约定，以统一、标准化的作业方式，及时、准确、合理地处理客户的理赔申请，兑现保单承诺，履行保险合同义务的业务处理流程。健康保险理赔的流程一般可以分为接报案、立案、理赔审核、理赔调查、理赔计算、复核审批、结案归档等几个环节。

健康保险索赔中的保险欺诈主要表现为投保人、被保险人、受益人以骗取保险金为目的，采取虚构事实、故意不如实告知、未经被保险人同意投保、先出险后投保、故意制造损失和意外事故、医患勾结，无病住院和夸大损失程度等各种欺诈手段，致使保险人陷于错误认识而向其支付保险金。保险欺诈的性质是非常恶劣的，健康保险公司可以采取建立严格的承保预防体系、保险信息交换系统等方式对健康保险欺诈问题进行防范。

沟通是理赔案件处理中最重要的技能，也是最基本的技能。健康保险理赔处理的沟通技巧就是通过健康保险理赔人员与被保险人或受益人采取电话、会面、书信、电子邮件等方式，使双方对于理赔案件的某些观点、看法、思维方式等达成一致。

项目九 健康保险客户服务

 **学习目标**

知识学习目标：
□ 掌握健康保险客户服务概念、内容、特点
□ 理解健康保险客户服务的意义
□ 掌握健康保险保全服务主要内容
□ 了解健康保险保全服务的流程

技能训练目标：
□ 能够对客户进行新契约回访
□ 能够协助客户填写保全申请书，提供保全服务
□ 能够分析客户投诉常见的心理类型进行投诉处理

 **工作任务**

1. 认识健康保险客户服务，感知客户服务特征及意义
2. 明确健康保险保全服务内容及流程。
3. 进行健康保险客户投诉处理。

 导入案例

有温度的客户服务

为提升客户体验，深化消费者权益保护，平安人寿推出消费者维权直达专线，配置专业客服坐席团队，快速响应、解决消费者咨询投诉问题，为消费者提供专业、高效的服务，让保险更有温度。消费者维权直达专线全国统一号码，采用极简、直达模式，7×24 小时全天候服务，客户拨通后无需转接即可直通高端客服坐席。直达专线配置了专业的客户服务人员，优先响应客户咨询和抱怨投诉，专职处理消费者在保单销售、服

务等方面的建议和意见。

除此以外，平安人寿还在平安金管家APP、官方微信号、官网小程序等平台开通直达入口，畅通客户声音反馈渠道。客户也可以随时联系自己的保险代理人反馈意见，代理人将通过工作平台，协助提交处理，及时倾听客户的声音。

资料来源：中国平安官网

 行业动态

近年来，越来越多的保险公司不断强调保险保障+，即通过保险产品植入健康管理服务的方式，让保险保障深入到人们日常生活的方方面面。从前保险公司与客户的接触点一般只集中在投保及理赔环节，服务感知薄弱。现在众多保险公司秉承"以客户为中心"，敏锐捕捉消费者对保险保障的需求场景，不断推动以客户需求为导向的产品创新，帮助消费者自在掌握健康生活。

1. 什么是健康保险客户服务？
2. 健康保险客户服务有什么特点和意义？

任务一　认识健康保险客户服务

 业务描述

中国保监会发布了《保险公司服务评价管理办法（试行）》，《办法》规定人身保险公司服务评价体系包括8个指标，涉及销售、咨询、回访、理赔、保全、投诉六大服务环节。

问题：什么是健康保险客户服务？包括哪些内容？

一、健康保险客户服务的内涵

健康保险客户服务是指保险人在与现有客户及潜在接触的阶段，通过畅通有效的服务渠道，为客户提供产品信息、品质保证、合同义务履行、客户保全、纠纷处理等项目的服务以及基于客户的特殊需求和对客户的特别关注而提供的附加服务内容。

健康保险客户服务主要包括以下几层含义：

（一）基础性服务

在基础性服务方面，以开发满足消费者个性化、多样化需求的保险产品为龙头，以完善、高效的技术服务系统为手段，以设置合理的组织机构和网点布局为支撑点，在立足市场、提高服务水平的前提下实现更高层次的服务。其目标是扩大保险产品的保障与服务功能，吸引客户群体，激发其保险需求欲望，通过提高购买保险产品的便利性和客户服务质量，提高公司业务竞争力。

（二）管理性服务

在管理性服务方面，建立适应市场的营销系统与高效的营销管理体制，培养高素质的展业队伍，拥有方便客户、体现客户和公司双方利益、完善健全的业务管理（核保、承保、理赔等）制度体系，以及实现上述服务功能的高效的员工队伍等。其目的是促成业务规模（保费收入和资产管理规模）增长，提高契约继续率，降低公司经营风险，稳定并扩大市场占有率，提高资产经营效益。

（三）保险延伸服务和附加价值服务，实现保险的社会服务功能

保险产品趋同的差异化服务战略要求寿险公司在提供保险保障的同时还要提供相关的延伸服务和附加价值服务。保险延伸服务是指保险公司利用自己的资源技术优势，为保户提供的保险责任以外的服务，它是普通保险服务的延伸。我国的一些寿险公司结合我国的实际情况，开展了一些符合现实要求、具有自己特色的延伸服务。如免费体检、附加康复护理及健康咨询、医疗服务、健康服务、健康管理、养老和康复护理的服务。

 行业动态

《健康保险管理办法》2019 年版节选

第六章 健康管理服务与合作

第五十五条 保险公司可以将健康保险产品与健康管理服务相结合，提供健康风险评估和干预、疾病预防、健康体检、健康咨询、健康维护、慢性病管理、养生保健等服务，降低健康风险，减少疾病损失。

第五十六条 保险公司开展健康管理服务的，有关健康管理服务内容可以在保险合同条款中列明，也可以另行签订健康管理服务合同。

二、健康保险客户服务的内容

（一）健康保险客户服务环节

保险客户服务包括保险产品的售前、售中和售后三个环节的服务，在每一个环节上又都包含着具体详细的内容。

1. 售前服务

售前服务是保险人在销售保险产品之前为消费者提供各种有关保险行业、保险产品的信息、资讯，咨询，免费举办讲座，风险规划与管理等服务，被认为是公司新业务的开始，例如：客户风险分析、保险规划、提交投保单、收取保费等。

2. 售中服务

售中服务是指业务人员将投保单递交到公司后，由公司承保部门进行核保、出单的过程。例如：调查与评估与投保有关的风险、签发保单等。

3. 售后服务

售后服务是指客户签单后，按照合同要求，保险人履行规定的合同义务的全过程。例如：接报案、查勘与定损服务、核赔服务、保全服务、客户投诉处理服务。

（二）健康保险客户服务主要内容

1. 提供咨询服务

顾客在购买保险之前需要了解有关的保险信息，如保险行业的情况、保险市场的情况、保险公司的情况、现有保险产品、保险条款内容等。保险人可以通过各种渠道将有关的保险信息传递给消费者，而且要求信息的传递准确、到位。在咨询服务中，保险销售人员充当着非常重要的角色，当顾客有购买保险的愿望时，一定要提醒顾客阅读保险条款，同时要对保险合同的条款、术语等向顾客进行明确的说明。尤其对责任免除、投保人、被保险人义务条款的含义、适用的情况及将会产生的法律后果，特别要进行明确的解释与说明。咨询的方式主要有以下几种。

（1）电话咨询。准客户可以通过保险公司或中介机构的电话来了解保险信息和保险知识。

（2）窗口咨询。准客户可以直接到保险公司的窗口与保险业务员进行面对面的交流，了解信息和索取有关的资料。

（3）网上咨询。目前几乎各大保险公司都提供网上咨询的方式。通过互联网，准客户可以查询到自己感兴趣的保险信息，甚至可以在网上直接与服务人员交流，解决问题，并且可以与其他保户进行沟通和信息传递。

（4）客户服务中心系统。主要是基于 IP 网络的客户服务中心系统，利用包括电话、电子邮件、互联网和动态视频等多媒体形式为客户提供服务，并能详细了解和保存客户资料，及时了解客户的需求，为客户提供个性化服务。

2. 风险规划与管理服务

首先帮助顾客识别风险，包括家庭风险的识别和企业风险的识别。其次，在风险识别的基础上，帮助顾客选择风险防范措施，既要帮助他们做好家庭或企业的财务规划，又要帮助他们进行风险的防范。特别是对于保险标的金额较大或承保风险较为特殊的大中型标的，应向投保人提供保险建议书。要为顾客提供超值的风险评估服务，并从顾客利益出发，设计专业化的风险防范与化解方案，方案要充分考虑市场因素和投保人可以接受的限度。

3. 接报案、查勘与定损服务

保险公司坚持"主动、迅速、准确、合理"的原则，严格按照岗位职责和业务操作实务流程的规定，做好客户报案、派员查勘、定损等各项工作，全力协助客户尽快恢复正常的生产经营和生活秩序。在定损过程中，要坚持协商的原则，与客户进行充分的协商，尽量取得共识，达成一致意见。

4. 核赔服务

核赔人员要全力支持查勘定损人员的工作，在规定的时间内完成核赔。核赔岗位和人员要对核赔结果是否符合保险条款及国家法律法规的规定负责。核赔部门在与查勘定损部门意见有分歧时，应共同协商解决，赔款额度确定后要及时通知客户。如发生争议，应告知客户解决争议的方法和途径。对拒赔的案件，经批复后要向客户合理解释拒赔的原因并发出正式的书面通知，同时要告知客户维护自身权益的方法和途径。

5. 契约保全服务

"保全"一词在人寿保险实务上有广义和狭义两种。就广义而言，自人寿保险契约成立时起至终止时止，凡在保险期间内发生的一切事务都可称为保全。故广义的保全不仅包括保险费的收缴、契约内容的变更，更包括保险金给付金、保单贷款、退保金、红利等各类给付事务。狭义的保全仅仅包括契约内容的各种变更、保单错误的更正以及保险金和退保金的给付。

6. 客户投诉处理服务

保险公司各级机构应高度重视客户的抱怨、投诉。通过对客户投诉的处理，应注意发现合同条款和配套服务上的不足，提出改进服务的方案和具体措施并切实加以贯彻执行。

（1）建立简便的客户投诉处理程序，并确保让客户知道投诉渠道、投诉程序。

（2）加强培训，努力提高一线员工认真听取客户意见和与客户交流、化解客户不满的技巧，最大限度地减少客户投诉现象的发生。

（3）了解投诉客户的真实要求。对于上门投诉的客户，公司各级机构职能部门的负责人要亲自接待，能即时解决的即时解决；不能即时解决的，应告知客户答复时限，对于通过信函、电话、网络等形式投诉的客户，承办部门要限期答复。

（4）建立客户投诉回复制度，使客户的投诉能及时、迅速地反馈。

（5）在赔款及其他问题上，如果客户和公司有分歧，应本着平等、协商的原则解决，尽量争取不走或少走诉讼程序。

（6）在诉讼或仲裁中，应遵循当事人地位平等原则，尊重客户、礼遇客户。

7. 孤儿保单服务

孤儿保单是指因为原营销人员离职而需要安排人员跟进服务的保单。孤儿保单服务具体包括保全服务、保单收展服务和全面收展服务三种。

 行业动态

从被动理赔到健康管理

随着医学和科技的发展，人们对于健康险的需求不再仅仅停留在支付医疗费用、收入损失、丧葬费及遗属生活费等领域，而是希望健康险能分享医疗卫生技术进步带来的红利，让疾病得以诊治，甚至是让自己的生命更长久、更健康、更有质量。显而易见，健康险单一的医疗财务风险分摊功能已经不能适应当今医疗模式的转变，不能满足客户新的需求。因此，健康保险角色从疾病风险的承担者扩展至疾病风险的预防者和健康生命维护者。2020年9月，银保监会印发《关于规范保险公司健康管理服务的通知》，进一步推动商业保险与医疗健康服务的融合；2020年12月，中国保险行业协会联合中国健康管理协会发布《保险机构健康管理服务指引》四项标准，在服务内容、风险分类、方案设置等方面做出规定。

资料来源：每日经济新闻，https://baijiahao.baidu.com/s?id=1701904832445214040&wfr=spider&for=pc

 课堂实作

请你扮演保险公司 001 号客服人员,打电话对李先生进行新契约回访。

表 9-1   某家保险公司回访流程及话术

类型	话术
投保人身份确认	回访员:"您好!请问××先生(或女士)在吗?"
介绍自己	回访员:"您好!我是人保寿险的电话回访人员,我的工号是××。"
说明来意	回访员:"感谢您近期通过××代理或经纪公司购买了我公司××元的××保险产品,为了维护您的权益,现根据中国保监会的要求对您做一次服务回访,您看方便吗?"
提示投保人保险公司对回访进行全程录音	回访员:"为了维护您的合法权益,公司将对本次回访进行全程录音,请您理解。"
核实客户身份	回访员:"××先生/女士,首先核实一下您的基础信息,您的生日是……?"(通过询问出生日期等个人信息确定投保人身份。)
确认客户是否收到保险合同,并签收回执	回访员:"请问您是否已经收到了正式的保险合同?" 回访员:"请问保险合同回执是由您亲笔签名的吗?"
确认客户亲笔签名问题	回访员:"请问投保单和投保提示书是由您和被保险人××(或被保险人××的监护人)亲笔签名的吗?"
确认投保单风险提示语是否为投保人亲笔抄录	回访员:"请问投保单上的风险提示语是由您亲笔抄录的吗?"
确认客户是否阅读并理解《投保提示》等材料,并已经知悉合同条款、保险责任和责任免除	(一)回访员:"请问投保时您是否已经了解这个保险产品的《投保提示》、合同条款,尤其是保险责任、责任免除等相关内容吗?" (二)回访员:"销售人员在销售保险的过程中,有没有承诺给予您保险合同约定以外的其他利益,向您承诺购买该保险产品即可获得××保险代理公司或××保险经纪公司的期权或股权?"
确认客户是否了解保险期间、缴费年期、频率(如果客户采取的是分期缴费的方式)	(一)趸缴产品 回访员:"您所购买的××保险产品的保险期限是××年,是一次性缴费的,您已缴纳保费××元。这点您清楚吗?" (二)期缴产品 回访员:"您所购买的××保险产品的保险期限是××年,是分期缴费的,缴费期限是××年,您需要每年/半年/季/月缴纳保费××元。这点您清楚吗?"
提醒	回访员:"特别提示您,您购买的是分期缴费保险产品,您需要有足够、稳定的财力保证长期支付保费。如果您中途停止缴费或退保,您会有一定的损失。(适用60周岁及以上老年人)"
确认客户是否理解犹豫期的含义及相关权利	回访员:"从您签收正式保险合同之日起15天内为犹豫期。如果您对产品不满意,在犹豫期内您可以无条件解除保险合同,保险公司会退还您所交保费。犹豫期后解除保险合同您会有一定的损失,我们将按照保单的现金价值给付退保金额,这点您清楚吗?"
核对客户的通信地址及邮编	回访员:"为了保证与您联络通畅,我可以和您核对一下通信地址和邮编吗?"
结束语	回访员:"非常感谢您对我们工作的支持,如果您没有其他问题,就不打扰您了。祝您工作顺利、身体健康,××先生(女士),再见!"

任务二
感知客户服务特征及意义

 业务描述

2019年修订的《健康保险管理办法》中将健康管理服务成本在健康保险产品中的占比从10%提升至20%。商业健康险作为健康服务产业链条的重要整合者,涉足健康险领域的保险公司纷纷开始创新探索,除了提供风险保障外,开始关注如何更好地管理消费者的健康,将健康险服务和内涵在更大程度上进行拓展延伸。

问题:健康保险服务有何特点和意义?

一、健康保险客户服务特点

(一)健康保险客户服务的无形性

无形性也可称为"不可触摸性"。保险服务是一种不能用五官直接感触到的特殊消费。人们在购买保险之前,是看不见成效的,也无法预知结果,只能通过搜寻相关信息、参考多方意见并结合自身的历史体验做出购买决策。因此,保险服务具有较强的经验特征和信任特征。

(二)健康保险客户服务的不可分离性

服务的不可分离性是指服务的生产过程与消费过程同时进行。对保险产品而言,服务的提供和消费是不可分割的,保险公司虽可以在销售之前对保险产品进行周密的规划,但是现实服务产品的出现恰恰在服务过程之中,即保险员工提供服务于客户的过程,也正是顾客消费服务的过程,二者在时间上统一。由于保险服务不是一个具体的物品,而是一种活动、一个过程,所以在保险服务中保险员工与顾客必定直接见面,发生直接的联系。

(三)健康保险客户服务的差异性

差异性是指保险服务构成成分经常变化,对服务质量很难统一界定。保险服务是以人为中心的活动,由于人类个性的存在,使得对保险服务质量检验很难采用统一的标准。一方面,由于保险员工自身素质、能力和水平各不相同,导致不同的员工提供同样内容的保险服务会有不同的水准。另一方面,由于顾客直接参与保险服务过程,顾客本身的因素不同,也直接影响保险服务的质量和效果。

(四)健康保险客户服务的不可储存性

不可储存性是指服务不具备储存能力,服务产品既不能在时间上储存下来以备将来使用,也不能在空间上将服务转移并安放下来,如果不能及时消费,就会造成服务的损失。例如,任何一家保险公司不可能提前制造出大量的地址变更、理赔给付,然后在客户需要的时候才发送出去。保险服务的不可储存性,要求保险公司有效地解决保险服务供给与需求时间上的差异,并且分配好有限的服务资源。

二、保险客户服务的意义

(一)提升保险公司竞争力与盈利能力

保险同业间竞争越来越激烈这种竞争不仅仅是比资金投入、险种开发、核保核赔,IT 技术以及内控管理,更是比服务。作为金融服务行业的一个重要组成部分,保险业服务质量的优劣,决定着保险企业乃至整个行业的生存与发展。对握有裁决企业最终兴衰成败权的客户来讲,对保险企业优劣评判的最直接依据来自自身的服务体验感受度、来自保险企业提供的服务水平高低。

(二)有利于建立长期的客户忠诚度

优质的服务有利于增加客户对保险企业的了解和认识,增强客户的信任感及认同感,提高客户的忠诚度,同时,保险企业可以通过细致、全面的客户服务,详细地了解客户需求,并针对客户需求进行保险营销,从而在不增加成本的情况下进一步提升公司业绩并创造利润。国际寿险管理协会(LOMA)的一项研究表明:一个公司通过使其客户每年留存数量增加 5%,可以使其利润增加 25%~85%,而建立一个新客户的成本要比保持现有客户满意的成本高 5~7 倍。

(三)有利于提高寿险公司的风险管理和资产管理水平

保险公司的竞争焦点正逐步从保费的竞争向风险管理水平和资产管理水平的竞争转化。良好的风险管理和资产管理意味着客户投资的保值增值,因而是更直接和更有效的客户服务。

(四)有利于行业自律和社会监督

随着保险市场的逐渐规范,保险监督管理部门对保险企业客户服务工作的监管日益加强,行业自律和社会舆论监督,也要求保险公司必须不断提升客户服务能力,减少投诉、提高客户满意度。

 行业动态

聚焦健康管理与健康保险融合发展 助力健康中国 2030

随着"健康中国 2030"建设的深入,人民健康成为国家发展战略,维护和促进国民健康,成为健康中国建设的重要内容,健康管理与健康保险相结合,共同为国民健康服务,已成为必然的趋势和不可替代的重要环节。

同时,系列医疗健康政策相关文件的出台,政策层面和制度保障已经为健康管理与

健康保险融合创新提供了良好的发展条件。数字化和信息化是健康管理和健康保险的抓手。慢性病早期筛查和干预技术、5G和人工智能在健康管理上逐渐应用开来,数字化和信息化已成为健康管理与健康保险融合的抓手。健康保险公司和健康管理机构在这一领域进行形式多样的科技创新、产品创新以及服务创新。例如,搭建健康管理运营服务平台、购买健康管理服务、共同开发健康管理产品等。

资料来源:金融界 https://baijiahao.baidu.com/s?id=1703348381977611448&wfr=spider&for=pc

课堂实作

张红是A寿险公司长沙市中心支公司客户服务中心一名工作人员,她每天的工作就是在大厅负责接待来公司办理业务的客户,帮助客户填写有关保全申请资料。

客户王先生2015年4月在保险公司业务员蔡某的推荐下向A寿险公司投保了一份终身人寿保险。由于工作比较繁忙,王先生的保单于2019年6月因过了宽限期仍未缴纳保费而失效。2019年7月某日上午,王先生带着保单到A寿险公司长沙市公司客户服务中心来办理保单复效手续,客服中心工作人员张红负责接待了他,请按照要求完成下面的任务:

(1) 请按照保险公司客户接待流程和规范用语,请扮演张红模拟现场展示客户服务接待过程。(注意表情、问候、鞠躬、引导、递接物品等礼仪)

(2) 王先生办完业务后,请扮演张红模拟现场送别王先生的服务过程。

任务三
认识保全服务

业务描述

祝文俊先生是杭州通利电器工具有限公司工程师,为其妻章静芳购买了某人寿一款医疗保险产品,保额为10万元,受益人为祝文俊。去年,祝先生由于出差在外,没有及时缴纳保险费,导致保单失效,现想恢复保单的效力。

1. 什么是健康保险保全服务?
2. 若你是保险公司的客服工作人员,应该如何帮助祝先生?

一、保全的含义

保险合同保全是指保险公司为了维持人身保单的持续有效,根据合同条款约定及客户要求而提供的一系列后续服务。

健康保险合同部分属于长期合同,保险期限有10年、20年甚至可到终身。在漫长的人生岁月里,投保人很可能因各种原因希望将购买的保单做某些变更。例如,因结婚、生子想增加保险金额；或因保费负担较重想减少保险金额，降低保费；或因经济能力不许可，想变更为展期保险或缴清保险，不再缴纳保险费等。以上内容均属保险合同内容的一般变更。遇到这些情况，投保人可以到保险公司保全部门提出变更申请。保险公司为此提供的服务，都属于保全服务。

二、保全的适用范围

保全项目包括保险合同内容变更、保险费续收、增加附加险及续保、保险合同效力终止、保险合同效力恢复、解除合同、保单借款、可转换权益、保额增加权益、保险合同补发/换发、保险关系转移、保险合同代服务、生存给付、红利/利差的通知与给付等。但并不是只要拥有保险合同，就可以办理上述任何一项保全服务。保全服务能否办理，还要看保险合同处于什么状态。

（1）在标准状态下，即保险责任尚未终止，保险合同依然有效，投保人也未申请迁出、保额变更等情况下，保险公司可受理投保人各项保全申请，变更各项信息，如养老金领取、满期给付、保单补发、续期缴费、转换险种等。

（2）在退保状态下，即在保险合同自然终止前，投保人提出提前终止保险合同，并领取保单的现金价值，保险人不再承担相应责任的情况下，保险公司不受理任何保全申请。

（3）在终止状态下，即保险合同所约定的保险期限已届满，保险合同自然终止的情况下，保险公司不受理任何保全申请。

（4）在失效状态下，即对于非趸交保单，投保人因各种原因而欠缴保费，在超过约定的宽限期（一般为60天）后，保单处于失去效力的情况下，保险公司接受投保人在失效两年内提出的复效申请，其他保全服务不受理。

（5）在迁出状态下，即在被保险人因工作或其他原因从一地迁往异地，为缴费和领取保险金方便，因此向保险公司提出变更托管公司的情况下，保险公司不受理其他任何保全申请。

（6）在领取状态下，即年金类保单和其他返还性保单已经进入领取期的情况下，除可受理领取方式的变更和基本信息变更外，不受理其他变更操作。

三、保全服务的主要内容

保全服务涉及的内容非常广泛，保险公司在合同成立后的不同阶段可提供相应的保全服务项目，见表9-2。

表9-2　　　　　　　　　　保全服务内容一览表

序号	保全服务项目	保险公司提供服务的时间		
		保险期限内		年金给付期内
		交费期间内	非交费期限内	
1.	通讯地址/住所变更	3	3	3
2.	文字变更	3	3	

续表

序号	保全服务项目	保险公司提供服务的时间		
		保险期限内		年金给付期内
		交费期间内	非交费期限内	
3.	证件类别及号码变更	3	3	
4.	性别错误更正	3	3	
5.	出生日期错误更正	3	3	
6.	更换投保人	3	3	
7.	受益人变更	3	3	
8.	增加附加险	3	3	
9.	附加险续保	3	3	
10.	投保要约的确认	3	3	
11.	保险合同补/换发	3	3	
12.	解除合同	3	3	
13.	保险关系转移	3	3	
14.	保单借款	3	3	
15.	续期交费通知	3		
16.	保费抵交	3		
17.	保费自动垫交	3		
18.	交费方式变更	3		
19.	授权账号变更或撤销	3		
20.	减保	3	3	
21.	保额增加权益	3	3	
22.	减额交清	3		
23.	可转换权益	3	3	
24.	合同效力恢复（复效）	3	3	
25.	利差返还	3	3	3
26.	红利给付	3	3	3
27.	生存金领取通知	3	3	3
28.	年金领取方式变更	3	3	3
29.	年金领取年龄变更	3		
30.	犹豫期撤单	投保人签收合同的10天内		

课堂实作

2010年5月客户A为其15岁的女儿投保了重大疾病保险，20年缴费，2020年9月客户A意外身故。

请问此保单需要办理什么保全业务？保全申请人是谁？

任务四
明确保全服务的流程

 业务描述

刘芳，为自己购买人寿长青重大疾病险，附加相悦意外伤害险。保额均为 30 万元。申请变更受益人为儿子李小小，现居住在成都市青羊区中山路 99 号中山小区 99 栋 999 室，邮编：552244。

问题：如何协助客户完成受益人变更？

合同保全是对保险合同效力的维护，保险公司一般经过客户申请、受理初审、经办、复核、单证缮制与清分和日结归档等五个处理阶段：

（一）客户申请

是指客户就其投保的保险合同，向保险公司提出变更合同内容、变更通讯地址、住所或联系电话、解除保险合同等愿望或请求，并按合同约定提交相关资料的过程。客户申请既是客户向保险公司请求服务的过程，也是合同保全服务的开始。

（二）受理初审

是指保险公司保全人员根据客户提交的申请书和相关资料，判断客户是否有申请权利，申请书填写是否完整、清晰，递交资料是否齐全等，以决定是否受理客户申请的过程。保全人员在受理客户申请时，最重要的是要全面、真实、准确地了解客户意图，这是做好合同保全服务的基础。

（三）经办

是指保全人员录入客户申请资料，并根据客户申请进行保险合同变更处理的过程。经办是合同保全服务的关键环节，保全人员不仅要检查客户提交资料是否与系统数据一致，还要保证经办过程是否符合合同约定和公司的保全规定。

（四）复核

是指保全审核人员通过核查客户提交的申请资料、保全经办结果等，以决定合同变更处理结果是否准确、合理、合规，并签署审核意见的过程。复核是对经办结果的审核，同时也是对经办人员处理时效的监督。

（五）单证缮制与清分

是指经办处理意见经审核通过后，由保全人员制作批单或打印批注，并将变更后的保险合同按营业单位分类、整理后送交业务员的过程。批单或批注是保全处理结果的书面反映，将是保险合同的理赔依据。保全人员在制作过程中需仔细审核批单的打印、盖章、粘贴、清分等每一道工序，确保正确无误。

日结、归档。是指保全人员每日营业终了，核对、整理当日保全处理资料，打印。

（六）保全业务处理清单

并定期将整理好的客户资料与业务处理资料，随同归档清单送交档案保管部门的过程。日结与归档是合同保全服务的终结，保全资料应及时整理、分类归档。做到资料完整、保存有序、查询有据。

 课堂实作

刘芳，身份证号码为：510104198904037766，联系方式为1391111333，为自己购买人寿长青重大疾病险，附加相悦意外伤害险，保额均为30万元。保险合同号：20090304。申请变更受益人为儿子李小小，身份证号码：510104201405057788，现居住在成都市青羊区中山路99号中山小区99栋999室，邮编：552244

请协助客户填写保全申请书，见表9-3。

表9-3　　　　　　　　　　保全变更申请书

保全变更申请书（个险业务专用）

保险单号_____　投保人_____　被保险人_____

1. □ 客户基本资料变更	客户姓名		证件类型		证件号码	
	联系地址				邮政编码	
	联系电话		移动电话		E-mail	
	其他项目		更正内容			
	投保人项下的所有保单是否同时变更				□是　□否	
2. □ 保单基本信息变更	收费地				邮政编码	
	联系电话				移动电话	
	开户银行				账户名	
	银行账号				账户类型	
3. □ 受益人变更	□生存/□身故	受益人姓名		性别		出生日期	
	是被保险人的		受益顺序		受益比例	
	证件类型		证件号码			
	联系电话		移动电话			
	联系地址				邮政编码	
	多个受益人请按以上顺序分别说明：					

续表

4. □ 补发保单	投保人声明：自保险单补发之日起，原保单作废。本次补发为第　　次补发。			
5. □ 犹豫期撤保	撤保性质：□整单契撤　□主险契撤　□长期附加险契撤 撤保原因：□人情投保　□业务员告知不实　□险种不理想　□经济原因　□理赔不满意 　　　　　□出国移居　□业务员自保件　□服务不理想　□其他			
6. □ 退保	退保性质：□整单退保　□主险退保　□附加险退保 退保原因：□人情投保　□业务员告知不实　□险种不理想　□经济原因　□理赔不满意 　　　　　□出国移居　□业务员自保　□服务不理想　□其他			
7. □ 保单余额账户退费	申请领取保单余额　　　　　元			
8. □ 红利领取	申请领取主险的红利　　　　　元			
9. □ 预约终止附约	保险单短期附加险　　　　　自到期之日起终止			
10. □ 保费逾期未付方式变更	□停效　　□自动垫缴			
11. □ 交费频率变更	□年交 □半年交　□季交　□月交			
12. □ 险种交费期限变更	险交费年期变更为　　年　交费年期变更为　　年			
13. □ 红利领取方式变更	原领取方式		现领取方式	
14. □ 保单迁移	迁往城市		联系地址	
	邮政编码		联系电话	
	开户银行		银行账号	
15. □ 减额交清	主险名称		附加长期险名称	
16. □ 生存领取	险种名称		领取金额	
17. □ 减少保额	险种名称	被保险人	原保额/档次/份数	新保额/档次/份数
18. □ ※万能险增加/减少基本保额	变更前保额/保费	元/　　元	变更后保额/保费	元/　　元
19. □ 万能险个人账户价值部分领取	领取金额　　　　　元			
20. □ 万能险追加投资保险费	追加金额　　　　　元			

续表

※21. □ 复效	本次复效险种选择　□只复效主险　□主险与附加险一同复效 失效原因：□经济困难　□身体健康，收入稳定、风险小、投保不划算　□转投其他险种 □资金周转不利或有其他投资 □遗忘或疏忽续期交费日期或不熟悉交费方式　□其他 （已停售的短期险种以及停效的短期附加险种不能复效）

※22. □ 新增附约	险种名称	被保险人	保额/档次/份数	职业代码	交费年期

※23. □ 投保人变更	新投保人姓名		证件类型		证件号码	
	与被保险人关系		职业代码		联系电话	
	联系地址				邮政编码	
	（请同时把收费账号变更为新投保人账号）新投保人签名：					

※24. □ 职业变更	□投保人 □被保险人	职业变更时间		变更后职业及代码	

※25. □ 生日性别变更	□投保人 □被保险人	变更后生日		变更后性别	
	证件类型		证件号码		

※26. □ 补充告知	告知对象　□投保人　□被保险人　□连带被保险人　（请对告知时间、内容作详细描述）

27. □ 其他变更	变更内容：

授 权 银 行 转 账 信 息

凡以上保全项目涉及收、付费，请选择收付费方式（□现金□转账□支票），集中处理的保全项目均采用银行转账方式，请如实填写下列转账给付授权声明，并签字确认，谢谢合作！（温馨提示：请在提供的账号内存入足够的金额以保证您的利益）

授权转账银行户名	□中国工商银行　□中国银行　□招商银行　□建设银行　□农业银行　□交通银行　□其他
账号所有人姓名	授权银行账号

投保人（签名）：　　　　　　　有效证件号　　　　　　　联系电话

新投保人（签名）：　　　　　　有效证件号　　　　　　　联系电话

被保险人或其监护人（签名）：　有效证件号　　　　　　　联系电话

委托代办人（签名）：　　　　　有效件件号　　　　　　　联系电话

营业部；　　　　　　　　　　　业务员代码：　　　　　　申请日期　　年　　月　　日

任务五
认识保险客户投诉

 行业动态

不断加固保险保障，保险公司开通投诉专线

为投诉客户提供更便捷高效的服务作为最大目标，某保险公司专门打造了专属的服务流程，开通消费者维权直达专线，采用全人工服务，客户拨通电话后，不再需要进入智能菜单等待转接，而是直接由服务专家接听电话提供第一时间的响应，为客户解决服务中遇到的各种问题。寿险投诉电话7×24小时全人工服务，为客户提供VIP级别的专属服务。保险公司应该如何处理客户投诉？

 业务描述

30岁的王先生投保了某保险公司10万元终身重大疾病保险，选择20年交费，年交保费8700元。5年后，王先生由于生意失败，无法继续交保费，并想退还以前所交的全部保费，保险公司业务员根据公司规定，这种情况是不能全额退保的，于是婉言拒绝王先生的要求，王先生打电话到保险公司进行投诉。

问题：

如何正确看待客户投诉？

一、客户投诉的定义及分类

（一）客户投诉的定义

保险客户投诉是指与保险公司有承保要约的客户以及已承保客户，认为公司在经营过程中侵犯其合法权益，对保险合同、公司产品、管理、销售、服务表示不满，并通过各种方式，向公司表达其诉求，要求公司予以协调处理的行为。客户的情绪反映了他们内心要表达的声音，这声音并不总是动听的，在商业活动中，几乎各行各业的工作人员都难免会遇到客户的投诉，因为公司不可能满足所有客户的需求，投诉是必然的，保险行业也不例外。

研究表明，4%的不满意客户会向你投诉，96%的不满意客户不会向你投诉，但会将他的不满意告诉16~20个人。向有关部门反映或找上门来只是最终投诉的结果，实际上投诉之前就已经产生了潜在化的抱怨，即产品或者服务存在某种缺陷。潜在化的抱怨随着时间推移就变成显在化的抱怨，而显在化的抱怨即将转化为投诉。

（二）保险客户投诉的分类

1. 按客户选择投诉的方式分为：电话投诉、现场投诉、信函投诉、网络投诉

（1）电话投诉。客户直接拨打保险公司的服务热线或投诉热线，表达自己的愤怒。由于双方的连结只靠电话，看不清彼此的表情、动作，因此很容易给投诉处理制造障碍。

（2）现场投诉，又称来访投诉。部分客户倾向于当面投诉，认为这样可以发泄心中的怒气并能将问题说得更清楚。现场投诉给了公司最好的扭转局面的机会，因为客户就在眼前，只要采用了正确的应对方式，客户就会满意而去，而不像其他的投诉方式，存在诸多的问题。

（3）信函投诉。有些客户会选择信函投诉的方式。由于写信是一个较长时间才能完成的事情，因此，客户是经过深思熟虑后真实地反映整个事件，只是可能会遗漏客户认为不重要的地方或者过分强调客户自己的感受。

（4）网络投诉。有些客户则会选择网络投诉的方式。现在每个公司在自己的门户网站上都设有客户投诉信箱。客户只要按照保险公司设定好的格式对相关内容进行填写并提交即可。网络投诉是一种高效、便捷的投诉方式。

2. 根据客户投诉涉及的环节分为：展业类、销售人员／销售机构服务类、柜面形象类、承保类、保全类、理赔类、电话中心类、公司产品类、收付费类、短信类及其他类投诉件等

（1）展业类投诉。销售人员在展业过程中未按公司相关业务规定，为客户宣传或提供投保服务，以及在展业中误导、欺骗客户等一些非诚信行为而引发的投诉案件。

（2）销售人员／销售机构服务类投诉。销售人员／销售机构不能按服务承诺为客户提供相应售后服务、泄露客户信息及因销售人员专业素质和服务态度无法满足客户要求等原因引发的投诉案件。

（3）柜面形象类投诉。因公司柜面设施不完善、未按公司规定时间营业、柜面服务人员态度／礼仪／专业素质差、柜面秩序混乱而引发的投诉案件。

（4）承保类投诉。因保险合同录入／打印及装订错误、未按规定及时为客户出具有效保单、丢失客户投保和核保资料、出单时间过长或核保结果客户不满意等原因引发的投诉案件。

（5）保全类投诉。因公司或代理机构网点少、未按公司规定处理保全业务或发生差错、保全业务处理效率低、保单转移时间过长、附加险不能续保或被要求加费续保、收不到公司的有关通知导致保单失效等原因引发的投诉案件。

（6）理赔类投诉。客户因理赔时间过长、理赔结果不满意、资料繁琐、理赔金计算错误及公司丢失客户理赔资料等原因引发的投诉案件。

（7）电话中心投诉类。对呼叫中心（客户服务热线）客户服务代表的专业素质、服务态度不满、对客户服务热线自动语音服务不满、客户服务热线服务内容有限、客户服务热线处理效率不满等原因引发的投诉案件。

（8）公司产品类投诉。对自有业务重大疾病定义范围／理赔规定不满、费用补偿性产品的条款责任／补偿范围不满、代理业务条款规定不满、借款规定或条款不满等原

因引发的投诉案件。

（9）收付费类投诉。对收费处理时间过长、收付费处理发生差错、银行缴费、转账发生差错、客户不能及时领取款项、收付费票据内容出错等原因引发的投诉案件。

（10）短信类投诉。因公司短信打扰、短信内容不实用及短信内容发送错误等原因引发的投诉案件。

（11）其他类投诉。如客户对公司的各类宣传途径不满、对公司的分红收益不满、对泄露客户个人隐私（不包括销售人员、销售机构）不满、营销员对管理内容及佣金发放／管理机构及人员不满、对电销渠道销售人员／电话打扰等不满、对非银行代理机构的中介代理渠道不满等其他原因引起的投诉案件。

3. 根据投诉件处理难度及造成的负面影响分为普通投诉、特殊投诉、重大投诉、疑难投诉

（1）普通投诉。客户投诉后，投诉受理人员在权限范围内可直接进行协商处理的投诉案件。

（2）特殊投诉。客户投诉后，投诉受理人员在权限范围内不能直接进行协商处理的案件。

（3）重大投诉。客户投诉涉及公司形象、声誉（被媒体报道、上告到监管部门和政府机关）的案件，涉及公司人员挪用、贪污、受贿的案件，涉及承担法律责任的案件。

（4）疑难投诉。客户投诉后，相关部门无法直接进行处理或客户与公司不能达成一致意见的案件。

二、有效处理保险客户投诉的意义

（一）保险投诉有利于保险公司规范经营管理

我国保险公司长期在低水平经营管理状态下运行，无论是在经营管理方面还是在服务方面，无论是在制度建设方面还是在行业行为方面，都不同程度地存在着一些不规范的问题。保险投诉中有相当一部分的投诉是因为保险公司过去经营管理不规范引发的后遗症，比如说擅自变更条款的内容、放宽承保条件、客户资料信息不完善等。保险投诉可以使保险公司正视自己经营管理上的问题，有利于保险公司规范经营管理。

（二）保险投诉有利于员工队伍素质的提高

投诉率的增减，在很大程度上是对保险公司人员素质的检验。有些保险公司的管理人员整体素质水平与市场经济下的需求标准相差甚远，无论是业务水平还是效率观念都远远落后于市场经济的需求，由单纯的管理型公司向服务型公司转型还不到位；营销队伍经过近几年的发展，规模虽已初步形成，但由于管理机制尚不健全，整体水平还较低，对业务知识、展业技能及职工操守的理解、掌握还缺乏深度，尤其是依法经营、树立公司形象的观念还没有真正树立起来，利益驱动、欺诱客户事件时有发生。因此，不可避免地会引起投诉的产生。保险投诉会促使保险公司重视这些问题，加强服务理念、职业操守等多方面的教育与培训，从而提升广大保险公司员工的队伍素质。

(三) 保险投诉是公司维持老客户的契机

老客户是最有价值的客户。据统计，获得1个新客户的成本是留住1个老客户的成本的5倍。维护老客户、降低客户流失率对公司来说无疑是极其重要的。客户来投诉也给了公司留住老客户的机会。客户不满但不投诉，对公司客户关系的伤害可能更大。管理大师约翰·肖的判断是，在任何一个商家有过不愉快经历的客户会将此经历告诉9~10个人，有13%的人会告诉20多个人。在这种口口相传之下，公司的口碑变差，在不知不觉间失去了市场。公司每年正常的客户流失率15%~29%，只要将客户流失率减少一半，就能使公司的经济增长率成倍提高。所以，公司要尽可能地让客户有机会表达他的不满，并通过妥善处理客户投诉赢得客户更高的忠诚度。

(四) 保险投诉隐藏着无限的商机

从投诉问题中，保险公司还能发现商机，发现市场的空白点，使公司创造比其他公司更有竞争优势的产品。当前绝大多数保险公司都已经认识到公司的一切活动要以客户为导向，并且在努力从服务客户的角度出发重组业务和管理流程。但是所有的努力毕竟都是按照公司的内在运作逻辑和体系实施的，与客户真正的需求不可避免地会存在差异。客户投诉是一个公司弄清客户的真正需求，尽可能地消除差异、贴近市场的机会。

任务六 处理保险客户投诉

业务描述

客户王先生于2022年5月购买安康疾病保险，保费：12000元，交费期间：12年。客户于收到保单10日内提出撤单申请，由于部门秘书疏忽导致过了犹豫期却未撤单，客户投诉要求全额退保，而且态度很坚决，并声称，如果不解决将会告到银保监局去。

问题：作为客服人员应该如何处理客户投诉？

一、保险客户投诉心理分析

(一) 发泄的心理

客户遭遇不满而投诉，一个最基本的需求是将不满传递给保险公司，把自己的怨气、抱怨发泄出来。这样，客户心中的不快会得到释放和缓解，从而恢复心理上的平衡。

耐心的倾听是帮助客户发泄的最好方式，切忌打断客户，让他的情绪宣泄中断，淤积怨气。此外，客户发泄的目的在于取得心理的平衡，恢复心理状态，在帮助客户宣泄情绪的同时，还要尽可能地营造愉悦的氛围，引导客户的情绪。

（二）尊重的心理

美国著名社会心理学家马斯洛曾提出，人的需求分为五个层次，其中第四个需求层次就是"尊重的需要"。所有来投诉的客户都希望获得关注和对他所遭遇的问题的重视，以满足心理上的被尊重的需要，尤其是一些感情细腻、情感丰富的客户则更是如此。

在投诉过程中，保险公司能否对客户给予认真接待，及时表示歉意，及时采取有效的措施，及时回复等，都被客户看作是否受到尊重的表现。如果客户确有不当，保险公司也要用巧妙的办法让客户下台阶，这也是满足客户被尊重的心理需要。

（三）补偿的心理

客户投诉的目的在于补偿，因为客户觉得自己的权益受到了损害。值得注意的是，客户期望的补偿不仅指财产上的补偿，还包括精神上的补偿。根据我国的法律规定，绝大多数情况下，客户是无法取得精神损害赔偿的，而且实际投诉中客户提出要求精神损害赔偿金的也并不多见，但是，通过倾听、道歉等方式给予客户精神上的抚慰是必要的。

（四）认同心理

客户在投诉过程中，一般都努力向保险公司证实他的投诉是对的和有道理的，希望获得保险公司的认同。投诉处理人员在了解客户投诉问题时，对客户的感受、情绪要表示充分的理解和同情，但是要注意不要随便认同客户的处理方案。比如，客户很生气时，处理客户投诉的人员回应说："您别气坏了身体，坐下来慢慢说，我们商量一下怎么解决这个问题。"这个回应就是对客户情绪的认同、对客户期望解决问题的认同，但是没有轻易地抛出处理方案，而是给出一个协商解决的信号。客户期望认同的心理得到回应，有助于拉近彼此的距离，为协商处理问题营造良好的沟通氛围。

（五）表现心理

客户前来投诉，往往潜在地存在着表现的心理。你们怎么可以这样做，应该如何做，你们在管理上有问题……表面看客户在投诉和批评，实际上也是在建议和教导。好为人师的客户随处可见，他们通过这种方式获得一种成就感。客户表现心理的另一方面，是客户在投诉的过程中，一般不愿意被人做负面的评价，他们时时注意维护自己的尊严和形象。

利用客户的表现心理处理客户投诉时，要注意夸奖客户，引导客户做一个有身份的人、理智的人。另外，可以考虑性别差异地接待，如男性客户由女性来接待，在异性面前，人们更倾向于表现自己积极的一面。

（六）报复心理

存在报复心理的客户在投诉时，一般不计较个人得失，不考虑行为后果，只想让公司难受，出自己的一口恶气。

自我意识过强、情绪易波动的客户更容易产生报复心理。对于这类客户,处理客户投诉的人员要特别注意做好工作。在客户处于报复心理状态时,要通过各种方式及时让双方的沟通恢复理性。对于少数有报复心理的客户,要注意搜集和保留相关的证据,以便客户在做出有损公司声誉的事情时,拿出来给大家看看;在适当的时候提醒一下客户这些证据的存在,对客户也是一种极好的冷静剂。

二、处理客户投诉的原则

(一)快速处理的原则

一旦出现客户投诉,应及时受理客户投诉,并在第一时间进行处理。作为投诉客户来说,每一个投诉者都希望他们的投诉信息发出之后,能得到及时快速的处理。如某保险公司客户投诉管理规定:非直接接待的客户投诉,投诉处理人员应于接到客户投诉案件之日起1个工作日内与客户取得联系,核实客户投诉的事由及请求。对受理的所有投诉案件,均应当自受理之日起10个工作日内向投诉人做出明确答复。

(二)合规处理的原则

投诉处理要符合条款及相关法律规定。

(三)"一站式"服务的原则

对于客户投诉的问题,一经受理,客户不需要再拨打其他电话或找其他部门,客户的需求和问题,只需向公司陈述一次,就应该得到解决。

(四)专人负责的原则

保险公司应设立专门的投诉处理岗位,配备专门的投诉处理人员。对不能直接答复客户而需进一步调查、核实的问题,受理人员应立即转交二线支持岗人员全程负责跟进处理,如中途更换经办人,应办理交接手续。不得受而不理或一事多人跟进。需由相关部门处理的,应立即转给各级机构相关部门及人员进行处理,做到分工明确,责任到人。

(五)责任明确的原则

不仅要分清造成顾客投诉的责任部门和责任人,而且需要明确处理投诉的各部门、各类人员的具体责任与权限以及顾客投诉得不到及时圆满解决的责任,以保证投诉得到及时、妥善的解决。为此,需制定出详细的客户投诉处理规定,制定严格的奖惩措施。

(六)记录的原则

记录的原则是指对每一起客户的投诉及处理都需要进行详细的记录,如投诉内容、投诉处理过程、投诉处理结果、客户反应等。通过记录,可以为公司吸取教训、总结投诉处理经验、加强客户投诉管理提供实证材料。

三、客户投诉处理技巧

再规范、再优秀的公司,也不能百分之百地保证自己的商品或服务没有任何瑕疵;再幸运、再豁达的人,也不能百分之百地保证不会遭遇投诉。绝大多数的投诉都是比较好处理的,但也不能随便对待,需要掌握一定的技巧。

(一)态度诚恳,耐心倾听

客户只有在利益受到损害时才会投诉,作为客服人员要专心倾听,先听清楚客户说什么,切忌打断客户。如果有不明白的地方,应该等客户说完了再询问。倾听的过程对客户来说是一个发泄不满和宣泄情绪的过程。因此,倾听过程中要有必要的回应,如点头等,表示你在用心听。很多的投诉是客户在发泄完之后,他的情绪也基本平稳了,此时问题已经解决了一半。甚至很多投诉,客户仅仅是想找一个人耐心地听取他的投诉而已。

(二)了解意图,确认问题所在

倾听不仅是一种动作,还必须认真了解事情的每一个细节,掌握客户的真实意图,确认问题的症结所在,并利用纸笔将问题记录下来。如果对于抱怨的内容不是十分了解,可以在顾客将事情说完之后再请问对方。不过不能让顾客产生被质问的感觉,而应以婉转的方式请对方提供情况,例如:"很抱歉,有一个地方我还不是很了解,是不是可以再向您请问有关……的问题。"在对方说明时,随时以"我懂了"之类的回应来表示对问题的了解状况。

(三)设身处地,换位思考

当客户的利益受到损失时,着急是不可避免的,以至于会有一些过分的要求。作为客服人员,首先要有换位思考的意识。不论责任是否在于保险公司,都应该诚心诚意地向客户道歉,并对客户的投诉表示感谢,这样可以让客户感觉受到重视。例如:有很多保户因为没能及时领取到赔款而投诉,对于这类投诉人,投诉处理人应本着将心比心的态度来处理,给予充分理解。即使投诉人情绪失控对投诉处理人恶语相向,又或是把对其他工作人员、对保险公司的所有怨气都发泄到投诉处理人的身上,也不要过于计较。

(四)及时响应,实实在在解决问题

解决问题是最关键的一步,只有有效地妥善解决了客户的问题,才算完成了对这次投诉的处理。对于投诉的问题,能够立即答复的,应该马上给予答复,并征求客户的意见。如果需要进一步了解情况,应向客户说明,并与客户协商答复的时间。随后,一定要在承诺答复期限内联络客户,给出答复。如果答复期限到了,还不能给出答复,也一定要联络客户,以免失信于人。

(五)实事求是,不轻易承诺

处理投诉过程中必须实事求是,绝不能随意答应投诉人的要求。只要能做到的一定

要向客户承诺，凡是向客户承诺了就一定要兑现。做不到的不要轻易承诺，否则，会让投诉人希望破灭，从而引发更多的矛盾。

四、客户投诉处理步骤

（一）记录确认

在来电接待过程中，应对客户的投诉事由进行复述确认，同时在客户投诉管理系统内详细记录投诉类服务单；

接待来访客户时，应要求客户在《来访受理表》上签名加以确认。当日在客户投诉管理系统内详细记录投诉类服务单。

对于电子邮件或来信的咨询投诉件，1个工作日内向客户发送《电子邮件回复书》《来函确认书》，或以电话方式告知客户。当日在客户投诉管理系统内详细记录投诉类服务单。以电话方式回复的，应注意保存相应的录音文件，作为电子档案长期留存。

对于接收到上级公司、监管部门、其他部门协调员转来的和本机构受理的客户投诉件，由本级公司投诉处理人员在1个工作日之内向客户确认本公司已经受理其投诉，当日在客户投诉管理系统内详细记录投诉类服务单，同时将与客户沟通内容记入投诉服务单中。对于没有记入服务单的，视作未与客户进行确认。

（二）跟进

对于一般性投诉件，受理人员能够当场解决的当场解决，并立即在客户投诉管理系统投诉类服务单中记录解决情况。

对于投诉受理人员无法直接为投诉人解决问题的，受理人员在当日将服务单提交二线支持岗或投诉岗，二线支持岗或投诉岗根据投诉涉及的主要部门进行分派。如主要处理部门认为需要其他部门协助的，由主要处理部门直接协调其他部门共同办理。如主要处理部门认为该投诉案件不属于该部门职责，二线支持岗或投诉岗根据投诉涉及的部门再次进行分派。

例如：本案需要判断意见的类型，来电人张某只是作为投保人丈夫反映其个人的意愿，经公司已与投保人吴某确认是在吴某了解清楚条款内容后同意签名投保情况下，主要的问题已得到解决。但由于张某为人敏感多疑，无法理清家庭婚姻的关系，导致思维混乱，将造成家庭问题的原因归咎于营销员。投诉人认为自己受到伤害和不公正待遇，心理需求是希望讨个说法得到安慰。

（三）处理

对于权限范围内的一般性投诉件，主要处理部门人员应在规定的时间内及时进行调查核实，必要时会同客户服务部门与客户进行协商，做出最终处理决定反馈本级公司客户服务部门，由投诉处理人员向客户反馈，并对投诉案件的最终处理结果进行确认。

与客户每次联系后或者公司在调查中有新的进展时，主要处理部门应及时将相关情况记录在服务单中，以备客户在案件处理时间内再次来电查询时，公司可以告知其最新进展情况。

重大、疑难投诉件须提请疑难问题协调委员会召开临时会议，经疑难问题协调委员会审定后做出决定，必要时可报上级公司，请求支持。

对于需向客户书面反馈处理意见的，需填写《客户投诉处理意见书》，送当地公司法律顾问审核，确认无误后及时将处理决定告知客户，并督促相关部门及人员进行实施。

例如：本案投诉处理人员掌握了基本的信息，随后与来电张某联系，安抚客户的情绪，就事件对客户造成的不便表示歉意，并尝试向客户解释事件的情况，从法律角度分析保险合同的效力，尽量引导客户与其太太沟通解决。

（四）反馈

投诉案件调查核实后，应由投诉处理人员将处理意见立即向客户反馈，同时，会同涉案部门协调员向案件协调部门、疑难问题协调委员会和上级公司予以反馈。对客户接受公司处理意见的，需协助客户办理相关后续处理手续；对不接受公司处理意见的客户，本级公司客户服务部门要做好客户的解释安抚工作。

例如：本案中公司耐心为客户解释事件的情况，尽量引导客户与太太吴某好好沟通，以最大的诚意博取客户的理解。

（五）结案

遵循哪个机构受理哪个机构结案的原则。总公司或监管部门转办的案件，由省级公司结案。各级公司客户服务部门投诉处理与管理人员有结案权限。在投诉处理结束后，有下列情形之一的，可以结案：

1. 无效投诉

经核实，客户投诉不成立，处理人员可进行结案，并做好相关解释工作。

2. 有效投诉

（1）当客户与公司之间达成一致意见，投诉得到相应的解决后，处理人员可以结案。

（2）投诉处理过程中，客户就投诉事项向人民法院提起诉讼或申请仲裁后，处理人员可以结案。

（3）客户自愿放弃投诉的，处理人员可以结案。

（4）投诉案件有其他可以结案情形的，处理人员可以结案。

（5）客户不同意投诉处理结果或对投诉处理不服的，不得结案，可向上一级公司申请重新处理。

（六）回访

每一个投诉处理完毕后，应安排回访人员对处理结果的满意情况进行回访，并做好记录。对于非客户原因而给客户带来损失导致的投诉，应做好重点回访工作。

（七）归档

通过呼叫中心记录、流转的投诉件，自动归档；对客户提交的纸质材料以及客户回复的文字材料应按期整理，分类归档，每份档案首页设置档案资料列表。每年度整理档案目录，对重大、疑难案件的处理结果应另行归档。档案管理工作由主管或指定人员负责。所有资料注意保密，专柜保存。无关人员不得持有、复印、经办人员不得向他人透漏案情。

（八）上报

按期编制报表、客户问题、建议汇总报告，上报主管部门；遇到重大、疑难案件应迅速撰写说明情况，将处理的过程和结果以及影响程度上报上级公司。

 课堂实作

客户王先生于 2017 年 5 月购买安康疾病保险，保费：12000 元，交费期间：12 年。客户于收到保单 10 日内提出撤单申请，营销员也按时为客户办理了撤单手续，并交给部门秘书处理，基于想挽留客户和了解真正的撤单原因，该秘书想将保单交给个险部督察岗回访，当秘书将保单拿到督察办公室时，由于督察当天出差，故此，没有成功回访，秘书将此保单拿回自己办公室，后来一直忘记了此事，当营销员查询撤单情况时，才发现已过了 10 日的犹豫期，已不可以办理撤单，当时营销员及其经理介入劝说，客户也搁下了此事。2018 续保前，客户又向我司提出要求全额退保，而且态度很坚决，并声称，如果不解决将会告到银保监局去。

(1) 请分析客户投诉常见的心理类型，本案例中王先生投诉的心理类型是什么？
(2) 本案例中客户王先生投诉的关键问题在哪里？
(3) 处理客户投诉有哪些技巧？本案例处理中运用了哪些技巧？
(4) 请填写一份客户投诉登记表，见表 9-4。

表 9-4　　　　　　　　　某保险公司客户投诉登记表

投诉基本情况	投诉受理渠道	□ 电话 □ 网站 □ 电子信箱 □ 信函 □ 传真 □ 网点柜面 □ 外部监督机构转办　转办文件编号：_____		
	受理部门：		受理人：	被投诉人：
	投诉人信息	姓名：	性别：	保单号码/车牌号：
		联系电话		与被保险人关系
	投诉内容描述及客户需求、建议			
业管/客服中心意见				
	部门负责人：		办理人：	

续表

协办部门、机构处理意见	部门负责人：		办理人：		办理时间：	
处理结果						
	登记人：			结案时间：		
	回访人：			回访时间：		
投诉回访	回访记录：					

（5）请撰写一份《客户投诉处理意见书》，要求说明投诉的原因、处理过程，向客户表达歉意和善意，并提出切实的解决方案，见表9－5。

表9－5　　　　　　　　　　　投诉处理意见书

客户投诉处理意见书

尊敬的_____（先生／女士／×××单位）：

非常感谢您（贵公司）对我公司的关心与支持。我公司接到您于×××年××月××日向我公司反映的投诉后，对此事非常重视，立即与_____取得联系并进行处理，处理情况如下：

如您还有其他意见、建议和要求，您也可以随时拨打公司的服务热线与我们联系。祝您身体健康！

此致

敬礼！

中国××保险股份有限公司××分公司
×年×月×日

练习模块

一、单选题

1.（　　）是保险人在销售保险产品之前为消费者提供各种有关保险行业、保险产品的信息、资讯，咨询，免费举办讲座，风险规划与管理等服务，被认为是公司新业务的开始。

A. 准保户开拓　　　　　　　　B. 售前服务

C. 售中服务　　　　　　　　　D. 售后服务

2. 免费健康体检是（　　）。
   A. 基础性服务　　　　　　　　B. 管理性服务
   C. 保险延伸服务和附加价值服务　D. 综合化服务

3. 保全服务是寿险公司业务量最大的服务，寿险公司一般都设有处理保全业务的职能部门。以下不属于保全服务内容的一项是（　　）。
   A. 合同内容变更、续期收费　　B. 行使合同权益
   C. 复核签章、收取保费　　　　D. 生存给付、保险关系转移

4. 保险合同变更必须经过一定的程序才可完成在原保险合同的基础上，投保人及时提出变更保险合同事项的要求，（　　）审核，并按规定增减保险费，最后签发书面单证，变更完成。
   A. 保监会　　　　　　　　　　B. 保险代理人
   C. 保险经纪人　　　　　　　　D. 保险人

5. 对于效力中止的人寿保险合同，投保人可以申请复效。但如果中止期限届满，投保人仍未能就复效问题与保险人达成一致意见并补缴保险费，则保险人可能采取的措施是（　　）。
   A. 解除保险合同　　　　　　　B. 提存保险合同
   C. 变更保险合同　　　　　　　D. 转让保险合同

二、判断题

1. 合同保全是对保险合同效力的维护，保险公司一般经过客户申请、受理初审、经办、复核四个处理阶段。（　　）

2. 按客户选择投诉的方式分为：电话投诉、现场投诉、信函投诉、网络投诉。（　　）

3. 根据投诉件处理难度及造成的负面影响分为普通投诉、特殊投诉、重大投诉、疑难投诉。（　　）

4. 客户投诉心理主要有：发泄的心理、尊重的心理、补偿的心理、认同心理、表现心理、报复心理。（　　）

5. 妻子给丈夫投保重大疾病保险，丈夫可以申请解除保险合同。（　　）

三、问题讨论

1. 一个天朗气清的早上，某保险公司柜面迎来了当天的第一位客人。客户谭小姐来到柜面想办理其为儿子投保的少儿险保单生存金领取手续，当天的值班代理人李先生见谭小姐进门立即迎到门口处，并当即询问谭小姐："小姐，您好！请问有什么可以帮到您？"等谭小姐说明来意后，李先生又问"您都带了什么资料？证件都带齐了吗？"谭小姐从包里翻出来一份保单和一些证件并逐一告知了李先生。看完客户资料后李先生把谭小姐引导到等候区坐下并给谭小姐递上了一杯水请谭小姐先休息一下。趁这个时间李先生向谭小姐简单询问了她投保的保单险种后，便熟练地向谭小姐介绍起公司新上市的少儿万能产品，经过10多分钟的交谈，谭小姐答应让李先生改天给她送计划书。最后，李先生把客户谭小姐引导到柜台前

开始办理生存金领取手续。

根据上述资料,请指出值班代理人李先生在接待客户过程中存在的问题。

2. 投保人陈先生来到柜台前办理补充告知手续,柜员钟某面带笑容起立请陈先生就座,并与陈先生核实了身份及保单信息,柜员发现被保险人是陈太太,而陈太太今天没有来到柜面。于是柜员钟某对陈先生说:"很抱歉陈先生,您投保的这份保单被保险人是陈太太,而这次补充告知的对象也是陈太太,资料需要她本人签名确认,今天无法帮您受理了,您先把资料带回去给陈太太签名,然后您看什么时候有空再带过来办理,好吗?"陈先生听后抱怨了一句:"怎么这么麻烦!我交钱我签名就好了,我代她签就好了。"钟某回答道:"非常抱歉,陈先生,资料必须陈太太本人亲笔签名才是合法的,这是公司规定,我们也只是按规定办事,我也无能为力。"随后钟某一手把陈先生的证件递给陈先生,一手拿出一份柜面小礼品微笑着递送给陈先生,并起立让值班代理人送陈先生离开。

根据上述资料,请指出这位柜员在接待客户过程中存在的问题。

四、实训练习

1. 30岁的王先生投保了某保险公司10万元终身重大疾病保险,选择20年交费,年交保费8700元。5年后,王先生由于生意失败,无法继续交保费,并想退还以前所交的全部保费,保险公司业务员根据公司规定,这种情况是不能全额退保的,于是婉言拒绝王先生的要求,王先生于是打电话到保险公司进行投诉。

(1) 如果你是本案例中负责受理该投诉的客服代表,请认真分析该客户投诉的原因。

(2) 请说明处理客户投诉应遵循哪些原则。

(3) 请分析王先生投诉的心理状况以及需求。

(4) 理清解决思路,结合客户投诉处理的基本步骤和流程,现场模拟该投诉的应答话术。

2. 请结合案例完成任务。

2017年投保人刘芳购买一款两全保险附加重大疾病保险,该合同的投保人刘芳,被保险人为女儿李小芳,2021年9月10日,被保险人李小芳来到保险公司柜面,要求对保险合同号2017440100S77015432189进行部分内容的变更,其通讯地址:湖南省长沙市中山路123号。邮编:310110 办公电话:0731-8211234 家庭电话:0731-8211123 手机:13245678901 电子邮件:123456@qq.com,本次变更将连带变更本人其他保险合同的联系方式。

李小芳申请领取生存金,合同约定领取金额:¥20000元,合同约定领取日期:2021年9月6日,领款形式为银行转账。

李小芳想将生存金转入新的账户,开户银行:中国建设银行书院路支行,户名:李小芳,账号:433788901881234222,以后各次款都转入此账户。

根据上述资料,完成下列任务:

(1) 请判断客户需要办理什么类型的保全业务?

(2) 请向客户说明办理保全业务的基本流程?

(3) 请向客户说明保全业务申请有哪些途径?本案中客户采取的是哪种途径办理?

(4) 请说明受理保全申请需要审核的要点有哪些?

(5) 请填写一份个人保险合同变更申请书,见表9-6。

表 9-6　　　　　　　　　　个人保险合同变更申请书

公司提示: 请您详细阅读申请书背面的客户须知,用黑色钢笔或签字笔在申请项目前的□内打"√",并在对应栏目内填写所申请的保全内容,填写的内容不允许涂改,若发生涂改本申请无效。			
保险合同号	投保人	申请日期	年　月　日
客户联系信息确认 □投保人 □被保险人	通讯地址:_____省/直辖市_____区/县 邮编:_____　办公电话:_____　家庭电话:_____　手机:_____ 电子邮件:_____ □连带变更本人其他保险合同的联系方式。			
要约确认	确认对象:1□投保人 2□被保险人或其监护人 声明:本人已阅读保险条款、产品说明书和投保提示书,了解本产品的特点和保单利益的不确定性。 □签名风格变化 □补签名确认 补签名单证:1□投保单 2□其他　原因:1□业务员代签 2□其他_____			
申请项目			
□投保人申请事项	□红利　　□利差		
	□减保	□降低后保险金额:¥　　　　元	□降低后保险费:¥　　　　元
	□保险合同解除	□犹豫期撤单 □退保 □保险单遗失	申请原因:□经济原因 □险种不理想 □服务不满意 □出国移居　□公司信誉　□其他
□被保险人申请事项	□生存金　□满期金　□养老金		
	养老金领取方式:□一次性 □年领 □月领 □固定 □递增 注:领取前未确定养老金领取方式的,请填写本栏。		
	合同约定领取金额:¥　　　　元	合同约定领取日期:　年　月　日	
领款形式选择			
□银行转账	□续期交费账户		
	注:款项所有人为投保人的填写此栏,满期金、生存金等款项所有人非投保人时填写下栏。 □转入新账户　开户银行_____　户名_____　账号_____		
	□转入新账户　开户银行_____　户名_____　账号_____		
	以后各次同一款项给付是否转入此账户?□是　□否 注:如选择"是"我公司将在合同约定领取日到期后7日内将申领款项转入您指定的转账账户。您若更换转账账户,请在下期领取日一个月前以书面形式通知我公司。		

续表

□转投保	□转保新险种　投保单号：_____ □转交续期保费　转入保单号：_____	□柜面付费方式 注：仅限客户亲至并符合财务规则

提示：为维护您的权益，签名前请再次核对以上填写的内容，请勿在空白申请书上签名。

声明：本人已仔细阅知、理解贵公司提示、保险条款、产品说明书并同意遵守。申请书共填写_____项保全项目，谨以此申请书作为保险合同变更要约，并同意贵公司依此办理上述变更事项。

投保人签名：	被保险人或其监护人签名：

若委托他人代办请填写以下内容：

现委托_____先生/女士（有效证件号码：_____）前往贵公司办理有关本保单申请项下_____变更事宜。本委托授权有效期为_____天。（委托日期同本申请书的申请日期）

代办人与委托人关系：□本公司服务人员　□亲属　□朋友　□其他_____

委托人签名：_____　　　代办人签名：_____

委托人手机号：　　　　　　代办人手机号：

提示：以现金方式领款或给付金额达到一定额度（具体见申请书背面的客户须知），本公司不受理委托代办。

以下内容由工作人员填写

处理意见：

受理人：　　　受理日期：　年　月　日　　作业流水号：

项目小结

　　健康保险客户服务是指保险人在与现有客户及潜在接触的阶段，通过畅通有效的服务渠道，为客户提供产品信息、品质保证、合同义务履行、客户保全、纠纷处理等项目的服务以及基于客户的特殊需求和对客户的特别关注而提供的附加服务内容。健康保险客户服务具有无形性、不可分离性、差异性、不可储存性的特点。健康保险客户服务意义在于提升保险公司竞争力与盈利能力，有利于建立长期的客户忠诚度，有利于提高寿险公司的风险管理和资产管理水平，有利于行业自律和社会监督。

　　保险合同保全是指保险公司为了维持人身保单的持续有效，根据合同条款约定及客户要求而提供的一系列后续服务。合同保全是对保险合同效力的维护，保险公司一般经过客户申请、受理初审、经办、复核、单证缮制与清分和日结归档等五个处理阶段。

　　保险客户投诉是指与保险公司有承保要约的客户以及已承保客户，认为公司在经营过程中侵犯其合法权益，对保险合同、公司产品、管理、销售、服务表示不满，并通过各种方式，向公司表达其诉求，要求公司予以协调处理的行为。客户投诉心理主要有：发泄的心理、尊重的心理、补偿的心理、认同心理、表现心理、报复心理。客户投诉处理步骤包括：记录确认、跟进、处理、反馈、结案、回访、归档、上报。

附 录

新版《健康保险管理办法》

《重大疾病保险的疾病定义使用规范（2020年修订版）》

最高人民法院　最高人民检察院　公安部　国家安全部　司法部
关于发布《人体损伤程度鉴定标准》的公告

中国银保监会关于使用《中国人身保险业重大疾病经验
发生率表（2020）》有关事项的通知

参考文献

1. 卓志,《健康保险学》,中国财政经济出版社,2018年6月.
2. 郝演苏,《健康保险辞典》,中国财政经济出版社,2018年6月.
3. 黄素,《人身保险实务》(第二版),中国金融出版社,2018年12月.
4. 李玉菲、蒋菲,《保险实务综合技能训练》,电子工业出版社,2011年5月.
5. 中国银保监会官网资料。
6. 中国保险行业协会官网资料。